U0457722

河南省教育厅哲学社会科学基础理论重大项目（2021-JCZD-29）阶段性成果

知识产权贸易论

ZHISHI CHANQUAN MAOYI LUN

东村仁◎著

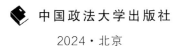

中国政法大学出版社

2024·北京

声　明　　1. 版权所有，侵权必究。

2. 如有缺页、倒装问题，由出版社负责退换。

图书在版编目（ＣＩＰ）数据

知识产权贸易论/东村仁著. —北京：中国政法大学出版社，2024.4
ISBN 978-7-5764-1289-5

Ⅰ.①知… Ⅱ.①东… Ⅲ.①知识产权－进出口贸易－研究－中国 Ⅳ.①F752.67

中国国家版本馆 CIP 数据核字 (2023) 第 239667 号

出 版 者　　中国政法大学出版社

地　　址　　北京市海淀区西土城路 25 号

邮寄地址　　北京 100088 信箱 8034 分箱　　邮编 100088

网　　址　　http://www.cuplpress.com (网络实名：中国政法大学出版社)

电　　话　　010-58908285(总编室) 58908433 （编辑部） 58908334(邮购部)

承　　印　　北京鑫海金澳胶印有限公司

开　　本　　720mm×960 mm　　1/16

印　　张　　21.25

字　　数　　348 千字

版　　次　　2024 年 4 月第 1 版

印　　次　　2024 年 4 月第 1 次印刷

定　　价　　90.00 元

半生学术路一部知产贸易论

——作者自序

一、半生学术路

人生有求学、工作、退休三部曲。笔者将于 2023 年 12 月中旬唱完人生前两部曲，开唱第三部曲。回想前半生，感慨万千，既取得了一定的成绩，也有不少遗憾。

1963 年 12 月，诞生在河南省武陟县的一个婴儿，成为生在红旗下，长在红旗下的一代：度过了贫穷但充满幸福感的孩童时代，一帆风顺地完成了小学、初中、高中的学习任务，1980 年 9 月进入了郑州大学经济系（现郑州大学商学院）求学，于 1984 年 6 月完成学业被分配到河南财经学院工业经济系（现河南财经政法大学工商管理学院）任教。1984 年 7 月 5 日到河南财经学院报到后，秋季开学便被送到湖北财经学院工业经济系（现中南财经政法大学工商管理学院）进修学习一年。此后，便开始了笔者的教学和学术生涯。

笔者的学术生涯大致可分为两个阶段：

第一个阶段以工业经济管理学为主要方向的研究阶段。这一阶段大致从 1985 年起至 2003 年。本阶段讲授的课程主要有《工业经济管理学》《工业经济效益学》《现代企业经营战略》《管理学》等课程。1985 年 10 月发表了平生第一篇学术论文《略论工业品的理论价格》并被中国人民大学书报资料中心《工业经济》全文转载，正式开始了我的学术生涯。此后 1988 年独著出版了我国第一部《工业经济效益学》专著。本阶段以独著、合著、主编、副主编、参编的方式共参与出版了与工业经济管理学相关等学术著作 17 部，在《数量经济与技术经济研究》《经济问题探索》《人民日报》等报刊发表学术论文 20 余篇，其中被人大报刊复印资料全文转载的有 7 篇次。参加了国家社科基金项目、河南省科技厅软科学项目等研究工作。

第二个阶段以知识产权法学为主要方向的研究阶段。这一阶段大致从2004年开始至今。本阶段讲授的课程主要有《知识产权法学》《著作权法学》《知识产权法总论》《网络著作权保护》《新型知识产权保护》《知识产权贸易》等。笔者从事知识产权法学研究，首先是从著作权法研究开始的。其原因在于笔者在1982年即知道版权是传统知识产权的重要内容，1985年开始对传统知识产权进行粗浅思考并初步掌握版权要义，1987年签署平生第一份版权合同且开始对著作权实践问题的关注和思考，1996年在河南财经学院被评为经济学副教授后，1997年3月至2002年2月跨界到人民中国出版社、2002年3月至2003年8月跨界到浦东电子出版社从事出版工作，2000年又成立文化公司主要从事出版工作，2001年开始著作权自我维权工作。著作权实践推动了著作权理论思考，跨界到人民中国出版社期间曾在新闻出版署主办的《新闻出版报》发表一篇有关著作权方面的短文，开启了正式对著作权法的理论研究。2012年6月重返教坛后开始从事知识产权法学教学和研究工作。迄今为止，以本名、笔名、不署名的方式在《法学杂志》《学术界》《科技与出版》《出版发行研究》《现代出版》《编辑之友》等CSSCI来源期刊发表学术论文40余篇，在《河南财经政法大学学报》《三峡大学学报（人文社会科学版）》《创新科技》《河南科技》等非CSSCI来源期刊发表学术论文80余篇，合计约120篇，其中有4篇被人大报刊复印资料全文转载。此外还出版了两部独著著作权类专著，副主编一部知识产权问答类工具书，参编2部中国知识产权蓝皮书，完成了3项省级研究项目，3项河南省知识产权局软科学研究项目。此外，还为《国际金融报》等报纸撰写评论性文章20余篇，作为职务作品以本名、笔名主编汇编学术著作25部。

概言之，半生学术路有160余篇学术文章、47部图书奉献给学术界和读者。毫无夸张地说，除主编的汇编作品外，笔者署名并撰写的学术著作，除无法改变的规范性文件和依法引用外，没有复制他人只言片语，敢对文章负责。其中或有谬误，自有学界评说。

二、我的基本知识产权观

自2000年前后开始学习和研究著作权法后，特别是2012年重返教坛开始系统研究、讲授知识产权法学后发现，几无例外，学者们一致认为知识产权是专有权。该主流观点并被《中华人民共和国民法总则》（已废止）、《中华人民共和国民法典》（以下简称《民法典》）（吸收了《中华人民共和国民法总则》的基本内容）第123条所采纳。笔者经过对知识产权法学较为深入地研究，特别是对知识产权定义的思考与探索，扬弃了该主流观点。

我国已故著名知识产权法学家刘春田（1949年-2023年3月25日）教授早在2000年就提出，关于知识产权的概念，主要有列举知识产权主要内容、下定义和完全列举知识产权保护对象或者划分的三种方法，并认为《建立世界知识产权组织公约》（以下简称《WIPO公约》）等是完全列举知识产权保护对象的方法表述知识产权概念的代表，[1] 此种观点至少持续到2019年。[2] 吴汉东教授大致从2004年就提出了知识产权定义主要有"列举主义"和"概括主义"两种方法，并认为《WIPO公约》等国际公约采用"列举主义"方法对知识产权进行定义。[3] 在笔者收集的吴汉东教授的最新著作中仍持该观点。[4] 笔者研究认为，首先，对知识产权的定义并非完全属于"列举主义"。这是因为《WIPO公约》第2条第8项的规定是，"知识产权"包括有关下列项目的权利：文学、艺术和科学作品，表演艺术家的表演以及唱片和广播节目，人类一切活动领域内的发明，科学发现，工业品外观设计，商标、服务标记以及商业名称和标志，制止不正当竞争，以及在工业、科学、文学或艺术领域内由于智力活动而产生的一切其他权利。在该定义中，既有具体项目如文学、艺术和科学作品，又有一般性兜底项目或一般条款如在工业、科学、文学或艺术领域内由于智力活动而产生的一切其他权利。因此，该定义是"列举主义"和"概括主义"相结合的定义方式。而且笔者认为，该定义的一般条款揭示了知识产权的概括主义定义，即知识产权是在工业、科学、文学或艺术领域内由于智力活动而产生的一切权利，这既是《WIPO公约》对知识产权的最权威的定义，也是笔者2013年来讲授知识产权法所使用或引用的定义，这一定义在最近出版的作品中被正式提出并奉献于学术界。[5] 其次，

---

〔1〕 参见刘春田主编：《知识产权法》，高等教育出版社2000年版，第1-2页。

〔2〕 参见《知识产权法学》编写组：《知识产权法学》，高等教育出版社2019年版，第7-8页。

〔3〕 参见吴汉东主编：《知识产权法》，法律出版社2004年版，第1-2页。

〔4〕 参见吴汉东：《知识产权法》，法律出版社2021年版，第2页。

〔5〕 参见刘怀章主编：《知识产权简明问答》，郑州大学出版社2023年版，第1页。本书作者在该书中署名排序为第二副主编，该观点是该作品出版前笔者在第二次审改时提出并补充进来的。

《WIPO 公约》对知识产权的定义是权利，而非专有权。该定义中的"知识产权"包括有关下列项目的权利之导引文和兜底条款均将知识产权仅仅视为是权利。特别是其"项目"中的"制止不正当竞争"就不可能成为专有权，只能是禁止权。当然，在其他国际公约中，曾出现将著作权、专利权等知识产权界定为专有权的做法，因此，《WIPO 公约》对知识产权定义中的"权利"和兜底条款中的"一切权利"自然包含专有权和非专有权两类权利。笔者的该粗浅认知曾在课堂上多次讲述。我曾想或许这仅是笔者的一得之见，不期于 2023 年 9 月 2 日通过二手书市场购得中南大学何炼红教授之《工业版权研究》后获悉，该作提出了知识产权所带来的财产性利益并不都是具有垄断属性，《WIPO 公约》等具体列举的知识产权也并非仅限于专有权，并对该观点进行了较为详尽的论证。[1]在这一观点上，笔者作为半路出家研究知识产权问题的学者，终于找到了一个科班出身的知识产权专家知音，才敢斗胆提出自己的知识产权观，即知识产权是在工业、科学、文学或艺术领域内由于智力活动而产生的一切权利，是专有权和非专有权的综合、统一。单纯的知识产权是专有权观存在以偏概全的缺陷，不利于全面提高知识产权保护水平和知识产权强国建设。

三、国际视野的知识产权分类观与知识产权贸易论

为了更好学习和研究的需要，根据不同标准对知识产权进行分类。研究发现，对知识产权进行分类最多的是陶鑫良和袁真富教授提出的包括工业产权与著作权、智力成果类知识产权与商业标识类知识产权等 9 种知识产权分类。[2]其他学者言及之分类不出其右。刘春田、吴汉东、王迁等教授认为，狭义的知识产权，即传统意义上的知识产权，应当包括著作权（含邻接权）、专利权、商标权三个部分[3]或三个主要部分[4]或大致分为三个部分[5]。窃以为，其狭义、广义知识产权分类，作为一种理论分类方法并无实质性问题，但将狭义知识产权和传统知识产权画上等号则存在重大问题。从逻辑分

---

〔1〕 参见何炼红：《工业版权研究》，中国法制出版社 2007 年版，第 33-38 页。
〔2〕 参见陶鑫良、袁真富：《知识产权法总论》，知识产权出版社 2005 年版，第 69-74 页。
〔3〕 参见《知识产权法学》编写组：《知识产权法学》，高等教育出版社 2019 年版，第 8 页。
〔4〕 参见吴汉东：《知识产权法》，法律出版社 2021 年版，第 41 页。
〔5〕 参见王迁：《知识产权法教程》，中国人民大学出版社 2021 年版，第 4 页。

析看，狭义和传统不是具有对应关系的概念。与狭义相对应的是广义，与传统相对应的是现代或新兴（以下通用新兴）。广义狭义是范围概念，传统和新兴是时间概念。两者划分的依据不同，不能混同。广义可以包含狭义，但传统不能包含新兴。如果将狭义的知识产权视为传统知识产权，广义的知识产权则应视为新兴知识产权。基于广义的知识产权包括著作权、相邻权（邻接权）、商标权、商号权、商业秘密权、专利权、集成电路布图设计权等各种权利[1]，造成一方面著作权（含邻接权）、专利权、商标权既是传统知识产权又是新兴知识产权自相矛盾的困境，另一方面又造成了自 1883 年即被纳入《保护工业产权巴黎公约》（以下简称《巴黎公约》）的地理标志、商号权被纳入新兴知识产权的尴尬境地。笔者认为，广义、狭义知识产权和传统、新兴知识产权是根据不同标准对知识产权进行的不同分类方法，各具不同意义。在研究广义、狭义知识产权时嵌入传统知识产权的分类及其内容，必然造成理论上的混乱。

笔者认为，从国际视野看，知识产权的基本分类有：（一）文学产权和工业产权 [分类依据为《巴黎公约》和《保护文学和艺术作品伯尔尼公约》（以下简称《伯尔尼公约》）]，（二）创造性智力成果权和商业标记权 [国际保护知识产权协会（AIPPI）1992 年东京大会]，（三）与贸易有关的知识产权和与贸易无关的知识产权 [分类依据为《WIPO 公约》和《与贸易有关的知识产权协定》（以下简称《TRIPS 协定》）]，（四）传统知识产权和新兴知识产权（传统和新兴知识产权的范围划分因选取的时间点不同会有差别，笔者认为其分类依据应以 1883 年《巴黎公约》和 1886 年《伯尔尼公约》缔结为划分时间点）。其中（一）（三）是国际法分类方法，（二）（四）系理论分类方法。对于（一）（二）分类方法，学术界基本达成共识，对（三）（四）分类方法，在学术界尚未达成共识。关于（三）分类方法，是笔者自《TRIPS 协定》生效后即主张的观点，也是笔者自 2013 年讲授《知识产权法学》起一贯阐述的学术观点和主张，只是 2023 年才形成公之于众的文字奉献给读者[2]。关于（四）分类方法，是在前述刘春田教授等传统知识产权观

---

[1] 参见吴汉东：《知识产权法》，法律出版社 2021 年版，第 41 页。

[2] 参见刘怀章主编：《知识产权简明问答》，郑州大学出版社 2023 年版，第 2 页、第 4 页。该分类方法是在对第一章进行第二次审改过程笔者增补的内容。

基础上，将传统知识产权和新兴知识产权分类方法，从其广义、狭义知识产权分类方法中独立出来而形成的一种新的分类方法。这种新的分类方法提出于 2017 年 9 月笔者讲授《新型知识产权保护》课程之时，作为公之于众的文字是在 2018 年奉献给读者和学界同仁的。[1] 所以将此分类方法纳入从国际视野看的四种分类方法之一，在于它应是以《巴黎公约》《伯尔尼公约》缔结为时间点，以两大公约缔结时在国际上是否已经得到比较普遍保护的知识产权为依据进行划分传统与新兴知识产权的范围。笔者分别以（三）（四）分类方法为基石，讲授和研究《知识产权贸易》《新型知识产权保护》课程并形成拙著《知识产权贸易论》《新兴知识产权论》，作为退休前学术总结成果，奉献于读者和学界同仁。

学术界研究知识产权贸易者是一个小众群体。经过初步调查，这个群体多以法学科班出身知识产权学者为主。其研究成果往往多是法学成果，作为知识产权贸易研究成果，往往其法学性远高于贸易性，甚至在拙著创作过程中难以引证。在这个小众群体中笔者系经济学科班出身转而研究知识产权或是另类者。

拙著《知识产权贸易论》是基于笔者作为一个经济学和知识产权法学研究工作者，曾向作品使用者颁发数百份许可证，同时又是一位跨界到出版社从事出版工作向中国大陆国内著作权人取得 300 余份许可证，亲身进行我国大陆和台湾地区版权贸易活动的直接谈判者，以版权贸易手段从台湾地区引进到大陆《婴儿与母亲系列丛书》取得 50 份许可证的著作权贸易实际工作者的三重身份，对知识产权之易研究的一得之见。

创作拙著希冀为读者提供一部以知识产权法为指导，以贸易为主线的贸易性高于法学性且有一定可操作性的作品，发挥笔者经济学出身具有的些许专长，以与贸易有关的知识产权为创作基石，力避将本书写成一部法学著作或与贸易有关的知识产权法学著作，试图补学界研究贸易之短。但因笔者才疏学浅，虽或提出了与已有著作不同的理论体系和不同的学术观点，但其中不少观点难免会存在这样或那样的不足与问题，深感拙著与创作之初的目标尚有不小差距，恳请学界同仁不吝赐教。

暂且以此拙著和同时出版的《新兴知识产权论》为笔者退休前的人生画上一个"；"吧。

---

〔1〕 参见詹启智：《新兴知识产权的诞生、扩张与挑战》，载《河南科技》2018 年第 3 期。

四、知识产权贸易论之后

人生不以退休而终结。退休前由于承担教学任务会在一定程度上限制进行学术研究的时间和精力的投入，不能真正实现学术自由，许多学术观点难以成文奉献学界。

人生还要唱完第三部曲。退休是真正学术自由的开始。奉献给学界的《知识产权贸易论》是河南省教育厅哲学社会科学基础研究重大项目"马工程知识产权法学观点辨正"的阶段性成果。马工程知识产权法学观点辨正的最终成果尚未完成；在《著作权论》中提出的《邻接权论》创作计划亦未完成；另半部知识产权法尚未完成；还有其他学术观点尚未形成文字奉献于学界……此等未竟事业，都留待";"之后完成吧。

五、致谢

拙著得以完成，其基础工作是为完成河南财经政法大学历时七年的知识产权专业本科《知识产权贸易》课程的教学和实践任务而撰写的每个章节的讲义，并经数易其稿而成。在教学工作中得到了校、院领导的大力支持；

拙著创作过程中，参考、引用了学术界许多同仁的研究成果。这些成果为拙著的最终完成提供了丰富的精神食粮；

拙著是河南省教育厅哲学社会科学基础研究重大项目的阶段性成果，得到了河南省教育厅有关领导的大力支持；

拙著的创作任务繁重，能够顺利完成得益于与我风雨同舟一路走过 37 年人生历程的爱妻的鼎力支持和关爱；

拙著得以顺利出版，得益于中国政法大学出版社总编室柴云吉主任和编辑的大力支持。

成就拙著，他们的支持和帮助不可或缺。在此，一并对他们衷心地道一声：谢谢。

东村仁

2023 年 9 月 8 日于河南财经政法大学

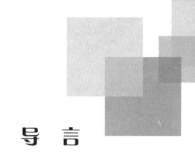

导 言

知识产权的许可、转让或交易，在知识产权领域被称为知识产权贸易。知识产权作为专有权，通常包含许可权与报酬权。许可权的行使是报酬权实现的重要条件。广义的知识产权贸易，还包括知识产权所有权转移即转让的贸易形式。在知识产权贸易领域，许可形式的贸易，通常被称为许可证贸易。所有权转让形式的贸易，没有统一称谓，在国际上也有将知识产权的许可、转让统称为许可证贸易的。我们为了学习和研究的方便，与许可证贸易相对应，本书将知识产权转让的贸易形式称为转让证贸易。知识产权贸易主要包括许可证贸易和转让证贸易两种基本方式，此外，与知识产权贸易有关的派生使用方式还有质押、信托、投资等形式。本书主要围绕知识产权贸易的许可和转让两种基本形式，研究知识产权贸易的基本理论。

第一节　贸易概论

一、贸易的概念与基本过程

贸从贝，与财物有关。它有两种基本解释：（1）交易，即买卖、交换财物、交易，这是其本义；（2）轻率，如冒失、贸然。贸作为动词，有买的含义，如贸首，即悬赏买头，喻双方积怨很深，都想要对方的性命。在现代汉语中，贸的最基本的首要的解释即为交易、贸易。

易的基本解释较多，主要有：（1）做起来不费事的，如容易（跟"难"相对）、简易、轻易、易如反掌、显而易见、来之不易。（2）平和，如平易近人。（3）轻视。（4）改变、变换，如变易、易名、移风易俗、不易之论。（5）交换，如贸易、交易、易货协定、以物易物等。在现代汉语中，交换是易的重

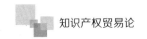

要内涵和解释，贸易之易即为交换之义。

贸易两个汉字结合起来，均取交易、买卖、买的含义，且买的反面即卖。因此，贸易是买卖或交易行为的总称或通称，通常是指以货币为媒介的一切交换活动或行为。[1]在买卖行为中，通过"贝"（古代用贝壳做货币）使交易活动更为容易完成。在现代汉语中，贸易的基本含义是商业活动，即狭义的贸易。但完整的贸易活动范围，不仅包括商业所从事的商品交换活动，还包括商品生产者所从事的贸易标的物生产活动，是生产与贸易的统一；此种意义上的贸易即为广义的贸易。本书研究的贸易是狭义上的贸易。从狭义上看，在古代市场上，不仅有物质商品贸易，如抱布贸丝，还有奴隶贸易；在现代市场上，除了有形的商品贸易外，还有技术、资金、信息、劳务，以及保险、旅游等无形的贸易活动和知识产权贸易；不仅有国内贸易，还有国与国之间的国际贸易等。

人类贸易活动首先是从易物贸易开始的，即物物交换。用来交换的物即为商品（用 W 表示），易物贸易的基本过程可表达为：W→W，是一种商品到另一种商品的交换。易物贸易涉及的基本要素即是货物或商品。这是人类贸易活动的初始形式。这种初始形式也是在人类社会发展到一定程度，即出现了社会分工和劳动产品剩余的情况下才产生的。此阶段易物贸易的主要目的在于通过交换获得商品的使用价值。商品的价值虽然蕴含在交换的商品之中，但并没有在交易目的上凸显出来。

随着人类经济社会和贸易活动的广泛发展，易物贸易对人类实现贸易目的凸显出了非便利性特征，影响了贸易活动的进一步发展。为除却易物贸易之弊，遂出现了用于各类货物贸易的媒介物，即货币。货币的出现使贸易涉及的基本要素发生了革命性的变化，即贸易涉及的基本要素从易物贸易的单一要素即货物或商品向其涉及的要素包括货物或商品（泛指用来卖的东西，用 W 表示）和货币（用 G 表示）双要素变革。卖即是 W→G，即从商品到货币的转换形式；买即是 G→W，即从货币到商品的转换形式。卖即 W→G 和买即 G→W 是简单商品经济的贸易形式。

随着简单商品经济的进一步发展和进步，特别是货币产生之后商品交易

---

〔1〕 参见卢虹宇：《BDH 商贸（收储）集团营销策略研究》，载《商场现代化》2022 年第 24 期。

中商品中蕴含的价值逐渐得到凸显和强化，遂产生了为卖而买的贸易形式，即 G→W→G 或为买而卖的贸易形式，即 W→G→W。但在商品经济条件下，最能凸显商品中蕴含价值的是为卖而买的交易形式，其为凸显商品中价值的贸易形式，准确表达为 g→W→G，即用较少额的 g 通过买 g→W 而卖 W→G 获得更大额的 G（G>g）。为买而卖或为卖而买追求或凸显商品中蕴藏的价值，是简单商品经济的贸易形式与发达商品经济的贸易形式的本质区别。发达商品经济的发展，使贸易从偶然状态成为社会的普遍状态，从而使贸易除了两大基本要素外，又产生了第三个要素，即市场要素。贸易是在交易市场里面进行的。

贸易，是在平等自愿的前提下进行的货品、服务或知识产权交易或交换。这是实现贸易标的物使用价值和价值的基础。贸易属于商业行为。因此，狭义的贸易也被称为商业。现代的贸易是普遍以货币为媒介作贸易平等代换。货币（金钱及非实体金钱，包括后来的信用证等）大大简化和促进了贸易。随着社会的发展和科技的进步，贸易标的从实体延伸到虚拟，市场从有形拓展到无形，不断丰富和进步。

二、贸易的本质

在我国，贸易和商业是紧密联系在一起的，合称商业贸易。商业贸易是指专门从事商品收购、调运、储存和销售等经济活动的部门。在我国，一般对内称商业，对外称贸易。这种一般观念是和新中国政府成立之初机构设置相联系的。新中国成立之初，中央人民政府设立贸易部。1952 年，中央人民政府贸易部被撤销后，成立中央人民政府对外贸易部和商业部。国内贸易活动由商业部主管，商业部撤销后组建国内贸易部；对外贸易活动由对外贸易部主管，1954 年中央人民政府对外贸易部改称为中华人民共和国对外贸易部，至 1982 年与进出口管理委员会、对外经济联络部和外国投资管理委员会合并为对外经济贸易部。商业即国内贸易，对外则是国外贸易或国际贸易。因此，商业和贸易本质上具有一致性和同一性。

我国较早时期的学者认为，贸易是各种商品交换活动的统称，属于市场化交易的范畴，与市场相互联系，彼此依存。商业也属于市场化交易的范畴，是贸易的一种特殊形态或贸易的发达形式，是商品交换的专业化形式，以媒介商品交换为专职的经济事业。[1]笔者认为，较早时期的学者对贸易和商业的理论区分，反映了贸易到商业发展的历史过程，具有历史意义。

关于商业或贸易的本质，不同学者有不同的答案。美国畅销书作家杰克·韦尔奇在其《赢》2005 年出版后，对其后十几年商业变革进行反思和总结，出版了《商业的本质》。作者在该书中文版序言中揭示了商业的本质是探求真实、建立互信的过程。[2]我国有学者将商业的本质概括为价值交换。[3]笔者认为，此等学者都从不同视域回答了商业或贸易的本质，杰克·韦尔奇的商业本质观是商业诚信观，宋政隆的价值交换观接近了商业的本质但不够全面。

笔者认为，商业的本质首先是用于交换的商品或服务（统称商品）使用价值和价值的实现。在现代市场经济条件下，货币作为一般等价物是价值符号。无论是 W→G，还是 G→W，都体现出使用价值和价值的实现关系。对于 G 持有者而言，是实现了对 W 使用价值的需求，对于 W 的持有者而言，是实现了 W 的价值（G）。但这种使用价值和价值的实现是通过交换行为来完成的。这是商业或贸易的初心和本质。在现代资本条件下，商业或贸易的本质是为了在实现 W 使用价值和价值的基础上实现追求利润的目的。

三、贸易在再生产中的地位

贸易的核心是交换，基础是生产。按照马克思主义再生产理论，贸易作为交换，是社会再生产过程中必不可缺少的环节。

再生产就是不断反复进行的社会生产过程。从企业说，以货币形态为起点，转化为生产形态、商品形态，再以货币形态结束，如此周而复始，以维持人类社会的存在和发展，这种形式的再生产可称为企业再生产、个别再生产或微观再生产。

从社会再生产过程来说，它包括生产、分配、交换、消费四个相互影响相互制约的环节，[4]其中生产起决定性作用；分配和交换是连接生产与消费

---

[1] 参见马龙龙编著：《商业学》，中国人民大学出版社 1998 年版，第 19-25 页。

[2] 参见［美］杰克·韦尔奇、苏茜·韦尔奇：《商业的本质》，蒋宗强译，中信出版社 2016 年版，中文版序。

[3] 参见宋政隆：《商业的本质》，中国商业出版社 2020 年版，前言。

[4] 参见苏文帅：《新发展阶段工会服务职工体系建设的创新策略研究》，载《工会理论研究》2021 年第 3 期。

的桥梁和纽带，对生产和消费有着重要影响；消费是物质资料生产总过程的最终目的和动力。[1]这种形式的再生产称为社会再生产或宏观再生产。

企业再生产或社会再生产按规模通常可分为三种形态：一是简单再生产，即生产在原有规模上重复；二是扩大再生产，即生产总量比原来增加；三是萎缩再生产，即比原有规模更小的再生产。萎缩再生产是简单再生产的退步，是社会发展的特定形态。对于萎缩再生产，从国家视域考察，可能因战争、疫情等因素，使一个国家的生产规模萎缩；从行业考察，可能存在着夕阳产业具有不断萎缩的趋势；从企业考察，一个企业再生产不仅难以维持原有规模，甚至最终倒闭破产。简单再生产是扩大再生产的前提和基础，是社会发展的重要形态。扩大再生产则是简单再生产的继续和发展，是社会发展的基本形态。萎缩再生产是简单再生产无以为继，扩大再生产的反向，是社会发展的暂时形态。任何形态的再生产过程要顺利进行，都离不开贸易或交换关系。

企业再生产或社会再生产是物质资料再生产、劳动力的再生产和生产关系的再生产的统一。再生产首先是劳动力再生产，这是物质资料再生产和生产关系再生产的前提与基础，是物质资料再生产的目的和归宿；物质资料的再生产是劳动力再生产的重要物质条件，在物质资料的再生产中不断再生产出用于生产消费的生产资料和用于生活消费的消费资料，是生产关系再生产的载体或客体。生产关系再生产是劳动力再生产和物质资料再生产中体现出来的人与人之间的关系，劳动力是生产关系再生产的主体，物质资料是生产关系再生产的客体或载体。在再生产过程中，生产关系、劳动力、物质资料都是贸易的客体，或交易客体。

劳动力的再生产从生物属性上看表现为人类的再生产，即人类及其个体生命的繁衍。从社会属性上看，人类的物质文化消费需要也是多方面的，表现为人通过对生活资料（包括衣、食、住、行、用等物质资料）和精神资料的消费，不断满足人们的物质消费和精神消费的需要。但是，人们对各种消费资料和精神资料的生产需求满足受制于人们生产技能，即由于劳动力的专门化，个体只会从事一个小范畴的工作，所以他们必须以贸易来获取生活的日用品。可见，交换、商业或贸易是劳动力再生产以致人类再生产必不可缺

〔1〕 参见吴振磊、张瀚禹：《增强国内大循环内生动力和可靠性的政治经济学分析》，载《西北大学学报（哲学社会科学版）》2023年第3期。

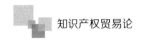

少的社会经济活动。

在专业化生产过程中，任何企业都主要完成专业化生产的某个部分或某阶段生产任务；企业之间要生产出满足市场或人类需要的物质文化产品，各专业化企业之间需要进行交换。没有交换，专业化生产就不能进行。可见，交换、商业或贸易是物质生产过程中不可或缺的重要经济活动。

总之，在现代社会中，贸易是人类经济社会生活发展与进步的不可或缺的重要经济活动。

第二节　知识产权贸易

一、知识产权与知识产权贸易

（一）知识产权及其基本分类

知识产权是知识产权法学作为一个总体科学研究的基本范畴与逻辑起点。

西方现代专利制度起源于 15 世纪早期的威尼斯。1421 年威尼斯授予著名建筑设计师 Brunelleschi 设计的配备有起重机的石料运输船以专利。1474 年威尼斯元老院颁布法案，对专利进行规范，这是世界上第一部最接近现代专利制度的法律，这是西方专利保护制度的起源。早在 14 世纪，英国国王开始为外国技工颁发专利证书，授予垄断权利。英国专利制度发展到 17 世纪，终成现代意义的专利保护制度，其标志为 1623 年英国议会颁布的《垄断法规》，这是世界上第一部具有现代含义的专利法。[1]该部法律确定的许多基本原则和定义沿用至今。英国专利制度的实施，保护和激励了技术创新，发明了大量大机器，为英国资本主义产业革命奠定了物质技术基础，使英国成为"日不落"帝国。西方国家继英国之后，美国在 1790 年、法国在 1791 年、俄国在 1814 年、德国在 1877 年等相继颁布了专利法，并于 1883 年签订《巴黎公约》，专利制度走向了全球化进程。我国于 1985 年 3 月 19 日成为该公约成员国。

西方现代著作权制度以英国颁布《安娜女王法令》为标志诞生于 1709 年，开始保护作者的著作财产权。1793 年法国颁布的著作权法，不仅保护作者的著作财产权，而且开创了保护作者人格权的先河，成为欧洲大陆著作权

---

〔1〕　参见詹启智：《新兴知识产权的诞生、扩张与挑战》，载《河南科技》2018 年第 3 期。

法的典范。19 世纪多数欧洲国家都制定颁布了著作权法。为了加强著作权的国际保护，1886 年签署了《伯尔尼公约》，现代著作权制度走上了国际化道路。中国主要迫于外国列强压力而实施的具有现代意义的著作权制度始于 1910 年，其主要标志是同年制定颁布的《大清著作权律》。[1]1992 年 10 月 15 日我国成为该公约成员国。

现代商标制度起源于 19 世纪资本主义时期。1803 年法国制定的《关于工厂、制造厂和作坊的法律》，是世界上最早的包含商标保护规定的法律。世界上最早的全国性商标法也诞生在法国，即 1857 年颁布的《关于以使用原则和不审查原则为内容的制造标记和商标的法律》。随后，英国 1862 年颁布了《商品标记法》，1885 年颁布《商标注册法》，1905 年通过新商标法；1870 年美国制定《美利坚合众国联邦商标条例》，同年 8 月制定对侵犯商标权行为适用刑事制裁的法规，1881 年颁布新商标法等，西方国家的商标法在实践中不断进行修订完善。[2]

在 14 世纪早期世界上第一部最接近现代专利制度的法律，即西方专利保护制度的起源至 19 世纪《巴黎公约》缔结之前，知识产权都是独立发展的。《巴黎公约》缔结之后，专利、商标等在工业产权统领下以国际规则为基础开始协调发展；在《伯尔尼公约》缔结之后，至少在 1893 年保护知识产权国际联合局（世界知识产权组织的前身）成立之前，世界各国知识产权发展状况相似，与工业有关的知识产权在《巴黎公约》规则下协调发展，著作权仍在独立发展。1893 年保护知识产权国际联合局成立之后，工业产权和文学产权开始在"知识产权"统领下逐步协调发展开来。

但知识产权在学术范畴内的统一，则出现得较早。在专利起源之后的 17 世纪中叶，法国学者卡普佐夫（Gapzov）将一切来自知识活动领域的权利概称为"知识产权"，后来比利时法学家皮卡第（E. Picard）将"知识产权"概括为"使用知识产品的权利"。[3]但这一概念至少到 1883 年《巴黎公约》和 1886 年《伯尔尼公约》缔结之际，知识产权还没有成为世界普遍性概念和法

---

〔1〕　参见詹启智：《新兴知识产权的诞生、扩张与挑战》，载《河南科技》2018 年第 3 期。

〔2〕　参见詹启智：《新兴知识产权的诞生、扩张与挑战》，载《河南科技》2018 年第 3 期。

〔3〕　参见［苏］E. A. 鲍加特赫：《资本主义国家和发展中国家的专利法》；参见中国科学技术情报所专利馆：《国外专利法介绍》（第 1 卷），知识出版社 1981 年版，第 2 页，转引自吴汉东：《知识产权法》，法律出版社 2021 年版，第 1 页。

律术语，也并未在世界上普遍使用。直到 1893 年，欧洲部分国家为统一对各国知识产权的界定和保护，联合《巴黎公约》[1] 和《伯尔尼公约》[2] 涉及的两个国际局，成立了保护知识产权联合国际局（BIRPI）。自此，保护知识产权联合国际局，成为首个在国际上统一使用"知识产权"的国际组织，使知识产权作为国际通行的概念，在各国普遍使用。[3] 1967 年 7 月 14 日，"国际保护工业产权联盟"（巴黎联盟）和"保护文学和艺术作品国际联盟"（伯尔尼联盟）的 51 个成员在瑞典首都斯德哥尔摩共同建立了世界知识产权组织，缔结《WIPO 公约》以便进一步促进全世界对知识产权的保护，加强各国和各知识产权组织间的合作之后，知识产权才得到世界上大多数国家和地区以及众多国际组织的承认。[4] 1970 年后，《WIPO 公约》生效，经历了机构和行政改革并成立了对成员国负责的秘书处之后，保护知识产权联合国际局变成了世界知识产权组织。1974 年，世界知识产权组织成为联合国组织系统的一个专门机构，肩负着管理知识产权事务的任务，这一任务得到了联合国会员国的承认。因此，从前述知识产权概念提出、使用的基本线索，可以看到，尽管知识产权作为一个学术概念提出较早，但是，其成为世界普遍接受的法律术语则要晚得多。知识产权作为世界统一的法律术语，应是成立世界知识产权组织公约之后形成的。所以，知识产权在国际上的统一分类是自然形成的。即在知识产权成为国际社会上统一使用的法律术语之前，知识产权自然被分为两个大类，即文学产权和工业产权。文学产权即指著作权与著作权有关的邻接权；工业产权即指工业、商业、农业、林业和其他产业中的具有实用经济

〔1〕 目前，以《巴黎公约》为中心在工业产权方面有 13 个条约或协定已经生效。它们是《巴黎公约》（1883），《制止商品来源虚假或欺骗性标记马德里协定》（1891），《商标国际注册马德里协定》（1891），《工业品外观设计国际保存海牙协定》（1925），《商标注册用商品与服务国际分类尼斯协定》（1957），《保护原产地名称及其国际注册里斯本协定》（1958），《建立工业品外观设计国际分类洛迦诺协定》（1968），《专利合作条约》（1970），《国际专利分类斯特拉斯堡协定》（1971），《商标注册条约》（1973），《保护植物新品种国际公约》（1991），《国际承认用于专利程序的微生物保存布达佩斯条约》（1977）和《保护奥林匹克会徽内罗毕条约》（1981）。

〔2〕 保护版权方面的国际公约有《伯尔尼公约》（1886），《保护表演者、录音制品制作者和广播组织罗马公约》（简称《罗马公约》）（1961），《世界版权公约》（1971），《保护录制者、防止录制品被擅自复制的日内瓦公约》（1971），《关于播送人造卫星传输节目信号公约》（1974），《避免对版权使用费双重征税的马德里多边公约》（1979），《世界知识产权组织版权条约》（1996），《世界知识产权组织表演和录音制品条约》（1996）和《视听表演北京条约》（2012）。

〔3〕 参见吴汉东主编：《知识产权法》，法律出版社 2014 年版，第 4 页。

〔4〕 参见吴汉东：《知识产权法》，法律出版社 2021 年版，第 1 页。

意义的无形财产权，既包括《巴黎公约》成立之时的专利、商标、商号、地理标志，还包括后来纳入的制止不正当竞争，以及后来产生的植物新品种保护、集成电路布图设计、域名等无形财产权。因此，文学产权和工业产权分类是在知识产权成为世界通用法律术语之前基于《巴黎公约》和《伯尔尼公约》基础上自然形成的，在知识产权成为世界统一使用的法律术语之前，是在国际上具有法律意义的基本分类。

知识产权作为统一的法律术语，是指在工业、科学、文学或艺术领域内一切来自智力活动的权利。关于知识产权的定义，除了我国多数学者和世界上少数学者采用概括主义的定义范式外，世界上多数国家的法学著作，包括我国在内的立法文件以至相关的国际公约多采用"列举主义"定义方式。

目前，从世界范围或国际法上看，对于知识产权最权威、最全面的定义，当属《WIPO 公约》的定义。该定义总体上采用"列举主义"定义范式，但在最后条款则采取了概括主义的定义范式，是一个"列举主义"与"概括主义"定义范式的有机结合科学、准确、完整的定义。《WIPO 公约》第 2 条第 8 款直接就为"定义"。其定义为，"知识产权"包括有关下列项目的权利：文学、艺术和科学作品，表演艺术家的表演以及唱片和广播节目，人类一切活动领域内的发明，科学发现，工业品外观设计，商标、服务标记以及商业名称和标志，制止不正当竞争，以及在工业、科学、文学或艺术领域内由于智力活动而产生的一切其他权利。因此，《WIPO 公约》对知识产权的定义是列举主义与概括主义相结合的定义方式，学术界仅将《WIPO 公约》对知识产权的定义认定为是单纯的列举主义定义是失之偏颇的。[1]笔者前述对知识产权的定义，就是基于对《WIPO 公约》之"在工业、科学、文学或艺术领域内由于智力活动而产生的一切其他权利"定义兜底项或知识产权定义的"一般条款"删除"其他"二字形成的。

从我国立法上看，我国最早对知识产权的定义，是在我国 1980 年 6 月加入世界知识产权组织之后的 1986 年 4 月 12 日颁布的《中华人民共和国民法通则》（以下简称《民法通则》）（已废止）[2]对知识产权的定义。其在第

---

〔1〕　参见吴汉东：《知识产权法》，法律出版社 2021 年版，第 4 页。

〔2〕　1986 年 4 月 12 日第六届全国人民代表大会第四次会议通过，1986 年 4 月 12 日中华人民共和国主席令第三十七号公布，自 1987 年 1 月 1 日起施行。

五章第三节对知识产权定义的知识产权包括下列权利：（1）著作权（版权）[第94条，即公民、法人享有著作权（版权），依法有署名、发表、出版、获得报酬等权利]。（2）专利权（第95条，即公民、法人依法取得的专利权受法律保护）。（3）商标权（第96条，即法人、个体工商户、个人合伙依法取得的商标专用权受法律保护）。（4）发现权、发明权或其他科技成果权（第97条，即公民对自己的发现享有发现权。发现人有权申请领取发现证书、奖金或者其他奖励。公民对自己的发明或者其他科技成果，有权申请领取荣誉证书、奖金或者其他奖励）。可见，我国民法通则对知识产权的定义，采取"列举主义"定义方式。

我国法律上对知识产权的最新定义是2020年5月28日第十三届全国人大第三次会议通过的《民法典》第123条的规定，即民事主体依法享有知识产权，知识产权是权利人依法就下列客体享有的专有的权利：①作品；②发明、实用新型、外观设计；③商标；④地理标志；⑤商业秘密；⑥集成电路布图设计；⑦植物新品种；⑧法律规定的其他客体。因此，我国《民法典》对知识产权的定义，采用的主要是"概括主义"与"列举主义"相结合的定义方式。《民法典》对知识产权的定义范式与《WIPO公约》的定义范式即"列举主义"+"概括主义"正好相反。

从上述具有代表性的"列举主义"定义可知，《WIPO公约》和我国从《民法通则》到《民法典》对知识产权的列举式定义，知识产权包含的范围，并不相同。应当说，《WIPO公约》和我国《民法通则》《民法典》对知识产权的定义范围尽管有差别，但都有兜底性规定或定义，应当说本质上是相同的。

（二）知识产权贸易

知识产权贸易是贸易在知识产权领域的表现形式，是在平等自愿的前提下进行的知识产权交易或交换，属于知识产权商业行为。知识产权贸易是在知识产权交易市场里面进行的。现代的知识产权贸易则普遍以货币为媒介，以合同（即证）为载体的智力活动权利与货币之间的贸易平等代换。知识产权贸易主要是生产关系的再生产，是智力成果创造者与运用者的关系再生产，是智力成果创造者与贸易者之间关系的再生产。由于智力成果创造者在市场经济中本身往往就是为了他人（运用者）而创造智力成果的，智力成果创造者本身具有贸易的属性，创造者与运用者之间的交换关系，其本质从贸易上体现出来的就是贸易者之间的关系。

知识产权贸易按照国家界域区分，也有国内贸易与国际贸易之分。但在我国，有的学者并不将国内贸易视为贸易，仅将国际贸易才认为是贸易。如将知识产权的许可、转让称为知识产权的利用，[1]在国际视域上才将之称为知识产权（著作权）国际贸易[2]或版权贸易。这种认识是受到我国传统上将国内贸易称为商业，对外才称为贸易的观念的影响而造成的。本书研究的知识产权贸易，主要是基于知识产权国内贸易。因知识产权国际贸易仅仅是知识产权贸易跨越了知识产权人的国籍限制而形成的，除了知识产权人国与外国的法律不同外，还存在货币汇率、语言等差别，但在本质上根据知识产权相关公约规定并无差别。

二、知识产权新分类及其与贸易有关的知识产权

（一）知识产权新分类

《WIPO 公约》对知识产权做出了科学、准确、完整的定义，但该定义中包含的知识产权，并非都具有可贸易性。就是说，在全部知识产权中，有部分知识产权不具有贸易性，如科学发现，制止不正当竞争（因商业秘密权包含处分权除外）等。刘春田教授认为"各国法律或者国际条约也未将科学发现作为知识产权加以保护"[3]是没有依据或错误的。这是因为，其一，科学发现规定在《WIPO 公约》之中；这是国际法（条约）依据；其二，我国《民法通则》亦有明确规定。我们不能一方面提出《WIPO 公约》和我国《民法通则》之"科学发现"相关规定，另一方面又将《WIPO 公约》和我国《民法通则》排除在国际条约或各国法律之外。确实，在《TRIPS 协定》[4]中，确未将科学发现纳入其知识产权进行保护，但并不等于国际公约中未将科学发现作为知识产权保护。因此，笔者认为，刘春田教授的前述观点是以偏概全或不当的。

---

〔1〕　参见"新闻出版实用知识丛书"编委会主编：《著作权与版权贸易》，西南师范大学出版社2017年版，第107-126页。

〔2〕　参见"新闻出版实用知识丛书"编委会主编：《著作权与版权贸易》，西南师范大学出版社2017年版，第133页、第144页。

〔3〕　《知识产权法学》编写组：《知识产权法学》，高等教育出版社2022年版，第8页。

〔4〕　1993年12月5日通过，《TRIPS 协定》是1994年与世界贸易组织所有其他协议一并缔结的，它是迄今为止对各国知识产权法律和制度影响最大的国际条约。2001年12月11日我国正式加入世界贸易组织（WTO），成为其第143个成员。

对科学发现权的可知识产权性问题，我国学术界有不同看法。如我国已故著名知识产权法学家刘春田教授认为科学发现，既不能成为著作权的客体，也不是工业产权的客体。[1]吴汉东教授等认为科学发现由科技进步法调整，不属于知识产权范畴。[2]包括刘春田教授在内的许多学者，如吴汉东教授等以《TRIPS 协定》序言之"知识产权是私权"为据，认为知识产权是以私权名义强调知识财产私有的法律性质，[3]知识产权是私权，即是一种无体财产权。科学发现是以非市场机制的奖励制度来换取社会对科学成果的公有产权，不具有私有财产属性，不是知识产权。[4]对于此种认识，笔者并不赞同。这是因为：其一，知识产权是经济权利，在知识产权领域并不是绝对的。总体而言，知识产权是精神权利（人身权）和经济权利的统一，但在不同的知识产权领域，精神权利和经济权利各有不同的地位。既有精神权利占主导地位的知识产权，如科学发现权；又有精神权利和经济权利并重的知识产权，如著作权；还有经济权利占主导地位的知识产权如工业产权。其二，市场机制并非知识产权实现其价值的唯一形式。从世界范围看，被世界范围内所有学者、业界可接受的知识产权有两种分类方法：一是工业产权和文学产权分类方法。这种分类方法已被我国学术界普遍接受，其分类依据为《巴黎公约》和《伯尔尼公约》；二是与贸易有关的知识产权和与贸易无关的知识产权。经比较，《WIPO 公约》和《TRIPS 协定》规定的知识产权范围，并不相同。其中，《TRIPS 协定》规定的知识产权范围，仅仅是《WIPO 公约》规定的知识产权范围的一部分，即与贸易有关的知识产权部分。因此，从科学研究方法论上看，《TRIPS 协定》本质上是将《WIPO 公约》规定的知识产权以是否具有可贸易性为标志创立了知识产权新的分类方法。这是笔者自《TRIPS 协定》生效后的一贯观点，也是自 2012 年起在教学实践中经常阐述的观点，但将此观点以学术成果形式发表则是近期的事情。[5]从目前掌握资料看，除笔者外还无其他学者提出类似观点。其分类方法的依据即《TRIPS 协定》。《TRIPS

---

〔1〕 参见《知识产权法学》编写组：《知识产权法学》，高等教育出版社 2022 年版，第 8 页。

〔2〕 参见吴汉东主编：《知识产权法》，北京大学出版社 2019 年版，第 4-5 页。

〔3〕 参见吴汉东：《知识产权法》，法律出版社 2021 年版，第 12 页。

〔4〕 参见吴汉东：《知识产权法》，法律出版社 2021 年版，第 14 页。

〔5〕 参见刘怀章主编：《知识产权简明问答》，郑州大学出版社 2023 年版，第 2 页、第 4 页。本书作者在该书中署名排序为第二副主编，该分类方法是在对第一次审改稿完成后对第一章第二次审改过程笔者增补的内容。

协定》第一次从贸易视域将知识产权进行了分类，该公约规定了与贸易有关的知识产权国际保护事宜，并大致将《WIPO 公约》规定的制止不正当竞争权（在商业秘密被部分国家作为制止不正当竞争客体的除外）和科学发现归入了与贸易无关的知识产权之中。因此，知识产权是私权并不否定科学发现的可知识产权性，学术界部分学者以市场机制否定科学发现可知识产权性失之偏颇。其三，知识产权经济价值有不同的实现形式。在知识产权制度中，从总体上看，知识产权价值的实现形式以市场机制为主要形式，以奖励制度为辅助形式。如在《中华人民共和国著作权法》（以下简称《著作权法》）中即建立了职务作品奖励制度[1]，《中华人民共和国专利法》（以下简称《专利法》）也建立了职务发明专利奖励制度[2]等。因此，奖励制度是知识产权创造人（非知识产权所有者或知识产权人）实现创造知识产权消耗的劳动补偿的重要制度，并非科学发现所独有。科学发现人主要通过奖励制度实现其劳动耗费的补偿，是由于其通常难以具有市场属性造成的，并非否定科学发现具有可知识产权性的依据。其四，对于知识产权是私权理解过于狭隘。知识产权是私权，该私权包括但不限于无形财产权。从吴汉东教授的知识产权是私权论出发，著作权等包括可市场机制实现知识产权价值的财产权属于私权，著作权中的人身权不具有可市场机制实现知识产权价值，难道就是不是私权？可以肯定的是，著作权中的不具有可市场机制实现其价值的人身权，同样属于私权。同样，科学发现权需要保护的发现人的身份权等权利，同样也属于私权范畴。因此，排斥科学发现的可知识产权性，在理论上是失之偏颇的。

如前所述，《TRIPS 协定》提出了知识产权新分类方法。但应当承认，《WIPO 公约》本身并没有对其界定的全部知识产权进行分类。迄今为止也未对其进行分类。但是，在美国主导下 1994 年在马拉加什举行的结束关贸总协定乌拉圭回合的外交会议上，缔结了《建立世界贸易组织协定》。加入世界贸易组织须签订包含《TRIPS 协定》在内的多个多边协定。《TRIPS 协定》实质上或事实上将 WIPO 公约规范的全部知识产权，从与贸易是否相关视域进行了分类，即知识产权分为与贸易有关的知识产权和与贸易无关的知识产权两

---

[1]　参见《著作权法》第 18 条第 2 款。
[2]　参见《专利法》第 15 条。

大类。[1]该协定规范的仅仅是与贸易有关的知识产权部分，不涉及与贸易无关的知识产权。目前世界上已有多数国家加入 WTO，因此，该种分类已成为对世界经济和贸易影响最大的一种分类方法，实际上已成为或上升为知识产权最新的最基本的分类方法，是否与贸易有关成为知识产权分类的最为重要的基本标志或标准。本书研究知识产权贸易，所涉及的知识产权均是与贸易有关的知识产权。这是本书的研究之基。

（二）与贸易有关的知识产权

知识产权贸易研究的知识产权是具有可贸易性的知识产权，即与贸易有关的知识产权。

《TRIPS 协定》第一部分第 1 条第 2 款规定，就本协定而言，"知识产权"一词作为第二部分第 1 节至第 7 节主题的所有类别的知识产权。据此规定结合第二部分第 1 节至 7 节所列举的知识财产，其知识产权的定义为：知识产权包括下列项目的财产权利：著作权与邻接权（第一节版权和相关权利）；商标权（第二节商标）；地理标记权（第三节地理标识）；外观设计权（第四节工业设计）；专利权（第五节专利）；集成电路布图设计权［第六节集成电路布图设计（拓扑图）］；商业秘密权（第七节未披露过的信息的保护）。该规定界定了与贸易有关的知识产权基本范围。

根据《TRIPS 协定》的上述对可贸易性知识产权的界定，结合我国相关立法实践，可贸易性知识产权在我国主要包含下列知识产权：

1. 著作权

著作权即版权，包括邻接权。我国《著作权法》第 1 条规定，为保护文学、艺术和科学作品作者的著作权，以及与著作权有关的权益，鼓励有益于社会主义精神文明、物质文明建设的作品的创作和传播，促进社会主义文化和科学事业的发展与繁荣，根据宪法制定本法。邻接权在我国被称为"与著作权有关的权益"。

著作权包含基于作品的权利和与作品相关的权益两部分明示内容。因此，著作权是民事主体基于作品和相关客体依法所享有的权利和权益。根据我国

---

〔1〕 参见刘怀章主编：《知识产权简明问答》，郑州大学出版社 2023 年版，第 2 页、第 4 页。本书作者在该书中排序为第二副主编，该分类方法是在第一次审改稿完成后对第一章第二次审改过程笔者增补的内容。

《著作权法》第 10 条规定，著作权包括下列人身权和财产权：①发表权，即决定作品是否公之于众的权利；②署名权，即表明作者身份，在作品上署名的权利；③修改权，即修改或者授权他人修改作品的权利；④保护作品完整权，即保护作品不受歪曲、篡改的权利；⑤复制权，即以印刷、复印、拓印、录音、录像、翻录、翻拍、数字化等方式将作品制作一份或者多份的权利；⑥发行权，即以出售或者赠与方式向公众提供作品的原件或者复制件的权利；⑦出租权，即有偿许可他人临时使用视听作品、计算机软件的原件或者复制件的权利，计算机软件不是出租的主要标的的除外；⑧展览权，即公开陈列美术作品、摄影作品的原件或者复制件的权利；⑨表演权，即公开表演作品，以及用各种手段公开播送作品的表演的权利；⑩放映权，即通过放映机、幻灯机等技术设备公开再现美术、摄影、视听作品等的权利；⑪广播权，即以有线或者无线方式公开传播或者转播作品，以及通过扩音器或者其他传送符号、声音、图像的类似工具向公众传播广播的作品的权利，但不包括本款第十二项规定的权利；⑫信息网络传播权，即以有线或者无线方式向公众提供，使公众可以在其选定的时间和地点获得作品的权利；⑬摄制权，即以摄制视听作品的方法将作品固定在载体上的权利；⑭改编权，即改变作品，创作出具有独创性的新作品的权利；⑮翻译权，即将作品从一种语言文字转换成另一种语言文字的权利；⑯汇编权，即将作品或者作品的片段通过选择或者编排，汇集成新作品的权利；⑰应当由著作权人享有的其他权利。著作权人可以许可他人行使第 5 项至第 7 项规定的权利，并依照约定或者本法有关规定获得报酬（合同与法定报酬权）。著作权人可以全部或者部分转让本条第 1 款第 5 项至第 17 项规定的权利，并依照约定或者本法有关规定获得报酬。可见该权利具有可贸易性。

2. 商标权

《TRIPS 协定》第二节商标和第三节地理标志在我国主要由商标法进行管理和规范，地理标志在我国主要是作为证明商标进行法律规制的。

商标就是能够将一个企业的商品或者服务同其他企业的商品或者服务区别开来的标志。换言之，商标是一种用于商品上或者服务中的特定标记，消费者通过这种标记，识别或者确认该商品、服务的生产经营者和服务提供者。《中华人民共和国商标法》（以下简称《商标法》）第 8 条对商标的界定为：任何能够将自然人、法人或者其他组织的商品与他人的商品区别开的标志，包括文字、图形、字母、数字、三维标志、颜色组合和声音等，以及上述要素的组合。《商标法》第 4 条第 2 款规定，本法有关商品商标的规定，适用于服务商标。因此将第 8 条、第 4 条结合起来，我国对商标的完整定义应为：任何能够将自然人、法人或者其他组织的商品或服务与他人的商品或服务区别开的标志，包括文字、图形、字母、数字、三维标志、颜色组合和声音等，以及上述要素的组合。

知识产权具有专有性。商标具有专有性的条件是依法注册。我国《商标法》第 3 条规定，经商标局核准注册的商标为注册商标，包括商品商标、服务商标和集体商标、证明商标；商标注册人享有商标专用权，受法律保护。

我国商标法的上述规定，一方面明确规定了商标注册人享有商标专用权，另一方面规定了需要取得商标专用权的，应当向商标局注册。虽然世界各国的商标法对于未注册的商标也给予一定程度的保护，但随着知识产权意识的不断提高，未注册商标具有不断减少的趋势。

《TRIPS 协定》将商标权纳入了与贸易有关的知识产权之中，我国《商标法》第 42 条规定，转让注册商标的，转让人和受让人应当签订转让协议，并共同向商标局提出申请。第 43 条规定，商标注册人可以通过签订商标使用许可合同，许可他人使用其注册商标。

因此，商标权具有可贸易性。但地理标志权本身不具有可贸易性。

3. 专利权

全国人大常委会法制工作委员会经济法室认为，《专利法》所称"专利权"，是指依照《专利法》的规定，专利权人对其所获得专利的发明创造（发明、实用新型或外观设计），在法定期限内所享有的独占权或专有权。[1]

根据我国《专利法》第 2 条规定，发明创造是指发明、实用新型和外观设计。发明是指对产品、方法或者其改进所提出的新的技术方案。实用新型是指对产品的形状、构造或者其结合所提出的适于实用的新的技术方案。外观设计是指对产品的形状、图案或者其结合以及色彩与形状、图案的结合所作出的富有美感并适于工业应用的新设计。

因此，我国专利包含了《TRIPS 协定》第四节即工业设计和第五节专利

---

〔1〕 参见全国人大常委会法制工作委员会经济法室：《〈中华人民共和国专利法〉释解及实用指南》，中国民主法制出版社 2012 年版，第 19 页。

规定的知识产权。《TRIPS 协定》将专利权纳入了与贸易有关的知识产权之中，我国《专利法》第 10 条规定，专利申请权和专利权可以转让。第 11 条规定，发明和实用新型专利权被授予后，除《专利法》另有规定的以外，任何单位或者个人未经专利权人许可，都不得实施其专利，即不得为生产经营目的制造、使用、许诺销售、销售、进口其专利产品，或者使用其专利方法以及使用、许诺销售、销售、进口依照该专利方法直接获得的产品。外观设计专利权被授予后，任何单位或者个人未经专利权人许可，都不得实施其专利，即不得为生产经营目的制造、许诺销售、销售、进口其外观设计专利产品。因此，专利具有可贸易性。

上述著作权、商标权、专利权统称被称为传统知识产权，或三大传统知识产权，或传统知识产权的主要部分。[1]

4. 集成电路布图设计专有权

《TRIPS 协定》第六节规定的集成电路布图设计（拓扑图）在我国被称为集成电路布图设计专有权。集成电路布图设计专有权是新兴的知识产权，它是随着半导体技术发展而产生的一种知识产权。1989 年世界知识产权组织《关于集成电路的知识产权条约》（以下简称《华盛顿条约》）的签署，使集成电路布图设计的知识产权的保护进入了国际保护的视域。应当说明的是，国际上对集成电路布图设计的保护，在法律上是不统一的。《华盛顿条约》第 4 条赋予了各联盟国采取不同法律制度对之提供保护的立法权力。该条规定，每一缔约方可自由通过布图设计（拓扑图）的专门法律或者通过其关于版权、专利、实用新型、工业品外观设计、不正当竞争的法律，或者通过任何其他法律或者任何上述法律的结合来履行其按照本条约应负的义务。[2]

我国政府代表于 1990 年 5 月 1 日签署《华盛顿条约》，开始了我国集成电路知识产权国际保护的历程。我国《集成电路布图设计保护条例》已经 2001 年 3 月 28 日通过，2001 年 10 月 1 日起施行。同时制定《集成电路布图设计保护条例实施细则》，2001 年 9 月 18 日公布，自 2001 年 10 月 1 日起施行。由此可见，我国对集成电路布图设计的保护采用的特别法保护制度，但

---

〔1〕　参见吴汉东主编：《知识产权法》，北京大学出版社 2019 年版，第 5 页。

〔2〕　参见雷艳珍：《我国集成电路布图设计专门法保护中的基本问题——以布图设计保护范围的确定为中心》，载《法律适用》2023 年第 2 期。

立法层次仅限于行政法规和部门规章。

我国《集成电路布图设计保护条例》第22条规定，布图设计权利人可以将其专有权转让或者许可他人使用其布图设计。因此，集成电路布图设计专有权具有可贸易性。

5. 商业秘密权

商业秘密在《TRIPS协定》中被称为未披露过的信息。我国《民法典》规定了对商业秘密给予知识产权保护的总规则，但在我国商业秘密主要由《中华人民共和国反不正当竞争法》（以下简称《反不正当竞争法》）进行保护。

《反不正当竞争法》第9条规定，本法所称的商业秘密，是指不为公众所知悉、具有商业价值并经权利人采取相应保密措施的技术信息、经营信息等商业信息。

由此可见，商业秘密具有可贸易性。

6. 植物新品种权

《TRIPS协定》在第二部分中并未以单独一节直接规定对植物新品种保护问题。但在第五节专利第27条第3款b项中以但书规定"成员应以专利制度或有效的专门制度，或以任何组合制度，给植物新品种以保护。"因此，植物新品种权也是与贸易有关的知识产权。

《中华人民共和国植物新品种保护条例》（以下简称《植物新品种保护条例》）第6条规定，完成育种的单位或者个人对其授权品种，享有排他的独占权。任何单位或者个人未经植物新品种权所有人许可，不得生产、繁殖或者销售该授权品种的繁殖材料，不得为商业目的将该授权品种的繁殖材料重复使用于生产另一品种的繁殖材料；但是本法、有关法律、行政法规另有规定的除外。因此，植物新品种权可依法贸易，具有可贸易性。《植物新品种保护条例》第9条规定，植物新品种的申请权和品种权可以依法转让。因此，植物新品种权具有可贸易性。

（三）可贸易知识产权范围大于狭义知识产权范围小于广义知识产权范围

前述《WIPO公约》和《TRIPS协定》对知识产权界定进行对比，可以发现，两种界定的差别在于：《WIPO公约》中的科学发现权、与民间文学有关的权利、实用技术专有权以及"在工业、科学、文学或艺术领域内由于智力活动而产生的一切其他权利"（如域名权[1]）未明确包含在《TRIPS 协定》之中。原因有四，其一是这些权利与贸易活动无关，其二是部分权利尚在争议之中（如域名权、数据库特别权），其三是在发达国家有些权利的资源较为匮乏，其四是科学技术发展中还未出现的未知权利，因此，《TRIPS 协定》实质上是从发达国家贸易的现实需要和利益最大化需要出发而对知识产权进行界定、划分或分类的。

在学术界通常将《WIPO 公约》界定的知识产权称为广义知识产权，将著作权、商标权、专利权称为狭义知识产权。广义知识产权和狭义知识产权的划分，主要是历史发展和传统因素在起作用。这种划分与贸易无关，主要具有历史意义和理论意义。《TRIPS 协定》涉及的知识产权既不同于广义知识产权，又不同于狭义知识产权，具有特定标准或范围，即是否与发达国家的现实贸易需要和现实利益最大化需要有关。因此，将《WIPO 公约》和《TRIPS 协定》均视为广义知识产权，[2]失之偏颇。与此相联系，可贸易知识产权范围大于狭义知识产权范围，小于广义知识产权范围。

三、知识产权贸易的地位

（一）再生产的第一要素有效流转，是再生产过程需要和重要环节

科学技术是第一生产力。科学技术对再生产力提升的促进作用和重要意义，已为人类公知。马克思的再生产理论将扩大再生产区分为外延式扩大再生产和内涵式扩大再生产。其内涵式扩大再生产理论依然包含了科学技术在扩大再生产中的重要作用。因时代的局限，在卡尔·马克思（1818 年 5 月 5 日~1883 年 3 月 14 日）时代，科学技术在再生产中的巨大作用，还没有完全凸显出来。尽管当时已有专利法、著作权法和商标法三大传统知识产权法，但知识产权贸易还很不发达，与科学技术相关的知识产权贸易还没有完全从生产过程中独立出来，因此马克思的再生产理论是建立在知识产权已经产生但贸易尚不发达的阶段。在马克思时代之后，知识产权贸易逐渐发达，并逐渐建立了国际知识产权保护制度，如《巴黎条约》《伯尔尼公约》。因此，知

---

[1] 域名权属于标识类知识产权，具有可贸易性。基于本书以《TRIPS 协定》规定的与贸易有关的知识产权进行研究，本书不涉及域名权贸易的研究。

[2] 参见吴汉东主编：《知识产权法》，北京大学出版社 2019 年版，第 4 页。

识产权贸易的大发展主要发生在马克思时代之后。虽然马克思的内涵再生产中包含了与科学技术相关的知识产权贸易有关的内涵，但我们从马克思的既成理论中，还找不到知识产权贸易的身影。

寻找知识产权贸易在再生产中的身影，需要根据科学技术发展和知识产权贸易实践，对再生产理论进行新的解读和发展。我国学术界对此有了新的解读。如杨斌林[1]认为，再生产（Reproduction），即不断反复进行的生产过程。包括人类再生产和物质再生产两大方面。通过人类自身的不断再生产（繁衍）和物质（生产物资和生活物资）的不断再生产，如此周而复始，才可以维持人类社会的存在和发展。因此，社会生产总要连续不断、周而复始地进行。如果中断，社会就要灭亡。这种不断更新和不断重复的生产，就是"再生产"。

杨斌林先生认为，再生产是人类在大自然中，以活劳动为核心，共同需求为目的，科技手段为半径的四维时空内，与其他再生产实体结合成再生产关系，在"六有——变性"中产出再生产力而衰亡，回归自然；同时又使对象性自然吸收再生产力而形成"六有——变性"，孕生、成长为幼青体，进而形成带有再生产效益的下一代再生产实体，并形成世代繁衍进化、此消彼长的网络系统周期活动。再生产包括再生产实体、再生产关系和再生产力。

笔者认为，杨斌林先生的上述再生产理论，发展了马克思的再生产理论，揭示了科学技术在再生产中的支撑作用。但是，科学技术作为第一生产力，并不是任何企业都可以自己获得。在再生产中物质资料生产和科学技术生产是分离或有社会分工的。再生产中要实现物质资料生产与科学技术的结合，离不开科学技术的买卖或交换、贸易。因此，在现代社会再生产中，与科学技术相关联的知识产权贸易是再生产过程中不可或缺的重要环节。

（二）知识产权贸易是三大贸易体系的重要组成部分

WTO设立货物贸易理事会、服务贸易理事会和与贸易有关的知识产权理事会。它们均在总理事会的指导下进行工作，分别负责多边贸易协议、服务贸易总协定、与贸易有关的知识产权协定的运作。因此，知识产权贸易是世界贸易组织三大贸易体系的重要组成部分。其中，《TRIPS协定》中的"贸易"，主要指有形货物的贸易即买卖，不涉及服务贸易。同时，此处的"贸

---

〔1〕 参见杨斌林：《再生产平衡表研究》，中国经济出版社2002年版。

易"，包括活动本身是合法的贸易或假冒商品贸易（即活动本身是不合法的贸易）。在合法贸易活动中，有时会存在知识产权的保护问题；在假冒商品的不合法贸易活动中，始终存在一个打击假冒、保护知识产权的问题。

四、知识产权贸易的意义

（一）知识产权贸易是知识产权权利人实现经济利益的重要前提条件

现代社会生产力的发展产生了物质生产与科学技术研发的分工，产生了文学创作与传播的分工。知识产权制度赋予了知识产权人以许可权（贸易权）和获得报酬权等基本权利。

知识产权的权利客体包括专利、商标、作品、植物新品种、集成电路布图设计、商业秘密等只有和社会再生产过程相结合，才能产生满足社会公众需要的物质文化产品，才能产生、创造价值，实现使用价值。一方面，知识产权的客体除商业秘密和少数作品外，都具有公开性或具有公开的权利或义务。这就为在生产过程中有效利用知识产权客体提供了重要的条件。但是，客体之上的知识产权往往不在使用者手中。此时就产生知识产权贸易的客观需要。另一方面，知识产权权利人为创造知识产权付出的智力劳动消耗，需要通过生活消费资料和科学技术等精神资料的消费来进行再生产，为此，就需要将其创造的知识或智力活动成果之上的权利通过贸易的手段将之转化为货币，实现其报酬权。因此，知识产权报酬权的实现，离不开知识产权贸易。

（二）知识产权贸易是知识产权创造和运用的重要桥梁

创造、运用、保护、管理和服务是知识产权再生产的五个重要环节。在社会分工情况下，知识产权发挥其使用价值和价值大致有两种通途，一是知识产权人自用，即知识产权人自己使用、实施其知识产权，将运用知识产权生产的商品投入市场流通获得经济利益。这是商标、少数专利和作品等知识商品实现使用价值和价值的通途。二是知识产权贸易，即知识产权人通过贸易的途径，获得知识产权利益。这是绝大多数知识产权实现其使用价值和价值的通途。知识产权贸易是知识产权创造和运用的中间环节，是创造通向运用的桥梁。没有知识产权贸易，知识产权创造就失去了走向运用的一条通途，知识产权就难以发挥应有的促进社会进步的作用，也就失去了知识产权创造的终极目标。

（三）知识产权贸易是快速提升我国生产力水平的捷径

从国内生产总值（GDP）总量看，我国早已成为了世界第二大经济体。但从发展水平看尚属于发展中国家，生产力水平和科学技术水平与世界先进水平还有一定差距。提升我国科学技术水平有两大基本选择，一是自力更生，自主研创与开发。二是知识产权贸易。前者开发时间长，投资大，且具有风险性（失败）；后者通常运用谈判技巧，一般可以实现在较短的时间内，以较小的投资或成本（特别是非专有许可证贸易情况下），有效避免或降低投资风险，达到提升生产力水平的目的。因此，知识产权贸易，特别是与科学技术相关的知识产权贸易，对于提升我国生产力水平具有重要意义，是短时间内快速提升生产力的捷径。

（四）知识产权贸易是自主创新的重要阶梯

中国建设知识产权强国离不开自主创新。特别是对于国家安全等方面的高精尖科学技术，靠知识产权贸易是不能解决问题的。但是，知识产权贸易可以为自主创新提供重要的阶梯。据悉，目前世界上的新技术95%以上都是以专利形式公开的。专利的保护期通常为10年至20年。也就是说，95%的专利技术都是10年至20年之内的新技术。我们通过知识产权贸易可以买到较为新颖的实用技术。通过知识产权贸易，我们可以站在与世界最先进技术10年至多20年的差距的新阶梯上，缩短与先进国家的技术差距，甚至有的新技术还是更近时间的新发明，本身就是居于世界领先水平的技术，因此，知识产权贸易为发展中国自主创新搭建了新的阶梯与平台。

（五）知识产权贸易是提升我国文化软实力的重要途径

提升我国在世界上的文化软实力主要是版权产业和教育事业的神圣职责。中国文化要走出去，就需要将享有著作权的优秀作品通过贸易途径，传播到世界各国各地。在改革开放初期，在我国不少人有一种崇洋媚外的心理状态。这种心理状态一方面是由于发达国家经济科技确实比我们先进得多而导致的；正如马克思所说，"工业较发达的国家向工业较不发达的国家所显示的，只是后者未来的景象。"[1]部分国人为未来而崇外是可以理解的，其所缺的是民族自信心。另一方面，是国外的大量作品被翻译传播到国内，使国内知识分子和大众广泛地接触到了西方文学作品和学术作品，西方的思想、观念被极大

---

〔1〕 马克思：《资本论》（第一卷），人民出版社1975年版，第8页。

程度地传播到了我国广大民众之中而引起。这就是版权贸易对提升西方国家文化软实力的积极作用的有力例证。目前，尽管我们经过四十余年的改革开放，在经济上已经成为世界第二大经济体。但文化软实力与我国经济发展的迅猛态势相比，显得非常不足。为此，我国为了提升文化软实力，在世界各国与多所大学合作建立孔子学院，传播中国文化。2004 年 11 月 21 日，中国第一所海外"孔子学院"在汉城汉语水平考试韩国办事处举行了挂牌仪式。据人民日报海外版报道，截至 2015 年 12 月 6 日，第十届孔子学院大会在上海召开，此时，我国已在 134 个国家和地区建立了 500 所孔子学院和 1000 个孔子课堂，学员总数达 190 万人。[1]第十三届孔子学院大会 2018 年 12 月 4 日在成都召开，来自 154 个国家和地区的 1500 多名代表参加大会。孔子学院又有了新发展。但是，我国版权贸易自改革开放以来却是历年入超。为了促进中国优秀作品在世界上的传播，我国设立了国家社会科学基金中华学术外译项目。无论是孔子学院，还是外译项目目前都是国家财政出钱推动提升软实力的举措。但我国版权对外贸易金额较低。提升文化软实力则需要大力发展中国作品版权对外贸易，让中国文化传遍世界。

第三节　知识产权贸易的客体、研究对象和主要内容

一、知识产权贸易的客体

与贸易无关的知识产权，无疑不能成为知识产权贸易的客体。因此，知识产权贸易的客体只能在与贸易有关的知识产权中进行寻找和研究。知识产权贸易的客体，系指与贸易有关的知识产权中可贸易的权利内容。

（一）著作权

依据我国《著作权法》的规定，著作权是著作人身权与财产权的总和。

我国《著作权法》第 10 条规定了十七种权利，其中前四种包括发表权、署名权、修改权、保护作品完整权是著作人身权，第五至第十七种，包括复制权、发行权、出租权、展览权、表演权、放映权、广播权、信息网络传播权、摄制权、改编权、翻译权、汇编权和应当由著作权人享有的其他权利是

---

〔1〕　参见《我国已建立 500 所孔子学院 遍及 134 个国家和地区》，人民日报海外版，world. people. com. cn/n/2015/1207/c1002-27894537. html，最后访问日期：2023 年 12 月 7 日。

著作财产权。著作权人可以许可他人行使著作财产权利，并依照约定或者著作权法有关规定获得报酬。著作权人可以全部或者部分转让著作财产权利，并依照约定或者著作权法有关规定获得报酬。据此规定，学术界通常认为，著作人身权不具有可贸易性，即与著作权人不可分离，不得许可、转让。因此，对于著作权而言，著作权中可贸易部分仅仅是著作权中的经济权利或财产权。

（二）专利权

《专利法》赋予了专利权人以专利权。专利权主要是经济权利，包括专利实施权、专利实施禁止权、转让权、专利实施许可权、专利标识使用权，但也包含人身权的内容。该法第 16 条规定，发明人或者设计人有权在专利文件中写明自己是发明人或者设计人。专利权人有权在其专利产品或者该产品的包装上标明专利标识。这里需要说明的是，学术界有部分学者将第 16 条的第 2 款概括为专利标识使用权，将第 1 款的规定，排除在专利权的内容之外是失之偏颇的。笔者认为，本条赋予了专利权两项权利，第 1 款系专利权人的署名权，第 2 款系专利权人的标识使用权。此外，专利权还包含了专利权的前置权利，即修改权。修改权是专利申请人的权利。专利申请人既可以主动修改专利文件〔《专利法》第 33 条和《中华人民共和国专利法实施细则》（以下简称《专利法实施细则》）第 51 条〕，也可以应国务院专利行政部门的通知要求修改专利文件（《专利法》第 37 条）。请求人在提出复审请求或者在对专利复审委员会的复审通知书作出答复时，可以修改专利申请文件（《专利法实施细则》第 61 条）。基于修改权这里还需要说明的是，修改权仅仅是专利申请人对专利文件修改的权利，不是授予专利权后专利权人的权利。在非职务发明创造中，修改权是发明创造人获得专利权的重要手段之一，是专利权人的前置权利。修改权是否为专利权人的权利内容，因而有不同认识。

与著作人身权相同，专利权中的人身权同样不具有贸易性。如《专利法实施细则》第 14 条规定，专利法所称发明人或者设计人，是指对发明创造的实质性特点作出创造性贡献的人。第 19 条规定，发明、实用新型或者外观设计专利申请的请求书应当写明下列事项：……③发明人或者设计人的姓名。这些规定与《专利法》第 10 条规定的"专利申请权和专利权可以转让"结合起来，我们可以认为，专利申请权可以转让，但发明人、设计人的署名权不能转让。因此，专利权的经济权利具有可贸易性。

（三）商标权

商标权与著作权、专利权不同，它没有人身权，只有商标专用权，即商标注册人依法享有在核定使用的商品与服务上使用注册商标的权利和商标禁止权，即商标注册人享有禁止他人未经许可，在相同或相类似的商品与服务上使用与其注册商标相同或近似的商标的权利。商标专用权和商标禁止权是两项以经济权利为核心的权利。

根据我国《商标法》第42条规定，转让注册商标的，转让人和受让人应当签订转让协议，并共同向商标局提出申请……转让注册商标经核准后，予以公告。受让人自公告之日起享有商标专用权。第43条规定，商标注册人可以通过签订商标使用许可合同，许可他人使用其注册商标。因此，商标权具有完全的可贸易性。

（四）集成电路布图设计专有权

集成电路布图设计专有权的权利人仅仅享有单纯的经济权利，不享有人身权。我国《集成电路布图设计保护条例》第7条规定，布图设计权利人享有下列专有权：①对受保护的布图设计的全部或者其中任何具有独创性的部分进行复制；②将受保护的布图设计、含有该布图设计的集成电路或者含有该集成电路的物品投入商业利用。这两项专有权可以概括为复制权和商业利用权。这些单纯的经济权利具有完全的可贸易性。正如我国《集成电路布图设计保护条例》第22条的规定，布图设计权利人可以将其专有权转让或者许可他人使用其布图设计。转让布图设计专有权的，当事人应当订立书面合同，并向国务院知识产权行政部门登记，由国务院知识产权行政部门予以公告。布图设计专有权的转让自登记之日起生效。许可他人使用其布图设计的，当事人应当订立书面合同。因此，集成电路布图设计专有权具有完全的可贸易性。

（五）商业秘密权

商业秘密权也是一种单纯经济权利的知识产权，通常认为它包括占有权、使用权、收益权和公开权。作为经济权利的商业秘密权，具有完全的可贸易性。即依法可以许可和转让商业秘密。根据《民事案件案由规定》第151条规定，商业秘密转让通称为让与，不使用转让术语。商业秘密权具有完全的可贸易性。

（六）植物新品种权

植物新品种权是一项单纯的经济权利。根据我国相关法律法规的规定，它包括三种经济权利：为商业目的生产、繁殖权；销售权，即销售该授权品种的繁殖材料；重复生产权，即为商业目的将该授权品种的繁殖材料重复使用于生产另一品种的繁殖材料。根据法律规定，植物新品种权具有可贸易性。

从上述法律规定和论述可见，知识产权贸易的客体，仅仅包含知识产权中的经济权利，不包含知识产权中的人身权，因此，我们可以将知识产权贸易的客体，概括为知识产权中的经济权利。

二、知识产权贸易的研究对象

知识产权贸易作为一门学科或者作为一门科学，有自己独立的研究对象和研究领域。知识产权贸易的研究对象是什么及其对该研究对象的界定，决定了这门学科的内容体系。

目前学术界对知识产权贸易的研究对象，尚未有研究。如目前全国唯一的一部《知识产权贸易》（詹宏海编著）教材和专著，作为上海市高校教育高地建设项目成果，已于 2009 年 11 月由上海大学出版社出版。该作品未涉及知识产权贸易的研究对象。

再如，作为专门知识产权贸易的教材，《版权贸易教程》（徐建华、叶新主编）系现代出版学精品教材，已于 2013 年 6 月由苏州大学出版社出版，该作品亦未对版权贸易的研究对象进行研究。

在我国，未见到从总体上研究其他专门知识产权贸易的专著或教材出版。虽然有就某专门知识产权贸易的某一方面问题研究的专著出版，如陈昌柏编著的《国际知识产权贸易》（1994 年 3 月东南大学出版社出版），徐元著《知识产权贸易壁垒研究》（2012 年 3 月中国社会科学出版社出版）等，都未对该问题进行研究。

笔者在此提出知识产权贸易的研究对象，试图将知识产权贸易作为一门科学来看待，而不仅仅是知识产权运用的技术工具。但是，提出这一问题本身就给本门学科的研究，带来巨大的困难。

研究知识产权贸易的研究对象，需要从下列方面进行思考：

首先，要界定知识产权贸易研究的是知识产权还是贸易以及在本学科中知识产权与贸易的关系两个问题。

关于第一个问题，笔者的看法是，提出这个问题的目的是要确立知识产权贸易的研究基点。笔者认为，知识产权贸易作为一个词组，属于偏正结构，其中心词在于贸易。因此，知识产权贸易可谓知识产权的贸易，研究的是贸易。

关于第二个问题，笔者的看法是，前文研究的知识产权贸易的客体回答了该问题的部分答案，即知识产权之经济权利是知识产权贸易的客体。该问题的另一部分答案是贸易与知识产权的关系，笔者认为，贸易是知识产权行使、运用的手段和工具。

其次，要界定知识产权贸易中的贸易的内涵是什么。此处知识产权贸易中的内涵不是指知识产权贸易的概念，而是贸易在知识产权贸易中的表现形式。从我国知识产权法规定中，我们可以看出，知识产权许可、转让是知识产权贸易的基本形式。因此，知识产权贸易通常指知识产权的许可与转让。

再次，要界定知识产权贸易中的研究对象的内涵。任何科学其所研究的都是指对象物所特有的运动（运行）规律，或者说是特定事物某个方面或某几个方面的运行规律。而对这样的运行规律的发现，必定是在非常深入、具体的研究工作之后才能有所收获。应当说，笔者对知识产权贸易的研究，还非常肤浅，但笔者有信心在学习研究前人或同代人关于知识产权许可、转让研究的既有成果基础上，探索许可、转让的规律性。

最后，对上述分析进行概括总结，笔者认为，知识产权贸易的研究对象是以知识产权中的经济权利为客体的许可、转让贸易形式及其规律。

三、知识产权贸易的主要内容

在学习和研究包括但不限于著作权法、专利法、商标法、商业秘密法等基本知识产权法学的基础上才能对知识产权贸易的理论与实践问题进行深入研究。且笔者对其研究对象界定为贸易即知识产权许可、转让的规律，基于此，笔者初步考虑，知识产权贸易研究的内容主要有：

导论部分。本部分主要研究贸易和知识产权贸易的一般理论、知识产权贸易的客体、研究对象和主要内容，揭示知识产权贸易的研究方法。

第一章知识产权市场。本章主要研究知识产权贸易的场所或载体。本章内容主要有市场和知识产权市场、知识产权合法贸易形式，知识产权市场细分，知识产权市场差异等内容。

第二章知识产权许可证贸易。本章主要内容包括知识产权自愿许可证贸易并探索构建知识产权开放许可证贸易制度、知识产权法定许可证贸易、知识产权指定许可证贸易、知识产权强制许可证贸易等。

第三章知识产权转让证贸易。本章主要内容有著作权、商标权、专利权等知识产权转让证贸易。

第四章知识产权价值与价格。本章主要内容包含知识产权价值理论、知识产权市场价格和国家定价、知识产权价值评估、知识产权许可使用费的确定等。

第五章知识产权违法贸易与治理。本章主要内容有知识产权违法贸易理论、著作权、商标权、专利权等知识产权违法贸易、知识产权违法贸易的治理等。

第四节　知识产权贸易的研究方法

一、理论与实践相结合的研究方法

知识产权贸易的研究对象涉及的行为是知识产权贸易活动。这门学科不仅要研究知识产权贸易活动本身存在的各种现象，还要进行各种实务操作，是一门实践性很强的学科，因此，理论与实际相结合就是学习这门学科的首要方法。

贸易是一种经济活动，将理论与实际结合在一起的方法，在经济学家们那里被具体化为两种方法。一种是规范研究（Normativestudy）。其特征是从已经公认的定理、规则、规律出发，来认识、研究现实现象。如果某些定理、规则已被实践反复证明是正确的，就没有多少必要去重新进行一般性论证，而应试图以这些定理、规则为出发点，来认识、解释现实世界。另一种是实证研究（Positivestudy），就是不带任何先入之见地从实践出发，从对具体现象的观察研究出发，来检验已有理论、定理或定律的准确性，并试图从中得出新的认识。在这个意义上可以认为，规范研究实际上以实证研究为基础。

结合知识产权贸易研究的具体问题，理论和实践相结合的方法包括下列具体方法：（1）观察方法。即观察知识产权国内外贸易领域的各种现象，从中提取规律性的东西，以作为研究的依据。（2）分析方法。即对观察到的众多现象进行逻辑分析，以求在各种现象之间找到某种联系，发现带有规律性的东西。（3）统计方法。即利用知识产权贸易统计资料，研究知识产权贸易活动规律、趋向，揭示知识产权国内外贸易存在的问题，以便提出可行的对策。（4）比较方法。即对以上方法得出的各种结论进行纵横向的比较，以便发现差异，发现事物内在联系与规律。（5）综合方法。这是对分析方法的补充，把个别分析综合起来，容易看到事物的全貌。

二、经济研究方法和法律研究方法相结合

知识产权贸易立足于贸易，本质上是一种经济活动，经济研究方法即定性研究与定量研究相结合的研究方法，应当适用于知识产权贸易研究。但知识产权贸易的客体是知识产权。知识产权又是一个法律问题，在研究知识产权贸易时须以知识产权法为基础，知识产权贸易的研究还应当运用法律研究方法。在法律科学中，法经济学是将法学方法与经济方法结合最为紧密的边缘性学科，知识产权贸易也是一门法律与经济结合非常紧密的学科，因此，借鉴法经济学的研究方法，研究知识产权贸易，是一个有益的选择。

（一）知识产权贸易研究应当以国际国内知识产权法为基础

知识产权贸易绝不是一个纯理论性的学术研究，知识产权国内外贸易实践的基础和依据在于现行知识产权国际法、国内法。知识产权贸易研究结论的正确性取决于尊重现行国际法、国内法确定的知识产权贸易的基本规则。任何试图脱离规则的研究，都会脱离知识产权贸易具有的实用性，使贸易活动不再具有可行性。因此，研究知识产权贸易，需要借助知识产权法使用的基本法律术语、规则，以知识产权法术语的法律内涵和规则来指导知识产权贸易的研究。原则上研究知识产权贸易不存在发展、完善知识产权法和知识产权法学的重大任务，其对知识产权法的依赖关系在于"用"，即用知识产权法关于知识产权贸易的基本术语、范畴、规则来指导知识产权之"易"。但并不是知识产权贸易的研究除了"用"之外，就没有任何发挥的余地。在国际法的指导下，世界各国知识产权法具有一定的差异。他国知识产权贸易的规则，可为我"用"以发展我国知识产权法和知识产权贸易实践。我国不同知识产权法之间对知识产权贸易规定，亦有差别，可以研究借鉴为他法之用，用以发展和丰富我国知识产权贸易实践。原则上知识产权国际法、国内法、他国法没有的术语、范畴、规则不能使用到知识产权贸易的研究之中，对他

国法术语、范畴、规则的引入要持谨慎态度。本书的研究立足知识产权国内贸易，主要以国际法和国内法为基础进行研究知识产权之"易"。

（二）以案例研究进行定性分析研究

案例研究是社会科学当中常用的研究方法。知识产权贸易之案例在于相关知识产权合同纠纷案例。这些案例集中于知识产权纠纷司法处理机构之中，并被各司法机构根据最高人民法院裁判公开原则公开于中国裁判文书网中。案例研究可借助于丰富的网上案例资源进行检索和研究。案例研究方法已被广泛引入经济学和法学领域，特别是被引入法经济学研究领域之中。要揭示知识产权贸易的本质及其规律，离不开对现实知识产权贸易活动的调查、考察和研究，从丰富而生动的知识产权贸易实践中揭示知识产权贸易规律。因此，案例研究应当是研究知识产权贸易的重要方法。

（三）定量分析方法

定量分析是经济学的重要方法，但总体而言定量分析是法学研究中的薄弱环节。数理分析作为现代经济学的主要研究方法，在法经济学的研究中也被大量使用，知识产权贸易研究也应采用这种现代研究方法。通过对知识产权贸易研究问题进行严格的假定和条件约束，进行公式化的表述，进而使用效用最大化数理分析等模型对研究对象进行研究，以得到相应的研究结论，实现研究结论的科学化。计量经济学是现代经济学的基本研究工具。在知识产权贸易的研究中，为了度量法律制度的绩效，也可以使用计量经济学的方法进行研究。对于能够数理化的问题，尽可能采用计量方法进行研究。特别是知识产权之"易"就是实现知识产权使用价值和价值的量之易。没有定量的研究，就不会有知识产权之易，因此研究知识产权贸易离不开定量分析方法。

第一章
知识产权市场

知识产权贸易在哪里进行，是知识产权贸易的市场问题。表面上看来，市场似乎就是知识产权交易的场所，但在这一表象背后，市场的本质、贸易形式、市场细分、市场差异等也是我们研究知识产权市场必须回答的问题。

第一节　市场与知识产权市场

一、市场

市场起源于古时人类对于固定时段、地点进行交易的场所的称呼，指买卖双方进行交易的场所。至今仍有学者认为，"表面上看，市场是交换人们认为等值的物品的地方（用商品、服务、劳动力交换货币，用货币交换对未来的商品或服务的承诺，等等）。"[1]因此，自古以来，人们将交易场所称为市场，或者市场就是交易场所。如传统市场、集贸市场、批发市场、零售市场、股票市场、期货市场等。这是普通社会人们眼中的市场，也是市场的基本定义。

在学者给出了这样基本定义的同时，提出了另外一个问题："注意，即使是这样一个市场的基本定义也直接取决于市场做什么。但市场的内容远不止这一基本定义，这也恰恰是因为市场做的事情远不止是物品交换。"[2]关于市场在做什么，有两种不同的回答：一种是我国学者通常的回答，即"发展到

---

〔1〕〔美〕阿尔·坎普贝尔：《马克思和恩格斯关于计划与市场的基本观点及其现实意义》，武锡申译，载《国外理论动态》2010年第7期。

〔2〕〔美〕阿尔·坎普贝尔：《马克思和恩格斯关于计划与市场的基本观点及其现实意义》，武锡申译，载《国外理论动态》2010年第7期。

现在，市场具备了两种意义，一个意义是交易场所，另一意义为交易行为的总称。即市场一词不仅仅指交易场所，还包括了所有的交易行为。"这种回答概括起来就是市场在做交易行为，并认为交易行为是市场的第二种含义。

第二种回答是"塑造着市场参与者的本质。一方面，它们塑造参与者的人格……。另一方面，市场参与者的集体人格、他们的习俗、文化、法律、准则也影响着市场的本质。"[1]这种回答主要是将"市场作为文化制度的方面"或"交换制度是更大的社会组织的一部分。因此，市场成为某个社会的一部分"的层面来认识和回答的。

对于第一种回答，即市场是交易行为的总和，市场做的是交易行为，回答的是市场的内容，并未揭示市场的本质。至于第二种回答，更主要的是解释了市场作为社会的组织部分的本质，而非市场的本质。

我们应当从市场的参与者的角度对市场的本质进行研究。从传统市场看，市场的参与者通常包括用商品、服务、劳动力交换货币的供给者；市场（场所）的提供者；用货币交换对未来的商品或服务的承诺的需求者。在三个参与者中，市场（场所）提供者并非交易所必须，在部分交易中，市场（场所）可以是供给者提供，或由需求者提供，此时，市场（场所）的提供者并不必然独立存在，甚至此时的场所，在供给者与需求者之间，在观念上基本是不存在的，特别是在供需双方直接交易的情况下，尤其在双方交易是通过不见面的方式（包括通过传统邮递或 Email 完成交易契约，通过物流或信息流完成交易交割等）的情况下更是如此。所以，能够揭示市场本质的是供给者与需求者的交易行为。交易行为是市场中集中表现出来的事物的现象，交易行为的本质需要从对交易行为这一现象的认识中去把握。

按照马克思主义科学的交换理论认为，在市场中供需双方交换的商品或服务，体现的是相同劳动量的交换，实行等价交换。现代经济条件下，交换通常是以货币为媒介的。货币作为一般等价物是特定量劳动的价值表现形式或劳动的计量单位。因此，供需双方的交易行为体现的本质是劳动交换关系。所有产权、使用权等发生转移和交换的关系，本质上都是一种劳动交换关系，都可以成为市场，市场就是各种劳动交换关系或简称为交换关系的总和，这

---

〔1〕〔美〕阿尔·坎普贝尔：《马克思和恩格斯关于计划与市场的基本观点及其现实意义》，武锡申译，载《国外理论动态》2010 年第 7 期。

就是市场的本质。

二、知识产权市场

（一）知识产权市场及其本质特征

知识产权市场是一种特殊市场，它具有市场的一般内涵，又具有不同特点。从一般意义上看，知识产权市场是知识产权交易场所，知识产权所有权、使用权转移或交换的关系都可以成为市场，知识产权市场是知识产权创造过程中凝结的劳动或创造性劳动的交换场所。知识产权市场的本质是知识产权中凝结的创造性劳动交换关系的总和。

（二）知识产权市场的特点

知识产权市场作为特殊市场，具有与传统市场（货物市场、服务市场）相比不同的特点。这些特点，概括起来主要有：

1. 市场交易的客体是知识产权或法律权利

货物贸易即有形（商品）贸易（Tangible Goods Trade），其用于交换的商品主要是以实物形态表现的各种实物性商品。国际贸易中的货物种类繁多，为便于统计，联合国秘书处起草了 1950 年版的《联合国国际贸易标准分类》（United Nations Standard International Trade Classification，SITC），分别在 1960 年和 1974 年进行了修订。在 1974 年的修订本里，把国际货物贸易共分为 10 大类、63 章、233 组、786 个分组和 1924 个基本项目。这 10 大类商品分别为：（0）食品及主要供食用的活动物；（1）饮料及烟类；（2）燃料以外的非食用粗原料；（3）矿物燃料、润滑油及有关原料；（4）动植物油脂及油脂；（5）未列名化学品及有关产品；（6）主要按原料分类的制成品；（7）机械及运输设备；（8）杂项制品；（9）没有分类的其他商品。在国际贸易统计中，一般把 0-4 类商品称为初级产品，把 5-8 类商品称为制成品。有形贸易的进出口必须办理海关手续，能够在海关统计中反映出来，是贸易国际收支经常项目的重要内容。

服务贸易即无形贸易，是现代发展起来的、除了与货物贸易有关的服务以外的新的贸易活动，如承包劳务、卫星传送和传播等。按照世贸组织的分类，服务贸易共有 12 类：

（1）商业性服务。商业性服务系在商业活动中涉及的服务交换活动。服务贸易谈判小组列出了既包括个人消费、企业和政府消费的 6 类商业性服务：

①专业性（包括咨询）服务。专业性服务包括法律服务；工程设计服务；旅游机构提供服务；城市规划与环保服务；公共关系服务等；专业性服务中包括涉及上述服务项目的有关咨询服务活动；安装及装配工程服务（不包括建筑工程服务），如设备的安装、装配服务；设备的维修服务[1]。②计算机及相关服务。包括计算机硬件安装的咨询服务、软件开发与执行服务、数据处理服务、数据库服务及其他。③研究与开发服务。包括自然科学、社会科学及人类学中的研究与开发服务、在纪律约束下的研究与开发服务。④不动产服务。指不动产范围内的服务交换，但是不包含土地的租赁服务。⑤设备租赁服务。主要包括交通运输设备，如汽车、卡车、飞机、船舶等，和非交通运输设备，如计算机、娱乐设备等的租赁服务。但是，不包括其中有可能涉及的操作人员的雇用或所需人员的培训服务。⑥其他服务。指生物工艺学服务；翻译服务；展览管理服务；广告服务；市场研究及公众观点调查服务；管理咨询服务；与人类相关的咨询服务；技术检测及分析服务；与农、林、牧、采掘业、制造业相关的服务；与能源分销相关的服务；人员的安置与提供服务；调查与保安服务；与科技相关的服务；建筑物清洁服务；摄影服务；包装服务；印刷、出版服务；会议服务；其他服务等。

（2）通信服务。通信服务主要指所有有关信息产品、操作、存储设备和软件功能等服务。通信服务由公共通信部门、信息服务部门、关系密切的企业集团和私人企业间进行信息转接和服务提供。主要包括邮电服务；信使服务；电信服务（包括电话、电报、数据传输、电传、传真）；视听服务（包括收音机及电视广播服务）；其他电信服务。

（3）建筑服务。建筑服务主要指工程建筑从选址、设计到施工的整个服务过程。具体包括：选址服务，包括建筑物和国内工程建筑项目（如桥梁，港口、公路等）的地址选择等；建筑物的安装及装配工程；工程项目施工建筑；固定建筑物的维修服务；其他服务。

（4）销售服务。销售服务指产品销售过程中的服务。主要包括商业销售（主要指批发业务）；零售服务；与销售有关的代理费用及佣金等；特许经营服务；其他销售服务。

---

[1] 指除固定建筑物以外的一切设备的维修服务，如成套设备的定期维修、机车的检修、汽车等运输设备的维修等。

（5）教育服务。这是指各国间在高等教育、中等教育、初等教育、学前教育、继续教育、特殊教育和其他教育中的服务交往。如互派留学生、访问学者等。

（6）环境服务。指污水处理服务；废物处理服务；卫生及相似服务等。

（7）金融服务。主要指银行和保险业及相关的金融服务活动。包括：①银行及相关的服务，包括银行存款服务；与金融市场运行管理有关的服务；贷款服务；其他贷款服务；与债券市场有关的服务，主要包括经纪业、股票发行和注册管理、有价证券管理等；附属于金融中介的其他服务，包括贷款经纪、金融咨询、外汇兑换服务等。②保险服务，包括货物运输保险，包含海运、航空运输及陆路运输中的货物运输保险等；非货物运输保险，具体包括人寿保险、养老金或年金保险、伤残及医疗费用保险、财产保险服务、债务保险服务；附属于保险的服务，如保险经纪业、保险类别咨询、保险统计和数据服务；再保险服务。

（8）健康及社会服务。主要指医疗服务、其他与人类健康相关服务；社会服务等。

（9）旅游及相关服务。指旅馆、饭店提供的住宿、餐饮服务、膳食服务及相关的服务；旅行社及导游服务。

（10）文化、娱乐及体育服务。指不包括广播、电影、电视在内的一切文化、娱乐、新闻、图书馆、体育服务，如文化交流、文艺演出等。

（11）交通运输服务。主要包括货物运输服务，如航空、海洋、铁路、管道、内河、沿海、公路运输服务；航天发射以及运输服务，如卫星发射等；客运服务；船舶服务（包括船员雇佣）；附属于交通运输的服务，主要指报关行、货物装卸、仓储、港口服务、起航前查验服务等。

（12）其他服务。

上述货物、服务贸易都是看得见的劳动之间的贸易。服务贸易虽然无形但却能够被人们感知的服务劳动交换交易。

知识产权贸易的客体按照《TRIPS协定》的规定，主要包括著作权（邻接权）、专利权（工业品外观设计权）、植物新品种权、商标权（包含地理标志权）、集成电路布图设计专有权、商业秘密权六种权利。依照我们在导言中的研究可知，六种权利仅仅是六种知识产权中的经济权利才能成为贸易的客体。此外，《TRIPS协定》之外的知识产权如域名权、数据库特别权等单纯财产权也可以成为知识产权贸易的客体。知识产权贸易的客体具有无形性或非物质性的特点。[1]对此观点，笔者是完全赞同的。还有一种观点认为，知识产权的客体是知识，具有纯形式和非物质性的本质。[2]对此观点笔者认为，将知识产权客体作为知识，无限扩大了知识产权客体的范围。一是知识包括传统知识和新知识。传统知识不是知识产权保护的客体。新知识是指在知识产权法保护期内的知识。因此，并非所有知识都是知识产权的客体。二是新知识并非都是知识产权的客体。只有在国际公约、国内法规定的保护期内符合法律要件的新知识才能够成为知识产权客体中的新知识。在保护期内不符合法律规定要件的新知识不能成为知识产权的客体。三是知识产权客体保护知识的范围和知识产权客体中包含的知识范围是不相同的。知识产权客体中保护的知识范围，系指国际公约和国内法规定的保护期内的具有法律规定要件的新知识。该知识范围包含知识产权人自己的新知识和他人在保护期内符合法律规定要件的新知识（授权或侵权，例外情况是反向工程获得的新知识如商业秘密）。知识产权客体中包含的知识范围包含知识产权客体中保护的知识范围和知识产权客体中不保护的知识（主要是传统知识）、现有技术、现有设计、常规设计等。

虽然知识产权的客体包含了符合国际法、国内法保护的新知识，但贸易的不是新知识本身，而是凌驾在新知识之上的法定权利或专有权。《TRIPS 协定》规定的与贸易有关的知识产权，其文学产权客体除未公开（公之于众）者外，其工业产权除商业秘密外主要以公开换保护（专有权），因此，知识产权贸易通常并不以交付新知识为前提。

知识产权贸易的知识产权客体具有无形性或非物质性和从无到有的特征，货物贸易的客体具有物质性和已有的特征，这是两者的本质区别。两者分别受到知识产权法和物权法的保护。

知识产权客体之新知识虽然和服务贸易的客体即服务都具有无形性和非物质性特征，但知识产权客体中的新知识基于法律保护期而被固化在一个时期内具有不会磨灭的特征，贸易服务的客体具有即时提供服务即时消费的一次性特征，这是其客体的不同特征和区别，但这不构成知识产权贸易和服务贸易的根本区别。知识产权贸易的客体为法定权利（专有权及其使用权），并

---

[1] 参见吴汉东：《知识产权法》，法律出版社 2021 年版，第 21 页。
[2] 参见《知识产权法学》编写组：《知识产权法学》，高等教育出版社 2022 年版，第 9 页。

非法定权利下的新知识。服务贸易的客体则为服务本身，这是知识产权贸易与服务贸易的本质区别。

2. 市场本质表现的间接性

市场的本质是劳动交换关系的总和。知识产权作为法律授予的专有权，本身不是劳动量的体现。权利的交换关系似乎与劳动交换无关，但这种权利的交换对劳动本质交换关系是通过知识产权的客体反映出来的，不体现劳动的知识产权是在包含劳动的知识产权客体（作品、表演、录音制品、广播电视节目；发明、实用新型、外观设计；商标；集成电路布图设计；商业秘密等知识商品）基础上自动产生或经申请（注册）而被国家授予的。因此，权利交换是基于客体具有劳动有用性而产生的。知识产权市场的劳动交换关系总和的本质是通过权利交换间接体现出来的。正因为知识产权贸易中劳动关系交换本质体现的间接性，刘春田教授未看到这一点特点，提出了知识产权的价值源于知识产权客体的使用价值。创造成果和商业标记等知识，本身是无价的，知识并非价值承担者。知识产权作为一项财产权，其价值是通过人们对其客体的利用而表现出来的。知识产权价值的质源于特定的知识的使用价值，其量的规定性则取决于其使用价值的市场价格。由于创造成果和商业标记可以无限复制，权利人可以获得与复制品出售的数量成正比的财产收益。[1]笔者认为，刘春田教授混淆了知识产权价值和知识产权客体的价值、创造知识产权劳动即创造性劳动（文学产权中称为独创性劳动）和货物贸易、服务贸易劳动（相较于知识产权创造性劳动属于简单劳动）的重大区别，该观点是值得商榷的。

3. 知识产权市场的风险性

知识产权人的劳动多数不能实现交易，成为无效劳动。以我国专利为例，据羊城晚报报道，汇桔网 CEO 谢旭辉在接受羊城晚报记者专访时曾披露，中国知识产权市场转化率最多只有 3%，甚至更少。谢旭辉认为，知识产权的转化可分为三种情况：一种是产业化，直接应用于生产；第二种是商品化，知识产权卖出去也是一种转化；第三种是证券化或者金融化，比如用技术入股公司。[2]据教育部《中国高校知识产权报告（2010）》统计，中国高校的专

---

〔1〕　参见《知识产权法学》编写组：《知识产权法学》，高等教育出版社 2022 年版，第 7 页。

〔2〕　参见黄宙辉：《我国知识产权转化率仅 3%》，载《羊城晚报》2013 年 11 月 4 日，第 A21 版。

利转化率普遍低于 5%。2013 年底，时任国家发改委副主任张晓强在"中国经济年会"上透露，我国的科技成果转化率仅为 10% 左右。而在专利中占有一定比例的个人专利转化率不到 5%。来自世界银行的统计显示，中国专利技术应用商品化率不到 20%。而根据美国商务部 2012 年发布的《知识产权与美国经济：产业聚焦》报告显示，知识产权密集型产业 2010 年为美国经济贡献了超过 5 万亿美元，约占 GDP 的 34.8%；欧洲为 40%；中国则不到 27%。[1] 由此可见，知识商品贸易比货物贸易、服务贸易具有更大的风险性。马克思指出："W-G 形态，是商品的第一形态变化或卖。商品价值从商品体跳到金体上，像我在别处说过的，是商品的惊险的跳跃。这个跳跃如果不成功，摔坏的不是商品，但一定是商品所有者。"这就是商品交换的风险性。在货物与服务贸易中，虽然存在交易风险，但与知识商品交易中存在的 80%-97% 的交易风险相比，风险要小得多。

4. 客体交易的可多次性

知识产权客体具有无形性。这一特征使得同一知识商品可以与需要使用它的人进行无限次交易，而不减损知识商品的使用价值和价值。知识商品具有一次劳动消耗（创造）形成价值，无限次以价值为基础与他人进行交换的特质。谈到知识产权市场交易客体交易的无限性特征，或许会有人认为，知识产权市场的本质特征据此不再是劳动交换关系的总和。笔者认为，此时市场的本质特征表现为社会总劳动的交易。创造知识产权的创造性劳动是社会总劳动的一部分，社会总劳动包括创造性劳动和非创造性劳动两大部分。知识产权市场交易的是创造知识产权的创造性劳动与提供货物、服务等非创造性劳动的交换。社会分工将劳动分为创造性劳动（复杂劳动）与非创造性劳动（一般劳动），在一定时期内社会总劳动创造的价值是一定的，其中创造知识产权的创造性劳动与非创造性劳动在一定时期内创造的价值也是一定的。一定时期的创造性劳动形成的总价值与一定时期内非创造性劳动形成的总价值之间交易的量也是一定的。知识产权客体交易的可多次性是与知识产权客体的交易的风险性成反比的。知识产权客体交易的风险性与客体交易的可多次性是交易的两极，即该两极可用交易次数 $n=0 \longleftrightarrow n=m$（$m \geqq 1$）表示。当

---

〔1〕 参见马德秀：《以改革激发创新活力 突破体制机制瓶颈》，载《宏观经济管理》2015 年第 4 期。

n=0 时，知识产权市场就是完全风险性市场，知识产权人为创造该知识产权消耗的全部劳动都不能收回；当 n=1 时，知识产权人在创造该知识产权时消耗的劳动将全部收回；当 n>1，知识产权创造人将获得加倍或多倍的劳动回报。但此时的交易，仍然可按照第一次交易的价格成交，有的知识产权甚至会比第一次交易价格更高，当然，也有会比第一交易价格低的情况。客体多次交易获得的差额回报，就是 n=0 的知识产权消耗劳动转移的结果。这就是知识产权市场高风险与高利益并存的根本原因。刘春田教授的前述观点就是没有看到知识产权贸易的风险和机遇并存的情形，以偏概全。从劳动交换关系本质上看，某知识产权"创造"即通过复制品出售带来的巨量价值正是其他知识产权创造性劳动创造的价值在市场中转移的结果。知识产权界虽然少有一将功成万骨枯的景象，但存在不少一将功成多人伤（风险或 n=0）的景象。风险巨大，这是知识产权人多穷困的根源，机遇是知识产权人在贫困情况下能成功改变面貌的希望所在。

5. 知识产权市场交易的限期性

知识产权除商业秘密外基本上都有法定授权的时间性。超过法定授权时间的知识产权客体，不再享有知识产权（财产权），不再具有知识产权贸易性和交易权。此时的知识不再具有商品属性，是一种进入公有领域的知识。因此，知识产权市场基于特定的知识产权均具有交易的限期性这一特点而存在。这是知识产权市场与货物市场的重要区别，货物市场基于特定货物，只要还具有使用价值，就可以无限期进入市场，只有该货物消灭后才从市场中彻底退出，该货物即使已经丧失了使用价值，仍可以废品形式最后一次进入交易，即货物退出市场以货物消灭为条件。因此，货物市场中货物的交易期是基于货物的可消灭性而自然形成的，但知识产权客体具有无形性，不存在客体的可消灭性，知识产权的限期性是法律基于公共利益的保护而强制性规定的。这也是知识产权市场与服务市场的区别。服务作为无形贸易在服务提供与服务交易、消费同时进行，服务完成即消费完成，交易完成，服务贸易没有严格的期限性。

6. 知识产权市场的供给市场垄断性与消费市场的垄断和竞争相结合

知识产权具有专有性。专有性即为独占性、排他性或垄断性。这一特征造成了知识产权供给市场具有天然的垄断性。另一方面，知识商品又是稀缺的和基本上是唯一的。只有具有独创性的作品才能享有著作权，只有具有全球新颖性、创造性、实用性的发明创造才能被授予专利权；只有具有显著性的标志才能被注册成为注册商标，只有具有独创性和非公认常规设计性，才能被授予集成电路布图设计专有权，只有没有泄密的商业秘密才具有商业秘密权。虽然不同的创作者创作出了具有独创性的两部或多部相同作品分别享有著作权，但此种情况理论上存在现实中除摄影作品外很少发生，基本上不会对垄断性造成冲击；商业秘密虽然可以反向工程得以破解，他人可以通过类似劳动获得相似的商业秘密，该种情况也不会对商业秘密的垄断性带来冲击。但是，知识产权的使用市场或消费市场则是垄断性市场与竞争性市场并存的市场。使用者获得了知识产权人的专有或独家、排他授权，则会形成垄断性市场或寡头垄断市场；使用者获得的是非独家、排他授权，则通常会形成竞争性市场（此种情况下也不排除名义上的竞争性市场事实上的垄断市场的出现）。

（三）知识产权市场在世界三大贸易体系中的地位

1. 知识产权市场是三大贸易体系的有机组成部分

如前文所述，WTO 组织，将贸易分为货物贸易、服务贸易和知识产权贸易。三大贸易体系构成了世界贸易的完整体系。因此，知识产权贸易是三大贸易的有机组成部分。

2. 知识产权市场是货物贸易和服务贸易的重要支撑并控制货物贸易和服务贸易

贸易包含合法贸易和非法贸易。非法贸易主要表现在仿冒等侵犯知识产权贸易。合法贸易和非法贸易的重要区别点在于货物贸易和服务贸易中涉及的知识产权是否得到权利人的授权。从知识产权视域看，获得知识产权授权的货物贸易和服务贸易即为合法贸易，否则即为非法贸易。知识产权市场体系通过授权方式控制整个货物贸易市场和服务贸易市场。在此应当说明的是，合法贸易和非法贸易，在国际贸易中除知识产权标准外，至少还应当有海关法规标准等。但知识产权标准至少是最为重要的民法标准。

3. 知识产权市场是引领货物贸易和服务贸易发展进步的新方向

和平与发展是世界发展的主旋律。当代世界社会发展，离不开科学技术进步和创新。被授予知识产权的都是当代世界经济社会发展具有时代进步意义的创新成果。这些成果包含的知识产权是当代世界发展的新方向。

4. 知识产权市场是国际经济制裁与反制裁的重要场所

2022 年 3 月 1 日和 4 日，欧洲专利局（EPO）、美国专利商标局（USP-TO）、世界知识产权组织（WIPO）相继发表声明。EPO 则是冻结与俄罗斯联邦和白俄罗斯国家专利局的合作活动，并暂停与欧亚专利组织的合作活动，USPTO 终止了与俄罗斯知识产权机构以及位于俄罗斯的欧亚专利组织的官员接触。WIPO 组织的声明只是呼吁，并未有实际措施。USPTO、EPO 的声明，本质上是基于俄乌冲突对俄罗斯的制裁。面对这一局势，据央视新闻报道，俄罗斯政府修改了法律中关于专利赔偿金的规定。根据新的规定，如果专利持有人来自不友好国家和地区，其发明、实用新型或工业设计在未经授权的情况下被使用，则所需支付的赔偿金额为生产和销售商品、完成工作和提供服务的实际收益的 0%，即无须为非授权使用专利做出任何赔偿。[1] 俄罗斯于当日稍早时批准了不友好国家和地区名单，包括美国、欧盟成员国、英国、乌克兰、日本和其他一些国家及地区。俄罗斯经济发展部草拟的《在外部制裁压力条件下确保俄罗斯经济发展的优先行动计划》文件中列出了一些俄罗斯正在考虑的措施，其中：第 6.7.1 条进一步提议为计算机程序和数据库引入强制许可机制，将"与计算机程序、数据库和集成电路拓扑相关的发明、实用新型和工业设计的权利"给予政府。第 6.7.3 条所列项目试图解决外国公司撤销或拒绝颁发软件许可证的问题。拟议的措施包括："取消在俄罗斯联邦使用未经许可的软件的责任，该软件由支持制裁的国家的版权所有者拥有。"该提案涵盖使用盗版软件所引发的《行政犯罪法》和《俄罗斯联邦刑法》中的法律责任，文中指出在遭受制裁的同时，允许盗版没有俄罗斯替代品的软件。这意味着，俄罗斯可以选择在必要时刻给予强制许可，盗版软件方将可能不需承担民事及刑事责任。知识产权法区别于一般民法，其基础在于调整市场关系，而涉及国际市场的调整是基于国际条约的，国际条约则基于国家之间的外交关系。同时，知识产权本身所具有的财产属性决定了其拥有一定的财产的特征，而财产的交易意味着对彼此之间关系的认可。在关系破裂的紧急情况下，要如何处理国际知识产权问题是新时代面临的重大挑战。面临制裁，《俄罗斯联邦民法典》第 7 编"知识产权"第 72 章"专利权"第 1360 条规定："为国防和安全利益，俄罗斯政府有权无须经过专利持有人同意

---

〔1〕　参见隋鑫等：《俄出手回击西方经济制裁》，载《环球时报》2022 年 3 月 9 日，第 11 版。

而批准使用发明、实用新型或者工业设计，但须在最短期限内就此通知专利持有人并向其支付适当的补偿。"

第二节　知识产权市场的合法交易形式

知识产权市场的合法交易形式是对符合知识产权法规定的交易形式的理论概括。从世界范围看，知识产权合法交易形式无外乎许可与转让两种主要交易形式。这两种交易形式，也是我国知识产权法规定的基本交易形式。在世界范围内，许可交易形式通常被称为许可证贸易，转让交易形式如前所述，也有将其纳入许可证贸易范畴的，但基于转让交易形式与许可交易形式具有不同的特征，本书称为转让证贸易。

一、许可证贸易

（一）许可证贸易的一般理论

在古汉语中，"许"有答应、允许、赞许、同意、给予、奉献、期望等多种含义。[1]"可"有可以、能、许可、赞成、适宜、正当等含义。认为可以，称许。[2]许可，包含允许、许诺两种含义，如《世说新语·言语》："世尊默然，则为许可"，即为允许之意；杜牧《罪言》："故其人沈骘多材力，重许可，能辛苦"，即为许诺之意。许可证贸易中的许可，就取允许、许诺之意。

许可证贸易，也称为"许可贸易"，原是技术贸易的一种方式。这是技术输出方将其技术使用权通过许可证协议，出售给技术输入方使用的一种贸易，内容包括专利、商标、专有技术和使用权的转让等。[3]由此可见，许可证贸易起初主要是工业产权中使用的一个概念。

但随着知识产权的扩张，许可证贸易被引申到整个知识产权领域，许可证贸易是知识产权贸易最基本、最常见、最普遍的交易形式，是指知识产权所有者将其知识产权的使用权通过许可证协议或合同的形式销售给知识产权

---

〔1〕　参见《古代汉语词典》，商务印书馆 2001 年版，第 1768 页。

〔2〕　参见《古代汉语词典》，商务印书馆 2001 年版，第 873–874 页。

〔3〕　参见《辞海》，上海辞书出版社 1999 年版，第 470 页。

接受方的一种贸易方式。

所谓许可证协议，是指拥有专利技术、商标或版权等知识产权人即许可人同意被许可人使用其专利技术、商标或版权等知识产权，而由被许可人支付使用费的一种合同。有时，许可协议中也包含转让专有技术的内容。在许可协议中，被许可人只是获得对协议项下的专利技术和商标等知识产权的使用权而不是其所有权。

许可证是某种非所有人都有权涉及受限制的行为或事件，相关权利人授予他人相关权利的证明。该证明通常是书面形式的。许可证在通常意义上即指许可合同，或许可证协议。从授权人身份或资格看，主要有权利人私人授予、国家机关和法律许可三种性质的许可证。

知识产权作为私权，许可证贸易中授予主体主要是作为私权主体的知识产权权利人，简称知识产权人。知识产权许可证贸易中的许可证，通常是指知识产权许可使用协议。在协议中通常知识产权人是许可方，知识产权的使用者是受许可方或被许可方。从知识产权人私权授予被许可人享有知识产权垄断性程度和方式出发，知识产权贸易通常可有下列五种形式：

独占许可。是指在一定期限和一定的区域内，被许可人对许可证协议下的知识产权享有独占使用权，不得向第三人许可使用，同时许可方自己也不得在该期限与地域内使用该知识产权。

排他许可。是指在一定期限和一定的区域内，许可人除可以自己继续使用外，也可以将许可证协议下的知识产权使用权许可给被许可人，但许可人不得将这项知识产权许可给第三人使用。

普通许可。是指在一定期限和一定的区域内，许可人除可以自己继续使用外，也可以将许可证协议下的知识产权许可给任何人使用。

交换许可。又称交叉许可、从属许可，是指知识产权交易的双方通过许可证协议相互交换各自的知识产权使用权，一般不收取费用。

可转让许可。也称分许可，是知识产权贸易中的一种特殊类型，指知识产权接受方还可将被许可使用的知识产权，再许可给第三人使用。

国家相关机关许可是知识产权许可的特殊形式。如《专利法》中即有强制许可。法律许可主要在著作权贸易中存在，如法定许可。但许可证贸易特别是知识产权国际贸易中，通常并不包括强制许可证、法定许可证等非自愿许可证。

许可证贸易作为知识产权贸易的一种方式具有特别重要意义。许可证贸易通过协议，让许可人允许受许可人使用其知识产权，受许可人则向许可人支付费用或报酬，作为使用其知识产权的对价。它把科学与技术革命、知识积累与工业应用上的革命结合起来，加速了产品生命周期和技术生命周期的进程。知识产权不发达国家可以利用许可证贸易以较小投资获得较大经济效益，缩短技术差距，享受科学技术进步的好处。对于出口人（售证人）来说，则能收回科研投资和风险成本，使科研成果不至于"价值"磨损。

（二）我国知识产权的许可证贸易

知识产权具有法定性，知识产权的合法贸易形式也具有法定性。许可证贸易也是我国知识产权法赋予的基本贸易形式，具有合法性。

1. 著作权的许可证贸易

我国《著作权法》第10条第2款规定，著作权人可以许可他人行使前款第5项至第17项规定的权利，并依照约定或者该法有关规定获得报酬。

该规定赋予了著作权许可证贸易的合法性。应当说明的是，在2001年我国《著作权法》第一次修正之前，许可证贸易是我国《著作权法》规定的著作权贸易的唯一合法形式。

2. 专利权的许可证贸易

我国《专利法》第12条规定，任何单位或者个人实施他人专利的，应当与专利权人订立实施许可合同，向专利权人支付专利使用费。被许可人无权允许合同规定以外的任何单位或者个人实施该专利。该规定赋予了专利许可证贸易的合法性。

3. 商标权的许可证贸易

我国《商标法》第43条第1款规定，商标注册人可以通过签订商标使用许可合同，许可他人使用其注册商标。该规定赋予了商标许可证贸易的合法性。

4. 集成电路布图设计专有权的许可证贸易

《集成电路布图设计保护条例》第22条第1款和第3款规定，布图设计权利人可以将其专有权许可他人使用其布图设计。许可他人使用其布图设计的，当事人应当订立书面合同。该规定赋予了集成电路布图设计专有权许可证贸易的合法性。

5. 植物新品种权的许可证贸易

《中华人民共和国种子法》（以下简称《种子法》）第28条第1款规定，

植物新品种权所有人对其授权品种享有排他的独占权。植物新品种权所有人可以将植物新品种权许可他人实施，并按照合同约定收取许可使用费；许可使用费可以采取固定价款、从推广收益中提成等方式收取。该规定赋予了植物新品种权的许可证贸易的合法性。

6. 商业秘密权的许可证贸易

商业秘密是一种知识产权的主张，直到在美国等发达国家的坚持下最终将商业秘密纳入《TRIPS 协定》，才在世界范围内取得共识。商业秘密的保护被纳入知识产权范围，被称为"第四知识产权"，[1]但对它的保护从世界范围来看则主要是从反不正当竞争角度进行保护的。我国《民法典》第 123 条将商业秘密列入了知识产权即具有专有权的客体之中。但现实中我国商业秘密也是主要由反不正当竞争法予以保护的。

《TRIPS 协定》第 39 条规定如下，

1. 在保证针对《巴黎公约》（1967）第 10 条之二规定的不公平竞争而采取有效保护的过程中，各成员应依照第 2 款对未披露信息和依照第 3 款提交政府或政府机构的数据进行保护。

2. 自然人和法人应有可能防止其合法控制的信息在未经其同意的情况以违反诚实商业行为的方式向他人披露，或被他人取得或使用，只要此类信息：

（1）属秘密，即作为一个整体或就其各部分的精确排列和组合而言，该信息尚不为通常处理所涉信息范围内的人所普遍知道，或不易被他们获得；

（2）因属秘密而具有商业价值；并且

（3）由该信息的合法控制人，在此种情况下采取合理的步骤以保持其保密性。

3. 各成员如要求，作为批准销售使用新型化学成份的药品或农业化学物质产品的条件，需提交通过巨大努力取得的、未披露的试验数据或其他数据，应则保护该数据，以防止不正当的商业使用。此外，各成员应保护这些数据不被披露，除非属为保护公众所必需，或除非采取措施以保证该数据不被用在不正当的商业使用中。

商业秘密权被《TRIPS 协定》纳入知识产权的范围，证明了商业秘密本身具有可贸易性。在我国商业秘密也是通过反不正当竞争法提供保护的，其

---

〔1〕 参见王润华：《第四知识产权 美国商业秘密保护》，知识产权出版社 2021 年版。

商业秘密，是指不为公众所知悉、具有商业价值并经权利人采取相应保密措施的技术信息、经营信息等商业信息。但我国对于商业秘密贸易的法定形式没有具体规定。从《TRIPS 协定》的"自然人和法人应有可能防止其合法控制的信息在未经其同意的情况下以违反诚实商业行为的方式向他人披露，或被他人取得或使用"规定中，我们可知，商业秘密的合法贸易的前提是"得到其同意"，因此，许可是商业秘密的基本贸易方式。至少这个观点，得到了我国不少学者的支持。[1]

二、转让证贸易

（一）转让证贸易理论

转让证贸易，也可称为让与证贸易、权利证贸易，在世界范围内，有学者将本部分所谈的权利转让证贸易也归入许可证贸易的范畴之内。为了区分许可和转让两种不同的贸易方式，与许可证贸易相对应，如本章引言部分所言，本书将知识产权转让的贸易形式统一称为转让证贸易。

转让就是把自己的东西或合法利益或权利让与他人，有产权、债权、资产、股权、营业权、著作权、知识产权转让、经营权、租赁权等。[2]知识产权转让证贸易系指知识产权从一个主体向另一个主体转移的贸易方式。这种贸易方式一般称为知识产权转让。

知识产权转让，是指知识产权出让主体与知识产权受让主体，根据与知识产权转让有关的法律法规和双方签订的转让合同，将知识产权由出让方转移给受让方的法律行为和贸易方式。转让证即指转让合同。在无特别说明的情况下，通常所说的知识产权转让仅指合同转让，不包括因继承、继受等方式的转移。从法律行为的视域看，知识产权转让有下列特征：

1. 产生新的权利人。即权利人由出让方向受让方转移，受让人成为新权利人。知识产权转让关系的主体有两方当事人，一方是享有知识产权的权利人，即出让人，包括著作权、专利权、商标权等权利人。知识产权转让行为获得法律认可、成为一种有效转让行为的前提，就是出让人必须依法享有相应的

〔1〕 参见李明德：《知识产权法》，法律出版社 2014 年版，第 324 页；参见王锋主编：《知识产权法学》，郑州大学出版社 2010 年版，第 382 页。

〔2〕 参见唐烈英：《夹缝中的兴盛：论农地"三权"抵押的法禁令行》，载《社会科学》2016年第 1 期。

知识产权，这也是判断出让人是否有转让权（处分权）的重要法律标志。另一方是知识产权的受让人或者受让方，即与出让人达成一致的意思表示、愿意受让知识产权的人。根据我国知识产权法律法规，知识产权转让的主体可以是自然人，也可以是法人及非法人组织。例如，《专利法》第 10 条规定，专利申请权和专利权可以转让。中国单位或者个人向外国人转让专利申请权或者专利权的，必须经国务院有关主管部门批准。所谓"中国单位"，包括依法取得中国法人资格的各类法人和非法人组织；所谓中国"个人"，是指我国的公民或自然人。

2. 有偿性。有观点认为，知识产权转让行为，可以是无偿性的，也可以是有偿性的。[1]笔者认为，该观点混淆了转让和赠与的区别。无偿知识产权转让，即出让人不以获取对价为目的，将自己拥有的知识产权转让给他人的行为，本质上是一种赠与行为。转让和赠与，都是知识产权从一个主体转移到另一个主体的行为。两者的区别在于是否具有有偿性。知识产权的无偿转移即为赠与，知识产权的有偿转移即为转让。在知识产权应用实践中，赠与知识产权的情形总体上看是个别的，大部分知识产权转移都是有偿转让。因为知识产权作为一种无形资产，具有财产价值，这是知识产权转让有偿性的前提，而在另一方面，从知识产权人的角度来看，通过转让知识产权获取转让利益，是知识产权转让的重要目的。因此，知识产权转让通常来说是一种有偿行为，具有有偿性。

3. 法律性。知识产权转让，不是出让方与受让方随心所欲的行为，该行为必须在现行法律法规与双方当事人签订的有效转让合同框架内方可发生。一方面，知识产权转让必须依照现行法律法规。这是由知识产权的性质以及转让管理决定的，知识产权具有无形性、专有性、时间性与地域性，它不同于一般的有形物，因此，权利转移必须要遵守法律法规的规定。例如，专利转让合同的成立，须经过国家知识产权局专利局登记和公告后才能生效。全民所有制单位的专利权转让，必须经上级主管机关批准。中国单位和个人向外国人转让专利权的，必须经国务院有关主管部门批准。可见，知识产权转让不仅是一种单纯的私法行为，它同时带有公法色彩，知识产权管理机关在知识产权转让行为中也扮演着重要角色；另一方面，知识产权转让在本质上又是一种权利转让合同，是权利主体的变更行为，所以又必须遵守双方当事人依法签订的有效转让合同。该有效转让合同须为书面要式合同。

---

〔1〕　参见邱胜：《知识产权转让的法律性质分析》，载《现代商业》2011 年第 32 期。

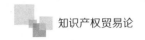

（二）我国知识产权的转让证贸易

知识产权的法定性对知识产权转让和贸易也有重要影响。转让证贸易的法律性本质就是符合法律规定，具有合法性。

1. 著作权的转让证贸易

《著作权法》第10条第3款规定，著作权人可以全部或者部分转让著作权法规定的著作财产权利，并依照约定或者该法有关规定获得报酬。该规定赋予了著作财产权转让证贸易的法律属性。应当说明的是，1990年9月7日第七届全国人民代表大会常务委员会第十五次会议通过的《著作权法》中并未规定著作权财产权的转让。该规定是根据2001年10月27日第九届全国人民代表大会常务委员会第二十四次会议《关于修改〈中华人民共和国著作权法〉的决定》第一次修正之时才有的。该规定一直延续至今。在该规定之前，我国著作权贸易的合法形式只有许可一种形式。

2. 专利权的转让证贸易

我国《专利法》第10条第1款规定，专利申请权和专利权可以转让。该规定赋予了专利申请权和专利权转让证贸易的法律效力。与《著作权法》规定的转让证不同，专利申请权和专利权的转让，在我国《专利法》在1984年3月12日第六届全国人民代表大会常务委员会第四次会议通过，1985年4月1日施行之日即有了该规定。

3. 商标权的转让证贸易

《商标法》第42条第1款和第2款规定，转让注册商标的，转让人和受让人应当签订转让协议，并共同向商标局提出申请。受让人应当保证使用该注册商标的商品质量。

转让注册商标的，商标注册人对其在同一种商品上注册的近似的商标，或者在类似商品上注册的相同或者近似的商标，应当一并转让。

《商标法》的上述规定赋予了商标专用权转让证贸易的合法性。该相关规定在1982年8月23日第五届全国人民代表大会常务委员会第二十四次会议通过《商标法》之初其第25条即有此类规定，即确立了注册商标专用权的转让证贸易的合法性。

4. 植物新品种权的转让证贸易

我国《种子法》没有规定植物新品种转让证贸易。但《植物新品种保护条例》第9条规定，植物新品种的申请权和品种权可以依法转让。中国的单位或者个人就其在国内培育的植物新品种向外国人转让申请权或者品种权的，应当经审批机关批准。国有单位在国内转让申请权或者品种权的，应当按照国家有关规定报经有关行政主管部门批准。转让申请权或者品种权的，当事人应当订立书面合同，并向审批机关登记，由审批机关予以公告。该规定从法规层次授予了植物新品种申请权和品种权转让证贸易的合法性。

5. 集成电路布图设计专有权的转让证贸易

《集成电路布图设计保护条例》第 22 条第 1 款和第 2 款规定，布图设计权利人可以将其专有权转让他人。转让布图设计专有权的，当事人应当订立书面合同，并向国务院知识产权行政部门登记，由国务院知识产权行政部门予以公告。布图设计专有权的转让自登记之日起生效。该规定从法规层次赋予了集成电路布图设计专有权转让证贸易的合法性。

6. 商业秘密权的转让证贸易

《TRIPS 协定》第 39 条第 2 款规定，自然人和法人应有可能防止其合法掌握的信息在未得到其同意的情况下，被以违反诚信商业行为的方式泄露、获得或使用。该规定中的"得到其同意"除了包含前述"许可"外，还应包含权利转让这种贸易形式。应当说明的是，无论前述许可使用，还是转让，要享有商业秘密权，必须采取包括订立保密协议、制定保密制度等合理的保密措施，使技术信息和商业信息等信息处于秘密状态。目前我国相关法律中尚无商业秘密转让证的合法性依据，尽管如此，法律并不排除商业秘密转让证的适用。根据《民法典》第 123 条的规定和商业秘密的特性，特别是根据《知识产权强国建设纲要（2021-2035 年）》之制定修改强化商业秘密保护方面的法律法规部署，未来制定商业秘密保护法已成必然。笔者相信，未来制定的商业秘密保护法赋予商业秘密转让证合法地位是必然的。但这种转让证会根据不同情况，特别是商业秘密的重大程度进行一定限制，规定相应审批程序。

三、知识产权许可与转让的区别

在知识产权法中，许可和转让都是知识产权的合法贸易形式，无论是许可还是转让，被许可人或受让人都可以依据相应的合同，利用知识产权获得合法的利益。但是许可和转让二者之间的区别还是明显的。

1. 让渡的对象不同

知识产权的原始权利人依法取得知识产权，包含知识产权的占有、使用、处分、收益的完整的权利。知识产权许可让渡的是知识产权的使用权以及与被让渡的使用权相联系的收益权。知识产权转让让渡的是包含占有、使用、处分、收益在内的完整的权利。或者说，许可让渡的是知识产权使用权；转让让渡的是知识产权所有权。

知识产权客体的非物质性或无形性，使得知识产权的占有、使用、收益、处分与动产、不动产相比，具有不同的特点。一是不发生有体控制的占有。知识商品不具有物质形态，不占有一定的空间，人们对之占有不是一种实在而具体的占有，而是表现为对某种知识、经验的认识与感受。二是不发生有体损耗的使用。知识产权的使用或利用，是通过得到有关知识为前提的。而知识产权除了著作权外，其产生都是以向不特定人的公开为前提的。通常而言，著作权要产生社会经济效益须以发表权的行使并以实际发表（公开）为前提的。知识产权的客体一旦公开，人们即可得（占有）到相应的知识即可使用。因知识产权客体的无形性，在一定时空条件下，可以被若干主体共同使用，且无论有多少人使用知识产权及其客体，都不会产生有形损耗。三是不发生消灭知识商品的事实处分与有形交付的法律处分。知识商品因无形性使得对知识商品的消费不会产生如实物形态商品消费而导致的商品本身消灭的情形，它仅仅存在于知识产权的法定保护期内，该保护期一经届满，则知识产权即消灭，进入公有领域。知识商品的有形交付与法律交付没有直接联系，知识产权贸易中的交付，通常是法律交付，知识商品的有形载体是有形财产权而非知识产权。这就造成了非权利人可能不通过法律途径去"处分"属于他人而自己并未实际"占有"的知识商品。[1]知识产权许可与转让就是

---

〔1〕 参见吴汉东：《知识产权法》，法律出版社 2021 年版，第 21 页。吴汉东教授是我国知识产权法学大家，吴汉东教授在相关著作中使用的均是知识产品概念。笔者引证吴教授观点，将之修改为知识商品。笔者认为，根据马克思主义经济学基本理论，产品是自然经济条件下的生产物。在自然经济状态下，产品成为商品的条件是除了满足自己的需要外还有部分剩余，将剩余产品与他人的剩余产品进行交换，产品转变为商品。这是商品经济的萌芽或初期形态。随着生产力的进步与发展，特别是商品经济的进一步发展，产生了为交换价值而生产的产品，即商品生产。商品经济的进一步发展产生了资本主义生产关系。从国际上看，知识产权产生于发达商品经济时期，知识产权客体（商业秘密除外）的创造都是为了公之于众或公开实现其价值为目的的。因此，知识产权客体自被赋予知识产权法定权利之时，即是以知识商品形态存在的。因为，知识产权法保护的智力成果除了智力成果本身外，公之于众或公开是其重要特征。在公之于众或公开过程中，使智力成果可以被他人所感知，才能促进智力成果的传播、使用，实现其使用价值与价值。智力成果本身就是为公之于众或公开而创作与发明创造，具有商品化或商品特征。智力成果的商品化，使它本身就具有商品属性。因此，知识产权的客体概

知识产权人对其知识产权的法律处分。但许可是和知识产权的使用权相联系的，被许可人仅仅通过许可行为取得相关知识产权的使用权，许可的法律行为发生的仅仅是使用权的转移，知识产权人依然享有完整的知识产权。转让是和知识产权的所有权相联系的，转让的法律行为发生了所有权的转移，产生了新的权利人，原知识产权人或从完整的知识产权人嬗变为部分知识产权人或完全丧失知识产权人身份。

2. 有无合同期限不同

无论许可抑或转让均须有合同。通常而言，许可合同须有一定的许可期限，而转让合同则一般可以没有合同期的限制。如我国《著作权法》第 26 条规定，使用他人作品应当同著作权人订立许可使用合同，本法规定可以不经许可的除外。许可使用合同包括下列主要内容：……③许可使用的地域范围、期间……。而我国《著作权法》第 27 条规定，转让该法第 10 条第 1 款第 5 项至第 17 项规定的权利，应当订立书面合同。但在权利转让合同包括下列主要内容的规定中，则无期间的规定。这也就是我国部分学者认为转让就是永久性让与权利的重要依据，也是我国司法界的主流观点。但在学术界对转让证是否可以附期限，是有不同认识的。[1]

3. 取得权利的对价不同

通过许可证取得知识产权的使用权与通过知识产权转让证取得知识产权的所有者身份相比，许可费用通常要低于转让费用。

4. 法律效力上的差异

许可因其类型不同，效力也有所不同。当发生侵权行为时，普通许可仅具有债权性的效力，通常不能对第三人主张权利，只有在许可证明确授权等情况下才可对侵权人主张权利。而专有许可、排他许可则具有物权性效力，可

（接上页）括为知识产品欠妥，应将知识产权的客体概括知识商品，更为符合知识产权法保护的知识产权客体的社会经济属性。所以，笔者始终认为，吴汉东教授的知识产品论是与知识产权诞生、发展的历史相脱节的。笔者在自己作品中，如《关于稿酬标准的思考》，载《现代出版》2014 年第 3 期；《论著作权法中的读者权：兼谈出版者的"主义"选择》，载《科技与出版》2014 年第 8 期；《知识产权法总论学科建设的若干基本问题研究》，载《河南科技》2016 年第 20 期；《新兴知识产权的诞生、扩张与挑战》，载《河南科技》2018 年第 9 期；《数字时代"重构图书馆著作权"论证伪——兼与周刚志、李秋容等同志商榷》，载《河南财经政法大学学报》2021 年第 4 期等十多篇文献中使用的均是知识商品术语。

〔1〕 参见詹启智：《版权转让是否可以附期限》，载《科技与出版》2010 年第 9 期。

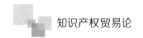

以对第三人主张权利。转让行为发生后，受让人取得部分或者全部的知识产权，当然可以对任何侵权人主张权利。

第三节 知识产权市场的细分市场

知识产权市场与货物贸易市场、服务贸易市场共同构成了世界完整的市场体系。因此，知识产权市场是世界市场体系的一个有机组成部分，是世界市场体系的一个子系统。知识产权市场作为世界市场体系的一个子系统，其本身也是一个完整的系统。知识产权市场是由多维度细分市场构成的有机体系。

一、从知识产权种类看，知识产权市场的细分

尽管成立世界知识产权组织公约将一切人类智力活动的权利都归入广义知识产权的范畴，但知识产权具有法定性，某种智力活动的权利，是否归入知识产权的范畴，取决于法律规定。因各国法律规定的不同，在一国属于知识产权的智力活动，在另一国则可能不属于知识产权。《TRIPS 协定》规范的七类知识产权，从我国法律规定来看，《民法典》第 123 条规定了①作品；②发明、实用新型、外观设计；③商标；④地理标志；⑤商业秘密；⑥集成电路布图设计；⑦植物新品种；⑧法律规定的其他客体。其中基本的知识产权客体有①-⑦种，在基本知识产权客体中有地理标志本身的可贸易性受到了一定限制。因此，我国与贸易有关的基本的知识产权有七种。但随着知识产权的不断扩张，知识产权市场在七种基本市场的基础上，有可能发展新的市场。在各知识产权市场中又可细分为若干类细分市场。

（一）著作权市场

著作权无疑是在知识产权体系中绝对数量最为庞大的知识产权种类。著作权市场被称为信息社会的法律基础。[1]著作权交易市场是著作权人的成果转化为生产力的前提，实现著作权产业化发展的保障。[2]从市场视域看，根据《文化产业分类标准》，著作权市场属于文化产业体系的重要组成部分。著

---

〔1〕 参见北川善太郎：《著作权交易市场——信息社会的法律基础》，郭慧琴译，华中科技大学出版社 2011 年版。

〔2〕 参见蒋北辰、周文芳：《建立统一规范的著作权交易市场》，载《光明日报》2013 年 8 月 14 日，第 7 版。

作权市场可细分为：

1. 按照作品市场流转环节细分

（1）创作市场（供给市场）。这是一个包括广大中小学生在内的巨大的作品创作市场。该市场为著作权市场提供了丰富的作品，满足广大读者、观众、听众等的需要。创作市场主要以作者或作者群体为主体的自由创作市场构成，如广大学生、广大教师、广大科研人员、自由作家等。也有少部分职业作家，如作家协会、各地社会科学院、科学院所等专以研究、创作为主的作家队伍。从市场看，所有作者创作作品都是一种商品生产行为。创作成果受到著作权法保护，又受到反不正当竞争法的保护，即作品创作是反不正当竞争法保护的商品生产行为，作者是反不正当竞争法保护的市场主体。[1]

（2）作品使用市场。这是创作市场的对立面。创作市场和使用市场具有非常紧密的联系。使用市场按照作品的使用方式细分如下：

①出版市场。出版市场主要是口述作品、文字作品、音乐作品、美术作品、摄影作品等使用市场。国内出版业按产品分为图书出版、期刊出版、报纸出版、音像制品出版、电子出版物出版、数字出版等。根据开卷信息的分类方法，图书市场可以区分为教辅教材、社科、文学、少儿、语言、科技、艺术、生活、传记 9 个细分市场，大众图书是指包括社科、文艺、少儿、生活休闲四类图书。根据不同的分类方法，可有大众生活期刊和学术期刊、教育类期刊与非教育类期刊、文学期刊与非文学期刊、中央级期刊与地方级期刊、自然科学期刊与社会科学期刊、核心期刊与普通期刊等。

②演出市场。音乐、戏剧、曲艺、舞蹈、杂技艺术作品的使用市场。在行政上属于文化部门管理的作品使用市场。

③建筑市场。建筑作品，即以建筑物或者构筑物形式表现的有审美意义的作品的使用市场。

④影视市场。即视听作品使用市场。

⑤广电市场。即以广播、电视形式使用歌曲、视听作品、音像制品等作品、制品的市场等。

---

〔1〕　王跃文诉王跃文等不正当竞争案长沙市中级人民法院民事判决书（2004）长中民三初字第221号；马爱农等不正当竞争案北京市第三中级人民法院民事判决书（2014）三中民终字第04839号等。

2. 按照著作权权能细分

①复制市场。即以印刷、复印、拓印、录音、录像、翻录、翻拍、数字化等方式将作品制作一份或者多份的权利而产生和形成的市场。

②发行市场。即以出售或者赠与方式向公众提供作品的原件或者复制件的权利而产生和形成的市场。

③出租市场。即除计算机软件不是出租的主要标的的外，有偿许可他人临时使用视听作品、计算机软件的原件或者复制件的权利而产生和形成的市场。

④展览市场。即公开陈列美术作品、摄影作品的原件或者复制件的权利而产生和形成的市场。

⑤表演市场。即公开表演作品，以及用各种手段公开播送作品的表演的权利而产生和形成的市场。

⑥放映市场。即通过放映机、幻灯机等技术设备公开再现美术、摄影、视听作品等的权利而产生和形成的市场。

⑦广播市场。即除信息网络传播权规定的权利外，以有线或者无线方式公开传播或者转播作品，以及通过扩音器或者其他传送符号、声音、图像的类似工具向公众传播广播的作品的权利而产生和形成的市场。

⑧信息网络传播市场。即以有线或者无线方式向公众提供，使公众可以在其选定的时间和地点获得作品的权利而产生和形成的市场。

⑨摄制市场。即以摄制视听作品的方法将作品固定在载体上的权利而产生和形成的市场。

⑩改编市场。即改变作品，创作出具有独创性的新作品的权利而产生和形成的市场。

⑪翻译市场。即将作品从一种语言文字转换成另一种语言文字的权利而产生和形成的市场。

⑫汇编市场。即将作品或者作品的片段通过选择或者编排，汇集成新作品的权利而产生和形成的市场。

⑬其他市场。即应当由著作权人享有的其他权利而产生和形成的市场，如注释、整理、网络直播市场、电子文献传递市场等而产生和形成的市场。

(二) 专利市场

1. 专利创造市场（供给市场）

专利创造市场是发明人、设计人将其发明创造依法申请并经审查获得专利权的市场。2022 年我国发明专利授权量 79.8 万件。据世界知识产权组织报告，自 2011 年起，中国专利申请量已超美国成为全球第一国家。但我国专利质量普遍不高。专利申请量和授权量全球第一，并不能说明我国已成为世界创新型国家或已成为世界科技强国和知识产权强国。为此，中共中央、国务院印发《知识产权强国建设纲要（2021-2035 年）》。根据该规划，到 2025 年，知识产权强国建设取得明显成效，知识产权保护更加严格，社会满意度达到并保持较高水平，知识产权市场价值进一步凸显，品牌竞争力大幅提升，专利密集型产业增加值占 GDP 比重达到 13%，版权产业增加值占 GDP 比重达到 7.5%，知识产权使用费年进出口总额达到 3500 亿元，每万人口高价值发明专利拥有量达到 12 件（上述指标均为预期性指标）。到 2035 年，我国知识产权综合竞争力跻身世界前列，知识产权制度系统完备，知识产权促进创新创业蓬勃发展，全社会知识产权文化自觉基本形成，全方位、多层次参与知识产权全球治理的国际合作格局基本形成，中国特色、世界水平的知识产权强国基本建成。

2. 专利实施市场

专利实施市场主要包括制造、使用、许诺销售、销售、进口专利产品，或者使用专利方法以及使用、许诺销售、销售、进口依照该专利方法直接获得的产品的市场。

制造市场。包括制造专利产品、外观设计专利产品权而产生和形成的市场。

使用市场。包括是指以生产经营目的的使用专利产品、使用依照专利方法直接获得的产品权而产生和形成的市场。

许诺销售市场。系指通过在商店内陈列或在展销会上演示、列入销售征订单、列入销售广告或者以任何口头、书面或其他方式向特定或非特定的人明确表示对其出售某种产品意愿的行为即行使许诺销售权而产生和形成的市场。

销售市场。即通过行使专利产品、外观设计产品的销售权而产生和形成的市场。

进口市场。通过行使专利产品、外观设计产品的进口权而产生和形成的市场。即输入市场。

出口市场。本国专利权人行使销售权向国外销售专利产品、外观设计产品而产生和形成的市场。即输出市场。

（三）商标市场

1. 商标供给市场

商标供给市场是指将任何能够将自然人、法人或者其他组织的商品与他人的商品区别开的标志，包括文字、图形、字母、数字、三维标志、颜色组合和声音等，以及上述要素的组合作为商标申请注册经审查和核准获得商标注册证而产生和形成的市场。2022 年我国注册商标 617.7 万件。自 2002 年，我国商标注册申请量突破 30 万件大关，[1] 首次跃居世界首位以来，我国商标申请量保持了 20 余年商标注册申请量全球第一的势头。但我国仍然还不是世界商标强国。

2. 商标使用市场

商标使用指将商标用于商品、商品包装或者容器以及商品交易文书上，或者将商标用于广告宣传、展览以及其他商业活动中，用于识别商品来源的行为。[2] 商标使用主要是指该商标与特定商品的组合并面向消费者的使用。包括注册商标注册人自用或许可转让他人使用、中介市场等。

（四）商业秘密市场

商业秘密市场具有一定的隐蔽性，它通常会与专利实施许可合同、技术贸易合同、劳动合同等相结合而产生与形成。

商业秘密保护技术秘密和经营秘密等商业信息，商业秘密信息持有人是商业秘密市场的供给方，共同形成商业秘密的供给市场。为获得竞争优势，通过专利实施许可合同、技术贸易合同等获得商业秘密的人，是商业秘密的需求方，共同形成商业秘密的需求市场。

（五）植物新品种市场

1. 培育供给市场

截至 2022 年底，我国共受理农业植物新品种权申请 11199 件，较上年增加 1398 件，同比增长 15.20%。截至 2022 年底，中国全年共授予农业植物新品种权 3375 件，较上年增加 157 件，同比增长 4.88%。其中，境内主体占

---

〔1〕 参见张晓松：《我国年商标注册申请量连续十年稳居世界首位》，中国政府网，https://www.gov.cn/5yzg/2012-06/20/content-2165762.htm，最后访问日期：2023 年 12 月 14 日。

〔2〕 参见任浏玉：《商标反向假冒行为的属性重释与规制路径》，载《科技与法律（中英文）》2023 年第 1 期。

93.51%，境外主体占 6.49%。[1]

截至 2022 年 6 月底，累计受理林草植物新品种权申请 9572 件，授权 4272 件。2022 年，中国共受理林草植物新品种权申请 1828 件。[2]其中，国内申请人占比 90.21%，国外申请人占比 9.79%。授权 651 件。其中，国内品种权人占比 76.96%，国外品种权人占比 23.04%。自 2016 年起，申请量、授权量均居国际植物新品种保护联盟成员第一位。

2. 使用市场

（1）生产市场。生产授权品种的繁殖材料。

（2）销售市场。销售授权品种的繁殖材料。

（3）重复利用市场。为商业目的将该授权品种的繁殖材料重复使用于生产另一品种的繁殖材料。

从上述情况来看，我国无愧于知识产权大国称号。我国虽是知识产权大国，但还不是知识产权强国。存在的主要问题是知识产权质量不高，实施率低。

基于此种现实，我国知识产权市场主要是国内市场，我国知识产权的国际市场还不发达。

（六）集成电路布图设计专有权市场

1. 供给市场

据 2011 年的报道，自 2001 年《集成电路布图设计保护条例》实施以来，经过近 20 年的建设和发展，已基本形成了较为完备的集成电路布图设计保护体系，集成电路布图设计登记申请量年均增长 40% 左右，布图设计专有权的复审工作从无到有逐渐发展起来，在保护专有权人的权益方面树立了良好的典范，集成电路布图设计专有权的商业价值已经初步显现。总体来说，我国集成电路布图设计登记申请量较少。历年来我国集成电路布图设计登记申请量、公告即发证量如下：

---

〔1〕参见王宁：《我国农业植物新品种权申请量已连续五年位居世界第一》，新法网，https://finance. sina. cn/2023-03-19/detdli/mymkite3816435d. html，最后访问日期：2023 年 12 月 14 日。

〔2〕参见陈琳：《去年国家林草局受理植物新品种权申请 1828 件，创历史新高》，新京报，转自腾讯网，https://new. qq. com/roin/a/20230630A04/jqcoo. html，最后访问日期：2023 年 12 月 14 日。

我国历年集成电路布图设计申请登记状况

年度	申请	发证	年度	申请	发证	年度	申请	发证
2001—2010	4476	3966	2015	2050	1800	2020	14 375	11 727
2011	1664	329	2016	2360	2154	2021	20 353	13 087
2012	1776	629	2017	3228	2670	2022	14 403	9106
2013	1561	1612	2018	4431	3815	2023	12 503	11 316
2014	1838	1553	2019	8319	6614	合计	93 337	70 378

由上表可知，我国发证量占申请量大致为74%，2020年起申请量和登记量进入了快速发展阶段。

2. 使用市场

（1）复制市场，是指重复制作布图设计或者含有该布图设计的集成电路的行为而产生和形成的市场；

（2）商业利用市场，是指为商业目的进口、销售或者以其他方式提供受保护的布图设计、含有该布图设计的集成电路或者含有该集成电路的物品的行为而产生和形成的市场。

二、从知识产权市场的垄断性或竞争性看，知识产权市场的细分

从知识产权使用者在市场上的支配地位看，知识产权市场分为垄断性市场和竞争性市场。

知识产权具有专有性即垄断性，因此，在没有许可或授权使用的情况下，知识产权市场天然具有垄断性。知识产权人享有天然的垄断地位，知识产权法是通过授予知识产权人享有许可权（如《著作权法》《专利法》）或直接规定为专用权（如《商标法》）或专有权（如《集成电路布图设计保护条例》）或排他性的独占权（如《植物新品种保护条例》）及其结合来完成的，通过规定未经许可使用知识产权行为属于侵权行为，依法应承担法律责任并以法律的强制手段来保证的。

如《著作权法》第10条中的规定，著作权包括发表权、署名权、修改权和保护作品完整权4项人身权和复制权、发行权、出租权、展览权、表演权、放映权、广播权、信息网络传播权、摄制权、改编权、翻译权、汇编权与应

当由著作权人享有的其他权利等 13 项财产权。著作权人可以许可他人行使 13 项财产权并依照约定或者该法有关规定获得报酬。著作权人可以全部或者部分转让 13 项财产权利，并依照约定或者该法有关规定获得报酬。《著作权法》第 52 条和 53 条共同规定了 19 项直接侵权行为。

再如我国《专利法》第 11 条中规定，发明和实用新型专利权被授予后，除本法另有规定的以外，任何单位或者个人未经专利权人许可，都不得实施其专利，即不得为生产经营目的制造、使用、许诺销售、销售、进口其专利产品，或者使用其专利方法以及使用、许诺销售、销售、进口依照该专利方法直接获得的产品。外观设计专利权被授予后，任何单位或者个人未经专利权人许可，都不得实施其专利，即不得为生产经营目的制造、许诺销售、销售、进口其外观设计专利产品。第 65 条规定，未经专利权人许可，实施其专利，即侵犯其专利权。

再如我国《商标法》第 3 条第 1 款规定，经商标局核准注册的商标为注册商标，包括商品商标、服务商标和集体商标、证明商标；商标注册人享有商标专用权，受法律保护。第 57 条中规定了 7 项侵犯注册商标专用权行为。

再如我国《集成电路布图设计保护条例》第 3 条规定，中国自然人、法人或者其他组织创作的布图设计，依照本条例享有布图设计专有权。外国人创作的布图设计首先在中国境内投入商业利用的，依照本条例享有布图设计专有权。外国人创作的布图设计，其创作者所属国同中国签订有关布图设计保护协议或者与中国共同参加有关布图设计保护国际条约的，依照本条例享有布图设计专有权。第 22 条规定，布图设计权利人可以将其专有权转让或者许可他人使用其布图设计。转让布图设计专有权的，当事人应当订立书面合同，并向国务院知识产权行政部门登记，由国务院知识产权行政部门予以公告。布图设计专有权的转让自登记之日起生效。许可他人使用其布图设计的，当事人应当订立书面合同。第 30 条第 1 款规定了 2 项侵权行为。

再如我国《种子法》第 28 条规定，植物新品种权所有人对其授权品种享有排他的独占权。植物新品种权所有人可以将植物新品种权许可他人实施，并按照合同约定收取许可使用费；许可使用费可以采取固定价款、从推广收益中提成等方式收取。任何单位或者个人未经植物新品种权所有人许可，不得生产、繁殖和为繁殖而进行处理、许诺销售、销售、进口、出口以及为实施上述行为储存该授权品种的繁殖材料，不得为商业目的将该授权品种的繁殖材料重复使用于生产另一品种的繁殖材料。该法、有关法律、行政法规另有规定的除外。实施前款规定的行为，涉及由未经许可使用授权品种的繁殖材料而获得的收获材料的，应当得到植物新品种权所有人的许可；但是，植物新品种权所有人对繁殖材料已有合理机会行使其权利的除外。对实质性派生品种实施第2款、第3款规定行为的，应当征得原始品种的植物新品种权所有人的同意。实质性派生品种制度的实施步骤和办法由国务院规定。第72条第1款规定，违反该法第28条规定，有侵犯植物新品种权行为的，由当事人协商解决，不愿协商或者协商不成的，植物新品种权所有人或者利害关系人可以请求县级以上人民政府农业农村、林业草原主管部门进行处理，也可以直接向人民法院提起诉讼等，把种业的"芯片"牢牢掌握在自己手中。[1]

知识产权法通过上列授权完成了知识产权人对知识产权天然的垄断权，但是垄断权不等于垄断权只有一个人或组织享有，垄断权不排除两个以上的人通过共同创作或申请成为共同的权利人。如《著作权法》第14条第1款规定，两人以上合作创作的作品，著作权由合作作者共同享有。《专利法》第8条规定，两个以上单位或者个人合作完成的发明创造、一个单位或者个人接受其他单位或者个人委托所完成的发明创造，除另有协议的以外，申请专利的权利属于完成或者共同完成的单位或者个人；申请被批准后，申请的单位或者个人为专利权人。《商标法》第5条规定，两个以上的自然人、法人或者其他组织可以共同向商标局申请注册同一商标，共同享有和行使该商标专用权。《集成电路布图设计保护条例》第10条规定，两个以上自然人、法人或者其他组织合作创作的布图设计，其专有权的归属由合作者约定；未作约定或者约定不明的，其专有权由合作者共同享有。《植物新品种保护条例》第7条第2款规定，委托育种或者合作育种，品种权的归属由当事人在合同中约定；没有合同约定的，品种权属于受委托完成或者共同完成育种的单位或者个人。

可见，知识产权具有的天然垄断权是指知识产权创造人或申请人依法享有知识产权的垄断权，[2]垄断权所及的范围根据知识产权创造人或申请人的实际情况而定。因此，在没有许可的情况下，共同的知识产权人都可以依法

---

〔1〕 参见于浩：《把种业的"芯片"掌握在自己手中》，载《中国人大》2021年第16期。

〔2〕 学术界有人认为，知识产权不是垄断权，笔者认为，除制止不正当竞争权外知识产权是专有权，其专有权即垄断权。当然，这种垄断权不排除基于公共利益与私人利益的平衡对知识产权进行适当的限制。

使用其享有权利的知识产权。对此,《著作权法》第 14 条第 2 款、第 3 款规定,合作作品的著作权由合作作者通过协商一致行使;不能协商一致,又无正当理由的,任何一方不得阻止他方行使除转让、许可他人专有使用、出质以外的其他权利,但是所得收益应当合理分配给所有合作作者。合作作品可以分割使用的,作者对各自创作的部分可以单独享有著作权,但行使著作权时不得侵犯合作作品整体的著作权。《专利法》第 14 条规定,专利申请权或者专利权的共有人对权利的行使有约定的,从其约定。没有约定的,共有人可以单独实施或者以普通许可方式许可他人实施该专利;许可他人实施该专利的,收取的使用费应当在共有人之间分配。此外,行使共有的专利申请权或者专利权应当取得全体共有人的同意。

知识产权只有和生产经营活动相结合才能产生应有的作用和利益。知识产权和生产经营活动相结合,可通过两种合法途径,一是知识产权人自己将知识产权与生产经营活动相结合;二是知识产权人通过他人使知识产权与生产经营活动相结合。知识产权法通常授予知识产权人以许可权乃至转让权。知识产权人享有该权利具有非常重大的意义。这是不少权利人享有知识产权并获得利益的基本手段或途径。一方面,知识产权人在自己能够与生产经营活动相结合自己带来利益的情况下,通过许可他人行使知识产权,可以扩大知识产权为权利人带来的利益。另一方面,在权利人自己不能直接使知识产权与生产经营活动相结合等情况下,许可、转让是权利人获得经济利益的重要甚至是唯一手段。特别是著作权这种知识产权,通常情况下原始权利人自己并不能够自己利用知识产权为自己带来经济利益,只有经过许可或转让著作权人才能获得应有的经济利益。

在知识产权的转让中,并不能促使竞争性市场的形成,只有知识产权人行使许可权,才有可能产生知识产权的竞争性市场。许可使用能否产生竞争性市场,取决于被许可人使用的垄断性程度。即许可使用既可以产生垄断性市场,又可以产生竞争性市场。如《著作权法》第 26 条规定,使用他人作品应当同著作权人订立许可使用合同,本法规定可以不经许可的除外。许可使用合同包括下列主要内容:……②许可使用的权利是专有使用权或者非专有使用权……

如前所述,知识产权许可证贸易通常的独占许可、排他许可、普通许可、交换许可、可转让许可五种形式中,独占许可、排他许可、交叉许可市场属

于垄断性市场。普通许可、可转让许可属于竞争性市场。

在此需要说明的是，此处的垄断是从权利专有视域而谈的，与《中华人民共和国反垄断法》（以下简称《反垄断法》）意义上的垄断具有不同的意义。《反垄断法》尊重知识产权法授予知识产权人的垄断权，知识产权垄断只有在经营者滥用知识产权，排除、限制竞争的行为，才构成《反垄断法》规制的垄断。滥用知识产权是指知识产权人在行使其权利时超出了法律允许的范围或者正当的界限，导致对该权利的不正当利用，损害他人的利益和社会公共利益的行为。[1]为了防止知识产权人滥用其权利损害他人和社会公共利益，知识产权法本身也设置了一些必要措施，杜绝此类行为发生，如《著作权法》设定的法定许可制度，《专利法》等设定的强制许可制度等。因此，滥用知识产权仅仅是《反垄断法》规制的知识产权构成《反垄断法》意义上的垄断的一个构成要件。因为反垄断与保护知识产权具有共同的目标，即促进竞争和创新，提高经济运行效率，维护消费者利益和社会公共利益。因为反垄断法是反对垄断与保护竞争的，而知识产权恰恰是授予和保护某种对竞争进行限制的权利的，反垄断法与知识产权之间的潜在冲突确实客观存在。但这种表面的不一致仅仅蕴含了冲突的可能性并不必然带来实际上的冲突，知识产权的正当行使也不会产生与反垄断法的冲突。[2]因此，只有滥用知识产权，达到了排除、限制竞争的行为，才构成《反垄断法》规制的垄断行为。《国家市场监督管理总局关于禁止滥用知识产权排除、限制竞争行为的规定》规定，滥用知识产权排除、限制竞争行为，是指经营者违反《反垄断法》的规定行使知识产权，实施垄断协议、滥用市场支配地位等垄断行为（价格垄断行为除外）。因此，知识产权垄断构成《反垄断法》意义上的垄断行为，滥用知识产权和排除、限制竞争行为两个要件不可或缺。

三、从获得许可的来源看，知识产权市场的细分

知识产权许可权通常属于知识产权人，但为了公共利益或为了防范知识产权人滥用权利拒绝许可，知识产权法通常还规定非权利人许可的法律或授

---

〔1〕参见刘继峰等：《中华人民共和国反垄断法理解与适用》，中国法制出版社2022年版，第337页。

〔2〕参见刘继峰等：《中华人民共和国反垄断法理解与适用》，中国法制出版社2022年版，第337页。

权机关许可。由此，知识产权市场细分为自愿许可市场和非自愿许可市场。

自愿许可市场是由知识产权人许可他人使用而形成的市场。前述知识产权许可证贸易的五种形式，都属于自愿许可市场。

非自愿许可市场系指由法律特别规定而形成的市场。在这种非自愿许可市场中，要么是法律剥夺了知识产权人的许可权，要么是在知识产权人拒绝许可情况下，为了公共利益而由授权机关许可。前者一般统称为法定许可市场，后者一般称为强制许可市场。因此，法定许可市场和强制许可市场共同构成了合法的非自愿许可市场。法定许可是对部分知识产权法规定可以不经许可但应支付报酬的使用行为的学理概括，强制许可是一个法律概念，但有时又被直接称为非自愿许可。强制许可、非自愿许可都是法律概念。

知识产权法明确规定了合法的非自愿许可市场。如《著作权法》第 25 条规定，为实施义务教育和国家教育规划而编写出版教科书，可以不经著作权人许可，在教科书中汇编已经发表的作品片段或者短小的文字作品、音乐作品或者单幅的美术作品、摄影作品、图形作品，但应当按照规定向著作权人支付报酬，指明作者姓名或者名称、作品名称，并且不得侵犯著作权人依照本法享有的其他权利。前款规定适用于对与著作权有关的权利的限制。第 35 条第 2 款规定，作品刊登后，除著作权人声明不得转载、摘编的外，其他报刊可以转载或者作为文摘、资料刊登，但应当按照规定向著作权人支付报酬。第 42 条第 2 款规定，录音制作者使用他人已经合法录制为录音制品的音乐作品制作录音制品，可以不经著作权人许可，但应当按照规定支付报酬；著作权人声明不许使用的不得使用。第 46 条第 2 款规定，广播电台、电视台播放他人已发表的作品，可以不经著作权人许可，但应当按照规定支付报酬。

再如《专利法》第 49 条规定，国有企业事业单位的发明专利，对国家利益或者公共利益具有重大意义的，国务院有关主管部门和省、自治区、直辖市人民政府报经国务院批准，可以决定在批准的范围内推广应用，允许指定的单位实施，由实施单位按照国家规定向专利权人支付使用费。第 53 条规定，有下列情形之一的，国务院专利行政部门根据具备实施条件的单位或者个人的申请，可以给予实施发明专利或者实用新型专利的强制许可：①专利权人自专利权被授予之日起满三年，且自提出专利申请之日起满四年，无正当理由未实施或者未充分实施其专利的；②专利权人行使专利权的行为被依法认定为垄断行为，为消除或者减少该行为对竞争产生的不利影响的。第54条规定，在国家出现紧急状态或者非常情况时，或者为了公共利益的目的，国务院专利行政部门可以给予实施发明专利或者实用新型专利的强制许可。第55条规定，为了公共健康目的，对取得专利权的药品，国务院专利行政部门可以给予制造并将其出口到符合中华人民共和国参加的有关国际条约规定的国家或者地区的强制许可。第56条规定，一项取得专利权的发明或者实用新型比前已经取得专利权的发明或者实用新型具有显著经济意义的重大技术进步，其实施又有赖于前一发明或者实用新型的实施的，国务院专利行政部门根据后一专利权人的申请，可以给予实施前一发明或者实用新型的强制许可。在依照前款规定给予实施强制许可的情形下，国务院专利行政部门根据前一专利权人的申请，也可以给予实施后一发明或者实用新型的强制许可。

再如《集成电路布图设计保护条例》第25条规定，在国家出现紧急状态或者非常情况时，或者为了公共利益的目的，或者经人民法院、不正当竞争行为监督检查部门依法认定布图设计权利人有不正当竞争行为而需要给予补救时，国务院知识产权行政部门可以给予使用其布图设计的非自愿许可。

再如《植物新品种保护条例》第11条规定，为了国家利益或者公共利益，审批机关可以作出实施植物新品种强制许可的决定，并予以登记和公告。取得实施强制许可的单位或者个人应当付给品种权人合理的使用费，其数额由双方商定；双方不能达成协议的，由审批机关裁决。品种权人对强制许可决定或者强制许可使用费的裁决不服的，可以自收到通知之日起3个月内向人民法院提起诉讼；等等。

应当说明的是，非自愿许可市场属于竞争性市场。部分相关知识产权法对此曾专门规定。如《专利法》第61条中规定，取得实施强制许可的单位或者个人不享有独占的实施权，并且无权允许他人实施。《集成电路布图设计保护条例》第27条规定，取得使用布图设计非自愿许可的自然人、法人或者其他组织不享有独占的使用权，并且无权允许他人使用等。

四、以知识产权交易的集中程度，知识产权市场细分

以知识产权交易的集成程度，知识产权市场细分为场内交易市场与场外交易市场。

场内交易市场是指知识产权在固定知识产权市场物理空间内进行的交易。

早在 2007 年 12 月 6 日，国家发展改革委、科技部、财政部、国家工商行政管理总局、国家版权局、国家知识产权局就印发了《建立和完善知识产权交易市场的指导意见》，规范我国知识产权交易市场建立。提出了通过政府引导和市场推动，逐步构建以重点区域知识产权交易市场为主导，各类分支交易市场为基础，专业知识产权市场为补充，各类专业中介组织广泛参与，与国际惯例接轨，布局合理，功能齐备，充满活力的多层次知识产权交易市场体系的总体目标。知识产权交易市场应为各省（区、市）人民政府批准设立或认定并报相关业务主管部门备案的常设交易机构，可为事业法人或企业法人，其功能主要提供信息审核、信息发布、组织交易、交易鉴证、结算交割等服务。为了实施知识产权战略，我国在不同地区设立了各种知识产权交易市场。如 2002 年 5 月，北京国际版权交易中心经中国国家版权局批准，北京市工商局（现北京市市场监督管理局）正式注册成立。定位于文化创意产业核心领域的专业版权交流和贸易机构，致力于搭建"版权公共服务平台""版权电子商务平台""版权产业聚集平台"的北京国际版权交易中心也是一个专业的知识产权交易市场。再如天津滨海国际知识产权交易所被称为我国首家知识产权交易所。该交易所经天津市政府批准设立，是国内首家专业化、市场化、国际化的公司制知识产权交易服务机构，位于天津滨海新区核心区泰达 MSD（现代服务产业区），成立于 2011 年 3 月 21 日，2011 年 6 月正式揭牌。相关知识产权在该交易所场内进行的交易，即为场内交易。

国家知识产权设计产业试点园区、国家专利导航产业发展实验区、国家知识产权服务业集聚发展试验区等一批重大项目先后落户河南，河南省知识产权市场发展有了重大突破。所有在各类交易市场内进行交易的而形成的知识产权市场，即为场内交易市场。

知识产权市场，除了交易所外，还有一些其他交易市场，这些市场因为没有集中的统一交易制度和场所，因而把它们统称为场外交易市场，又称柜台交易或店头交易市场，指在交易所外由知识产权交易双方议价成交的市场。因我国知识产权交易所发展尚处于起步阶段，总体来说，场外交易市场甚至是我国主要的细分市场形式。这种形式造成我国知识产权交易效率低下，交易成本居高不下。

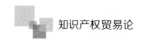

五、从知识产权市场的国别看，知识产权市场细分

从知识产权市场的国别看，知识产权市场细分为国内市场与国际市场。

国内市场系指知识产权贸易在知识产权人国籍即知识产权人国内的交易活动而形成的市场。

国际市场系指知识产权贸易在知识产权人国籍即知识产权人国外进行交易活动而形成的市场。

六、从对知识产权使用的合法性来看，知识产权市场的细分

市场是由知识产权的供需关系构成的，知识产权的供需有双重含义，一是对于知识产权人来讲，知识产权人是供方，需要使用知识产权的人是需方；二是使用知识产权生产的商品是包含知识产权的商品，对于使用知识产权生产出包含知识产权的商品的使用者来讲，包含知识产权的商品的生产者是供方，需要消费包含知识产权的商品的人是需方。正常的合法的知识产权市场中，第一重含义的知识产权人（供方）与第二重含义的包含知识产权的商品的生产者（供方）应有许可、转让即市场供需对接或特别法律关系（法定许可或强制许可），但基于知识产权的使用与知识产权人之间的关系，还存在不发生对接或特别法律关系的情况，这就形成了知识产权市场的一种特别细分类型，即合法知识产权市场和非法知识产权市场。

合法知识产权市场是知识产权人自行使用或通过许可、转让或知识产权法的特别规定而形成的知识产权市场。

非法知识产权市场是未经知识产权人许可也不符合知识产权法特别规定而形成的知识产权市场。非法知识产权市场存在于各种可贸易的知识产权市场之中，因此，所有知识产权法都明确规定未经许可的侵权行为及其应承担的法律责任。非法市场的存在，才使得知识产权保护成为必要。

事实上，在世界范围内知识产权市场就是由合法知识产权市场与非法知识产权市场构成一个完整的市场。因此，《WIPO 公约》《TRIPS 协定》等都明确要求成员采用民事制裁甚至刑事制裁手段打击知识产权侵权行为。如《WIPO 公约》第 4 条职权规定，为了实现第 3 条所述的宗旨，本组织通过其适当机构，并根据各联盟的权限：（1）促进旨在便利在全世界对知识产权的有效保护和协调各国有关这方面的法令的措施的发展；（2）执行巴黎联盟及

其有关专门联盟和伯尔尼联盟的行政任务；（3）可同意担任或参加其他旨在促进知识产权保护的国际协定的行政工作；（4）鼓励缔结旨在促进知识产权保护的国际协定；（5）对请求知识产权方面的法律——技术援助的国家给予合作；（6）收集和传播有关知识产权保护的情报，从事并促进这方面的研究，并公布这些研究的成果；（7）维持促进知识产权国际保护的服务机构，并适当办理这方面的注册并公布有关注册的资料；（8）采取其他适当的行动。

《TRIPS 协定》第三部分第 1 节第 41 条规定，（1）各成员应保证其国内法中包括关于本部分规定的实施程序，以便对任何侵犯本协定所涵盖知识产权的行为采取有效行动，包括防止侵权的迅速救济措施和制止进一步侵权的救济措施。这些程序的实施应避免对合法贸易造成障碍并为防止这些程序被滥用提供保障。（2）有关知识产权的实施程序应公平和公正。这些程序不应不必要的复杂和费用高昂，也不应限定不合理的时限或造成无理的迟延。（3）对一案件是非曲直的裁决，最好采取书面形式并说明理由。至少应使诉讼当事方可获得，而不造成不正当的迟延。对一案件是非曲直的裁决只能根据已向各方提供听证机会的证据作出。（4）诉讼当事方应有机会要求司法机关对最终行政裁定进行审查，并在遵守一成员法律中有关案件重要性的司法管辖权规定的前提下，至少对案件是非的初步司法裁决的法律方面进行审查。但是，对刑事案件中的无罪判决无义务提供审查机会。（5）各方理解，本部分并不产生任何建立与一般法律实施制度不同的知识产权实施制度的义务，也不影响各成员实施一般法律的能力。本部分的任何规定在实施知识产权与实施一般法律的资源分配方面，也不产生任何义务。第 2 节第 42 条规定，各成员应使权利持有人可获得有关实施本协定涵盖的任何知识产权的民事司法程序。被告有权获得及时的和包含足够细节的书面通知，包括权利请求的依据。应允许当事方由独立的法律顾问代表出庭，且程序不应制定强制本人出庭的过重要求。此类程序的所有当事方均有权证明其权利请求并提供所有相关证据。该程序应规定一种确认和保护机密信息的方法，除非这一点会违背现有的宪法规定的必要条件。为了保护知识产权，打击知识产权非法市场行为，《TRIPS 协定》还规定了国际纠纷处理规则。

七、不构成市场的使用行为

市场行为是一种获得利益的商业行为。在知识产权的使用中，还存在着一种不构成市场行为的使用行为。这种使用因不存在交易，不会对知识产权人带来利益，因而不构成知识产权市场。不构成知识产权市场的使用行为，通常被称为知识产权的合理使用，在各知识产权法中都有规定。如《著作权法》第24条规定，在下列情况下使用作品，可以不经著作权人许可，不向其支付报酬，但应当指明作者姓名或者名称、作品名称，并且不得影响该作品的正常使用，也不得不合理地损害著作权人的合法权益：①为个人学习、研究或者欣赏，使用他人已经发表的作品；②为介绍、评论某一作品或者说明某一问题，在作品中适当引用他人已经发表的作品；③为报道新闻，在报纸、期刊、广播电台、电视台等媒体中不可避免地再现或者引用已经发表的作品；④报纸、期刊、广播电台、电视台等媒体刊登或者播放其他报纸、期刊、广播电台、电视台等媒体已经发表的关于政治、经济、宗教问题的时事性文章，但著作权人声明不许刊登、播放的除外；⑤报纸、期刊、广播电台、电视台等媒体刊登或者播放在公众集会上发表的讲话，但作者声明不许刊登、播放的除外；⑥为学校课堂教学或者科学研究，翻译、改编、汇编、播放或者少量复制已经发表的作品，供教学或者科研人员使用，但不得出版发行；⑦国家机关为执行公务在合理范围内使用已经发表的作品；⑧图书馆、档案馆、纪念馆、博物馆、美术馆、文化馆等为陈列或者保存版本的需要，复制本馆收藏的作品；⑨免费表演已经发表的作品，该表演未向公众收取费用，也未向表演者支付报酬，且不以营利为目的；⑩对设置或者陈列在公共场所的艺术作品进行临摹、绘画、摄影、录像；⑪将中国公民、法人或者非法人组织已经发表的以国家通用语言文字创作的作品翻译成少数民族语言文字作品在国内出版发行；⑫以阅读障碍者能够感知的无障碍方式向其提供已经发表的作品；⑬法律、行政法规规定的其他情形。前述规定适用于对与著作权有关的权利的限制。

又如《专利法》第75条规定了五种情形的合理使用制度，[1]即有下列情形之一的，不视为侵犯专利权：①专利产品或者依照专利方法直接获得的产

---

〔1〕 我国专利法未使用"合理使用"术语，直接规定为"不视为侵权行为"。在学术界有部分学者将"不视为侵权行为"视为专利合理使用制度如法律快车官方整理之《专利权的限制之合理使用》，法律快车，https://www.lawtime.cn/minfa/qizscq/2006111644040.html，最后访问日期：2023年12月14日；也有学者认为"不视为侵权行为"并不等于合理使用。笔者认为，合理使用制度的本质是不用许可不用支付报酬亦不构成侵权的使用行为。据此笔者对《专利法》第25条的规定持合理使用观。

品，由专利权人或者经其许可的单位、个人售出后，使用、许诺销售、销售、进口该产品的；②在专利申请日前已经制造相同产品、使用相同方法或者已经作好制造、使用的必要准备，并且仅在原有范围内继续制造、使用的；③临时通过中国领陆、领水、领空的外国运输工具，依照其所属国同中国签订的协议或者共同参加的国际条约，或者依照互惠原则，为运输工具自身需要而在其装置和设备中使用有关专利的；④专为科学研究和实验而使用有关专利的；⑤为提供行政审批所需要的信息，制造、使用、进口专利药品或者专利医疗器械的，以及专门为其制造、进口专利药品或者专利医疗器械的。

《TRIPS 协定》第 17 条规定，各成员可对商标所授予的权利规定有限的例外，如合理使用描述性词语，只要此类例外考虑到商标所有权人和第三方的合法权益。该条是对合理使用制度的原则性规定。很多国家均对商标的合理使用做出了规定：美国《兰哈姆法》的第 33 条（b）款第（4）项规定了商标的合理使用，将并非作为商标而是对有关当事人自己的商业上的个人名称的使用，或对该当事人有合法利益关系的任何的个人名称的使用，或对该当事人的商品或服务，或其地理产地有叙述性的名词或图形的使用，作为合理使用。法国《知识产权法典》第 L713-6 条规定，商标注册并不妨碍在下列情况下使用与其相同和近似的标记。（1）用公司名称、厂商名称或标牌，只要该使用先于商标注册，或者是第三人善意使用其姓氏；（2）标批商品或服务尤其是零部件的用途时必须的参照说明不导致产源误认。此外，德国商标法第 23 条、日本商标法第 26 条等都对商标合理使用作出明确规定。[1]

我国《商标法》第 59 条规定了三种情形的正当使用，[2]一是注册商标中含有的本商品的通用名称、图形、型号，或者直接表示商品的质量、主要原料、功能、用途、重量、数量及其他特点，或者含有的地名，注册商标专用权人无权禁止他人正当使用。二是三维标志注册商标中含有的商品自身的性质产生的形状、为获得技术效果而需有的商品形状或者使商品具有实质性价

---

〔1〕　参见李丽婷：《"BIOFRESH" 与 "水鸟" 的区别——商标商业性合理使用的司法判断》，载《中华商标》2008 年第 8 期。

〔2〕　《商标法》中的"正当使用"本质上系商标法中的合理使用制度。如冯晓青、郭珊：《商标叙述性合理使用制度研究》，载《邵阳学院学报（社会科学版）》2020 年第 4 期；崔丽娜：《商标指示性合理使用的边界》，载《中华商标》2020 年第 7 期；苏和秦、梁思思：《论商标的指示性合理使用》，载《知识产权》2020 年第 3 期。

值的形状，注册商标专用权人无权禁止他人正当使用。三是商标注册人申请商标注册前，他人已经在同一种商品或者类似商品上先于商标注册人使用与注册商标相同或者近似并有一定影响的商标的，注册商标专用权人无权禁止该使用人在原使用范围内继续使用该商标，但可以要求其附加适当区别标识。

又如《植物新品种保护条例》第 10 条规定了两种情形下的合理使用制度，即在下列情况下使用授权品种的，可以不经品种权人许可，不向其支付使用费，但是不得侵犯品种权人依照本条例享有的其他权利：①利用授权品种进行育种及其他科研活动；②农民自繁自用授权品种的繁殖材料。

最后，《集成电路布图设计保护条例》第 23 条规定了三种情形下的合理使用制度，即下列行为可以不经布图设计权利人许可，不向其支付报酬：①为个人目的或者单纯为评价、分析、研究、教学等目的而复制受保护的布图设计的；②在依据前项评价、分析受保护的布图设计的基础上，创作出具有独创性的布图设计的；③对自己独立创作的与他人相同的布图设计进行复制或者将其投入商业利用的。第 24 条规定了商业利用权一次用尽制度，即受保护的布图设计、含有该布图设计的集成电路或者含有该集成电路的物品，由布图设计权利人或者经其许可投放市场后，他人再次商业利用的，可以不经布图设计权利人许可，并不向其支付报酬。

第四节　知识产权市场差异

著作权、专利权、商标专用权、商业秘密权、植物新品种权、集成电路布图设计专有权等知识产权市场，都存在着一个垄断市场与竞争性市场等细分市场、存在着一个自愿许可市场和非自愿市场的细分市场。从大的方面看，各知识产权市场在相关细分市场中既有联系或共性，又有区别。

一、垄断性知识产权市场的差异

垄断性知识产权市场差异，主要是垄断性知识产权市场不同知识产权构成的差别。

垄断性知识产权市场从自愿许可看，主要包括独占性许可市场和排他性许可市场。但并非所有知识产权及其市场都存在两种垄断程度不同的垄断性市场。该差别主要表现为著作权市场与其他知识产权市场的垄断性市场不同。

著作权通常是基于自然人创作作品的独创性劳动成果而自动产生的知识产权。自然人由于通常不被视为经营者或传播者（但构成反不正当竞争法意义上的经营者），通常并不能直接使用其作品，须将其作品许可给相关传播者才能公之于众，产生经济和社会效益。因自然人作者不具有公之于众的作品使用能力，因此，通常而言，著作权垄断性市场主要表现为独占性垄断市场，不存在排他性垄断市场。只要著作权人授予他人垄断市场地位，通常而言即为独占性垄断市场。对此，我国《著作权法》及其《中华人民共和国著作权法实施条例》（以下简称《著作权法实施条例》）都有明确规定。《著作权法》第26条规定，使用他人作品应当同著作权人订立许可使用合同，本法规定可以不经许可的除外。许可使用合同包括下列主要内容：……②许可使用的权利是专有使用权或者非专有使用权。《著作权法实施条例》第23条规定，使用他人作品应当同著作权人订立许可使用合同，许可使用的权利是专有使用权的，应当采取书面形式，但是报社、期刊社刊登作品除外；该条例第24条规定，《著作权法》第24条[1]规定的专有使用权的内容由合同约定，合同没有约定或者约定不明的，视为被许可人有权排除包括著作权人在内的任何人以同样的方式使用作品；除合同另有约定外，被许可人许可第三人行使同一权利，必须取得著作权人的许可。

专有使用权许可即著作权独占性许可。在《著作权法》中专有使用权许可与非专有使用权许可适用于所有种类作品和邻接权客体。但在图书作品的出版中，我国《著作权法》又引入了专有出版权的法律概念。如《著作权法》第33条规定，图书出版者对著作权人交付出版的作品，按照合同约定享有的专有出版权受法律保护，他人不得出版该作品。《著作权法实施条例》第28条规定，图书出版合同中约定图书出版者享有专有出版权但没有明确其具体内容的，视为图书出版者享有在合同有效期限内和在合同约定的地域范围内以同种文字的原版、修订版出版图书的专有权利。

著作权人授权他人使用作品的权利分为专有使用权和非专有使用权，"这里专有的含义是指独占的和排他的，非专有的含义是指非独占的和非排他的"[2]

---

〔1〕　现行《著作权法》第26条。

〔2〕　胡康生主编：《中华人民共和国著作权法释义》，法律出版社2002年版，第119页。

或专有使用人"独占和排他的使用权"。[1]"专有使用权指著作权人只授权某人使用其作品，从而该使用人取得对该作品的专有使用权，著作权人不得将该作品在授权使用期限内再授权第三人使用……非专有使用权是在一定期限内著作权人授权某人使用作品后，还可以将该作品再授权第三人使用，在这种情况下，使用人取得作品的使用权就属于非专有使用权……使用作品的人取得专有使用权还是非专有使用权，由著作权人同使用作品的人在合同中约定。"[2]最高人民法院的解释为：许可使用的权利分为专有使用权和非专有使用权两种。前者指著作权人授予合同另一方当事人享有的以某种特定方式专有使用其作品的权利，该使用人对作品享有独占和排他的使用权，著作权人不得再授权第三人使用。[3]因此，专有使用许可包含独占和排他两种属性。这就是《著作权法实施条例》第24条规定的著作权法意义上的专有使用权意义内在的深层原因。

《著作权法》中的专有使用权、专有出版权许可形成的都是独占性与排他性相结合的垄断市场，独占性和排他性在著作权垄断市场中是融为一体不可分割的。因此，学术界有人将专利实施许可合同的术语移植到著作权领域，将著作财产权许可使用可分为独占许可使用、排他许可使用和普通许可使用[4]之说是值得商榷的。

这里需要说明的是，法人或非法人组织作为"视为作者"通常情况下，也是形成独占性垄断市场。我国《著作权法》第11条第3款规定，由法人或者非法人组织主持，代表法人或者非法人组织意志创作，并由法人或者非法人组织承担责任的作品，法人或者非法人组织视为作者。但法人或非法人组织享有著作权的作品市场，通常由法人或非法人组织自行使用作品（如法人或非法人组织不宜发表或公之于众的作品，或在我国依法享有出版权的法人或非法人组织，此种情况下，属于著作权人和作品使用者系同一人），形成独占性垄断市场；因此，视为作者的法人或非法人组织通常不会对著作权垄断

---

〔1〕 参见唐德华、孙秀君主编：《著作权法及配套规定新释新解》，人民法院出版社2002年版，第277页。

〔2〕 胡康生主编：《中华人民共和国著作权法释义》，法律出版社2002年版，第119页。

〔3〕 参见唐德华、孙秀君主编：《著作权法及配套规定新释新解》，人民法院出版社2002年版，第277页。

〔4〕 参见《知识产权法学》编写组：《知识产权法学》，高等教育出版社2022年版，第84页。

市场的构成造成冲击。

除此之外，专利权、商标权、集成电路布图设计专有权、商业秘密权、植物新品种权的垄断性市场，通常都可以由独占性市场和排他性市场构成。

著作权垄断市场独占与排他的融合性与工业产权垄断市场的独占与排他的可区分性，是知识产权垄断市场的基本区别。著作权垄断市场独占与排他的融合性称为专有使用权许可市场，在图书出版领域被称为专有出版权许可市场。

二、竞争性知识产权市场的差异

（一）自愿许可市场的差异

自愿许可市场除前述不同知识产权在垄断性市场上的差异外，在竞争性知识产权市场上，不同知识产权市场也存在一定的差别。

知识产权普通许可市场，在著作权市场中被称为非专有使用权许可市场。著作权自愿许可形成的竞争性市场，与其他知识产权自愿许可形成的竞争性市场相比，既有共同点，又有区别。自愿许可形成的竞争性市场，各种知识产权都是基于合法权利人的普通许可而形成。但著作权自愿许可形成的竞争性市场，主要是在著作权人直接授权下而形成的。但除此之外，还有通过著作权人的间接授权即通过著作权集体管理组织授权而形成的竞争性市场。这是因为，我国《著作权集体管理条例》第2条规定，著作权集体管理，是指著作权集体管理组织经权利人授权，集中行使权利人的有关权利并以自己的名义进行的下列活动：①与使用者订立著作权或者与著作权有关的权利许可使用合同（以下简称许可使用合同）；②向使用者收取使用费；③向权利人转付使用费；④进行涉及著作权或者与著作权有关的权利的诉讼、仲裁等。第23条规定，著作权集体管理组织许可他人使用其管理的作品、录音录像制品等，应当与使用者以书面形式订立许可使用合同。著作权集体管理组织不得与使用者订立专有许可使用合同。使用者以合理的条件要求与著作权集体管理组织订立许可使用合同，著作权集体管理组织不得拒绝。许可使用合同的期限不得超过2年；合同期限届满可以续订。这是著作权自愿许可市场与其他知识产权自愿许可市场形成上的重要区别。

我国《专利法》的修改引入了开放许可制度，使我国专利自愿许可制度由普通许可市场和开放许可市场两种形态构成。基于普通许可是工业产权的普遍许可方式，在此主要谈一下开放许可市场。我国《专利法》第 50 条规定，专利权人自愿以书面方式向国务院专利行政部门声明愿意许可任何单位或者个人实施其专利，并明确许可使用费支付方式、标准的，由国务院专利行政部门予以公告，实行开放许可。就实用新型、外观设计专利提出开放许可声明的，应当提供专利权评价报告。专利权人撤回开放许可声明的，应当以书面方式提出，并由国务院专利行政部门予以公告。开放许可声明被公告撤回的，不影响在先给予的开放许可的效力。第 51 条规定，任何单位或者个人有意愿实施开放许可的专利的，以书面方式通知专利权人，并依照公告的许可使用费支付方式、标准支付许可使用费后，即获得专利实施许可。开放许可实施期间，对专利权人缴纳专利年费相应给予减免。实行开放许可的专利权人可以与被许可人就许可使用费进行协商后给予普通许可，但不得就该专利给予独占或者排他许可。因此，开放许可是我国《专利法》鼓励的自愿许可方式，构成了我国专利自愿许可市场的有机构成部分。

我国《专利法》开竞争性知识产权市场公开许可模式先河。笔者认为，开放许可模式应成为整个知识产权竞争性市场的基本模式。

（二）非自愿许可市场的差异

非自愿许可市场，在各知识产权市场中具有较大的差异。在此，主要谈以下几点差异：

1. 商标市场、商业秘密市场中不存在非自愿许可市场

在知识产权法律设立非自愿许可市场，其目的在于平衡知识产权人与社会公共利益的矛盾。但不同类的知识产权对社会公共利益的影响不同。商标作为任何能够将自然人、法人或者非法人组织的商品与他人的商品区别开的标志，包括文字、图形、字母、数字、三维标志、颜色组合和声音等，以及上述要素的组合，商标法保护社会公共利益的重要方面就是商品或服务来源的可识别性或显著性，它以制止混淆可能性为理论基石，且商标法本身保护的主要就是商标专用权，因此，商标权市场本身就排除了任何形式的非自愿许可市场的存在。

商业秘密权是因其具有秘密性、价值性和保密性而设定的一种知识产权。非自愿许可市场是以知识产权客体的公开性为前提的，这种公开性与商业秘密权借以成为知识产权的秘密性、保密性相矛盾，因此，商业秘密权本身排除非自愿许可市场。除此之外的知识产权包括著作权、专利权、植物新品种

权、集成电路布图设计专有权都存在非自愿许可市场。

2. 著作权非自愿许可市场在我国表现为法定许可市场，不存在强制许可市场

法定许可市场是由《著作权法》规定的法定许可制度而形成的一种特殊的非自愿许可市场。法定许可使用是指基于某些特定情况根据《著作权法》的直接规定，以特定的方式使用已发表的作品，可以不经著作权人的许可，但应向著作权人支付使用费，并尊重著作权人的其他权利的制度。由该种制度而形成的著作权市场，就是目前我国著作权非自愿许可的唯一形式。"某些特定情况"根据我国现行《著作权法》的规定，共有四种特定情况，可以形成法定许可市场。

法定许可市场是我国著作权非自愿许可市场的唯一形式，也是世界上其他国家著作权非自愿许可市场的最主要形式，国际上除了法定许可这种非自愿著作权市场外，还有一种补充性非自愿许可形式，即强制许可市场。著作权强制许可使用是指在特定的条件下，由著作权主管机关根据情况，将对已发表作品进行特殊使用的权利授予申请获得此项权利的使用人的制度。在国际上著作权强制许可市场就是由强制许可制度形成的一种非自愿性许可市场。

法定许可与强制许可作为著作权非自愿许可的两种形式，都是基于促进公共利益，限制著作权人的许可权且只能使用著作权人已经发表的作品，须尊重著作权人的其他合法权利并支付报酬的著作权使用制度。二者之间存在着明显的区别：（1）法定许可是按照法律规定以特定方式或根据某些条件使用受《著作权法》保护的作品，可以不经作者同意直接使用作品。强制许可则必须在与著作权人协商未果或著作权人拒绝许可的情况下向各国著作权主管当局申请才有可能授予。（2）法定许可无需履行任何手续，只要符合法律规定的使用情形即可，强制许可则通常需要申请、履行通知著作权人等程序后才能由主管当局进行强制许可。

在我国有不少学者主张，我国也应在《著作权法》中引入强制许可制度。[1]但《著作权法》第三次修改仍未引入强制性许可，因此，在短期内我

---

[1] 参见王斌：《我国数字图书馆版权强制许可制度研究》，载《图书馆学研究》2008 年第 12 期；参见詹启智、黄慧：《我国著作权法应当引入著作权强制许可使用制度》，载《法制与社会》2015 年第 15 期；参见姚鹤徽：《著作权强制许可制度的理论分析与制度构建》，载《时代法学》2015 年第 3 期；参见马生军、徐曦哲：《著作权强制许可的法理分析与具体规则构建》，载《出版发行研究》2019 年第 5 期。

国《著作权法》不会引入强制许可制度，从而在我国也不会存在著作权强制许可市场。

3. 集成电路布图设计专有权和植物新品种权的非自愿许可市场由强制许可构成

集成电路布图设计专有权和植物品种权的非自愿许可市场都是由一种形式的非自愿市场形成，在集成电路布图设计专有权中被称为非自愿许可，在植物新品种权市场中称为强制许可，从相关法律规定看，非自愿许可与强制许可从理论上看，是指同一概念，非自愿许可系指强制许可。由此可见，在知识产权法中，非自愿许可有广义和狭义之分，广义的非自愿许可包含法定许可、强制许可、非自愿许可、指定许可等非由权利人许可的行为，狭义的非自愿许可仅指强制许可。集成电路布图设计专有权的非自愿许可是在狭义上使用的法律概念。

《集成电路布图设计保护条例》第 25 条规定，在国家出现紧急状态或者非常情况时，或者为了公共利益的目的，或者经人民法院、不正当竞争行为监督检查部门依法认定布图设计权利人有不正当竞争行为而需要给予补救时，国务院知识产权行政部门可以给予使用其布图设计的非自愿许可。

《植物新品种保护条例》第 11 条第 1 款也规定，为了国家利益或者公共利益，审批机关可以作出实施植物新品种强制许可的决定，并予以登记和公告。

4. 专利权的非自愿市场由强制许可实施和指定许可实施构成

强制许可市场是世界各国专利市场非自愿许可市场的通用形式。专利强制许可实施是指在特定的条件下，由专利主管机关根据拟实施专利的人之申请，依照法定程序将有效发明或实用新型专利实施权在一定时期内授予申请人的制度。

我国《专利法》规定的强制许可制度，包括实施人申请制和国务院专利行政部门依职权给予制。

实施人申请制又包括普通依申请给予强制许可制和依存专利依申请给予强制许可制。如我国《专利法》第 53 条规定，有下列情形之一的，国务院专利行政部门根据具备实施条件的单位或者个人的申请，可以给予实施发明专利或者实用新型专利的强制许可：①专利权人自专利权被授予之日起满三年，且自提出专利申请之日起满四年，无正当理由未实施或者未充分实施其专利的；②专利权人行使专利权的行为被依法认定为垄断行为，为消除或者减少该行为对竞争产生的不利影响的。该规定的申请制即为实施人申请制下的普通依申请给予强制许可制度。我国《专利法》第 56 条规定，一项取得专利权的发明或者实用新型比以前已经取得专利权的发明或者实用新型具有显著经济意义的重大技术进步，其实施又有赖于前一发明或者实用新型的实施的，国务院专利行政部门根据后一专利权人的申请，可以给予实施前一发明或者实用新型的强制许可。在依照前款规定给予实施强制许可的情形下，国务院专利行政部门根据前一专利权人的申请，也可以给予实施后一发明或者实用新型的强制许可。该规定即为依存专利依申请给予强制许可制。前者系单向强制许可制，后者可以是双向强制许可制。

国务院专利行政部门依职权给予制，也称为直接给予强制许可制，它也包括两种情形。一是依紧急状态或公共利益需要直接给予强制许可制，如我国《专利法》第 54 条规定，在国家出现紧急状态或者非常情况时，或者为了公共利益的目的，国务院专利行政部门可以给予实施发明专利或者实用新型专利的强制许可。二是为了公共健康目的直接授予强制许可制，如我国《专利法》第 55 条规定，为了公共健康目的，对取得专利权的药品，国务院专利行政部门可以给予制造并将其出口到符合中华人民共和国参加的有关国际条约规定的国家或者地区的强制许可。

在专利市场中，我国《专利法》规定了基于国有企事业单位的发明专利的指定许可。如我国《专利法》第 49 条规定，国有企业事业单位的发明专利，对国家利益或者公共利益具有重大意义的，国务院有关主管部门和省、自治区、直辖市人民政府报经国务院批准，可以决定在批准的范围内推广应用，允许指定的单位实施，由实施单位按照国家规定向专利权人支付使用费。指定许可或指定许可证是我国专利市场的独有特征，指定许可成为我国专利市场中非自愿许可市场的有机组成部分。

在专利非自愿许可市场中，指定许可实施和强制许可实施有重大区别。

一是可许可实施专利的种类不同。强制许可包含发明专利、实用新型专利，指定许可的专利仅限于发明专利。

二是专利权人的范围不同。强制许可涉及的专利权人泛指所有符合法律规定的可以实施强制许可的专利权人，指定许可仅限于国有企事业单位。

三是实施非自愿许可的法定理由不同。指定许可仅限于对国家利益或者公共利益具有重大意义的国有企事业单位的发明专利，强制许可则除了国家利益、公共利益之外，还包括无正当理由未实施或未充分实施、为公共健康目的等。指定许可与强制许可实施相比，要求对国家利益或公共利益有更大的意义。

四是许可实施的程序不同。指定许可的程序是国务院有关主管部门和省、自治区、直辖市人民政府报经国务院批准，可以决定在批准的范围内推广应用，允许指定的单位实施。强制许可是国务院专利行政部门根据具备实施条件的单位或者个人的申请或给予的行政许可。指定许可的批准程序比强制许可要求批准机关层次更高，即只有中央人民政府才有权批准，强制许可则由国务院专利行政部门批准或给予。

五是许可的请求者不同。指定许可是国务院有关主管部门和省、自治区、直辖市人民政府作为请求国务院批准的主体，强制许可通常由专利实施者向国家专利行政部门申请，经审查后批准。

六是实施者的主动性不同。指定许可实施单位是被动实施，不存在主动申请实施的情况，强制许可的实施者特别是在申请制情况下，都是主动愿意实施的。

七是支付的使用费用不同。指定许可由实施单位按照国家规定向专利权人支付使用费。强制许可情况下，取得实施强制许可的单位或者个人应当付给专利权人合理的使用费，或者依照中华人民共和国参加的有关国际条约的规定处理使用费问题。付给使用费的，其数额由双方协商；双方不能达成协议的，由国务院专利行政部门裁决。

第二章
知识产权许可证贸易

许可证贸易的本质是知识产权的使用权贸易。它是知识产权贸易的最常见的基本方式。许可证贸易在不同类型的知识产权贸易中，不仅存在着许可证类别的不同，不同的许可证颁发的条件不同且程序也不同。

第一节　知识产权自愿许可证贸易

知识产权自愿许可证贸易即是以签订或颁发知识产权许可合同（证）为核心的知识产权所有者与知识产权使用者以双方获得对价为基础的基于知识产权财产性使用权的贸易活动。知识产权所有者获得的对价通常是以货币形式表现的货币财富金额，知识产权使用者获得的对价通常是知识产权财产性使用权，通过取得该财产性使用权进行产业经营获得利益。知识产权自愿许可证是指知识产权人向知识产权使用者颁发的许可证。许可证通常以许可合同为表现形式。颁发许可证是知识产权人与知识产权使用者签订许可使用合同的行为，即颁发许可证就是签订许可合同。许可证的颁发除了个别知识产权类别在部分情况下不需要书面形式外，通常许可证需要具备书面形式。不同类知识产权自愿许可证贸易实现的基本途径都是知识产权人与知识产权使用者通过商业谈判达成合意一致签订许可合同，完成知识产权使用权的交易或贸易。知识产权自愿许可证在知识产权许可证中居于基础和核心地位。

一、著作权自愿许可证贸易

著作权自愿许可证贸易就是著作权人向作品或邻接权客体的使用者颁布或签订许可使用合同的贸易活动。在知识产权体系中，著作权因其权能众多，

客体广泛，涉及面广，传播媒体多元化，使其自愿许可证贸易有不同的特点。

（一）著作权人与报社、期刊社间的自愿许可证贸易

1. 要约与承诺的自愿许可证颁发方式

《著作权法》第35条第1款规定，著作权人向报社、期刊社投稿的，自稿件发出之日起15日内未收到报社通知决定刊登的，或者自稿件发出之日起30日内未收到期刊社通知决定刊登的，可以将同一作品向其他报社、期刊社投稿。双方另有约定的除外。这是我国《著作权法》基于著作权人与报刊社自愿许可证贸易的程序性规定。即其基本程序是著作权人将其创作完成的作品，向报社、期刊社投稿（要约）；报社、期刊社收到稿件后经审查决定是否刊登；如报社、期刊社决定刊登（承诺），则在作品刊登前后一段时间内（通常为刊登后1个月内，付款期限）向著作权人支付使用费（报酬或稿费）。如报社、期刊社决定不刊登的（不承诺），则本次著作权自愿许可证贸易未完成或不成功。自然科学类学术期刊的录用率一般在20%。[1]这一用稿率会随着时期、用稿规则、期刊规模、刊期等各种因素而调整。用稿率系许可证颁发率，100%减去用稿率就是期刊的废约率或著作权人向期刊投稿风险率。著作权人实现作品价值的风险率始终都是比较大的。

2. 著作权人为了实现作品价值与报社、期刊社的博弈

作品只有在传播过程中才能体现或创造价值，无传播则无权利。作品如果不被报社、期刊社刊登，《著作权法》赋予著作权人的著作权就不能实现其应有的市场价值。为此，著作权人可以将作品向多家报社、期刊社投稿，从而增大作品自愿许可证贸易成功的概率，这也是著作权人事实上的通常做法。但我国前述《著作权法》第35条第1款的规定，更多地考虑了报社、期刊社的利益，对广大著作权人尽快实现作品市场价值做出了一定时间性的限制，著作权人同时向多家报社、期刊社投稿，即一稿多投，广为报社、期刊社诟病。笔者认为，一稿多投是为了更好地实现作品的社会价值，是著作权人依法享有的权利，[2]且在著作权人未与报社、期刊社"另有约定"的，不会承担任何法律责任。"另有约定"如果仅仅是在投稿时间上的约定，而非刊登与

---

〔1〕 参见陈小明：《自然科学类学术期刊稿件录用率问题研究》，载《中国人民公安大学学报（自然科学版）》2014年第2期。

〔2〕 参见詹启智：《一稿多投是著作权人依法享有的合法权利——兼论一稿多发后果的规制》，载《出版发行研究》2010年第2期。

专有使用权的约定，如报社、期刊社单方面声明的 2 个月、3 个月甚至 6 个月内未收到刊登通知可另投他报刊的"约定"，著作权人大可不必理会；如"另有约定"是刊登与非专有使用权的约定，则著作权人仍可向其他报社、期刊社投稿，扩大非专有使用权自愿许可证贸易成功率，使更多的读者能够有机会获得作品，在更大限度上实现作品的市场价值和社会价值。但如"另有约定"是刊登与专有使用权的约定，则著作权人除该报社、期刊社外，不得再向其他任何报社、期刊社颁发许可证，否则就构成了著作权人与报社、期刊社共同侵犯专有使用权，依法要承担法律责任。但在此应当区分清楚，另有约定应当是指某个著作权人与报刊社之间具有的约定，而非指报刊社通过征稿启事向不特定人发布的要约邀请。

3. 著作权人通常向报社、期刊社颁发的是非专有使用权许可证

非专有使用权许可证为常态，专有使用权许可证为例外。

在目前法律规定下，著作权人向报社、期刊社通过投稿方式颁发的自愿许可证，通常因无书面形式，而仅仅是非专有使用权许可证，是一种一次性使用许可证。《著作权法》第 26 条第 1 款规定，"使用他人作品应当同著作权人订立许可使用合同……"，同时我国《著作权法实施条例》第 23 条规定，"使用他人作品应当同著作权人订立许可使用合同，许可使用的权利是专有使用权的，应当采取书面形式，但是报社、期刊社刊登作品除外。"依照该规定，没有签订书面合同的，则不能证明其享有专有使用权；该条规定的"但是报社、期刊社刊登作品除外"，使有人认为，报社、期刊社刊登作品无须书面合同即可享有专有使用权。笔者认为，该规定总体上属于画蛇添足，没有实质意义。但是从字面意义上，似乎又为报社、期刊社有可能因无书面合同而享有专有使用权提供了依据。原国家版权管理机关明确规定，报社、期刊社使用作品享有的是非专有使用权。1991 年 8 月 9 日国家版权局《关于报刊社声明对所发表的作品享有专有出版权的意见》施行后，一些报刊社刊登启事，声明对其发表的作品享有专有出版权事宜指出，关于报社、杂志社刊登作品，《著作权法》第 35 条第 2 款规定，"作品刊登后，除著作权人声明不得转载、摘编的外，其他报刊可以转载或者作为文摘、资料刊登，但应当按照规定向著作权人支付报酬。"据此，报刊发表作品，仅获得非专有出版权，只有著作权人有权声明不得转载、摘编和授权刊登此类声明。因此，未经著作权人授权，报刊刊登对其发表的作品享有专有出版权的启事，不符合《著

作权法》的规定。因此，笔者认为，期刊社没有书面合同即享有专有出版权的可能性并不存在。从现有规定看，报社、期刊社除有书面合同约定外，总体上对作品仅享有非专有使用权。以非专有使用权为常态，专有使用权为例外。

4. 网络环境下期刊社的投稿系统使期刊社或可获得专有使用权

互联网络的发展与进步，使得报刊社特别是期刊社普遍采用电子投稿系统接受投稿。期刊社在投稿系统中自动设置格式投稿授权合同。在格式投稿授权合同中通常约定报刊社享有专有使用权，甚至获得一揽子权利。对此，学术界有认为据此合同不够尊重著作权人依法享有的著作权，还会造成权利浪费等，[1]也有人认为，期刊社据此可以享有专有出版权的，[2]但笔者认为作为电子格式点击合同，著作权人没有任何协商的余地，对著作权人显失公平。在电子格式点击合同下，期刊社享有专有使用权成为常态，非专有使用权成为例外。与传统投稿方式呈正好相反的状态。期刊社电子投稿系统已成为学术期刊投稿的主流方式，必将成为占统治地位的授权方式。这里存在的问题是，镶嵌电子格式点击合同能否构成《著作权法》意义上合法的"另有约定"。这是问题的关键所在。

5. 报社、期刊社的指导性报酬标准

著作权人与报社、期刊社的关系是权利人与使用者的关系。在这个市场关系中，报社、期刊社占据优势地位，属于市场中的强者（强势群体），一是报社、期刊社拥有作品是否使用的决定权。该决定权决定或影响着作品是否能够实现其市场价值，决定著作权人创造的知识商品向货币转化过程中的飞跃是否成功，决定着著作权人是否被摔坏。二是作品的定价，通常由报社、期刊社单方面决定，著作权人基本上没有发言权。基于此种市场关系中的不平等地位，《伯尔尼公约》以及我国《著作权法》明确规定，"使用作品的付酬标准可以由当事人约定，也可以按照国家著作权主管部门会同有关部门制定的付酬标准支付报酬。当事人约定不明确的，按照国家著作权主管部门会同有关部门制定的付酬标准支付报酬。"2014年9月23日国家版权局、国家

〔1〕 参见詹启智：《授权抑或抢权：期刊社应当如何尊重著作权——从某大学学报编辑部论文著作权专有许可使用和独家代理授权书谈起》，载《科技与出版》2009年第9期。

〔2〕 参见张洋：《论报刊社专有出版权的取得——兼评〈著作权法〉第三次修改》，载《科技与出版》2016年第8期。

发展和改革委员会令第 11 号《使用文字作品支付报酬办法》（以下简称《文字报酬办法》）第 12 条规定，报刊刊载未发表的作品，除合同另有约定外，应当自刊载后 1 个月内按每千字不低于 100 元的标准向著作权人支付报酬。报刊刊载未发表的作品，不足 500 字的按千字作半计算；超过 500 字不足千字的按千字计算。目前这一规定在期刊领域几成废纸。

《文字报酬办法》第 12 条中的"合同另有约定"是对《文字报酬办法》法定支付标准的限制。根据惯例，著作权人和作品使用者在平等、自愿的基础上约定低于或高于规定的付酬标准的，《文字报酬办法》不予禁止。但是，从报社、期刊社长远发展看，约定标准不宜低于法定标准的下限。目前存在的普遍问题是，学术期刊多数不仅不支付著作权人报酬，甚至还向著作权人收取数额远高于稿酬的版面费。应当说，期刊社以任何名目向著作权人收取费用，根据《出版管理条例》第 21 条的规定，都是违法的。期刊社为了实现健康发展，保护著作权人的合法权益，通常应采取三大版权策略。在取得著作权与专有使用权上采取取得专有使用权策略，即根据期刊出版内容涉及的专有权利取得专有出版权；避免一揽子授权，在永久专有出版权抑或短期专有出版权上采取短期专有出版权策略。[1]还应当尊重著作权人依法享有的获得报酬权。

（二）著作权人与出版社之间的自愿许可证贸易

1. 签约付酬的许可证颁发方式

著作权人与出版社之间的自愿许可证贸易是图书、音像制品、电子出版物等作品、制品的权利人通过签订许可使用合同而实现的著作权（相关权）财产性使用权向出版社转移，出版者依照约定或法律规定向权利人支付报酬的贸易方式。正如《著作权法》第 32 条规定，图书出版者出版图书应当和著作权人订立出版合同，并支付报酬。

根据我国相关行政法规、部门规章的规定，我国的出版社主要有图书出版社、音像出版社、电子出版社、网络出版社。但我国《著作权法》中明确规定的出版社是指图书出版社。其他各类出版社出版相关作品、制品均可参照或按照《著作权法》的规定进行贸易。因此，本部分我们仅以图书出版社为例进行研究。

---

〔1〕　参见詹启智：《论期刊社的三大版权策略》，载《科技与出版》2018 年第 9 期。

2. 书面许可与专有出版权许可证的普遍性

根据《著作权法》第33条的规定，"图书出版者对著作权人交付出版的作品，按照合同约定享有的专有出版权受法律保护，他人不得出版该作品。"由该规定可知，图书出版社是否享有专有出版权的依据在于合同约定。因此，依照法律规定，图书出版者并不天然或法定享有专有出版权。但是，由于我国出版社设立是审批制，出版资源供给远远满足不了市场的需要，在图书著作权人与出版者的市场交易中，出版者天然地占据优势地位，是强势群体，且由于图书通常采取单本出版，投资巨大，和《著作权法实施条例》第23条的"使用他人作品应当同著作权人订立许可使用合同，许可使用的权利是专有使用权的，应当采取书面形式，但是报社、期刊社刊登作品除外"和第28条的"图书出版合同中约定图书出版者享有专有出版权但没有明确其具体内容的，视为图书出版者享有在合同有效期限内和在合同约定的地域范围内以同种文字的原版、修订版出版图书的专有权利。"明确规定，以及国家新出版署、国家版权局数十年来对出版合同的强调等因素作用下，图书出版社通常都会和著作权人签订书面出版合同。合同约定中普遍明确为专有出版权。在图书出版界专有出版权是常态，非专有出版权是例外。这一点与报社、期刊社的情况正好相反。

3. 出版社向著作权人支付报酬标准

图书作者与出版社的自愿许可证贸易依法是以著作权人许可出版者著作财产权使用权，出版者向图书著作权人支付报酬而完成著作权贸易的。这就是《著作权法》第32条规定的贸易本质，即"图书出版者出版图书应当和著作权人订立出版合同，并支付报酬。"在著作权领域，著作权人和使用者的对比关系中永远处于弱势地位，缺乏谈判能力。因此，为了保护图书作者的合法权益，《伯尔尼公约》等要求同盟国立法制定合理的报酬标准。我国《著作权法》第30条规定，使用作品的付酬标准可以由当事人约定，也可以按照国家著作权主管部门会同有关部门制定的付酬标准支付报酬。当事人约定不明确的，按照国家著作权主管部门会同有关部门制定的付酬标准支付报酬。根据这一规定和授权，原国家版权局、国家发改委2014年9月23日公布的《文字报酬办法》对以图书形式出版文字作品报酬标准进行了详细规定。《文字报酬办法》第2条首先强调了除法律、行政法规另有规定外，使用文字作品支付报酬由当事人约定；当事人没有约定或者约定不明的，适用该办法。

　　根据《文字报酬办法》规定，以纸介质出版方式使用文字作品支付报酬可以选择版税、基本稿酬加印数稿酬或者一次性付酬等三种方式。

　　(1) 版税。版税是指使用者以图书定价×实际销售数或者印数×版税率的方式向著作权人支付的报酬。版税率标准原创作品为 3%-10%；演绎作品为 1%-7%。其计算方法为著作权人可以与使用者在合同中约定，在交付作品时或者签订合同时由使用者向著作权人预付首次实际印数或者最低保底发行数的版税。首次出版发行数不足千册的，按千册支付版税，但在下次结算版税时对已经支付版税部分不再重复支付。

　　(2) 基本稿酬加印数稿酬。基本稿酬，是指使用者按作品的字数，以千字为单位向著作权人支付的报酬。基本稿酬标准原创作品：每千字 80 元-300 元，注释部分参照该标准执行；演绎作品之改编为每千字 20 元-100 元，汇编为每千字 10 元-20 元，翻译为每千字 50 元-200 元。其计算方法为：支付基本稿酬以千字为单位，不足千字部分按千字计算。支付报酬的字数按实有正文计算，即以排印的版面每行字数乘以全部实有的行数计算。占行题目或者末尾排不足一行的，按一行计算。诗词每十行按一千字计算，作品不足十行的按十行计算。辞书类作品按双栏排版的版面折合的字数计算。

　　印数稿酬，是指使用者根据图书的印数，以千册为单位按基本稿酬的一定比例向著作权人支付的报酬。印数稿酬标准和计算方法为每印一千册，按基本稿酬的 1%支付。不足一千册的，按一千册计算。作品重印时只支付印数稿酬，不再支付基本稿酬。

　　采用基本稿酬加印数稿酬的付酬方式的，著作权人可以与使用者在合同中约定，在交付作品时由使用者支付基本稿酬的 30%-50%。除非合同另有约定，作品一经使用，使用者应当在 6 个月内付清全部报酬。作品重印的，应在重印后 6 个月内付清印数稿酬。

　　使用演绎作品，除合同另有约定或者原作品已进入公有领域外，使用者还应当取得原作品著作权人的许可并支付报酬。

　　(3) 一次性付酬，是指使用者根据作品的质量、篇幅、作者的知名度、影响力以及使用方式、使用范围和授权期限等因素，一次性向著作权人支付的报酬。

　　使用者未与著作权人签订书面合同，或者签订了书面合同但未约定付酬方式和标准，与著作权人发生争议的，应当按《文字报酬办法》第 4 条、第 5

条规定的付酬标准的上限分别计算报酬，以较高者向著作权人支付，并不得以出版物抵作报酬。著作权人许可使用者通过转授权方式在境外出版作品，但对支付报酬没有约定或约定不明的，使用者应当将所得报酬扣除合理成本后的70%支付给著作权人。以纸介质出版方式之外的其他方式使用文字作品，除合同另有约定外，使用者应当参照本办法规定的付酬标准和付酬方式付酬。在数字或者网络环境下使用文字作品，除合同另有约定外，使用者可以参照本办法规定的付酬标准和付酬方式付酬。

尽管有上述规定，但约定是排除规定适用的重要的法律手段。图书出版社出版图书，特别是学术著作通常并不向作者支付报酬，甚至著作权人不仅没有稿酬，而且还要向出版社支付数额不菲的书号费或出版赞助费。

（三）著作权集体管理

著作权集体管理是著作权人和与著作权有关的权利人通过信托的方式将其难以行使等的权利，[1]授权著作权集体管理组织行使著作权或者与著作权有关的权利。依法设立的著作权集体管理组织是非营利法人，被授权后可以以自己的名义为著作权人和与著作权有关的权利人主张权利，并可以作为当事人进行涉及著作权或者与著作权有关的权利的诉讼、仲裁、调解活动。

著作权集体管理组织根据授权向使用者收取使用费。使用费的收取标准由著作权集体管理组织和使用者代表协商确定。著作权集体管理组织应当将使用费的收取和转付、管理费的提取和使用、使用费的未分配部分等总体情况定期向社会公布，并应当建立权利信息查询系统，供权利人和使用者查询。国家著作权主管部门应当依法对著作权集体管理组织进行监督、管理。

权利人可以与著作权集体管理组织以书面形式订立著作权集体管理合同，授权该组织对其依法享有的著作权或者与著作权有关的权利进行管理。权利人与著作权集体管理组织订立著作权集体管理合同后，不得在合同约定期限

---

〔1〕 著作权和与著作权有关的权利人同著作权集体管理组织间的关系，国际上主要有委托代理关系、信托关系和权利转让关系三种。目前我国《著作权法》和《著作权集体管理条例》使用的均是"授权"术语，似乎两者之间是授权关系或委托代理关系。但仔细分析《著作权法》《著作权集体管理条例》的规定，笔者认为，著作权和与著作权有关的权利人与著作权集体管理组织间的关系，属于信托关系，符合《中华人民共和国信托法》之"信托，是指委托人基于对受托人的信任，将其财产权委托给受托人，由受托人按委托人的意愿以自己的名义，为受益人的利益或者特定目的，进行管理或者处分的行为"规定。若依委托代理关系处理两者间的关系，则著作权集体管理组织则不能以自己的名义行使相关权利。

内自己行使或者许可他人行使合同约定的由著作权集体管理组织行使的权利。著作权集体管理组织许可他人使用其管理的作品、录音录像制品等，应当与使用者以书面形式订立许可使用合同。

著作权集体管理组织不得与使用者订立专有许可使用合同。使用者以合理的条件要求与著作权集体管理组织订立许可使用合同，著作权集体管理组织不得拒绝。许可使用合同的期限不得超过2年；合同期限届满可以续订。

著作权集体管理组织可以从收取的使用费中提取一定比例作为管理费，用于维持其正常的业务活动。著作权集体管理组织提取管理费的比例应当随着使用费收入的增加而逐步降低。著作权集体管理组织收取的使用费，在提取管理费后，应当全部转付给权利人，不得挪作他用。

著作权集体管理是著作权和与著作权有关的权利人实现著作权价值的重要途径。但基于我国著作权集体管理发展较晚和本身存在的问题常被诟病，著作权集体管理目前还难以成为著作权和与著作权有关的权利人实施作品、制品市场价值的主要渠道。

（四）许可使用合同的主要内容与范本

1. 许可使用合同的主要内容

根据《著作权法》第26条的规定，使用他人作品应当同著作权人订立许可使用合同，本法规定可以不经许可的除外。许可使用合同（证）包括下列主要内容：①许可使用的权利种类；②许可使用的权利是专有使用权或者非专有使用权；③许可使用的地域范围、期间；④付酬标准和办法；⑤违约责任；⑥双方认为需要约定的其他内容。

2. 自愿许可证范本（以图书出版合同为例）

图书出版合同（标准样式）

（国家版权局1999年3月修订）

甲方（著作权人）：　　　　　　　　　　地址：

乙方（出版者）：　　　　　　　　　　　地址：

作品名称：

作品署名：

甲乙双方就上述作品的出版达成如下协议：

第1条 甲方授予乙方在合同有效期内，在［中国大陆（内地）、中国台湾、中国香港、中国澳门、其他国家和地区、全世界］※以图书形式出版发行上述作品（汉文、×文）※[1]文本的专有使用权。

第2条 根据本合同出版发行的作品不得含有下列内容：

（一）反对宪法确定的基本原则；

（二）危害国家统一、主权和领土完整；

（三）危害国家安全、荣誉和利益；

（四）煽动民族分裂，侵害少数民族风俗习惯，破坏民族团结；

（五）泄露国家机密；

（六）宣扬淫秽、迷信或者渲染暴力，危害社会公德和民族优秀文化传统；

（七）侮辱或者诽谤他人；

（八）法律、法规规定禁止的其他内容。

第3条 甲方保证拥有第1条授予乙方的权利。因上述权利的行使侵犯他人著作权的，甲方承担全部责任并赔偿因此给乙方造成的损失，乙方可以终止合同。

第4条 甲方的上述作品含有侵犯他人名誉权、肖像权、姓名权等人身权内容的，甲方承担全部责任并赔偿因此给乙方造成的损失，乙方可以终止合同。

第5条 上述作品的内容、篇幅、体例、图表、附录等应符合下列要求：

第6条 甲方应于××××年××月××日前将上述作品的誊清稿交付乙方。甲方不能按时交稿的，应在交稿期限届满前××日通知乙方，双方另行约定交稿日期。甲方到期仍不能交稿的，应按本合同第11条约定报酬的××%向乙方支付违约金，乙方可以终止合同。甲方交付的稿件应有作者的签章。

第7条 乙方应于××××年××月××日前出版上述作品，最低印数为××××册。乙方不能按时出版的，应在出版期限届满前××日通知甲方，并按本合同第11条约定报酬的××%向甲方支付违约金，双方另行约定出版日期。乙方在另行约定期限内仍不出版的，除非因不可抗力所致，乙方应按本合同第11条约定向甲方支付报酬和归还作品原件，并按该报酬的××%向甲方支付赔偿金，甲方可以终止合同。

---

［1］ 带※的为选择性内容。

第8条 在合同有效期内，未经双方同意，任何一方不得将第1条约定的权利许可第三方使用。如有违反，另一方有权要求经济赔偿并终止合同。一方经对方同意许可第三方使用上述权利，应将所得报酬的××%交付对方。

第9条 乙方尊重甲方确定的署名方式。乙方如需更动上述作品的名称，对作品进行修改、删节、增加图表及前言、后记，应征得甲方同意，并经甲方书面认可。

第10条 上述作品的校样由乙方审校。（上述作品的校样由甲方审样。甲方应在××日内签字后退还乙方。甲方未按期审校，乙方可自行审校，并按计划付印。因甲方修改造成版面改动超过××%或未能按期出版，甲方承担改版费用或推迟出版的责任。）※

第11条 乙方采用下列方式及标准之一向甲方支付报酬：

（一）基本稿酬加印数稿酬：×××元/每千字×千字+印数（以千册为单位）×基本稿酬×%。或

（二）一次性付酬：××××元。或

（三）版税：××××元（图书定价）××%（版税率）×印数。

第12条 以基本稿酬加印数稿酬方式付酬的，乙方应在上述作品出版后××日内向甲方支付报酬，但最长不得超过半年。

或

以一次性支付方式付酬的，乙方在甲方交稿后××日内向甲方付清。

或

以版税方式付酬的，乙方在出版后××日内向甲方付清。

乙方在合同签字后××日内，向甲方预付上述报酬的××%（元）。※

乙方未在约定期限内支付报酬的，甲方可以终止合同并要求乙方继续履行付酬的义务。

第13条 甲方交付的稿件未达到合同第5条约定的要求，乙方有权要求甲方进行修改，如甲方拒绝按照合同的约定修改，乙方有权终止合同并要求甲方返还本合同第12条约定的预付报酬。如甲方同意修改，且反复修改仍未达到合同第5条的要求，预付报酬不返还乙方；如未支付预付报酬，乙方按合同第11条约定报酬的××%向甲方支付酬金，并有权终止合同。

第14条 上述作品首次出版年×内，乙方可以自行决定重印。首次出版×年后，乙方重印应事先通知甲方。如果甲方需要对作品进行修改，应于收到

通知后日内答复乙方，否则乙方可按原版重印。

第 15 条 乙方重印、再版，应将印数通知甲方，并在重印、再版××日内按第 11 条的约定向甲方支付报酬。

第 16 条 甲方有权核查乙方应向甲方支付报酬的账目。如甲方指定第三方进行核查，需提供书面授权书。如乙方故意少付甲方应得的报酬，除向甲方补齐应付报酬外，还应支付全部报酬××%的赔偿金并承担核查费用。如核查结果与乙方提供的应付报酬相符，核查费用由甲方承担。

第 17 条 在合同有效期内，如图书脱销，甲方有权要求乙方重印、再版。如甲方收到乙方拒绝重印、再版的书面答复，或乙方收到甲方重印、再版的书面要求后月内未重印、再版，甲方可以终止合同。

第 18 条 上述作品出版后××日内乙方应将作品原稿退还甲方。如有损坏，应赔偿甲方××××元；如有遗失，赔偿××××元。

第 19 条 上述作品首次出版后××日内，乙方向甲方赠样书××册，并以×折价售予甲方图书××册。每次再版后××日内，乙方向甲方赠样书××册。

第 20 条 在合同有效期内乙方按本合同第 11 条（一）基本稿酬加印数稿酬方式，或者按本合同第 11 条（二）一次性付酬方式向甲方支付报酬的，出版上述作品的修订本、缩编本的付酬的方式和标准应由双方另行约定。

第 21 条 在合同有效期内，甲方许可第三方出版包含上述作品的选集、文集、全集的，须取得乙方许可。

在合同有效期内，乙方出版包含上述作品的选集、文集、全集或者许可第三方出版包含上述作品的选集、文集、全集的，须另行取得甲方书面授权。乙方取得甲方授权的，应及时将出版包含上述作品选集、文集、全集的情况通知甲方，并将所得报酬的××%交付甲方。

第 22 条 在合同有效期内，甲方许可第三方出版上述作品的电子版的，须取得乙方的许可。

在合同有效期内，乙方出版上述作品电子版或者许可第三方出版上述作品电子版的，须另行取得甲方书面授权。乙方取得甲方授权的，应及时将出版上述作品电子版的情况通知甲方，并将所得报酬的××%交付甲方。

第 23 条 未经甲方书面许可，乙方不得使本合同第 1 条授权范围以外的权利。

[甲方授权乙方代理行使（本合同第 1 条授权范围以外）※使用上述作品

的权利，其使用所得报酬甲乙双方按××比例分成。〕

第 24 条　双方因合同的解释或履行发生争议，由双方协商解决。协商不成将争议提交××仲裁机构仲裁（向人民法院提起诉讼。）※

第 25 条　合同的变更、续签及其他未尽事宜，由双方另得商定。

第 26 条　本合同自签字之日起生效，有效期为×年。

第 27 条　本合同一式两份，双方各执一份为凭。

　　甲方：　　　　　　　　　　　　乙方：

　　（签章）　　　　　　　　　　　（盖章）

　　××××年××月××日　　　　　××××年××月××日

3. 签订许可使用合同应当注意的问题

（1）不得使用许可证中未明确许可的权利。许可使用合同（证）中著作权人未明确许可的权利，未经著作权人同意，另一方当事人不得行使。据此，出版者取得许可证主要应通过列明被许可的权利种类方式，明确被许可的权利。也可以采用排除法如除《著作权法》第 10 条第 17 项以外的著作财产权等不易引起争议的方式进行明确。

（2）尊重著作权人的人身权和获得报酬权。出版者依照《著作权法》有关规定使用他人作品的，不得侵犯作者的署名权、修改权、保护作品完整权和获得报酬的权利。在实践中，既有侵害作者的署名权、修改权、保护作品完整权的情况发生，但更多的是侵害作者获得报酬权的情况经常发生。

（3）借鉴《图书出版合同（标准样式）》取得或颁发许可证，应注意与现行《著作权法》规则相适应进行适当调整。基于我国《图书出版合同（标准样式）》拟定于《著作权法》第一次修改前，与现行《著作权法》规则相比，有不适应之处，需要进行注意和修改。一是第 1 条授予出版社专有使用权应当修改为专有使用权和非专有使用权的选择项；二是第 6 条甲方交付的稿件应有作者的签章应当修改为作者签字，便于作者操作；三是应当根据《著作权法》的规定，补充著作权人和出版者根据情况协商约定的条款。[1]

---

〔1〕　参见詹启智：《〈图书出版合同〉有三处建议修订》，载《出版参考》2006 年第 13 期。

现在看来，《图书出版合同（标准样式）》第 11 条第（三）项版税计算中仅有"印数"，还应当将之修改为印数或发行数的选择项更为合适。从近年来的著作权合同纠纷案看，出版者取得专有出版权的合同，需要注意签约人和作品署名人尽可能一致，否则应留下充分证据证明，签约人即为著作权人，否则出版者获得专有使用权就可能存在瑕疵，难以得到法院支持。[1]

（4）在出版合作作品情况下，出版者取得专有使用权许可证应当取得合作作品作者协商一致的证明。《著作权法》第 14 条第 2 款规定，合作作品的著作权由合作作者通过协商一致行使；不能协商一致，又无正当理由的，任何一方不得阻止他方行使除转让、许可他人专有使用、出质以外的其他权利，但是所得收益应当合理分配给所有合作作者。这是避免专有使用权许可证引起纠纷的重要措施。

二、商标专用权许可证贸易

（一）商标许可证及其标的、类型

商标专用权许可证在我国《商标法》中被称为商标使用许可合同。《商标法》第 43 条第 1 款规定，商标注册人可以通过签订商标使用许可合同，许可他人使用其注册商标。该规定明确了注册商标贸易可以实行许可证制度，即注册商标所有人或持有人依据《商标法》的规定与被许可人签订商标使用许可合同，许可被许可人使用其依法享有专用权的注册商标。它是商标注册人允许他人在其商品上或服务上使用其注册商标并进行商业活动的合法证明。[2]商标注册人系售证人，被许可人或注册商标使用人系购证人。商标使用许可合同制度，集注册商标专用权与民事契约权双重保护法律行为于一体。[3]

应当说，商标使用许可合同通常是注册商标专用权人颁发的许可证。即许可证的许可客体通常是注册商标。但是，未注册商标能否成为许可证的客体？有人认为，《商标法》没有明确规定未注册商标不可以转让其使用权，也未将商标是否注册作为使用许可合同成立的条件。未注册商标也可以作为商标

---

〔1〕 山东省高级人民法院民事裁定书（2020）鲁民终 511 号。

〔2〕 参见文希凯：《谈谈商标使用许可合同》，载《中国法学》1986 年第 6 期。

〔3〕 参见黄剑英：《浅议完善商标使用许可合同》，载《哈尔滨市工商行政管理学会第四届会员代表大会会刊暨 2001 年度获奖优秀理论文章调研成果汇编》2003 年版，第 340 页。

使用合同的客体或标的。[1]笔者认为，商标许可使用合同作为商标专用权与民事契约权双重保护的统一，除非在特定情况下，非注册商标不会成为商标法意义上的商标使用许可合同的标的。因未注册商标不享有商标专用权，试图使用未注册商标的人，不与未注册商标人签订许可合同进行商业性使用，通常也不会承担任何商标法律责任，因此未注册商标虽然在理论上可以成为商标使用许可合同的标的，但在现实生活中几乎不会出现该种情况。未注册商标成为商标许可合同标的，只有在一种特殊情况下才能够获得商标法的支持，即未注册商标是驰名商标。但在加强知识产权保护已日益成为共识的情况下，驰名商标通常很少有不注册的情况发生。偶然中出现的未注册商标成为商标使用许可合同的标的，主要原因在于购证人对商标法没有正确认识。购证人在购证一年后要求撤销商标使用许可合同，并要求返还使用费就证明了这个合同并不适宜。这里还要说明的是，未注册商标通常不会成为商标许可证的客体，但并非不受到法律的保护。在我国未注册商标，除商标法可以给予驰名商标特别保护外，还可以受到反不正当竞争法的保护。如我国《反不正当竞争法》第 6 条第 1 项规定，经营者不得实施下列混淆行为，引人误认为是他人商品或者与他人存在特定联系：擅自使用与他人有一定影响的商品名称、包装、装潢等相同或者近似的标识。因此，未注册的有一定影响的商标可以获得反不正当竞争法反混淆或反仿冒的保护。

《最高人民法院关于审理商标民事纠纷案件适用法律若干问题的解释》第 3 条规定，《商标法》第 43 条规定的商标使用许可包括以下三类：（1）独占使用许可，是指商标注册人在约定的期间、地域和以约定的方式，将该注册商标仅许可一个被许可人使用，商标注册人依约定不得使用该注册商标；（2）排他使用许可，是指商标注册人在约定的期间、地域和以约定的方式，将该注册商标仅许可一个被许可人使用，商标注册人依约定可以使用该注册商标但不得另行许可他人使用该注册商标；（3）普通使用许可，是指商标注册人在约定的期间、地域和以约定的方式，许可他人使用其注册商标，并可自行使用该注册商标和许可他人使用其注册商标。与该许可类别相应，商标使用许可证有独占使用许可证、排他使用许可证和普通使用许可证三种。

---

[1]　参见蔡镇顺：《未注册商标是否可以作为商标使用许可合同的标的？》，载《广东科技报》2004 年 12 月 14 日，第 8 版。

应当说，根据最高法院对商标使用许可的分类区分的三种商标使用许可证，涵盖了许可证的基本类别。该基本类别显然从理论上并不排除商标使用的其他种类的许可证。如《商标使用许可合同备案办法》第8条规定，商标注册人通过被许可人许可第三方使用其注册商标的，其商标使用许可合同中应当含有允许被许可人许可第三方使用的内容或者出具相应的授权书。此处即规定了商标的分许可证。分许可主要适用于普通许可的情况，独占许可、排他许可不能进行分许可。但通常而言，在被许可人未拥有注册商标，或者商标不驰名情况下，较少存在交叉许可证。

（二）商标许可证记载的内容

商标使用许可证记载的内容由基本内容和特别条款两部分内容构成。基本内容或称为基本条款，是指商标使用许可合同"至少应当包括的内容"。特别条款是售证人与购证人根据商标使用许可证的目的在基本条款之外经合意而达成的一致条款。

1. 商标许可证的基本条款

现行《商标法》及其实施条例并未对商标使用许可合同的基本条款作出规定。但在《商标使用许可合同备案办法》第6条中规定了用以备案的商标使用许可证的基本内容。根据该条规定，商标使用许可证至少应当包括下列内容：

（1）许可使用的商标及其注册证号。

（2）许可使用的商品范围。许可使用的商品或服务范围，与注册商标可使用的范围不同。许可使用的商品或服务范围可以是注册商标可使用范围的部分或全部。具体许可范围应在许可证条款中明确约定。

（3）许可使用期限。《商标法》第39条规定，注册商标的有效期为十年，自核准注册之日起计算。因此，许可使用期限应当限制在合同生效日至有效期届满日之内，最长期限等于合同生效日至有效期届满日。许可证期满且注册商标有效期届满，注册商标如续展，双方可另签或续签许可证。相关问题，均可在许可证中明确约定。

（4）许可使用商标的标识提供方式。许可使用商标的标识由商标注册人提供，或者注册人提供标准样式由被许可人自制，应当在许可证中明确约定。

（5）许可人对被许可人使用其注册商标的商品质量进行监督的条款。许可他人使用其注册商标，许可人应当监督被许可人使用其注册商标的商品质量。被许可人应当保证使用该注册商标的商品质量。因此，许可人监督被许可人的商品质量是权利，被许可人保证使用该注册商标的商品质量是义务。许可证中应对该权利和义务进行明确约定，并将被许可人使用该注册商标的商品质量不符合要求的情况，作为许可人解除许可证的约定事由进行约定。

（6）在使用许可人注册商标的商品上标明被许可人的名称和商品产地的条款。

2. 商标许可证的特别条款

综合学术界和业界的不同观点，[1]完整的商标使用许可证除了上述基本条款外，还应包含下列特别条款：

（1）序言条款。又称鉴于条款。是对合约双方签约目的、依据，被许可商标的基本情况，主要包括商标名称、注册国别、注册证号、注册日期、核定使用的商品或服务范围、商标有效期限、注册人姓名或名称和地址、许可人和被许可人的经营范围及执照号码或身份证号码。

（2）许可证种类条款。明确许可的是独占性使用权、排他性使用权还是普通使用许可等。

（3）许可使用费条款及支付方式。许可证贸易的目的是通过许可证贸易使双方都获得经济利益。因此，许可使用费及其支付方式是商标许可证贸易不可缺少的核心条款。使用费的标准双方可以通过协商按照一次性付费、按年固定付费或按照总销售额的一定比例计算提成等。如是无偿许可，亦应在许可证中明确作出约定，以避免不必要的纠纷。

（4）侵权处理机制。独占使用许可证和排他使用许可证可以直接对抗侵权行为。普通使用许可证不享有直接对抗侵权行为的权利，但可以协助许可人查明侵权事实。一旦侵权行为发生，许可人以及被许可人（独占使用许可证、排他使用许可证还是普通使用许可证持有人）的利益都会受到侵害。所以，应当在许可证中把制止商标侵权行为、制止侵权费用承担方式与补偿、损失赔偿额的分割比例等一并写入。这一条款，对于普通使用许可证而言，具有非常重大的意义。

（5）商标权效力保证。许可人必须保证被许可的商标，被许可人在合同有效期内享有合同约定的使用权。特别是许可人在合同期内，未经被许可人

---

〔1〕 参见锦友：《商标使用许可合同的特殊条款》，载《中国工商报》2004 年 8 月 26 日；参见刘俊敏、张继新：《商标使用许可合同的签订》，载《河北经贸大学学报》1996 年第 1 期。

同意不得单方注销商标；商标权的转让不得影响合同的效力；（注册不当或三年未使用）商标被撤销的原注册人（许可人）通知义务等。

（6）分许可权条款。对被许可人是否享有再许可他人使用该注册商标进行明确约定。通常情况下，被许可人无权再许可他人使用该注册商标。

（7）合同备案条款。许可他人使用其注册商标的，许可人应当将其商标使用许可报商标局备案，由商标局公告。商标使用许可未经备案不得对抗善意第三人。因此，商标许可使用合同要取得对抗第三人的效力，应当约定备案条款并切实进行备案。应当说明的是，根据《最高人民法院关于审理商标民事纠纷案件适用法律若干问题的解释》第19条的规定，备案与否不影响许可合同的成立与具有合同法律效力，但当事人另有约定的除外。对于独占性许可和排他性许可证，为了能够取得对抗善意第三人的效力，在发生侵权时依法主张权利，合同当事人应当尽可能到商标局备案。对于普通使用许可证，因其本身就不具有对抗第三人的效力，是否备案可由双方决定。

（8）违约责任与纠纷处理条款。许可证一经颁发，双方均应忠实地履行合同在实际履行合同过程中，难免会发生对合同条款理解不一或一方或双方违约等情况。因此，为了保护双方的合法权利，应事先对违约责任及纠纷处理进行约定。

（9）未尽事宜磋商条款。对于商标使用许可证中未尽事宜，应当保留磋商达成一致的条款。

（10）附件条款。将商标图样和商标注册证作为附件列入合同内。

（三）国家商标局的示范文本

原国家工商行政管理总局商标局制订的《商标使用许可合同备案办法》附件1，曾有一个《商标使用许可合同（示范文本）》，该示范文本系国家商标局根据备案需要拟制的，可供经营者颁发商标使用许可证参考。

商标使用许可合同（示范文本）[1]

合同编号：

签订地点：

---

［1］ 根据现行《商标法》规定，略有修改。

商标使用许可人（甲方）_____

商标使用被许可人（乙方）_____

根据《中华人民共和国商标法》第 43 条和《中华人民共和国商标法实施条例》第 69 条规定，甲、乙双方遵循自愿和诚实信用的原则，经协商一致，签订本商标使用许可合同。

一、甲方将已注册的使用在_____类_____商品上的第_____号_____商标，许可乙方使用在____类_____商品上。

商标标识：

二、许可使用的期限自_____年_____月_____日起至_____年____月_____日止。合同期满，如需延长使用时间，由甲、乙双方另行续订商标使用许可合同。

三、甲方有权监督乙方使用注册商标的商品质量，乙方应当保证使用该注册商标的商品质量。具体措施为：_____。

四、乙方必须在使用该注册商标的商品上标明自己的企业名称和商品产地。

五、乙方不得任意改变甲方注册商标的文字、图形或者其组合，并不得超越许可的商品范围使用甲方的注册商标。

六、未经甲方授权，乙方不得以任何形式和理由将甲方注册商标许可第三方使用。

七、注册商标标识的提供方式：

八、许可使用费及支付方式：

九、甲乙双方在许可合同鉴定之日起，××日内起应共同向商标局备案并报送备案材料。备案材料应当说明注册商标使用许可人、被许可人、许可期限、许可使用的商品或服务的范围。本合同提前终止时，甲、乙双方应当分别自终止之日起一个月内书面通知商标局及其各自所在地县级市场监督管理机关。

十、违约责任：

十一、纠纷解决方式：

十二、其他事宜：

本合同一式 X 份，自签订之日起 3 个月内，由甲、乙双方分别将合同副本交送所在地县级市场监督管理机关存查，并由甲方报送商标局备案。

商标使用许可人（甲方）　　　　　商标使用被许可人（乙方）

（签章）　　　　　　　　　　　　　　　　（盖章）

法定代表人：　　　　　　　　　　法定代表人：

地址：　　　　　　　　　　　　　地址：

邮编：　　　　　　　　　　　　　邮编：

年　　月　　日　　　　　　　　　年　　月　　日

（四）颁发商标许可证应注意的问题

1. 应以国家商标局制订的示范文本为基础，根据《商标法》《中华人民共和国商标法实施条例》的规定和合同双方的合同目的签发许可证，内容尽量完善且留下未尽事宜协商解决余地。这是保证许可证规范、合法、完整、不缺项漏项的重要条件。

2. 明确双方的权利义务。通常而言，作为许可方，他的权利主要有：除独占许可证外，仍有继续使用自己的注册商标权利；除排他许可证外，仍有向他人再发许可证的权利；对被许可使用注册商标的商品质量进行监督；按照约定的方式和数额收取使用费。许可方的义务主要有：允许被许可人在约定的地域和商品、服务范围内使用注册商标；给予被许可方必要的技术支持，保证其生产、提供出来的商品、服务符合质量要求；保证注册商标的有效性、合法性；注册商标因注册不当或三年未用被撤销，应履行及时通知义务；当许可证标的被第三人侵权、被第三人提出异议或指控，应积极应诉和答辩。作为被许可方，其权利主要有：按许可证约定的条件使用注册商标；要求许可方提供必要的技术支持（包括技术援助、技术诀窍），以保证生产、提供的商品、服务达到质量标准；要求许可方保证许可期内使用注册商标的合法性、安全性，制止、排除第三方的侵权或质疑；在注册商标被撤销后有权停止支付使用费，因许可方未及时通知支付的使用费有权追偿。被许可方的主要义务有：以约定支付注册商标使用费；接受许可方的质量监督与检查，保证商品、服务质量，维护商标商誉；保守许可方提供的技术支持秘密，未经许可不得向他人提供；未经许可，不得颁发分许可证。

3. 许可证应采用书面形式。书面形式是注册商标申请、审查、异议等的重要原则，且《中华人民共和国商标法实施条例》第69条规定，许可他人使用其注册商标的，许可人应当在许可合同有效期内向商标局备案并报送备案材料。备案材料应当说明注册商标使用许可人、被许可人、许可期限、许可使用的商品或者服务范围等事项。因此，许可证应当采用书面形式。实践中，商标使用许可证签订存在两种情况，一是部分企业的商标使用许可证包含在技术转让合同或联营合同中，二是仅有口头合同，没有书面合同。[1]对于第一种情况，商标许可证往往条款不全，往往无法通过备案，也会产生不必要的纠纷，通常可以将商标使用许可证作为技术转让合同或联营合同的从合同进行处理，保证许可证具有一定的独立性。对于第二种情况，不仅无法完成备案工作，一旦发生纠纷则难以处理，甚至是会产生合同纠纷转变为侵权纠纷。因此，口头合同不可取，为保护双方合法权益应采用书面形式。

4. 许可期限通常不得超过注册商标有效期。通常而言，注册商标有效期只有十年，这是对商标使用许可合同有效期的最大限制。因此，签发许可证的有效期不可超过十年。注册商标续展后，双方可续签合同。当然，也可以签订长期合同，但要明确续展要求和条款。

5. 重视商品、服务质量条款。注册商标蕴含了企业商品、服务的质量与品质，是企业商品、服务享有信誉的保证。许可人应充分重视质量监督和被许可人应当保证使用该注册商标的商品质量。避免只注重收费，不重视质量，给注册商标蒙羞，是驰名商标信誉被毁。

6. 许可合同尽可能备案。虽然备案与否不影响商标使用许可证的效力，但商标法的规定，许可他人使用其注册商标的，许可人应当将其商标使用许可报商标局备案，由商标局公告。和《中华人民共和国商标法实施条例》第69条关于在许可合同有效期内向商标局备案并报送备案材料的规定都是一种具有强制性的规定，从依法治国看，商标使用许可证依法应当进行备案。

三、专利许可证贸易

专利实施通常有专利权人自己实施和专利权人通过向他人颁发许可证许可他人实施两种情况。专利权人自己实施是专利权人通过自己实施享有专利权的发明创造向市场提供专利产品和服务。通过专利产品的销售实现发明创

---

〔1〕 参见刘俊敏、张继新：《商标使用许可合同的签订》，载《河北经贸大学学报》1996 年第 1 期。

造的市场价值与营利。专利权人通过颁发许可证许可他人实施，是专利贸易的重要方面。专利许可证通常被称为专利实施许可合同。专利权人颁发许可证就是专利权人与他人签订专利实施许可合同。

（一）专利许可证的概念与特征

自愿许可他人实施是《专利法》规定的在专利权人不具备实施或实施不充分条件情况下，专利实施的基本形式。

自愿许可他人实施，一般采用颁发专利实施许可合同即许可证方式，授权他人在约定的期限、地域和约定的条件、方式实施其专利，并由被许可人支付相应的使用费的贸易方式。该种贸易方式，通常称为专利许可证贸易方式。

依照《专利法》的相关规定，自愿许可他人实施专利的主要特征有：

1. 许可方只能是依法取得专利权的专利权人。

2. 只能在专利权人享有专利权的期限内实施许可。这是保证许可证合法有效的基础。为此，专利权人只能在专利权的法定期间内对其发明创造实施许可。如专利权有效期届满或因其他原因提前终止，则发明创造人即无权实施许可。

3. 被许可人只能在专利实施许可证约定的期限、地域内和条件、方式下实施专利。被许可人无权允许许可证规定以外的任何单位或者个人实施该专利。

4. 被许可人的义务主要是依照实施许可证约定支付专利使用费。

需要注意的问题：

1. 专利实施人应与专利权人订立实施许可证。

2. 专利权人与他人订立的专利实施许可证，应当自合同生效之日起 3 个月内向国务院专利行政部门备案。为备案之需，专利实施许可合同应为书面合同。

（二）专利许可证的种类

根据专利权人与被许可人签订的专利实施许可证中许可给被许可人实施权的垄断程度，专利实施许可分为普通实施许可证、排他性实施许可证、独占实施许可证、分许可证和交叉许可证。

1. 普通实施许可证。也称一般实施许可证、非独占实施许可证。系指专利权人允许被许可人在约定的期限、地域和方式实施其专利，专利权人并可自己实施或许可第三人实施的专利实施许可证。这是对专利权人最为有益的许可方式。专利权人可根据市场对专利技术的需求情况和意愿，同时或相继许可多人实施专利，取得更多的专利使用费；有利于专利技术的推广和普及，是《专利法》中明确规定和实践中使用较为广泛的一种实施许可方式，也是强制许可证须采用的许可方式。如《专利法》第 61 条规定，取得实施强制许可的单位或者个人不享有独占的实施权，并且无权允许他人实施。

2. 排他性实施许可证。系指专利权人允许被许可人在约定的期限、地域和方式实施其专利，专利权人可以自行实施但不得许可第三人实施的专利实施方式。应当说明的是，《专利法》及其实施细则中均未明确规定排他性许可实施方式。专利法中仅规定了普通许可和独占实施许可。排他性实施许可方式作为一种许可证，出现在国家知识产权局的《专利转让许可合同模板及签订指引》之中。

3. 独占实施许可证。系指专利权人仅独占性地将其专利实施权许可给一个被许可人包含专利权人在内的任何人都不得实施其专利的许可方式。应当说明的是，《专利法》第 14 条第 1 款规定，专利申请权或者专利权的共有人对权利的行使有约定的，从其约定。没有约定的，共有人可以单独实施或者以普通许可方式许可他人实施该专利；许可他人实施该专利的，收取的使用费应当在共有人之间分配。此外，行使共有的专利申请权或者专利权应当取得全体共有人的同意。

4. 分许可指被许可方经许可方同意将本合同涉及的专利技术许可给第三方。

5. 交叉许可是指交易各方将各自拥有的专利、专有技术的使用权相互许可使用，互为技术供方和受方。在合同期限和地域内，合同双方对对方的许可权利享有使用权、产品生产和销售权。各方的许可权利可以是独占的，也可以是非独占的。双方权利对等，一般不需支付使用费。在国际技术贸易中，采用交叉许可方式转让技术的合同，通常称为交叉许可合同（证）或交叉许可协议（证）。

（三）专利自愿许可的特别方式——公开许可证

为解决发明创造成果供需双方信息不对称，降低搜索和信息成本，谈判和决策成本、谈判难度，提升专利转化效率，我国《专利法》借鉴英国、德国、俄罗斯、巴西等国家的专利开放许可制度，根据我国实际情况，建立了有中国特色的开放许可制度。"中国特色"主要表现在开放许可实施期间，对专利权人缴纳专利年费相应给予减免，而不是像国外在开放许可期间，对专利权人缴纳专利年费相应给予减免。这是为了遏制我国专利数量多而质量不高进行利益平衡的结果。

专利开放许可证，又称专利当然许可证，通常是指专利权人自愿向国家专利行政部门提出开放许可申请，由国家专利行政部门进行公告，在专利开放许可期内，任何人均可在支付相应许可使用费后，按照开放许可的条件实施专利，专利权人不得以其他任何理由拒绝许可的针对不特定人的开放式许可实施方式。

1. 开放许可证的售证程序

根据我国《专利法》第 50 条第 1 款的规定，开放许可证的售证一般程序可概括为自愿声明与公告程序。即专利权人自愿以书面方式向国务院专利行政部门声明愿意许可任何单位或者个人实施其专利，并明确许可使用费支付方式、标准，由国务院专利行政部门予以公告，即可实行开放许可。由此可见，自愿声明的内容包括但不限于：专利权人姓名或名称，发明创造名称、申请日、公告日、专利号、许可使用费支付方式、标准、开户银行、账号等。国务院专利行政部门收到自愿声明后予以公告即完成了开放许可证售证的一般程序。开放许可证的一般程序适用于发明专利。

但对于专利效率不稳定的实用新型、外观设计专利而言，为免于影响被许可人的利益，实用新型、外观设计专利权人提出开放许可声明的，应当提供专利权评价报告。这是对专利权不稳定的实用新型、外观设计专利权人售证的特别程序规定，即自愿声明加专利权评价报告与公告程序。

国家知识产权局制定的开放许可自愿声明书式如下：

专利开放许可声明

请按照"注意事项"正确填写本表各栏

专利开放许可声明编号（本框由国家知识产权局填写）		
①专利信息	专利号	授权日
	发明创造名称	
	专利权人	
②专利代理机构	名　称	机构代码
	代理师姓名	电　话

③专利权人承诺符合开放许可声明条件	1. 本专利不在专利独占实施许可或者排他实施许可有效期限内； 2. 许可任何单位或个人实施本专利； 3. 专利权在开放许可实施期间内，专利权人保证维持专利权有效； 4.□专利权人属于中国内地单位或个人，以开放许可方式出口技术的，按照《中华人民共和国技术进出口管理条例》和《技术进出口合同登记管理办法》的规定办理相关手续； 5. 专利权人承诺以上信息属实，是专利权人的真实意思表示。
④自行实施专利的情况	□未自行实施专利技术 □已自行实施专利技术，自行实施专利技术的时间_____范围_____方式_____
⑤许可他人实施专利的状况	□未许可他人实施专利 □已许可他人实施专利，许可人实施专利的时间_____ 许可他人实施专利的范围_____
⑥许可期限	许可期限届满日_____年__月__日
⑦许可使用费标准	□采用入门费和提成费相结合的方式，其中入门费为_____元，提成费按当年度合同产品净销售额的_____%提取。
	□采用一次总付的方式，在合同生效后_____日内一次性全额支付所有使用费_____元。
	□采用总付额内分期支付的方式，在合同生效后_____日内支付第一批次_____元，后在每个会计□月份/□季度/□年度截止前的_____日内，分_____批次支付，每次支付_____元。包括第一次在内总共支付_____次，共计_____元。
	□其他明确合理的许可使用费标准
⑧其他约定事项	
⑨许可人联系方式	收件人姓名： 地址：
	邮编： 电话： 电子邮件：
⑩专利权人或代理机构签章：	

注 意 事 项

1. 本表应当使用中文填写，字迹为黑色，文字应当打字或印刷，提交一式一份。

2. 本表第①栏所填内容应当与该专利登记簿中内容一致。其中，专利权人应填写全体专利权人。如果该专利办理过著录项目变更手续，应当按照国家知识产权局批准变更后的内容填写。

3. 本表第②栏应当填写经由国家知识产权局批准并在工商行政管理机关注册的专利代理机构名称，写明机构代码，并指定专利代理师。如果未委托专利代理机构，第②栏不填写。

4. 本表第③栏为许可方应当承诺的内容，作出不实承诺提出开放许可声明的，国家知识产权局查实后将予以公告撤回。情节严重的，将列入专利领域严重失信联合惩戒对象名单。涉嫌犯罪的，移送司法机关处理。

5. 本表第④⑤⑦栏应当从备选项中选择一项，不得多选。

6. 本表第⑥栏许可期限届满日不能超过专利期限届满日。

7. 委托专利代理机构的，第⑩栏由专利代理机构盖章。第⑩栏中代理机构盖章或者代表人盖章的，需要同时提交全体专利权人签字或者盖章的同意开放许可的证明。

同意开放许可的证明

专利权人知晓并认可专利开放许可声明的内容，同意对专利（专利号：×××××）实行开放许可。全体专利权人共同声明如下：

1. 本专利不在专利独占实施许可或者排他实施许可有效期限内；

2. 许可任何单位或个人实施本专利；

3. 专利权在开放许可实施期间内，专利权人保证维持专利权有效；

4. □专利权人属于中国内地单位或个人，以开放许可方式出口技术的，专利权人按照《中华人民共和国技术进出口管理条例》和《技术进出口合同登记管理办法》的规定办理相关手续；

5. 专利权人承诺以上信息属实，是专利权人的真实意思表示。

专利权人：
签章
日期：　　　年　　　月　　　日

在此需要说明的是，开放许可证的售证程序仅仅是自愿声明与公告即可完成，不需要专利人申请或经过国务院专利行政部门批准。那种需申请经过批准[1]的观点是值得商榷的。

2. 开放许可证的取得与实施程序

通知专利权人并依照公告的许可使用费支付方式、标准支付许可使用费。

开放许可证面向不特定的愿意实施专利的人。任何单位或者个人有意愿实施开放许可的专利的，以书面方式通知专利权人，并依照公告的许可使用费支付方式、标准支付许可使用费后，即获得专利实施许可。

3. 开放许可证的撤回程序与效力

自愿许可是开放许可的本质特征之一。专利人既可以自愿声明实行开放许可，又可以自愿声明撤回开放许可。专利权人撤回开放许可证售证事宜的，也应当以书面方式提出撤回开放许可声明，由国务院专利行政部门予以公告才能完成撤回开放许可证售证程序。

但公告撤回开放许可声明的，自公告之日起发生效力；在公告撤回开放许可声明之前已经获得的开放许可证的效力不受影响，即公告撤回开放许可声明的，不影响在先给予的开放许可的效力。

需要说明的是，开放许可证排除将该专利给予独占或者排他许可，但不排除普通许可。开放许可证本质上是基于不特定人发放的普通许可证。它在一定程度上省略了普通许可证的谈判过程，是采用要约与承诺的合同缔约方式颁发的普通许可证。因此，开放许可证既不排除专利权人向特定人颁发普通许可证，也不排除实行开放许可的专利权人可以与被许可人就许可使用费进行协商后给予普通许可。

4. 开放许可证纠纷解决程序

根据我国《专利法》第 52 条规定，当事人就实施开放许可发生纠纷的，由当事人协商解决；不愿协商或者协商不成的，可以请求国务院专利行政部门进行调解，也可以向人民法院起诉。

（四）专利许可证基本条款和禁止性条款

1. 专利许可证基本条款

（1）专利实施的对象（客体）及专利号。明确许可实施的专利对象是发明、实用新型或者外观设计，及其相应的专利号。

（2）专利实施的方式。明确约定许可实施的具体方式。既可以是制造、

---

[1] 参见王瑞贺主编：《中华人民共和国专利法释义》，法律出版社 2021 年版，第 145-146 页。

使用、许诺销售、销售、进口专利产品、使用专利方法即获得该专利方法获取的产品；制造、许诺销售、销售、进口外观设计专利产品的全部实施权或部分实施权（一项或几项）。

（3）实施许可的种类。明确约定许可的权利种类是普通实施许可、排他实施许可还是独占实施许可。

（4）实施许可的地域范围与期限。

（5）许可使用费的标准与支付办法。

（6）违约责任等。

2. 专利许可证禁止性条款

专利技术许可方在实践中为了维持其在某一技术领域中的竞争优势，防范被许可方日后在该技术领域中与之竞争，常会运用其在技术贸易中的优势地位，在许可合同中附加一些不合理的限制性条款，对被许可方的市场行为进行某些限制。这种行为属于滥用技术优势地位，是法律所严格禁止的违法行为。

常见的禁止性条款有：

（1）搭售条款。亦称"一揽子许可证"专利池、专利丛林。即许可方要求被许可方无条件的全部接受其许可或转让的技术和条件。

（2）固定价格条款。固定价格是指许可方对被许可方销售专利产品或以专利方法直接获得的产品，或者提供有关的服务规定固定的价格。该固定价格条款违反市场交易规则，不利于被许可方根据市场需要及时调整产品和服务的价格，增强自己的市场竞争力。

（3）限制被许可方改进与发展技术的条款。该条款限制了被许可方进行进一步的研发和改进工作。

（4）独占性的反授条款。独占性的反授系指在合同中约定被许可方对专利技术改进所取得的技术成果须转让或回授许可方，而不得自行转让给第三人，以确保专利权人在该技术领域的垄断地位，不利于技术创新。

（五）专利转让许可合同模板及签订指引

国家知识产权局根据《专利法》等规定，于2023年6月修订并印发了《专利转让许可合同模板及签订指引》，具有非常强的可操作性，其内附《专利实施许可合同签订指引》是专利权人与实施人签订许可合同的重要指南，内容如下：

专利实施许可合同签订指引

概述

《专利法》第 12 条规定，任何单位或者个人实施他人专利的，应当与专利权人订立实施许可合同，向专利权人支付专利使用费。被许可人无权允许合同规定以外的任何单位或者个人实施该专利。

《民法典》第 862 条至第 877 条对技术转让合同和技术许可合同作了规定，是专利实施许可合同签订的重要依据。

《民法典》第 865 条规定，专利实施许可合同仅在该专利权的存续期限内有效。专利权有效期限届满或者专利权被宣告无效的，专利权人不得就该专利与他人订立专利实施许可合同。第 866 条规定，专利实施许可合同的许可人应当按照约定许可被许可人实施专利，交付实施专利有关的技术资料，提供必要的技术指导。第 867 条规定，专利实施许可合同的被许可人应当按照约定实施专利，不得许可约定以外的第三人实施该专利，并按照约定支付使用费。

合同封面

合同需要列明合同双方必要的基本信息，包括名称和地址；需要填写合同本身的相关信息，包括签订地点、签订日期、有效期限等；若只涉及一件专利，需要明确许可专利的信息，包括发明创造名称以及专利号/专利申请号，以便将合同的标的予以固定。

前言（鉴于条款）

鉴于条款需要简单介绍合同双方的合作背景，包括许可方与被许可方基于何种目的希望达成合作意愿。在模板基础上，当事人可以根据实际需要进一步进行补充，可考虑的内容包括但不限于许可专利的形成背景、许可专利的实施前景等。

第 1 条 名词和术语（定义条款）

定义条款需要对合同中的专有名词或术语进行定义，目的是清楚界定术语的含义，避免双方在合同签订及后续履行中出现理解上的分歧。通常而言，可能涉及定义的名词或术语包括"许可专利""许可产品""技术资料""技术服务"等。在定义"关联方"时，合同双方应对关联方的具体范围予以重视，因为关联方可能在合同中与被许可方一并获得许可，同时，关联方的范围还有可能对净销售额、净利润额等数额的计算产生影响，进而影响许可费的数额。若第 1 条第 7 款第 1 项中关于关联方的定义不符合双方的商业安排，则可以考虑在附件一中另行予以明确。

第 2 条　许可的授予

许可条款需要对许可专利、许可的方式与范围、许可实施行为、是否允许分许可等加以明确。在一些技术许可项目中，除许可专利本身外，还需要许可方向被许可方提供一定的技术秘密方可实现合同目的，在此情况下，还可以对技术秘密的许可进行约定。

1. 许可专利

许可专利条款的目的是将合同标的予以明确。一项发明创造的名称、申请号、公开（公告）号等信息可以帮助明确合同标的；在存在多项合同标的的情况下，可以考虑使用附件二表格予以列明。若上述方式尚不足以描述合同标的的范围，当事人可以考虑自行予以约定。鉴于专利具有地域性，同一个技术方案在不同国家/地区是否取得专利保护的情况有可能有所不同。因此，若合同涉及被许可方在多国实施相关专利技术，当事人应当考虑合同标的中是否包括相关专利的同族专利。

2. 许可的方式与范围

专利实施许可分为普通实施许可、排他实施许可和独占实施许可。

普通实施许可是指：许可方许可被许可方在合同约定的范围内实施该许可专利的同时，许可方保留实施该许可专利的权利，并可以继续许可被许可方以外的单位或个人实施该许可专利。

排他实施许可是指：许可方仅许可一个被许可方在合同约定的范围内实施该许可专利的同时，许可方保留实施该许可专利的权利，但不得再许可该被许可方以外的任何单位或个人实施该许可专利。

独占实施许可是指：许可方仅许可一个被许可方在合同约定的范围内实施该许可专利，许可方和该被许可方以外的任何单位或个人都不得实施该许可专利。

（1）许可期限

许可期限由当事人双方协商确定，但应当在许可专利的保护期范围内。若双方希望就许可专利达成长期许可，则可考虑将许可期限约定为该专利权保护期，当涉及多件专利时，以最后一件专利的到期日为准。双方也可以约定在特定的时间范围内享有独占实施许可、排他实施许可或者普通实施许可，最大化地实现其专利价值。

（2）许可区域

许可合同应当明确约定许可区域的名称，例如中国某省（直辖市、自治区），或特定国家或地区。应当避免在许可合同中使用含义模糊且在许可期限内可能产生变化的区域名称，如"欧盟"等。为免疑义，有必要在许可合同的定义部分对相关术语进行明确。

就被许可方而言，一般希望获得更大的许可区域。但许可范围的确定需要结合被许可方的研发能力等综合实力，以及许可方的需求。合作之初，许可方无法全面了解被许可方在全球各个区域内的科研能力，通常只会给予被许可方一个相对较小的许可区域。此时，被许可方可以争取一些附条件的扩大许可区域的权利。例如，对于药品专利许可，被许可方可以提出约定，如果被许可方在较短期限内获得了许可产品研发的里程碑审批，则有权进一步扩大许可区域。这种情况下，为了最小化未来的合作风险，许可方可以对获得扩大许可区域的被许可方在产品的研发、生产及销售阶段的权利义务进行限制。

3. 许可实施行为

许可方可以根据自己的许可策略以及被许可方的许可需求、业务经营范围等情况，在许可合同中就被许可方的许可活动进行明确约定，如研发、改进、生产、委托生产、销售或委托销售、要约销售、进口、出口等。从司法实践来看，许可方在授予某一项权能的时候，可能也同时将其他权能也一并授予了出去。例如，如无特别约定，授予被许可方享有"销售权"，可能会暗含被许可方同时享有"许诺销售权"和"使用权"；对于方法发明专利权而言，授予被许可方享有"使用权"，可能会暗含被许可方同时享有"制造权"。因此，许可方在对被许可方授权特定的权能时，需要对可能存在的默示许可情况有一定的预见能力。当高校科研机构作为许可方时，还可以在许可合同中约定，该许可不应影响许可方将许可专利用于不涉及商业的学术研究。

4. 分许可

许可合同需要就被许可方是否享有分许可的权利做出明确约定。一般来说，在未经许可方书面同意的情况下，被许可方不得将其许可再次转许可给其他第三方，或者在合同中直接约定被许可方不享有分许可的权利。

考虑到不同产品生产和销售的特点，双方也可以约定被许可方可以将许可产品分许可给被许可方的关联方和第三方，以满足生产、销售和推广的要求。如果许可方允许被许可方享有分许可的权利，那么许可合同需要明确：被许可方可行使分许可的具体范围；被许可方在签订分许可合同前，是否需要获得许可方的确认；对于被许可方通过分许可而收取的许可收益，许可方是否有权进行分享，如何进行分享；许可方与被许可方之间的许可合同终止、解除或者到期后，分许可合同的效力应该如何认定。

若双方认为有必要对被分许可方的保密义务、改进成果知识产权、第三方侵权等事宜予以明确，或在被许可方与被分许可方之间设置连带责任，则可进一步予以书面约定。

5. 专利实施许可合同备案

《专利法实施细则》第 14 条规定，专利权人与他人订立的专利实施许可合同，应当自合同生效之日起 3 个月内向国务院专利行政部门备案。

专利实施许可合同备案对专利维权具有重要意义。《专利法》第 71 条规定，侵犯专利权的赔偿数额按照权利人因被侵权所受到的实际损失或者侵权人因侵权所获得的利益确定；权利人的损失或者侵权人获得的利益难以确定的，参照该专利许可使用费的倍数合理确定。《专利实施许可合同备案办法》（国家知识产权局令 第 62 号）第 19 条规定，经备案的专利实施许可合同的种类、期限、许可使用费计算方法或者数额等，可以作为管理专利工作的部门对侵权赔偿数额进行调解的参照。《最高人民法院关于知识产权民事诉讼证据的若干规定》第 32 条规定，当事人主张参照知识产权许可使用费的合理倍数确定赔偿数额的，人民法院可以考量下列因素对许可使用费证据进行审核认定：（一）许可使用费是否实际支付及支付方式，许可使用合同是否实际履行或者备案。

需要注意的是，当许可专利处于质押状态时，办理实施许可合同备案需要取得质权人同意。《专利权质押登记办法》（国家知识产权局公告第 461 号）第 18 条规定，专利权质押期间，出质人未提交质权人同意许可实施该专利的证明材料的，国家知识产权局不予办理专利实施许可合同备案手续。

专利实施许可合同备案申请经审查合格的，国家知识产权局在专利登记簿上予以登记，并向当事人发送《专利实施许可合同备案证明》。国家知识产权局和各地专利代办处对于当事人办理专利实施许可合同备案不收取费用。

对于就专利申请所订立的许可使用合同的备案，当事人应注意向国家知识产权局备案的专利申请应当为已公开的专利申请。《最高人民法院关于审理技术合同纠纷案件适用法律若干问题的解释》第 29 条规定，当事人之间就申请专利的技术成果所订立的许可使用合同，专利申请公开前，适用技术秘密许可合同的有关规定；发明专利申请公开后、授权以前，参照适用专利实施许可合同的有关规定；授权以后，原合同即为专利实施许可合同，适用专利实施许可合同的有关规定。《专利实施许可合同备案办法》（国家知识产权局令 第 62 号）第 20 条规定，当事人以专利申请实施许可合同申请备案的，参照本办法执行。申请备案时，专利申请被驳回、撤回或者视为撤回的，不予备案。

第 3 条　许可费及支付方式

根据双方之间的商业安排以及许可专利范围的不同，许可费及支付方式会各有不同。许可费的支付方式一般分为如下几种：

1. 固定费用

固定费用根据其支付方式又可以细分为一次性付款和分期付款。

（1）一次性付款。一次性付款需要被许可方一次性将许可费结清，这对被许可方的资金支付能力要求比较高。

（2）分期付款。分期付款可以将许可方与被许可方的利益和风险密切结合，有利于促进许可方更关心、更愿意协调被许可方尽快掌握专利技术并投产，有利于减轻被许可方的财务负担。同时，若许可方出现违约或许可专利达不到预期技术指标时，被许可方可以调整许可费甚至停止支付，对被许可方提供较大的保护。

固定费用支付方式对被许可方有利之处在于，被许可方无须定期对其生产或销售情况向许可方进行报告。同时，也减少了因提交专利使用情况报告而带来的额外开支，以及因许可方入场进行生产或销售情况审计而对其生产经营活动带来不利影响。

2. 里程碑费用

对于部分专利许可（例如药品专利许可），由于许可产品的研发是一项长期工作，被许可方利用许可专利进行产品开发期间可能受到多方面因素的影响，其进度与结果存在不确定性。因此，被许可方通常会要求以某个里程碑式的特定事项的达成（例如完成某期临床试验、提交指定药品注册申请、公司成为药品上市许可持有人等）来支付费用。约定里程碑费用可以减轻被许可方的前期资金压力，同时还可以减少技术开发失败带来的风险。

3. 提成费用

（1）入门费。入门费一般会约定为固定的金额，在合同签署之日后的一定时间内支付，且一般不会设置其他付款前提。根据许可专利的价值和许可范围，入门费的金额也会有区别。

（2）销售额提成。是指当许可产品在许可区域上市销售后，由被许可方从其每月/半年/年净销售额中按照双方约定的一定比例向许可方支付不可退还的提成。双方应当注意关于净销售额的定义，减少后续计算相关价款时出现争议的风险，对于销售主体、计入依据、扣减范围等事项，双方可在附件一等处另行明确约定。

由于销售提成的计算与净销售额紧密相关，在允许分许可、出现多个被许可方同时实施许可的情况下，许可方收取许可费用就更加困难，因此，许可方通常会要求对被许可方的销售、库存等财务数据进行审计和查账。作为被许可方，其拥有该许可产品的销售数据，有义务向许可方提供该销售数据，以及合理的支持材料，如第三方审计机构出具的报告。在许可方认为被许可方提供的销售数据存在疑问时，有权利要求被许可方对其进行解释或提供更进一步的说明材料。有时，许可方也可自行委派第三方审计机构对该销售数据进行核实。如果审计结果与被许可方出具的报告不符合，许可方还可以约定在审计不符合标准情况下的处理方式。相应地，对产生的额外的审计费用，双方也应当在许可合同中明确约定。

（3）利润额提成费用。与由被许可方从净销售额中按照双方约定的一定比例向许可方支付许可费不同，利润额提成费用的计算基数为被许可方许可产品的净利润额。对被许可方来说，其通常希望将所有与许可产品相关的成本从实际销售价格中扣除，从而降低销售提成的计算基数，而许可方则希望对可扣除的成本范围予以限制。因此，合同双方应当注意关于净利润额的定义，减少后续计算相关价款时出现争议的风险，对于销售主体、计入依据、扣减范围等事项，双方可在附件一等处另行达成约定予以明确。

（4）国际结算方式。若该合同为跨境专利实施许可合同，则须采用国际结算方式，常见有国际汇付、国际托收、国际信用证、国际保理等。国际汇付是由被许可方主动将价款汇给许可方的结算方式，包括订货付现、见单付款、交单付现。国际托收是由许可方对被许可方开立汇票，委托银行向被许可方收取价款的结算方式。国际信用证是由开证银行根据开证人请求或自身需要，开给第三人（受益人）的一种在一定条件下保证付款的凭证。国际保理是指许可方根据应收账款发票和装运单据转让给保理商即可收取价款，由保理商承担被许可方不付款或逾期付款责任的结算方式，包括有追索权的保理和无追索权的保理。

国际汇付和国际托收下银行不对价款给予任何担保，是否支付完全取决于买方信用，适用于双方合作关系良好的情形，较为便利；而国际信用证、国际保理下由银行或保理商承担买方违约的风险，更利于许可方。

第4条 技术资料的交付与验收（选填）

许可合同双方应当在合同中明确约定许可资料的交付与验收标准，将验收标准通过清单的形式列明，并作为附件。通常而言，在许可专利为发明或实用新型时，需考虑配方、工艺、图纸或相关技术秘密是否应当被列入技术资料中，外观设计通常不涉及技术秘密相关内容。

双方在约定交付条件时，应当明确技术资料的交付时间、地点、方式。如采用邮递形式交付，则交付时间通常为邮戳日，如当面交付，则交付时间为被许可方的签收日。上述交付条件之所以需明确约定，在于一旦技术资料按照合同约定实现了交付，则对技术资料的保管责任也会从许可方转移至被许可方。

对于技术资料的验收，双方应当严格按照合同附件所列的验收标准执行。被许可方可以自行验收，也可以委托第三方进行验收。对于验收不合格的情况，双方应约定此种情况下双方的权利义务，例如，允许补救的次数、是否允许终止合同、验收费用的承担、验收报告的签署等。

第5条 技术服务与培训（选填）

在很多情况下，被许可方获得许可方的专利及技术资料后，并不能立即独立实施该等技术，仍然需要依靠许可方提供一定的人员培训和技术指导。因此，在专利许可合同中，被许可方通常会对许可方提供技术协助的义务做出约定（通常而言，在许可专利为发明或实用新型时，需要技术服务或培训的可能性相对较高，在许可外观设计专利时，相关需求相对较低）。为了避免可能的纠纷，双方可以就相关技术服务与培训的提供方式、验收标准、费用等进行约定。其中，对于技术服务与培训的费用，若双方在许可费中已经将其涵盖其中，则无须另设该种付款安排。

被许可方可能会要求许可方承担对技术协助结果的责任，例如约定许可方应当对被许可方成功制造出许可产品或达到特定生产效率和质量做出承诺或保证。此种情况下，许可方应当尤其注意条款的措辞表述，在已充分合理履行自身义务的前提下，尽量避免承担过多的责任。

第6条　保密条款

在专利许可中，一方面，许可谈判历时长、参与人员众多（例如双方的关联方、雇员、董事、代理、承包商、咨询人和顾问等）、交流信息广泛，均使得在专利许可谈判过程中披露的双方当事人的商业信息容易被泄露；另一方面，在专利许可实施的过程中，双方也会披露各类信息，如未公布的专利申请、技术资料和其他财务、商业、业务、运营或技术性质的信息和数据等。这些信息一经泄露，可能会对信息持有人产生致命影响。因此，在许可合同中，双方应当就在许可谈判过程中和实施过程中所披露的何种信息为保密信息进行定义，并明确双方的保密义务。

第7条　后续改进成果的提供与分享

许可合同签订后，双方都有可能对许可的专利作出改进，从而形成新的改进技术。对于何为改进，技术改进一方可能倾向于用比较宽泛的标准来定义改进，而另一方则可能相反。因此，在许可合同中，需首先明确的是双方是否有权对许可专利进行改进。在允许改进的前提下，就后续的改进技术进行明确定义。同时，在签订许可合同时，还需要对基于许可专利形成的改进的权利归属进行约定。如果该改进技术是由许可方做出的，那么针对该改进技术，被许可方是否可依许可合同自动获得许可并无须支付额外的许可费。如果该改进技术是由被许可方作出的，那么许可方是否有必要通过许可合同提前获得该后续改进技术的所有权或者使用权，从而可以将该改进技术补充到其专利包中，进而增加其专利包的价值。若双方对后续改进成果的交叉许可相关事项有进一步合作意愿，可考虑进一步就许可目的、范围、费用等事项进行协商，并另行签署许可协议。

第8条　陈述与保证

在许可合同中设置完备的陈述与保证条款，有利于双方明确风险界定和责任分担。在陈述与保证条款中，被许可方可能会要求许可方保证被许可方实施许可专利将不会侵犯任何第三方的权利，否则许可方应赔偿被许可方由此而产生的损失，此类陈述保证对许可方的要求较高，当事双方予以慎重考虑。一般来说，如果专利许可合同中要求许可方作出"不侵权保证"，许可费往往也会相应较高。在许可方无法保证被许可方实施许可专利不会侵犯第三方权利的情况下，双方可以根据具体情况的不同，约定因实施许可专利而侵犯第三方权利时的具体责任承担和费用。

第9条 技术进出口管制（选填）

《中华人民共和国技术进出口管理条例》第2条将专利实施许可纳入到规制范围，分为禁止进出口、限制进出口和自由进出口三类，应当注意区分不同类别的管理要求，防止因忽略行政规定而出现合同无法履行等违约情形。

在专利许可涉及技术在中国与其他国家/地区之间进行交流的情形中，除中国法律法规所设置的技术进出口管制规则外，还有可能涉及境外法律法规的技术进出口管制要求。双方应当结合许可项目的商业目的，对相应的权利义务（主要为确认、警示相对方技术进出口合规风险以及办理技术进出口行政手续义务）予以安排。

第10条 知识产权侵权应对及共同维权

对于第三方针对许可专利可能提出的侵权诉讼，许可合同应就第三方专利诉讼的应对主体、诉讼费用承担、败诉时侵权损害赔偿责任的承担等事项，做出明确规定。实践中，也存在双方事先约定由一方作为主要应诉方，另一方仅负责提供必要协助的情形。此时，双方可以根据具体情况协商，例如，独占许可中，被许可方较有可能作为主要应诉方，特别是在许可方在当地缺少维权条件的情况下。在部分项目中，许可方可能同意在第8条陈述与保证条款中，承诺对许可专利承担瑕疵担保责任，但前提是应当由许可方负责具体应诉事宜的决策，对此，双方也可将相关安排在第10条中予以明确。

若存在未经许可方授权的第三方擅自实施许可方专利，由于这种情形对许可方和被许可方的利益都产生了不利影响。因此，需要在许可合同中明确约定针对第三方的专利诉讼中双方的权利义务。从方便维权的角度来看，约定许可方或被许可方中的任一方在获知许可专利正在遭受第三方的侵犯时，均有义务在一定期限内书面告知另一方是一种较为常见的做法。关于在此种情况下，被许可方是否拥有针对该第三方的起诉权的问题，当事人可以根据实际情况作出约定。在双方未就该事项作出约定的情况下，通常认为独占实施许可合同中的被许可人、在专利权人不起诉的情况下排他实施许可合同中的被许可人，可作为《专利法》相关条款中的"利害关系人"，有权单独提起侵权诉讼。此外，双方还应就诉讼费用承担、从第三方获得的侵权损害赔偿金的利益分配做出明确约定。

第 11 条　专利权被宣告无效（或专利申请被驳回）的处理

《专利法》第 47 条规定，宣告专利权无效的决定，对在宣告专利权无效前人民法院作出并已执行的专利侵权的判决、调解书，已经履行或者强制执行的专利侵权纠纷处理决定，以及已经履行的专利实施许可合同和专利权转让合同，不具有追溯力。但是因专利权人的恶意给他人造成的损失，应当给予赔偿。根据该规定，当专利权被宣告无效时，尚未履行或正在履行的专利实施许可合同应当立即停止履行，被许可方可以停止支付有关费用。

双方可以在许可合同中对专利权被宣告无效的处理进行约定，如无明显违反公平原则，且许可方无恶意给被许可方造成损失，则许可方无须向被许可方返还许可费。双方可以约定返还全部许可费，也可以确定部分返还，还可以约定合同履行超过一定时期或被许可方已经获得经济利益后、专利权才被宣告无效的，不予返还或少量返还。另外，也可能会出现无效决定宣告专利权的部分权利要求无效，部分权利要求有效的情形。在条款中建议对上述可能出现的情形约定清楚。

对于专利申请的实施许可合同，专利申请存在未被授权的可能，特别是发明专利申请，能否被授予专利权处于不确定状态。对于专利申请被视为撤回或被驳回，双方可约定作为合同解除的条件。由于视为撤回或被驳回可以进行救济、还存在授权的可能性，也可以暂时不急于解除合同，而是约定如何对视为撤回进行答辩或对驳回决定进行复审请求，并对相关费用予以明确。关于许可费返还与否的处理，可以约定全部返回许可费，也可以约定部分返回，还可以约定合同履行超过一定时期或被许可方已经获得经济利益后、专利申请才被视为撤回或被驳回的，不予返还或少量返还。

被许可方应当全面掌握和及时关注许可专利的法律状态。一般来说，在合同有效期间，许可方应当在第 8 条中承诺将已收到的专利管理部门或法院发出的体现许可专利法律状态变化或可能发生变化的文书（包括专利权无效宣告请求书、口头审理通知书、专利申请审查意见通知书、视为撤回通知书、驳回通知书等）信息及时告知被许可方。被许可方也可以直接通过向专利管理部门查阅专利登记簿等方式，了解许可专利曾经发生或正在发生的转让、许可、质押、保全、复审、无效宣告等各种情况。若许可专利为专利申请，受让方可以通过专利管理部门已发出的通知书，判断其可能的授权前景。对于实用新型或外观设计专利权，被许可方应当关注该许可专利是否已出具专利权评价报告，及报告关于该专利是否符合授权条件的具体意见。

第12条　不可抗力

不可抗力条款的作用在于免除双方在某些特定情形下的责任，双方需要对何为不可抗力、发生不可抗力情形之后合同的后续安排及责任损失分担方式、合同对于不可抗力发生后的通知形式是否有特殊要求，包括通知时限、通知的形式（例如应以书面形式等）、通知内容，以及如何及时减少损失、何时终止合同等作出明确约定。

第13条　送达

考虑到专利许可所涉及的技术资料可能较为复杂和专业，建议双方安排专门的联系人进行对接，以保证专利许可顺利完成。此外，约定送达条款也可以在双方发生纠纷时，避免双方对通知、资料的送达产生争议。

第14条　违约与损害赔偿

许可方在履行许可合同的时候，可能会存在违约行为。通常而言，许可方常见的违约场景包括：未提供或未及时完整提供技术资料、技术服务、培训；在排他实施许可中，许可方许可被许可方以外的第三方实施本合同项下的许可专利；或在独占实施许可中，许可方自己实施或许可被许可方以外的第三方实施本合同项下的许可专利等。被许可方在履行许可合同时，也可能会存在违约行为。通常而言，被许可方常见的违约场景包括：未支付或未及时足额支付许可费、违反合同项下的许可方式或范围使用许可专利以及违反合同的保密条款，致使许可方的保密信息泄露等。

针对上述违约行为，双方可以在许可合同中设置违约条款，要求违约方支付一定数额的违约金，并且可规定守约方在此种情况下享有终止合同的权利。但对于双方而言，此类违约行为的发生可能并非其有意为之。以被许可方未支付许可费为例，如果被许可方因此而需要停止生产或销售许可产品，对其可能会造成难以弥补的损失。因此，双方可以在许可合同约定一个违约通知期，要求守约方在此种情况下应当向违约方进行通知，并允许违约方进行补救，只有违约方在通知期限内未采取任何补救行为的情况下，守约方才可以行使终止合同等权利。

除了约定违约金，当事人一方不履行合同义务或者履行不符合约定，造成对方损失的，也可以主张损害赔偿。根据《民法典》第584条，损失赔偿额应当相当于因违约所造成的损失，包括合同履行后可以获得的利益；但是，不得超过违约方订立合同时所能预见的因违约可能造成的损失。

第15条　税费（选填）

在专利实施许可合同中，关于当事人各方纳税义务等事项的条款，通常称"税费"条款。纳税主体应当如何纳税，应当由对纳税主体或纳税客体有管辖权国家的法律予以规定。交易的当事人作为纳税主体，以任何形式约定的纳税事项，都不能排除法律对其所规定的纳税义务。

然而，在专利实施许可合同中却通常可以看到税费条款。之所以如此，原因主要在于：（1）当事人为了避免双方在税费事项上所可能产生的误解，要重申法律所规定的纳税义务；（2）我国税法明确规定了各税种的纳税义务人，但是未明确禁止纳税义务人与合同相对人约定由纳税人以外的人负担税款，合同双方可以通过税费条款进行税款经济负担的约定。

第16条　争议解决

争议解决条款应当明确许可合同所适用的法律和争议解决方式。

在适用法律方面，若专利实施许可合同不涉及涉外因素，则统一适用中华人民共和国法律。若一方当事人为中国公民或法人，或许可实施行为发生在中国，一般应当适用中华人民共和国法律。若专利实施许可合同调整的是涉外知识产权关系，则应当根据《中华人民共和国涉外民事关系法律适用法》第41条和第49条，由当事人在合同中协议选择知识产权许可适用的法律，常见的有合同履行地法律、合同签署地法律、某个中立国家或地区的法律、双方所在地法律等。

争议解决方式一般分为调解、诉讼和仲裁。双方如何选择争议解决方式，特别是诉讼和仲裁两种方式的选择上，需要综合考虑效率、灵活性、权利救济等多方面因素。

从效率方面考虑，双方发生纠纷一般都希望尽可能在短时间内解决，以避免投入更多的财力、时间成本。在这点上，仲裁比较占优势。首先，仲裁的受理和开庭程序相对简单，诉讼相对复杂；其次，仲裁实行一裁终局，裁决立即生效。诉讼实行两审终审，当事人不服一审判决的还可上诉，并且提起上诉程序仍需时间。

从权利救济方面考虑，仲裁是一裁终局，在快捷方便的同时，失去了二审的监督作用，当事人没有进一步主张权利的回旋余地（在法定情况下，当事人可以向法院申请撤销仲裁裁决）。相比而言，由于诉讼是两审终审，即便是发生了法律效力的判决，当事人还可以向上级法院申请再审，救济途径相对更广。此外，无论是采取仲裁还是采取诉讼的解决方式，在仲裁庭作出裁决前或法院作出判决前，当事人均可以先行调解。

第 17 条　合同的生效、变更与终止

本条款的作用在于明确许可合同的生效时间，以及变更、修改、终止合同情形下所需满足的条件，为一般合同的基本条款。实践中，当事人可能会依据在先许可合同的终止日期等信息，专门设置专利实施许可合同的生效日期。若确实存在上述情况，则双方可在第 17 条中另行约定。

为督促被许可方积极实施许可专利，实践中（尤其是在独占实施许可的情况下）许可方可能会要求，若一定期限内被许可方无正当理由不实施许可专利的，许可方将有权单方面终止专利实施许可合同。若确实存在上述需要，双方亦可在第 17 条中进行约定

第 18 条　其他

前 17 条没有包含，但需要特殊约定的内容，如其他特殊约定，包括出现不可预见的技术问题如何解决，出现不可预见的法律问题如何解决等。

（六）专利实施许可合同范本

根据《专利法》等规定，国家知识产权局于 2023 年 6 月修订了《专利转让许可合同模板及签订指引》，根据该文件及其内附《专利实施许可合同》，权利人与实施人之间通过协商即可以签订一份符合法律规定，充分保护合同各方合法权益的专利实施许可合同，颁发专利许可证。

<h2 style="text-align:center">专利实施许可合同</h2>

许可方 _____

通讯地址 _____

被许可方 _____

通讯地址 _____

签订地点

签订日期   年   月   日

有效期限至   年   月   日

前言（鉴于条款）

本专利实施许可合同（"本合同"）由以下双方于 _____ 年 _____ 月 __
____ 日（"签署日"）在 _____ （"签署地"）签订：

许可方：_____ （"许可方"）

通讯地址：_____

邮政编码：_____

法定代表人：_____

联系人：_____

电话：_____

邮箱：_____

被许可方：_____ （"被许可方"）

通讯地址：_____

邮政编码：_____

法定代表人：_____

联系人：_____

电话：_____

邮箱：_____

许可方、被许可方单独称"一方"，合称"双方"。

鉴于：

（1）许可方为许可专利（定义见第 1 条）的 _____ （权利人/
权利人的委托人/分许可人）。

（2）被许可方希望获得许可而实施许可专利。

（3）许可方同意向被许可方授予所请求的许可。

_____

_____

经过平等协商，双方一致同意签订本合同如下：

第 1 条 名词和术语（定义条款）

在本合同中，除非双方另有书面约定，以下术语应具有如下含义：

1. "本合同""签署日""签署地""许可方""被许可方""一方"以及"双方"应具有前言所规定的含义。

2. "许可专利""许可期限""许可区域""许可实施行为"应具有本合同第 2 条所规定的含义。

3. "普通实施许可"是指许可方在约定许可实施许可专利的范围内，许可被许可方实施该许可专利，并且保留自行实施或许可被许可方以外的单位或者个人实施该许可专利的权利。

4. "排他实施许可"是指许可方在约定许可实施许可专利的范围内，将该许可专利仅许可一个被许可方实施，但许可方依约定可以自行实施该许可专利。

5. "独占实施许可"是指许可方在约定许可实施许可专利的范围内，将该许可专利仅许可一个被许可方实施，许可方依约定不得实施该许可专利。

6. "分许可"是指被许可方依约定将本合同涉及的许可专利许可给包括关联方在内的第三方。

7. "关联方"应具有以下第＿＿＿＿＿＿＿项所规定的含义：

（1）就任一方而言，关联方指由该一方控制、控制该一方或与该一方处于同一控制之下的主体。"控制"指①直接或间接持有该主体百分之五十以上的股份表决权；或②通过股份、权益，或通过合同等其他方式，拥有决定或影响该主体管理或政策的权力。

（2）本合同所称"关联方"应具有本合同附件一所规定的含义。

8. "许可费""许可产品""净销售额""净利润额"应具有本合同第 3 条所规定的含义。

9. "技术资料""验收标准"应具有本合同第 4 条所规定的含义。

10. "技术服务""培训"应具有本合同第 5 条所规定的含义。

11. "保密信息"应具有本合同第 6 条所规定的含义。

12. "主要应诉方""协助应诉方"应具有本合同第 10 条所规定的含义。

13. "不可抗力事件"应具有本合同第 12 条所规定的含义。

本合同项下的其他术语及其含义以附件一为准。

第2条　许可的授予

1. 许可专利

本合同项下的许可专利（"许可专利"）以下第＿＿＿＿＿种方式确定（单选）：

（1）本合同项下的许可专利是指名称为＿＿＿＿＿＿＿＿＿＿＿＿＿＿＿＿＿＿的发明创造，其专利申请号为＿＿＿＿＿＿＿＿＿＿＿，专利类型为＿＿＿＿＿＿＿＿＿＿（外观设计专利/实用新型专利/发明专利）。许可专利的申请日为＿＿＿＿年＿＿＿＿月＿＿＿＿日。截止至本合同签署日，许可专利的状态为＿＿＿＿＿＿＿＿＿（已取得授权/尚在申请中）。

（2）本合同项下的许可专利是指本合同附件二所列明的发明创造，本合同项下的许可专利合计＿＿＿＿＿件。

（3）＿＿＿＿＿＿＿＿＿＿＿＿＿＿＿＿＿＿＿＿＿＿＿＿＿＿＿＿＿＿＿

2. 许可的方式与范围

在符合本合同的前提下，针对许可专利，许可方授予被许可方一项以＿＿＿＿＿＿＿＿＿＿＿（普通实施许可/排他实施许可/独占实施许可）方式作出的专利实施许可，该许可受限于以下条件：

（1）被许可方应在本合同约定的许可期限（"许可期限"）范围内实施许可专利，本合同约定的许可期限为＿＿＿＿＿＿＿＿＿＿＿＿；

（2）被许可方应在本合同约定的许可区域（"许可区域"）范围内实施许可专利，本合同约定的许可区域为＿＿＿＿＿＿＿＿＿＿＿＿＿＿；＿＿＿＿＿＿＿＿＿＿＿＿＿＿＿＿；

（3）被许可方应当遵守本合同第2条第4款关于分许可的约定；

（4）其他根据本合同约定被许可方应当遵守的条件。

3. 许可实施行为

针对许可专利，根据本合同取得的专利实施许可，被许可方可以开展以下第＿＿＿＿＿项所示的实施行为（"许可实施行为"）（可多选）：

（1）为生产经营目的制造、使用、许诺销售、销售、进口落入许可专利保护范围的产品。

（2）为生产经营目的使用许可专利方法。

（3）为生产经营目的使用、许诺销售、销售、进口依照许可专利方法直接获得的产品。

（4）为生产经营目的制造、许诺销售、销售、进口落入许可专利（当许可专利为外观设计专利时）保护范围的产品。

（5）＿＿＿＿＿＿＿＿＿＿＿＿＿＿＿＿＿＿＿＿＿＿＿。

4. 分许可

在符合本合同的前提下，针对许可专利的分许可事宜，双方同意根据以下第＿＿＿＿＿＿＿项所示安排处理（单选）：

（1）未经许可方事先书面同意，被许可方不得向任何第三方授予关于许可专利的任何分许可。

（2）被许可方无须事先取得许可方书面同意，即有权向被分许可方授予分许可，该分许可不得超出本合同第2条第2项约定的方式和范围。

（3）＿＿＿＿＿＿＿＿＿＿＿＿＿＿＿＿＿＿＿＿＿＿＿＿＿

5. 专利实施许可合同备案

＿＿＿＿＿＿＿＿＿＿＿（许可方/被许可方）应在＿＿＿＿＿＿＿＿日前，向国家知识产权局递交关于本合同的备案申请，并尽最大商业合理努力尽快完成专利实施许可合同备案。＿＿＿＿＿＿＿＿＿（许可方/被许可方）应当尽合理商业努力积极配合完成上述专利实施许可合同备案。

办理专利实施许可合同备案所需费用（包括中介机构的服务费）应由＿＿＿＿＿＿＿＿＿＿＿（许可方单独/被许可方单独/双方共同/……）承担。

第3条　许可费及支付方式

1. 许可费及支付方式

作为取得本合同第2条所述许可的价款，被许可方同意根据以下第＿＿＿＿＿＿＿项约定的付款方式支付许可费（"许可费"）（可多选）：

（1）固定费用支付

被许可方应当支付给许可方的固定费用共计（人民币/美元/……）＿＿＿＿（元/美元/……）（大写：＿＿＿＿＿＿＿＿），被许可方应按照以下第＿＿＿＿＿＿种方式支付固定费用（单选）：

① 一次性付款：截止至＿＿＿＿＿＿＿日前，被许可方应向许可方支付全部许可费，即（人民币/美元/……）＿＿＿＿＿＿＿（元/美元/……）（大写：＿＿＿＿＿＿＿＿）。

② 分期付款：

第一笔付款：截止至＿＿＿＿＿＿＿日前，被许可方应向许可方支付许可费

的____%，即（人民币/美元/……）_____（元/美元/……）（大写：____
_____）。

第二笔付款：截至_____日前，被许可方应向许可方支付许可费的
____%，即（人民币/美元/……）_____（元/美元/……）（大写：_____
_____）。

最终付款：截至_____日前，被许可方应向许可方支付全部剩余许
可费，即（人民币/美元/……）_____（元/美元/……）（大写：____
_____）。

（2）里程碑费用支付

被许可方应根据附件三所列明的付款条件，在相应条件达成时，根据附
件三所示的步骤向许可方支付里程碑费用。

（3）提成费用支付

本合同所称的许可产品（"许可产品"）是指双方根据附件四所列许可
产品清单或双方约定确认的许可专利覆盖的产品。被许可方应按照以下第__
_____种方式支付提成费用（单选）：

① 销售额提成费用：自许可产品首次销售发生之日起，被许可方应在__
_____（每年/每六个月/每月/……）的最后一日前向许可方支付_____
_____（当年/前六个月/当月/……）许可产品净销售额的_____%。本合
同所称的净销售额（"净销售额"）是指_____（被许可方/被许可方
及其关联方/被许可方、其关联方及其被分许可方/……）在指定时间内通过
真实公平的交易向第三方销售许可产品所获得的总金额（以合法合规开具的
发票金额为准），扣除以下费用：包装费、运输费、税金、广告费以及符合法
律法规要求的商业折扣、_____。

② 利润额提成费用：自许可产品首次销售发生之日起，被许可方应在__
_____（每年/每六个月/每月/……）的最后一日前向许可方支付_____
_____（当年/前六个月/当月/……）许可产品净利润额的%。本合同所称的
净利润额（"净利润额"）是指_____（被许可方/被许可方及其关联
方/被许可方、其关联方及其被分许可方/……）在指定时间内通过真实公平
的交易向第三方销售许可产品所获得的总金额（以合法合规开具的发票金额
为准），扣除下述费用：包装费、运输费、税金、广告费以及符合法律法规要

求的商业折扣，进一步扣除许可产品生产材料的进货成本、_____

_____。

③ 入门费和_____（销售额/利润额）提成费用：截至_____

_____日前，被许可方应先向许可方支付入门费（人民币/美元/……）

_____（元/美元/……）（大写：_____），随后依据上述第____

____种方式向许可方支付相应的提成费用。

④_____

被许可方应当保存详细、完整和准确的账目记录，包括财务账目、生产

账目、运输账目等，确保许可方对被许可方提成费用支付义务的履行情况进

行审计。在许可方合理事先通知的情况下，被许可方应当向许可方或许可方

委托的机构开放该等记录以供许可方审计。如果审计的最终结果表明被许可

方实际向许可方支付的提成费用少于被许可方应向许可方支付的提成费用，

许可方有权要求被许可方支付相应差额，若该差额超过被许可方应当向许可

方支付的提成费用的_____%，则被许可方还应当承担审计所产生的费用。

（4）其他费用支付形式

_____

2. 国际结算方式（选填）

由于本合同涉及跨境国际支付，双方同意按照_____（国际汇付/国际

托收/国际信用证/国际保理）结算方式结算许可费，具体安排如下：

_____

3. 支付账号

被许可方应当按照上述支付方式将许可费支付至许可方账号或以现金方

式支付给许可方。许可方开户名称、开户银行和账号如下：

开户名称：_____

开户银行：_____

账号：_____

4. 涉及多个专利（申请）权人共有许可专利的许可费用的分配方案，应

按照以下第_____种方式确定（单选）：

（1）专利（申请）权人_____分配比例为_____%；专利（申请）

权人_____分配比例为_____%；专利（申请）权人_____分配比

例为_____%。

（2）共有许可专利的专利（申请）权人通过自行协商方式，另行约定许可专利的许可费用的分配方案。

（3）＿＿＿＿＿＿＿＿＿＿＿＿＿＿＿＿＿＿＿＿＿＿＿＿＿＿＿＿＿

第4条　技术资料的交付与验收（选填）

1. 技术资料的确定

许可方应当根据本合同约定向被许可方提供技术资料（"技术资料"），本合同项下的技术资料通过以下第＿＿＿＿＿＿种方式确定（单选）：

（1）技术资料指截止至本合同生效前，许可方所持有的全部与许可专利相关的文件，包括但不限于：

① 图纸、技术规格、制造规范和标准以及其他许可产品的制造组装、现场安装、调试、操作和维护文件；

② 拟采购的组件和材料清单、采购标准和采购所需的必要信息；

③ 许可产品及其主要组件的技术性能的详细说明。

（2）技术资料以双方在附件五中确认的清单为准。

（3）＿＿＿＿＿＿＿＿＿＿＿＿＿＿＿＿＿＿＿＿＿＿＿＿＿＿＿＿＿

2. 技术资料的交付

许可方应当根据以下第＿＿＿＿＿＿＿项的约定交付技术资料（单选）：

（1）许可方应在＿＿＿＿＿＿＿日前，在＿＿＿＿＿＿＿（地点）以＿＿＿＿＿＿方式，向被许可方交付全部技术资料。

（2）技术资料的交付安排以双方在附件五中确认的流程为准。

（3）＿＿＿＿＿＿＿＿＿＿＿＿＿＿＿＿＿＿＿＿＿＿＿＿＿＿＿＿＿

3. 技术资料的验收

（1）被许可方应在收到交付的技术资料后的＿＿＿＿＿＿＿日内＿＿＿＿＿＿＿＿＿＿＿＿（自行/委托具备相应资质的第三方机构）对技术资料进行验收，许可方应当予以积极配合。

（2）双方同意，技术资料的验收标准（"验收标准"）根据以下第项的约定确定（单选）：

① 在被许可方使用的相关设备、材料、条件、工艺以及技术人员的能力、技术力量等均满足实施许可专利的前提下，技术资料应当确保被许可方可以实施许可专利。

② 技术资料应当符合附件五中约定的标准。

③_____

经验收符合验收标准的，被许可方应向许可方提供验收合格的书面凭证；若自被许可方收到技术资料后的_____日内，被许可方未向许可方提供验收合格的书面凭证，也未向许可方发出验收不合格通知的，视为技术资料符合验收标准。被许可方验收发现技术资料全部或部分不符合验收标准的，应按照以下第_____项约定处理（单选）：

（1）被许可方应及时通知许可方验收不合格及相关原因，许可方应在收到验收不合格的通知之日起_____日内，对该等验收不合格进行补救。完成该等补救行动后，许可方应将补救技术资料提交被许可方再次验收，直至验收合格为止。

（2）被许可方应及时通知许可方验收不合格及相关原因，许可方应在收到验收不合格的通知之日起_____日内对该等验收不合格进行补救。完成该等补救行动后，许可方应将补救技术资料提交被许可方再次验收，如第_____次验收仍然不合格的，被许可方有权终止本合同，同时许可方应返还被许可方已支付的许可费并赔偿被许可方部分损失。

（3）被许可方有权终止本合同，同时许可方应返还被许可方已支付的许可费并赔偿被许可方部分损失。

（4）_____

与验收相关的费用由_____（许可方单独/被许可方单独/双方共同/……）承担。

第 5 条　技术服务与培训（选填）

1. 技术服务

许可方应根据本合同向被许可方提供以下第_____项所示的技术服务（"技术服务"）（单选）：

（1）技术服务的内容以及提供方式以附件六为准。

（2）_____

2. 培训

许可方应根据本合同向被许可方提供以下第_____项所示的培训（"培训"）（单选）：

（1）培训的内容以及提供方式以附件六为准。

（2）_____

3. 许可方完成技术服务或培训后，双方共同签署验收证明文件。技术服务或培训过程中发生的费用由_____（许可方单独/被许可方单独/双方共同/……）承担。

第6条　保密条款

1. 本合同项下的保密信息（"保密信息"）以下第_____种方式确定（单选）：

（1）保密信息是指一方（以下简称"披露方"）以口头、书面或其他方式直接或间接向另一方（以下简称"接收方"）披露的所有信息；该信息包括但不限于本合同各条款的具体内容、本合同的签署及履行情况（不包括经双方协商同意后通过专利实施许可合同备案等方式所公开的信息）以及披露方所披露的技术资料和其他与财务、商业、业务、运营或技术相关的非公开信息。

保密信息不包括：① 非因接收方的披露而为公众所知的信息；② 在披露方披露以前，已为接收方正当知晓的信息；③ 接收方从第三方处合法获取的信息，且不违反任何保密限制或保密义务；

④ 由接收方独立形成而未使用任何保密信息或者违反接收方在本合同项下任何义务的信息。⑤_____

_____

（2）_____

2. 除非获得披露方事先书面同意或本合同另有约定，（1）接收方应严守披露方的保密信息，并采取一切必要保密措施和保密制度予以保护；（2）接收方只能为履行本合同规定的其义务或行使本合同规定的其权利而使用任何该等保密信息；（3）接收方不得向任何接收方之外的第三方披露或泄露本合同项下的保密信息。

3. 接收方只能在履行本合同规定的其义务和行使本合同规定的其权利的必要范围内，向_____（关联方/雇员/董事/代理/承包商/咨询人/顾问/……）仅在需要知道的范围内披露披露方的保密信息，上述人员必须与接收方签订保密协议，并遵守与本条规定相符的保密和不使用义务。

4. 本合同执行完毕或因故终止、变更的，接收方应立即将披露方的所有保密信息归还披露方或销毁。同时，接收方应向披露方提供由接收方授权代表签署的关于返还或销毁的书面证明。

5. 本保密条款的效力以以下第_____种方式确定（单选）：

（1）本保密条款自本合同生效后_____日内有效。

（2）本保密条款在本合同执行完毕或终止后持续有效。

（3）_____

第7条　后续改进成果的提供与分享

双方有权在许可专利的基础上后续改进，由此产生的技术成果在本合同中称为"改进成果"，双方可就"改进成果"的具体范围另行书面确认。双方对改进成果按以下第_____项的约定处理（可多选）：

（1）一方对所完成的改进成果，应在成果完成后____日内通知另一方。

（2）对于一方单独完成的改进，包括申请专利的权利在内的所有权益由该方单独享有。

（3）对于一方单独完成的改进，另一方具有同等条件下_____（优先获得许可/优先购买/免费使用/……）的权利。

（4）对于双方共同完成的改进，包括申请专利的权利在内的所有权益由双方共同享有。

（5）_____

第8条　陈述与保证

1. 许可方特此作出以下第_____项所示的陈述与保证（可多选）：

（1）截至本合同签署日，许可方拥有许可和披露许可专利的完整权利。

（2）许可专利不附带将会影响或限制本合同项下的许可方许可的任何权利负担，且不存在与任何第三方签订的合同将影响或限制其在本合同项下的许可。

（3）许可方并未收到有关任何主张、起诉、诉讼或法律程序的通知或威胁，并未知晓或有理由知晓任何信息，将会：（a）导致许可专利的任何权利要求无效或不可执行；或（b）导致许可专利中的任何专利申请的任何权利要求未能被授予或与其目前申请的范围相比受到严重限制或局限；或（c）导致被许可方根据本合同对许可专利的实施侵犯第三人的合法权利。

（4）本合同签署后，若第三方针对许可专利的实施提出任何侵权控诉，许可方应当协助被许可方参与应诉和协助抗辩，尽量帮助许可专利技术实施不受影响。所导致的民事责任承担，由双方另行协商确定，但被许可方违背本合同约定方式实施导致的侵权除外。

（5）在本合同有效期间，许可方将已收到的专利管理部门或法院发出的体现许可专利法律状态变化或可能发生变化的文书（包括专利权无效宣告请求书、口头审理通知书、专利申请审查意见通知书、视为撤回通知书、驳回通知书等）信息及时告知被许可方。

（6）在本合同有效期间，许可方按时缴纳专利年费，以保持许可专利的有效性。

（7）＿＿＿＿＿＿＿＿＿＿＿＿＿＿＿＿＿＿＿＿＿＿＿＿＿

2. 被许可方特此作出以下第＿＿＿＿＿＿项所示的陈述与保证（可多选）：

（1）在本合同有效期内，被许可方根据本合同约定积极实施许可专利。

（2）被许可方积极配合许可方完成本合同的备案。

（3）＿＿＿＿＿＿＿＿＿＿＿＿＿＿＿＿＿＿＿＿＿＿＿＿＿

第9条　技术进出口（选填）

双方均已就本合同项下的许可专利的进出口管制情形尽到审慎调查义务，承诺许可专利符合所有适用的技术进出口管制相关规定，并且已经取得必要的许可或授权（如适用）。

第10条　侵权应对及共同维权

1. 如果有第三方针对许可专利的实施提出任何侵权控诉的，首先得到通知的一方，应在收到通知后＿＿＿＿＿日内通知另一方，双方同意按照以下第＿＿＿＿项的约定处理（单选）：

（2）双方对共同应诉事宜不作约定，各自保留应诉的全部法定权利。

（2）双方应当在后得到通知的一方收到通知后＿＿＿＿＿＿日内，另行协商具体应诉事宜。

（3）由＿＿＿＿＿＿＿＿（许可方/被许可方）（"主要应诉方"）承担应诉相关费用，应诉具体方案以主要应诉方的意见为准，但＿＿＿＿＿＿＿＿（被许可方/许可方）（"协助应诉方"）应提供必要协助。对于因协助应诉方未经主要应诉方书面同意而进行抗辩或和解而被要求支付的任何费用和损失，主要应诉方不予承担。但主要应诉方在接到通知后＿＿＿＿＿＿日内不作应诉表示或放弃应诉的，协助应诉方有权自行承担费用参与应诉并不受本项限制。

（4）＿＿＿＿＿＿＿＿＿＿＿＿＿＿＿＿＿＿＿＿＿＿＿＿＿

2. 如果一方得知第三方涉嫌侵犯任何许可专利，应在收到通知后＿＿＿＿＿＿日内通知另一方，双方同意按照以下第＿＿＿＿＿＿＿项的约定处理（单选）：

（1）由许可方与侵权方进行交涉，或负责向管理专利工作的部门提出请求或向人民法院提起诉讼，被许可方应当予以协助。

（2）由许可方在其合理确定的期限内，与侵权方进行交涉，或负责向管理专利工作的部门提出请求或向人民法院提起诉讼。上述期限届满，被许可方有权在许可方合理确定的范围内，与侵权方交涉，或负责向管理专利工作的部门提出请求或向人民法院提起诉讼。

（3）被许可方有权首先在许可方合理确定的范围内，与侵权方进行交涉，或负责向管理专利工作的部门提出请求或向人民法院提起诉讼，而许可方有权由其律师代理其参与该等程序。如果被许可方以书面形式通知许可方其不会提起该等程序，则许可方有权在与被许可方协商后，在其合理确定的范围内，与侵权方进行交涉，或负责向管理专利工作的部门提出请求或向人民法院提起诉讼。

（4）_____

维权所得收益由_____（许可方单独/被许可方单独/双方共同/……）享有，所发生的费用由_____

_____（许可方单独/被许可方单独/双方共同/……）承担。

第 11 条　专利权被宣告无效（或专利申请被驳回）的处理

1. 若许可专利被生效的无效决定宣告全部无效，双方同意按照以下第____项所示规定处理（多选）：

（1）关于无效或诉讼的答辩及费用。在许可期限内，他人向专利管理部门提出请求宣告许可专利的专利权无效，对该专利权宣告无效或对专利管理部门的决定不服向人民法院起诉时，由许可方负责答辩，由此发生的费用由许可方单独承担。许可方如对授权权利要求进行删除或合并式修改，应取得被许可方同意。

（2）关于许可费返还与否的处理。在本合同生效后，如无明显违反公平原则，且许可方无恶意给被许可方造成损失，则对于专利权无效宣告请求审查决定书载明的决定日前已支付的许可费，许可方无需向被许可方返还；否则，许可方应返还被许可方已支付的许可费。

（3）关于合同的履行。在已被宣告无效的许可专利被重新判定为有效前，本合同停止履行，被许可方停止支付费用。

（4）_____

2. 若对专利申请实施许可，且该专利申请被视为撤回或驳回，双方同意按照以下第_____项所示规定处理（多选）：

（1）关于对视为撤回的答辩或对驳回的复审请求及费用。在许可期限内，视为撤回通知书或驳回决定由许可方负责答辩，由此发生的费用，包括官费和中介机构服务费，由许可方单独承担；对于许可方在合理范围内要求被许可方提供的协助，被许可方应当予以配合。

（2）关于许可费返还与否的处理。在本合同生效后，如无明显违反公平原则，且许可方无恶意给被许可方造成损失的，视为撤回通知书或驳回决定载明的日期前被许可方已支付的许可费，许可方不向被许可方返还；否则，许可方应返还被许可方已支付的许可费。

（3）关于合同的履行。在该许可专利申请被授予专利权前，本合同停止履行，被许可方停止支付费用。

（4）_____

第 12 条 不可抗力

1. 本合同任何一方均无须因超出其合理预见、控制、克服或避免的原因导致其违反或无法履行本合同项下的任何义务而承担责任，这些原因可能包括禁运、战争、战争行为（无论是否宣战）、恐怖主义行为、叛乱、骚乱、内乱、罢工、停工、流行性疫病或其他劳资纠纷、火灾、洪水、地震或者其他自然事件，或任何政府当局或另一方的作为、不作为或延误（"不可抗力事件"）。

2. 当不可抗力事件发生，双方同意按照以下第_____项所示规定处理（可多选）：

（1）任一方在得知不可抗力事件后应立即向另一方发出通知，该等通知包含不可抗力的细节、程度、影响以及_____等。

（3）任一方在得知不可抗力事件后应及时尽一切必要合理的努力采取适当措施减轻损失。

（3）若因不可抗力事件导致任一方无法按照本合同约定履行义务的，无法履行本合同义务的一方应向另一方提供关于合同不能履行的书面证明，且该证明需要明确表明该一方确实不适合履行本合同。双方应友好协商在另行确认的时间继续履行本合同约定之内容。

（4）如果不可抗力事件致使违反或无法履行本合同项下的任何义务持续_____日以上，则任何一方均有权终止本合同。对于不可抗力事件造成本合同的终止，任何一方均不向另一方承担任何责任。

（5）_____

第13条　送达

本合同前言（鉴于条款）列明的通讯地址、联系人等联系信息适用于双方往来联系、交付资料交付、书面文件送达及争议解决时法律文书送达。一方变更联系信息的，应当提前_____日以书面形式通知另一方。

第14条　违约与损害赔偿

1. 许可方未按照本合同第4条和第5条的约定向被许可方交付资料和/或提供技术服务与培训，导致被许可方无法实施许可专利，应当赔偿被许可方因此遭受的损失，包括被许可方实施许可专利可获得的利益。

2. 许可方在许可期限期内未维持许可专利有效，导致许可专利全部失去效力，被许可方有权解除合同，并要求许可方返还全部许可费，同时支付被许可方违约金_____（人民币/美元/……）。

3. 在排他实施许可中，许可方许可被许可方以外的第三方实施本合同项下的许可专利的；或在独占实施许可中，许可方自己实施或许可被许可方以外的第三方实施本合同项下的许可专利的，被许可方有权解除合同，并要求许可方返还全部许可费，同时赔偿被许可方因此遭受的损失。

4. 被许可方未按照本合同约定足额按时支付许可费，应当补交许可费，并按照日息_____和逾期天数支付许可方违约金。

5. 被许可方违反合同的保密条款，致使许可方的保密信息泄露，应当赔偿许可方因此遭受的损失。

6. 任何一方未能履行其在本合同项下的其他义务，应当对守约方因此遭受的损失承担相应责任。

第15条　税费

除非本合同另有约定，双方同意本合同项下产生的一切税费按照以下第_____项所示规定处理（单选）：

（1）本合同项下产生的一切税费由_____（许可方/被许可方/双方各自/……）承担。

（2）双方应当按照法律的规定，各自独立承担法律对其所规定的各项纳税义务。

（3）_____

第 16 条　争议解决

1. 双方同意按照以下第＿＿＿＿＿项确定本合同所适用法律（单选）：

（1）本合同适用中华人民共和国法律。

（2）本合同属于涉外专利实施许可合同，双方同意适用＿＿＿＿＿国/地区（本合同履行地/本合同签署地/某个中立国家或地区的法律/双方所在地法律……）法律。

2. 在履行本合同过程中发生争议的，双方应当友好协商解决。双方协商不成的，任何一方可采取以下第＿＿＿＿＿种方式处理（单选）：

（1）向＿＿＿＿＿＿＿＿＿＿（许可方所在地/被许可方所在地/本合同签署地/本合同履行地……）具有管辖权的人民法院提起诉讼；

（2）提请＿＿＿＿＿＿＿＿＿＿＿＿＿＿＿＿＿仲裁委员会仲裁。

（3）＿＿＿＿＿＿＿＿＿＿＿＿＿＿＿＿＿＿＿＿＿＿＿

第 17 条　合同的生效、变更与终止

1. 本合同自＿＿＿＿＿＿＿＿＿＿＿＿（双方签字盖章之日/……）起生效。本合同一式＿＿＿份，双方各持＿＿＿份，另有一份用于专利实施许可合同备案、一份用于技术合同认定登记，每份具有同等法律效力。

2. 本合同内容的任何修改或变更必须由双方书面签署同意。

3. 除本合同另有约定外，如果一方违反本合同约定的义务，另一方有权书面通知违约方要求其履行本合同约定的义务，并承担相应责任。如果违约方在收到书面通知＿＿＿＿＿日内仍未履行相关义务，那么守约方有权书面通知违约方终止本合同。

4. 各方确认，本合同以及本合同中提及的任何文件组成了双方之间就本合同项下合作事项而达成的完整的合同，且本合同取代了双方在之前就该事项所达成的或存在于双方之间的所有口头或书面的安排、合同、草案、保证、陈述或谅解。

第 18 条　其他

＿＿＿＿＿＿＿＿＿＿＿＿＿＿＿＿＿＿＿＿＿＿＿＿＿＿＿＿＿＿＿

许可方签章　　　　　　　　　被许可方签章
许可方法人代表签章　　　　　被许可方法人代表签章
　年　　月　　日　　　　　　年　　月　　日

	名称（或姓名）	（签章）		
许可方	统一社会信用代码			
	法人代表	（签章）	委托代理人	（签章）
	联系人	（签章）		
	住　所（通信地址）			
	电　话		电　挂	
	开户银行			
	账　号		邮政编码	
被许可方	名称（或姓名）	（签章）		
	统一社会信用代码			
	法人代表	（签章）	委托代理人	（签章）
	联系人	（签章）		
	住　所（通信地址）			
	电　话		电　挂	
	开户银行			
	账　号		邮政编码	
中介方	单位名称	（公章）　年　月　日		
	法人代表	（签章）	委托代理人	（签章）
	联系人	（签章）		
	住　所（通信地址）			
	电　话		电　挂	
	开户银行			
	账　号		邮政编码	

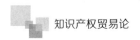知识产权贸易论

附件一　补充名词和术语

附件二　许可专利清单

专利名称	专利申请号	申请日	授权日	权利人	专利类型	当前法律状态

附件三　里程碑付款条件

里程碑事件（付款条件）	付款金额

附件四　许可产品清单/确认方式

附件五　技术资料清单

技术资料	交付流程	验收标准

附件六　技术服务/培训清单

技术服务/培训内容	提供形式	验收标准

（七）颁发专利实施许可证应当依法备案

为了切实保护专利权，规范专利实施许可行为，促进专利权的运用，根据《专利法》、《民法典》和《专利实施许可合同备案办法》的规定，国家知识产权局负责全国专利实施许可合同的备案工作。专利实施许可的许可人应当是合法的专利权人或者其他权利人。以共有的专利权订立专利实施许可合同的，除全体共有人另有约定或者《专利法》另有规定的外，应当取得其他共有人的同意。申请备案的专利实施许可合同应当以书面形式订立。订立专利实施许可合同可以使用国家知识产权局统一制订的合同范本；采用其他合同文本的，应当符合《民法典》的规定。当事人应当自专利实施许可合同生效之日起3个月内办理备案手续。

专利实施许可合同备案书式与说明如下：

专利实施许可合同备案申请表

		专利名称	专利（申请）号		
许可专利					
许可方	名称			电话	
	地址			邮编	
被许可方	名称			电话	
	地址			邮编	

代理人	机构名称			姓名		电话	
	地址					邮编	
合同信息	许可种类	□独占许可　□排他许可 □普通许可　□开放许可 □交叉许可　□分许可			专利许可地域范围		
	使用费用	□人民币 □美元		支付方式			
	生效日期			终止日期			
许可方声明		□专利实施许可合同符合《专利实施许可合同备案办法》相关规定					
		□不存在违反《专利法》第14条相关规定的情形					

许可方签章： 　年　　月　　日	开放许可被许可方签章： 　年　　月　　日	代理机构签章/代理人签字： 　年　　月　　日

办理专利实施许可合同备案手续及填表说明如下：

1. 办理专利实施许可合同备案需提交的文件：

（1）专利实施许可合同备案申请表；

（2）专利实施许可合同；

（3）许可方、被许可方的身份证明（个人需提交居民身份证复印件，企业需提交加盖公章的营业执照复印件、统一社会信用代码证复印件，事业单位需提交加盖公章的事业单位法人证书复印件、统一社会信用代码证复印件）；

（4）许可方、被许可方共同委托代理人办理相关手续的委托书；

（5）代理人居民身份证复印件。

2. 申请表一般由许可方签章，专利开放许可实施合同备案可由被许可方签章。当事人委托专利代理机构办理的，可由其委托的专利代理机构签章。当事人直接委托代理人办理的，被委托人应当一并在表格右下角一栏签字。

3. 许可方为多人以及许可专利为多项的，当事人可自行制作申请表附页，将完整信息填入。

四、新兴知识产权自愿许可证贸易

上述我们介绍了著作权、商标权、专利权三大传统知识产权自愿许可证贸易，依照我国相关知识产权法许可证颁发需要注意的若干问题。其他知识产权自愿许可证贸易是在三大传统知识产权贸易的基础上发展起来的，其自愿许可证贸易与三大知识产权许可证贸易大体相同。下面，主要介绍其他知识产权许可证贸易需要特别注意的问题。

（一）商业秘密许可证贸易

商业秘密主要包括经营秘密和技术秘密，它之所以可以成为知识产权在于它的秘密性和价值性。如前所述，商业秘密许可证通常是和商标许可证、专利实施许可证一并签发的，但也不排除单独签发商业秘密许可证。

在经营活动中，只要存在商业秘密被披露的可能，无论从事何种交往，都要首先签订商业秘密保护合同。在技术合作开发合同、委托开发合同、技术秘密转让合同、商务咨询及服务合同、正式合同签订前的商业秘密合同等合同中，都涉及签订商业秘密保护问题，需要签订保密合同。甚至在许多交往中，商业秘密保护合同应作为其他主合同的前置从合同。如在进行技术转让、联合投资、企业并购等情势下，存在将企业的商业秘密交给对方进行论证、评价问题，此时主合同是否能够签订具有不确定性，此时就应当与相对方签订对于商业秘密的评价合同，约定保密和不使用义务。[1]

商业秘密也可以依法独立签发许可证，但是与其他知识产权贸易相比，商业秘密的许可证贸易数量少，商业秘密许可证本身就属于许可与被许可人双方的秘密。因此，被许可人确保商业秘密不向任何人泄漏，加强商业秘密的保密工作，尤为重要。商业秘密一旦因保密不善被披露，就进入了公有领域，其经济价值就仅剩下作为社会公共财富的价值了，其就不再是知识产权了。

（二）植物新品种权和集成电路布图设计专有权等技术性知识产权许可证贸易

植物新品种权的农业部分是由农业农村部管理的知识产权，林业部分是由国家林业和草原局管理的知识产权，集成电路布图设计专有权是由国家知识产权局管理的新兴知识产权。他们都属于技术性知识产权，与专利实施许

---

〔1〕　参见苏江：《商业秘密的合同保护（商务指南）》，载《市场报》2004 年 5 月 25 日。

可合同的主要精神和内容相同。但在签订合同时要注意它们之间的差别。

第二节　　构建知识产权开放许可制度

习近平总书记在党的二十大报告中指出，中国式现代化是物质文明和精神文明（以下简称"两个文明"）相协调的现代化。[1]在知识产权法体系中，工业产权主要促进物质文明建设，唯保护文学产权的《著作权法》与"两个文明"关系最为紧密。建设"两个文明"相协调的中国式现代化，需要大力凸显《著作权法》在鼓励有益于"两个文明"的作品创作与传播中的作用，完善著作权许可制度体系，广开授权渠道，加强著作权的转化和运用。为此，我国学术界至少自2000年[2]起至今，已在理论上较为充分地探讨了《著作权法》引入强制许可制度问题。我国《专利法》引入了在英德两国具有较好制度效果的开放许可制度。[3]开放许可制度在知识产权的其他领域也同样适用。本节我们仅以《著作权法》为例探讨开放许可制度在除专利法外其他知识产权法中的适用问题。

一、《著作权法》构建开放许可制度的必要性

我国《著作权法》最应构建开放许可制度，[4]是由于现行《著作权法》设定的许可制度体系不能适应有益于"两个文明"作品的创作与传播的现实需要。

（一）海量版权作品权利人深化作品再利用的需要

在我国《民法典》第123条第2款规定的八类知识产权客体中，客体数

〔1〕　参见习近平：《高举中国特色社会主义伟大旗帜 为全面建设社会主义现代化国家而团结奋斗——在中国共产党第二十次全国代表大会上的报告（2022年10月16日）》，载《人民日报》2022年10月26日，第5版。

〔2〕　参见吴佩江：《〈著作权法〉中应增添强制使用许可条款》，载《科技与出版》2000年第3期。笔者认为，虽然《伯尔尼公约》对外国作品复制权、翻译权的强制许可具有严格的条件要求难以达到。但著作权强制许可并不限于外国作品的复制权、翻译权。我国著作权法构建强制许可制度可分两步走：第一步构建国内作品强制许可制度，向国内外符合条件的作品使用者颁发普通许可证；第二步，在条件成就时修改《著作权法》再实施对国外作品复制权、翻译权的强制许可。

〔3〕　参见王瑞贺主编：《中华人民共和国专利法释义》，法律出版社2021年版，第144页。

〔4〕　基于著作权开放许可制度系国际法规定的自愿许可的一种实现模式，我国构建著作权开放许可制度，不存在国际法上的障碍。

量最庞大或海量的是作品（包含制品，以下统称作品）。我国《著作权法》规定的著作权许可制度体系的基本特征是"一对一"的传统许可模式（简称"一对一"模式）为主导，著作权人的"小权利"可自愿加入著作权集体管理（以下简称"集体管理"），特定情形下以法定许可为补充。在此许可体系和我国著作权集体管理制度（以下简称"集体管理制度"）尚不完善的加持下，海量作品的著作权人对其作品的利用在绝大多数情况下只有在报刊等媒体上发表、出版一途。由于作品的无形性特征，一旦发表著作权人就失去了对作品的控制。基于著作权人和使用者间的信息不对称，一方面，作品再利用成为著作权人难以企及和控制的问题。法定许可是作品再利用的有效途径之一，但其受到严格的范围限制。除少量作品外，绝大多数作品难以通过法定许可得到再利用，权利人也难以颁发除原发作品外的许可证；另一方面，在数字环境下作品再利用的范围是极其广泛的，作品使用者、特别是海量作品使用者（如数据库等）也难以从权利人处获得许可证，就有可能去非法"处分"属于他人的作品。[1]下表数据证明了"一对一"模式主导下著作权的法律控制与再利用作品之间存在巨大冲突。

1985—2021 年度中国地方法院新收知识产权/著作权一审案件一览表

年度	新收一审案件总数（件）	新收著作权一审案件数（件）	知识产权案件比上年增长率（%）	著作权案件比上年增长率（%）	著作权占知识产权案件比（%）
1985—2009	166 408	/	/	/	/
2009	30 626	15 302	25.49	39.73	49.96
2010	42 931	24 719	40.18	61.54	63.33
2011	59 882	35 185	38.86	42.34	58.76
2012	87 419	53 848	45.99	53.04	61.60
2013	88 583	51 351	1.33	−4.64	57.97
2014	95 522	59 493	7.83	15.86	62.28
2015	109 386	66 690	14.51	12.10	60.97

---

〔1〕　参见吴汉东：《知识产权法》，法律出版社 2021 年版，第 21 页。

年度	新收一审案件总数（件）	新收著作权一审案件数（件）	知识产权案件比上年增长率（%）	著作权案件比上年增长率（%）	著作权占知识产权案件比（%）
2016	136 534	86 989	24. 82	30. 44	63. 71
2017	201 039	137 267	47. 24	57. 80	68. 28
2018	283 414	195 408	40. 97	42. 36	68. 95
2019	399 031	293 066	40. 79	49. 98	73. 44
2020	443 326	313 497	11. 1%	6. 97	70. 71
2021	550 263	360 489	24. 12	14. 99	65. 51
2022	438 480	255 693	−20. 31	−29. 07	58. 31
合计	2 966 166	1 948 997	/	/	65. 71

备注：1985-2009 年数据为全国法院审结知识产权案件总数。全部数据系根据人民法院出版社出版的《中国法院知识产权司法保护状况》（2009-2022）各书整理计算所得。

表中数据直接证明，37 年来我国知识产权司法保护中著作权案件占知识产权案件比总体达 2/3，且以较快的同比增速在增长。以最高人民法院公布的 2020 年度著作权案件为例，总量 313 497 件中包括著作权合同纠纷 4380 件，侵权纠纷 309 104 件[1]。侵权案件占总数的 98.60%。造成此种巨大冲突，说明"一对一"为主导模式无法满足新的市场规则，[2]信息不对称或许可渠道不畅是重要原因。[3]为此，需要在现行《著作权法》中为权利人和作品使用者提供更为便捷的许可制度。

（二）大量创作与传播行为去"侵权性"原罪的需要

著作权法是知识产权法中法律关系最复杂的专门法。[4]演绎、汇编作品是集演绎、汇编人著作权（以下合称演绎汇编者权）与原作品著作权（下称原作者权）于一体的具有"双重著作权"属性的作品。演绎汇编者权行使不

---

〔1〕 参见最高人民法院知识产权审判庭编：《中国法院知识产权司法保护状况（2020）》，人民法院出版社 2021 年版，第 36 页。

〔2〕 参见张纬武：《新闻聚合平台著作权侵权的困境及破解路径》，载《传媒》2022 年第 17 期。

〔3〕 参见刘玉柱、王飚：《微作品侵权问题治理研究》，载《出版发行研究》2022 年第 8 期。

〔4〕 参见张洪波：《新〈著作权法〉的十年艰辛修改历程》，载《中华读书报》2021 年 1 月 27 日，第 5 版。

得侵犯原作者权的要求，对于大型作品如图书、电影、电视剧作品的演绎、汇编作品不会存在太大的问题，对于简短的小作品（下称"小作品"）如报刊上发表的文章而言则往往是极其困难的。对于小作品的演绎、汇编作品而言，主要有两个前途：一是享有版权但不行使，使演绎、汇编作品价值不能实现；二是享有版权侵权行使著作权。演绎、汇编作品基于演绎汇编者权自动产生的可版权性与传播或行使著作权或有"侵权性"共存，演绎汇编者权行使的"侵权性"似为演绎汇编者的原罪。我国存在的大量演绎、汇编作品侵权纠纷都属于此种情况。此外，我国还有与传播者权相结合的"多重著作权"客体，如汇编者权、演绎者权与传播者权等相结合构成的更多重著作权，存在更加复杂多重的著作权关系。依法传播"多重著作权"客体，需要传播者逐次取得下重客体权利人的许可并支付报酬。但行使权利的难题在于"授权难"（包括付酬无门），而且其难度与权利的重数成正比或呈几何级数增长。授权难限制了演绎、汇编作品的传播和价值实现。解决此种冲突，需要著作权法为权利人和使用者提供更便捷的著作权许可制度。[1]

（三）化解集体管理的局限性和许可传播效率矛盾的需要

理论上集体管理制度可以实现许可与传播效率的真正契合。[2]但它管理"小权利"的局限性和在互联网技术的冲击下，世界范围内的集体管理组织在相当长时期内难以真正胜任建立实现畅通著作权人与使用者授权良性机制的重任。[3]我国情况尤甚。截至 2021 年，中国文著协宣告成立已有 13 年之久，仅拥有会员总数 10 400 人，[4]占全国文字作品权利人或不足千一；中国音集协宣告成立已 14 年，会员总数仅为 469 家，管理音乐电视作品仅 25.5 万首，仅与 134 家用户单位完成签约；[5]中国音著协宣告成立已 29 年，其会员总数

---

〔1〕　参见东村仁、唐朝乐：《论演绎作品与开放许可制度》，载《河南科技》2023 年第 6 期。

〔2〕　参见熊琦：《著作权许可的私人创制与法定安排》，载《政法论坛》2012 年第 6 期。

〔3〕　参见［加］丹尼尔·热尔韦编著：《著作权和相关权的集体管理》，马继超等译，商务印书馆 2018 年版，第 120 页。

〔4〕　参见《中国文字著作权协会发布最受欢迎的作家排行榜和 2021 年年报》，载 http://www. prccopyright. org. cn/staticnews/2022-05-10/220510151646378/1. html，最后访问日期：2022 年 10 月 20 日。

〔5〕　参见《中国音像著作权集体管理协会 2021 年报》，载 https://web-img. cavca. org/uploads/contents/202210/CAVCA-%E4%B8%AD%E5%9B%BD%E9%9F%B3%E5%83%8F%E8%91%97%E4%BD%9C%E6%9D%83%E9%9B%86%E4%BD%93%E7%AE%A1%E7%90%86%E5%8D%8F%E4%BC%9A-2021%E3%80%8A%E5%B9%B4%E6%8A%A5%E3%80%8B1665475273. pdf，最后访问日期：2022 年 10 月 20 日。

仅 11 356 人，其中曲作者 6873 人、词作者 3937 人、继承人 400 人、团体 128 家以及其他著作权人 18 人[1]。我国集体管理组织的发展规模使其代表性极差，难以化解许可、传播效率的巨大矛盾与冲突。上表数据也是著作权集体管理难以适应我国著作权市场需要的最好证明。这种理论与现实的巨大矛盾及其著作权集体管理的局限性呼唤更为便捷的著作权许可制度。

（四）我国著作权自愿开放许可实践的需要

据文献记载，我国专利开放许可实践开始于 2016 年 8 月的《中华人民共和国专利法修改草案（征求意见稿）》公开征求意见期间，被称为中国专利开放许可运营的第一案，其以开放许可进行维权获得了 100% 的支持。[2]

我国著作权自愿开放许可实践早于专利开放许可实践。北京出版社 2004 年出版的图书《最后 1 根稻草——企业营销之公共传播故事》的作者钟洪奇随图书在版权页后发布的"权利人版权声明"，是我国最早的著作权自愿开放许可要约。该开放许可声明提出的许可费标准为"收入的 5%"。[3]北京三面向版权代理有限公司（以下简称三面向公司）于 2007 年在《中国版权》杂志发布了《作品许可使用公告》，这是全国第一次以"许可"名义发布的自愿开放许可要约，许可费标准为 100 元/千字；[4]随后三面向公司又在《三面向作品集》电子出版物首页发布自愿开放许可要约《作品许可使用公告》，许可费标准为 100 元/千字；[5]在《经营之道》电子出版物目录页链接、发布自愿开放许可"版权声明"（要约），许可费标准为 50 元/千字。[6]三面向公司发布的自愿开放许可要约参照届时有效的文字作品报酬规定确定声明付酬标准，任何作品使用者只要按照公布的银行账户支付报酬，即可自动取得许可。对于未按照自愿开放许可要约公示的标准支付报酬侵害著作权的情形，三面向公司按照公示许可费标准主张权利。经查，据改版后的中国裁判文书网目前发布的裁判书记载，尚有 95 案判决文书案记载了三面向公司以《作品许可使

---

〔1〕 参见《NCSC2021 年报》，载 https://www.mcsc.com.cn/upload/other/20220905/6c53b006 f23b468dc49e245f44842e57. pdf，最后访问日期：2022 年 10 月 20 日。

〔2〕 参见王汝银等：《专利开放许可运营实践与探索》，知识产权出版社 2021 年版，第 112-129 页。

〔3〕 参见钟洪奇：《最后 1 根稻草——企业营销之公共传播故事》，北京出版社 2004 年版。

〔4〕 参见《作品许可使用公告》，载《中国版权》2007 年第 2 期。

〔5〕 参见《三面向作品集》，北京银冠电子出版社有限公司 2007 年版。

〔6〕 参见刘汴生主编：《经营之道》，吉林电子出版社 2006 年版。

用公告》为据主张权利的事实。但三面向公司以自愿开放许可声明公示的稿酬标准主张损失赔偿均未得到人民法院的支持。[1]尽管我国有要约承诺合同范式的法律规定，我国少有的自愿开放许可实践由于没有《著作权法》规定，至少三面向公司在实践上是失败的。这一点与我国专利开放许可实践100%成功的经验是完全不同的境遇。

二、借鉴专利开放许可制度构建我国著作权开放许可制度

著作权基于作品创作完成自动产生和专利权以符合可专利性构成要件的发明创造经申请审查授权产生的方式具有重大差别，使得著作权开放许可制度与专利开放许可制度既有共性又有区别。

（一）专利许可开放制度与著作权开放许可制度的共性

1. 具有相同的自愿性

自愿性是开放许可的显著特征，与非自愿许可（强制许可、法定许可）在符合规定条件下向有权部门申请剥夺权利人的许可权仅保留获得报酬权或通过法律规定直接剥夺权利人的许可权仅保留获得报酬权根本不同。开放许可是权利人自愿许可的一种形式或实现方式，是对权利人自由处分权的充分尊重。

2. 具有相同的开放性

与传统知识产权自愿许可"一对一"模式不同，开放许可的根本特性在于开放性，即"一对多"，权利人愿意面向任何单位或个人许可使用。因此，开放许可颁发的许可证只能是非独占、非排他的[2]普通许可证或非专有使用权许可证（以下简称"普通许可证"）。

3. 具有相同的书面要式声明

开放许可本质上是权利人向使用者发出的不受许可数量限制的要约。因此，该要约要具体、明确无歧义，须以书面形式声明并载明许可使用费的支付方式、标准等必备内容。

---

〔1〕　如天津市第一中级人民法院（2019）津01民终1296号民事判决书等。

〔2〕　参见黄薇、王雷鸣主编：《中华人民共和国著作权法导读与释义》，中国民主法制出版社2020年版，第162页。

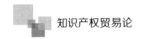

4. 声明的撤回具有相同的书面要式

开放许可声明的发布与撤回，都是权利人自由处分权的体现。开放许可声明可依法发布，也可以依法撤回。但撤回声明也要以书面形式提出，并进行公告。

5. 公告撤回开放许可声明不具有溯及力

公告的开放许可声明构成要约，在开放许可期间，开放许可人可以对未许可的单位、个人关闭许可。但在公告撤回声明前已经给予开放许可的被许可人，其由要约-承诺构成的合同法律关系效力不因撤回开放许可声明受到影响。

6. 具有自动获得普通许可证的效力

以书面形式通知权利人，并按公告的许可费支付方式、标准支付费用，是任何单位或个人自动获得普通许可证的条件。

7. 被许可人可以就许可使用费进行协商

被许可人愿意接受许可但对许可使用费有异议，可以就许可使用费与开放许可人进行沟通，达成一致并支付许可费后获得普通许可证。

8. 许可人不得给予他人独占、排他许可

基于开放许可证面向所有不特定的愿意使用（实施）者颁发许可证，使用者获得的只能是普通许可证。许可人也不得向任何使用者在开放许可条件下颁发独占、排他性即专有使用权许可证（以下简称"独占许可证"）。

（二）专利许可开放制度与著作权开放许可制度的区别

1. 自愿开放许可声明与撤回声明的受理人、公告人不同

基于法律规定和国家机构职能，专利开放许可的书面声明或撤回声明的受理人与公告人是国家知识产权局。全国著作权管理工作由国家版权局负责，包括开放许可声明、撤回开放许可声明公告可由国家版权局承担。

2. 提出开放许可声明是否附条件不同

实用新型、外观设计专利授予的形式审查或造成其权利具有不稳定性。为了保障获得专利实施开放许可的被许可人的合法权益，其权利人提出开放许可声明须提供专利权评价报告。基于著作权自动产生原则基本不存在权利稳定性问题，权利人提出开放许可声明无须附带任何条件。

3. 许可声明的必备或主要条款不同

专利权和著作权具有两大重要差别，一是著作权比专利权更呈现权利

"碎片化"特征。著作权除人身权外还包含 13 项财产权,远比专利权项更多,更碎片化。二是专利权和著作权的法定保护期具有重大差别。发明专利权保护期最长也不过 20 年,而且保护期内或还有年费欠缴、主动放弃等而失权。著作权保护期远长于专利保护期且不存在欠费和主动放弃问题。因此,著作权法将许可使用的权利种类和许可使用的地域范围、期间作为必备条款或主要条款予以规定,《专利法》则无此规定。因此,著作权开放许可声明应有权利种类、地域和期间等必备条款。

4. 开放许可实施期间是否给予年费减免不同

世界各国专利授权时及授权后,都要缴纳专利年费,以维持专利的有效性。我国专利开放许可制度借鉴相关国家经验,在开放许可实施期间给予专利权人年费减免优待。[1]但著作权开放许可实施期间,基于著作权自动产生并不需要缴纳任何费用即可享有著作权法定保护期内的权利,也就不存在年费减免优待问题。

(三) 著作权法引入开放许可制度应当注意声明的许可费标准合理性问题

在许可费方面,我国《专利法》采取了许可费基价确定模式,即权利人在公告中声明的许可使用费基价,实施人接受并支付,即获取普通许可证;愿意实施人也可以与开放许可人在基价的基础上协商确定许可费标准达成一致并支付后获取普通许可证。其中,声明中的许可使用费是使声明成为要约的重要标志。在《专利法》修正之前,有学者认为,专利许可合同的属性转变会提高合同的订立成本,[2]但价格确定的要约属性解决了这一隐忧。著作权开放许可模式简化了原作品权利人的许可过程,缩短了双方的议价时间,提高了合同订立的效率,赋予原作品权利人法律范围内的定价权,增强原作品权利人在著作权市场交易活动中的地位和话语权。但是开放许可人声明确定的许可费基价应当以知识产权的价值或市场价值为基础来确定,超过知识产权价值的许可费标准,会使愿意使用作品的开放被许可人望而却步,达不到开放许可的目的。许可费基价可以按低于或等于知识产权价值原则来确定,实现更多普通许可,促进作品传播与作品价值的实现,努力达到 n 个普通许

---

〔1〕 参见何培育、李源信:《基于博弈分析的开放许可制度优化研究》,载《科技管理研究》2021年第 12 期。

〔2〕 参见张扬欢:《责任规则视角下的专利开放许可制度》,载《清华法学》2019 年第 5 期。

可费用之和大于知识产权价值的效果。在有国家相关稿酬标准（许可费指导价）的情况下，也可参照该标准上下限合理确定许可费基价。许可费基价合理，可以减少被许可人再行协商的概率，降低开放许可谈判成本，真正实现开放许可目的，发挥开放许可的功效。

三、CC 协议及其翻版与著作权开放许可制度

知识（数据）包括享有著作权的数据（作品）和不享有著作权的数据两类。我国对著作权开放许可的研究，是从学习和借鉴国外数据开放许可的研究开始的。借鉴专利开放许可制度构建的著作权开放许可制度，与知识共享协议（CC 协议）是根本不同的。

（一）以 0 费用为主要特征的 CC 协议及其翻版

2001 年，开放内容运动的主要领导者，美国哈佛大学法学院教授劳伦斯·莱西格与哈尔·阿伯尔森、埃里克·埃尔德雷德联合创立了 CC 协议，即著作权人自愿放弃著作财产权的许可。创建 CC 协议的目的在于推动数字共享。[1]被我国网络界奉为互联网精神圭臬的"共享"精神和网络无版权论盖源于此。

CC 协议在我国得到了部分学者的尊崇，被称为是数字图书馆平衡知识共享与保护的一个有力途径，[2]网络环境下向不特定公众进行权利让渡的一种创新模式[3]等。我国有学者研究梳理了 24 种开放版权许可协议中的版权权利要素，只有自由艺术许可协议作者可以向使用者收取一定费用，其他 23 种开放许可协议均不涉及作者收取费用问题。其中自由艺术许可协议的最大特点在于，允许被许可人以开放形式共享在发布演绎作品时收费。[4]可见，目前国内外研究的著作权开放许可基本上是以作者或著作权人放弃许可费为基础的。笔者将此种以作者放弃许可费为基础的 CC 协议称为 0 费用 CC 协议。

我国学术界有学者将 CC 协议称为著作权开放许可协议。其代表性学说认

〔1〕 参见顾立平等编：《开放内容：知识共享许可实用指南》，科学技术文献出版社 2017 年版，第 1-2 页。

〔2〕 参见张宇光：《图书馆数字资源共享与保护的平衡机制：CC 协议》，载《图书馆理论与实践》2011 年第 9 期。

〔3〕 参见姜川：《CC 协议的民法性质探析——介于合同与单方法律行为之间》，载《中国版权》2015 年第 5 期。

〔4〕 自由艺术许可协议收费表述中，前者作者收费与后者被许可人收费存在冲突。参见赵昆华：《开放版权许可协议研究》，知识产权出版社 2017 年版，第 48 页、第 102-105 页。

为，版权法中的开放许可是权利人自愿放弃部分权利（主要是财产权），允许公众在一定范围内，遵循相关规则自由使用作品的许可模式。[1]因此，其开放许可实质上是 0 费用 CC 协议的翻版。

（二）"单方允诺著作权许可"：著作权开放许可的有益探索

近期我国学术界以"单方允诺著作权许可"为名，在理论上探究了可以被广大著作权人接受，甚至可以入法的著作权开放许可，即著作权人单方允诺付酬许可。[2]该论本质上是通过"单方允诺著作权付酬许可"（要约）这种不同于合同的单方法律行为的单方允诺追求使用者的承诺，构成作品自愿开放许可使用合同（许可证）。这是真正意义上的著作权开放许可制度的要义，也是本文研究的主题。

（三）著作权开放许可制度的极端形式与范式

1. CC 协议及其翻版是著作权开放许可制度的极端形式

在我国具有代表性的两种著作权开放许可理论即 0 费用 CC 协议及其翻版与著作权开放许可制度之间既有共性又有不同。其最大的共同点是都是建立在权利人自愿的基础上，其最大区别在于，作为 0 费用 CC 协议及其翻版的著作权开放许可，以权利人放弃部分权利特别是放弃报酬权为前提，著作权人保留的权利仅仅是人身权；著作权开放许可制度并不要求权利人放弃包括报酬权在内的任何权利，权利人可保留人身权和全部财产权。从纯理论视域看，CC 协议及其翻版的著作权开放许可是 0 报酬开放许可，著作权开放许可制度是保留报酬权的开放许可；在保留报酬权的开放许可中，也不排除部分权利人放弃报酬权的可能性。或者说，著作权人对著作权定价（P）可以为 $x \geq 0$ 元。CC 协议及其翻版是著作权人放弃报酬权条件下著作权开放许可制度的极端形式，即当著作权定价（P）为 $x = 0$ 时，开放许可即成为 CC 协议。开放许可吸引 CC 协议，或开放许可包含但不限于 CC 协议。

2. 著作权开放许可制度范式是以保护权利人全部著作权为基础的自愿开放许可制度

根据《伯尔尼公约》等国际著作权、邻接权公约和各国著作权法规定，

---

〔1〕 参见赵锐：《开放许可：制度优势与法律构造》，载《知识产权》2017 年第 6 期。

〔2〕 参见宋慧献、田丽艳：《单方允诺著作权许可：开放性自愿授权与限制机制》，载《电子知识产权》2022 年第 4 期。

著作权人在著作权保护期内享有依法获得报酬（许可费）的专有权。0 费用 CC 协议是与互联网发展初期提出的"共享"精神相适应的，主要是由网络服务提供者及其代言人提出、推动并以作者放弃财产权为基础的，其本质是网络无版权论的翻版。特别是国际互联网条约[1]早已从根本上否定了网络无版权论和 CC 协议。0 费用 CC 协议作为版权开放许可的极端形式，符合开放许可协议倡导的共享精神，但共享精神并不仅是 0 费用 CC 协议所能涵盖的。著作权开放许可制度是以尊重著作权人的全部著作权为基础的自愿开放许可制度，与 CC 协议所倡导的 0 费用观念是根本不同的。该制度借用了 CC 协议倡导的共享精神的合理外壳，扬弃了 CC 协议权利人放弃财产权的不合理本质。基于 0 费用 CC 协议作为开放许可的极端形式与世界知识产权保护共识相背离，能够被世界各国立法者接受的著作权开放许可制度范式，只能是以保护权利人全部著作权为基础的著作权自愿开放许可制度。CC 协议可以有一定的存在土壤，但不是可被世界各国著作权法所倡导和入法的著作权开放许可制度范本。[2]

四、著作权集体管理制度与著作权开放许可制度

与其他知识产权相比，著作权许可制度体系中的集体管理制度及其集体管理组织许可制度是最为鲜明的特别许可制度。研究《著作权法》构建开放许可制度，须回答能否以现行集体管理制度代替著作权开放许可制度。

（一）集体管理制度与著作权开放许可制度的共性

1. 具有相同的价值基础

集体管理制度是对权利人的"小权利"进行管理，其目的在于为权利人行使权利和使用者使用作品提供便利。著作权开放许可的目的在于更好地实现权利人作品有效传播和再利用。因此，其价值基础是相同的。

2. 具有相同的开放性

集体管理组织面向全体作品使用者可颁发普通许可证，不得向使用者颁发独占许可证；著作权开放许可面向所有愿意使用作品者开放许可，不会拒

---

[1] 指 1996 年 12 月 20 日世界知识产权组织关于著作权与邻接权若干问题的外交会议通过的《世界知识产权组织版权条约》和《世界知识产权组织表演和唱片条约》。

[2] 参见宋慧献、田丽艳：《单方允诺著作权许可：开放性自愿授权与限制机制》，载《电子知识产权》2022 年第 4 期。

绝许可，具有充分的开放性，为此，著作权人开放许可实施期间也不得向使用人颁发独占许可证，只能颁发普通许可证。因此，开放性是其相同的许可特征。

3. 均需要开放数据平台

集体管理组织为便于权利人和使用者查询，一经成立就必须取得发放许可的授权并建立作品数据库[1]或权利信息查询系统。著作权开放许可需要建立面向全国乃至全世界开放的自愿许可声明公告平台和作品在完成许可后的获取平台，供全国权利人的开放许可声明在国家版权局形式审查后公告和获取普通许可证。

4. 都有退出机制和不溯及既往许可证的效力

权利人可以退出集体管理组织并终止集体管理合同，开放许可声明权利人有权撤回，但终止集体管理合同或撤回声明公告前使用者已经获得的许可证依然有效，均不溯及既往颁发的许可证效力。

(二) 集体管理制度与著作权开放许可制度的区别

1. 开放许可的条件不同

集体管理的成员除了自愿加入集体管理组织外，还需符合集体管理组织章程规定的条件。著作权开放许可的权利人只要自愿发布开放许可声明即成为开放许可者，无任何条件限制。

2. 开放许可的权利不同

集体管理的权利仅包括权利人的"小权利"。著作权开放许可的权利，包括著作权人拥有的《著作权法》授予的全部财产权。因此，集体管理组织"一揽子许可"的权利仅是权利人难以行使的"小权利"。著作权开放许可的权利可以是权利人享有的全部或部分权利，不受"大权利"和"小权利"的限制。

3. 许可证的颁发者和方式不同

集体管理制度下许可证的颁发者是集体管理组织。其颁证方式为，集体管理组织与权利人签订授权集体管理合同后再向作品使用者颁发普通许可的"一揽子许可证"。[2]著作权开放许可证颁发者是权利人，其颁发方式是通过

---

〔1〕 参见 [加] 丹尼尔·热尔韦编著：《著作权和相关权的集体管理》，马继超等译，商务印书馆 2018 年版，第 7 页。

〔2〕 参见世界知识产权组织编著：《世界知识产权组织著作权及相关权许可指南》，中国国家广播电视总局译，中国广播电视出版社 2011 年版，第 135 页。

要约—承诺方式颁发普通许可证。

4. 管理者是否享有权利不同

集体管理组织享有在合同约定期限内对会员作品的独家代理权或管理权。著作权开放许可制度下的管理者不享有作品的任何权利，仅仅是为开放许可的权利人和使用者搭建一个桥梁和通道。

5. 许可费标准制定者和收取者不同

集体管理许可费标准是法定许可情形下根据国家规定的报酬标准确定，此外根据国家版权局公告的使用费收取标准与使用者约定具体数额。著作权开放许可的许可费用标准由权利人通过自愿声明确定，体现了著作权市场价值由权利人自己决定的市场规则。

6. 管理者是否收取管理费用不同

集体管理组织需要在收取的许可费中提取一定比例的管理费用。著作权开放许可管理者发布自愿许可声明的公告等，不收取任何费用。[1]

7. 权利人收取许可费的方式不同

集体管理是使用者向集体管理组织缴纳许可费，在集体管理组织扣除管理费后再分配给权利人。著作权开放许可是作品的使用者直接向权利人支付许可费。

8. 是否需要享有互相代表权不同

境内外集体管理组织须订立相互代表协议，订立协议后外国人、无国籍人才能通过中国的集体管理组织管理其依法在中国境内享有的权利。著作权开放许可通过公告平台向包括外国人、无国籍人在内的使用者公开，其均可在开放许可的权利种类、地域、期间内按照声明的许可费支付办法与标准支付费用后通过承诺办法自动获取普通许可证。

9. 许可期间不同

集体管理许可期间有法规的明确规定，一般不得超过 2 年的期间。著作权开放许可声明的许可期间由开放许可人自主决定，许可期间法律法规不做规定。

---

〔1〕 参见国家知识产权局《专利开放许可声明受理业务办事指南（过渡期适用）》（2021.5）。载 https://www.cnipa.gov.cn/art/2021/5/31/art_2626_159749.html. 最后访问日期：2022 年 10 月 31 日。著作权开放许可声明应坚持免费原则。开放许可带来司法资源节约，可采取财政支付转移方式解决受理费用，总体上不会增加财政负担。

（三）集体管理制度与著作权开放许可制度是并行的两套不同的开放许可系统

集体管理与著作权开放许可具有共同的开放性，又有许多重大不同，他们是两套不同的开放许可系统。集体管理系统仅是著作权人授权集体管理组织对"小权利"的开放许可系统，是"多"权利人对"一"集体管理组织后再由"一"集体管理组织对"多"使用人或是"多对一+一对多"的"小权利"开放许可系统；著作权开放许可系统是著作权人享有的包括"大权利""小权利"在内的全部权利的自愿许可开放系统，是"一"权利人对"多"使用人的"一对多"开放许可系统。集体管理难以容纳"大权利"的开放许可，但著作权开放许可可以容纳"小权利"的自愿开放许可，且著作权开放许可系统是比集体管理更为简洁、有效、节约的无中间环节的开放许可系统。从权利视域出发，著作权开放许可系统可以容纳集体管理，但集体管理无法容纳著作权开放许可系统。因此，我国《著作权法》构建著作权开放许可制度，集体管理组织也不能承担和胜任开放许可管理者的角色，集体管理制度不能替代著作权开放许可制度。

五、延伸性集体管理制度移植失败与著作权开放许可制度优势

为解决著作权法许可与传播效率的冲突，在我国《著作权法》第三次修改过程中，曾试图移植北欧五国（丹麦、芬兰、挪威、瑞典、冰岛）独创后被引入俄罗斯的延伸性集体管理制度。在第三次修法之前，2004 年我国理论界就有学者提出借鉴北欧五国经验[1]或俄罗斯经验[2]引入延伸性集体管理制度。在修法草案征求意见稿公开之后，有学者如胡开忠[3]等论证了延伸性集体管理的合理性，有学者如梁志文[4]等提出应如何改良延伸性集体管理，有学者如张维胜[5]等提出应当取消延伸性集体管理等观点。基于著作权人的强烈反对，在立法机关最终扬弃延伸性集体管理后仍然有学者在对之进行讨论，

---

〔1〕 参见袁真富：《探析期刊全文电子数据库版权问题——以维普公司被诉侵犯著作权一案为引子》，载《电子知识产权》2004 年第 10 期。

〔2〕 参见孟祥娟：《试析俄罗斯著作权延伸集体管理制度》，载《知识产权》2011 年第 5 期。

〔3〕 参见胡开忠：《构建我国著作权延伸性集体管理制度的思考》，载《法商研究》2013 年第 6 期。

〔4〕 参见梁志文：《著作权延伸性集体许可制度的移植与创制》，载《法学》2012 年第 8 期。

〔5〕 参见张维胜：《延伸著作权集体管理的规定应当取消：音乐人对著作权法修改草案的若干意见》，载《编辑之友》2012 年第 10 期。

特别是还有学者如许可〔1〕等提出延伸性集体管理的制度安排等问题。但笔者认为，在当前环境下引入延伸性集体管理制度，最终失败是必然的，著作权开放许可制度具有延伸性集体管理制度不可比拟的制度优势。

（一）延伸性集体管理制度移植失败的原因

延伸性集体管理的本质是移除了集体管理"多对一+一对多"模式中的"多对一"程序，是对权利人可授权集体管理组织颁发许可证程序的省略，变权利人的有选择权为无选择权。延伸性集体管理在国际上被称为"备份法定许可"，〔2〕这是引入延伸性集体管理的努力在本次修法中最终失败的根本原因。一是违背著作权基于权利人与使用人之间关系基础上〔3〕的专有性，将权利人基于专有性的许可权即控制权给予剥夺；二是基于以合理条件未能获得许可（对权利人许可权一定程度上的尊重）而申请有权部门给予的强制许可，它不仅没有任何对权利人许可权的尊重，而且与强制许可相比它还要在权利人报酬中再分一杯羹，侵害权利人的财产权；三是基于直接剥夺权利人许可权保留报酬权的法定许可，它使集体管理组织又在权利人尚无保障的报酬中再分一杯羹，侵害了权利人的财产权；四是延伸性集体管理既不尊重权利人的许可权，又不够尊重权利人的财产权，再加之我国集体管理本身存在独占性垄断地位、代表性极差、不透明、〔4〕效率低下等问题，使之失去了在我国得到著作权人认可的土壤，〔5〕权利人根本无法接受延伸性集体管理。

（二）著作权开放许可的制度优势

著作权开放许可制度与延伸性集体管理制度根本不同，具有延伸性集体管理无法比拟的制度优势。一是开放许可制度是权利人向不特定使用者颁发普通许可证的自愿许可制度。它既尊重权利人的许可权，又充分尊重权利人

〔1〕 参见许可、肖冰：《著作权集体管理组织管理非会员作品的法律属性与制度安排》，载《山东社会科学》2022年第1期。
〔2〕 参见［加］丹尼尔·热尔韦编著：《著作权和相关权的集体管理》，马继超等译，商务印书馆2018年版，第25页。
〔3〕 参见［加］丹尼尔·热尔韦编著：《著作权和相关权的集体管理》，马继超等译，商务印书馆2018年版，第65页。
〔4〕 透明性问题是世界上不少国家集体管理组织都存在的问题。参见［加］丹尼尔·热尔韦编著：《著作权和相关权的集体管理》，马继超等译，商务印书馆2018年版，第11页。
〔5〕 未来延伸性集体管理在我国生存的土壤需要我国集体管理组织通过扬利克弊赢得广大权利人的信任来培育。

的财产权。使用者直接按照权利人发布的开放许可声明公示的报酬支付办法和标准支付费用后自动获得普通许可证，没有任何人可以再从中分一杯羹。因此，开放许可制度更容易获得权利人的广泛支持。二是可以克服延伸性集体管理的权利局限性造成的对使用者许可权利的局限性。无论延伸性集体管理的权利范围如何确定，都不能包括著作权人的全部权利，最多只能在其管理的权利范围内实现许可与传播效率的契合，对于它不能管理的"大权利"仍无法实现许可与传播效率的契合。开放许可制度基于权利人的全部权利可普遍实行无歧视的普通许可规则，[1]可以满足使用者对所有权利使用的需要，克服延伸性集体管理的局限性，可更大程度地实现许可与传播效率的契合。三是可以避免基于延伸性集体管理不透明性造成的使用者与权利人或有的侵权诉讼纷争，开放许可制度下使用者支付费用后几乎无后顾之忧。[2]

六、构建著作权开放许可制度的价值

构建著作权开放许可制度的价值在于它构建了一个全国性乃至世界性的著作权交易平台及市场化的作品信息公示平台，有助于解决著作权人和作品使用者信息不对称问题，[3]有助于从法律上缓解著作权人和作品使用者之间的紧张关系，实现著作权价值，有利于演绎、汇编作品再利用去"侵权性"原罪避免部分演绎汇编独创性劳动的社会性浪费，有利于克服集体管理组织管理的权利局限性和弊端，有利于"两个文明"作品创作与传播推动中国式现代化建设。此外，构建著作权开放许可制度的价值还在于：

（一）是我国著作权法本土化改革的创举

我国包括著作权在内的知识产权法主要是以移植为手段建立起来的。知识产权开放许可制度，在英德俄等国家主要适用于专利领域。我国《专利法》成功引入开放许可制度是与国际接轨或移植的结果。我国是知识产权国际规则的坚定维护者，积极参与制定者，还要成为国际规则的创新者。著作权开放许可制度是 CC 协议倡导的共享精神和国际公约保护权利人私有财产权理念

---

〔1〕　参见刘建翠：《专利当然许可制度的应用及企业相关策略》，载《电子知识产权》2020 年第 11 期。

〔2〕　开放许可制度下不能排除许可人对侵权作品或不享有权利的第三人作品颁发普通许可证的极低盖然性。

〔3〕　参见王瑞贺主编：《中华人民共和国专利法释义》，法律出版社 2021 年版，第 145 页。

的完美结合。它作为自愿许可制度的实现形式，对破解知识产权传统许可制度与传播效率的巨大冲突会起到重要作用。借鉴《专利法》引入开放许可制度的成功经验，率先构建著作权开放许可制度，是我国在国际著作权领域的独创，是我国著作权法本土化改革的重要创举，也是对国际著作权保护的贡献。

（二）是完善著作权许可制度体系的重要举措

构建"一对多"的著作权开放许可制度，不是对"一对一"自愿许可模式的否定，而是对著作权自愿许可主导模式的完善。它适应互联网技术进步对作品海量授权的新要求，会进一步强化著作权自愿许可的主导地位。目前我国著作权侵权案件大致占知识产权案件总量的 2/3。构建著作权开放许可制度，虽然不能完全解决著作权市场信息不对称授权难问题，但却可使部分愿意许可的著作权人通过开放许可获得应有的报酬（许可费）。在依法可以获得报酬的情况下，多数权利人会积极参加开放许可活动，从而广开许可大门，使更多的作品使用者能够依法获得授权，使有益于"两个文明"的作品创作、传播建立在法治的轨道上，使侵权猖獗现象得到有效遏制，节约司法资源，提高著作权整体保护水平。因此，构建著作权开放许可制度作为对自愿许可方式的完善，是我国著作权许可制度体系改革的重要举措。

（三）有利于实现以著作权价值为导向的知识产权保护政策目标，切实提高著作权保护水平

构建著作权开放许可制度有利于实现著作权价值。新《著作权法》颁布之前，2002 年《最高人民法院关于审理著作权民事纠纷案件适用法律若干问题的解释》第 25 条就将包含著作权市场价值内涵的合理使用费作为侵权赔偿应当考虑的重要因素。20 多年来最高人民法院从未公布著作权案件判赔支持率、案均判赔额等数据。但民间研究的结论是：2008 年 6 月至 2011 年期间"赔偿低"问题十分突出，法院判决赔偿只占权利人诉求额的约 1/3。[1]北京一中院自 1995 年 4 月至 1999 年底审结著作权案件案均赔额为 107 585 元。2013 年报告显示著作权侵权案件案均赔额为 1.5 万元，仅仅是 2000 年前案均赔额的 15%。[2]

---

〔1〕 参见詹映、张弘：《我国知识产权侵权司法判例实证研究——以维权成本和侵权代价为中心》，载《科研管理》2015 年第 7 期。

〔2〕 参见詹启智：《再论著作权侵权赔偿额确定的就高原则》，载《科技与出版》2016 年第 12 期。

著作权侵权赔偿不足稿酬标准（合理使用费）的一半。知识产权诉讼权利人赢了官司赔了钱成为潜规则。[1]知识产权保护水平的高低是和知识产权价值的实现程度成正比的。新世纪以来，我国虽有个案达到了 5000 万元的赔偿额，但总体状况却是知识产权保护水平难以实现知识产权价值。新《著作权法》直接赋予了权利人可以参照与合理使用费相同含义的权利使用费请求赔偿，或可使权利人赢了官司丢了市场赔了钱的状况得到根本解决。开放许可声明经国家版权局形式审查并公告，会在更大程度上被人民法院认定作为赔偿标准和惩罚性赔偿基数，有利于实现以知识产权价值为导向的知识产权保护目标，[2]有利于解决我国长期存在的著作权侵权成本低维权成本高，权利人赢了官司丢了市场[3]赔了钱的状况，惩罚故意且情节严重的侵权者，维护良好的著作权市场秩序。

七、完善的著作权许可制度体系与中国式现代化建设

完善的著作权许可制度体系应当是由包括著作权人"一对一"许可、"一对多"开放许可、集体管理在内的自愿许可体系和包括强制许可、法定许可在内的非自愿许可制度体系构成的完整的许可制度体系。作品使用者应当充分尊重著作权人的自愿许可权，著作权人的"大权利"、未加入集体管理组织的著作权人全部财产权，则可采用"一对一"许可或"一对多"开放许可获得授权，但著作权人自愿加入集体管理的"小权利"，只能由集体管理组织颁发许可证。为实现私人利益与公共利益的平衡，对于作品使用者难以在自愿许可情形下获得许可的作品，在符合法定条件下可以请求国家版权局给予强制许可但保留获得报酬权；法定许可可以在特定情形下直接剥夺著作权人的许可权仅保留其报酬权。

《著作权法》同时构建开放许可制度和强制许可制度，比单纯构建一种许

---

〔1〕 参见赵晔娇、王译萱：《知识产权侵权赔偿过低"贴钱维权"成潜规则》，载 http://ip. people. com. cn/BIG5/n/2013/0417/c136655-21166170. html，最后访问时间：2022 年 11 月 1 日。

〔2〕 如最高人民法院：《关于充分发挥审判职能作用为企业家创新创业营造良好法治环境的通知》（法发（2018）1 号）；中共中央办公厅、国务院办公厅印发《关于强化知识产权保护的意见》（2019）等。

〔3〕 参见王晨：《全国人民代表大会常务委员会执法检查组关于检查〈中华人民共和国著作权法〉实施情况的报告——2017 年 8 月 28 日在第十二届全国人民代表大会常务委员会第二十九次会议上》，载《中国人大》2017 年第 17 期。

可制度更为有利。单纯构建著作权开放许可制度，无法解决作品再利用著作权人既不进行"一对一"许可，也不进行开放许可，也不加入集体管理，也不符合法定许可条件要求的作品许可问题。单纯构建强制许可制度，虽然可以解决大部分作品的许可问题，因无开放许可的便捷性，必然存在强制许可量巨大的问题，或使国家版权局无法承担巨量的强制许可申请，使强制许可效率难以适应使用者的需求；或使作品使用者的许可成本居高不下，不利于实现有利于"两个文明"作品创作与传播的目的。

完善的著作权许可制度体系，使任何作品使用者都能够通过合法渠道获得许可，为作品使用者打开了便于授权之门，使其成为作品使用者天堂之通途。天堂通途的反向即惩罚性赔偿的地狱之路，作品使用者不走天堂通途，即走向惩罚性赔偿地狱之门。两扇大门的开启，将大大促进有益于"两个文明"作品的创作与传播，提高我国著作权保护水平，全体作品创作者和传播者必将为实现"两个文明"协调发展的中国式现代化做出更大贡献。

第三节 知识产权法定许可证贸易

许可证贸易除了自愿许可证贸易外，还有非自愿许可证贸易。非自愿许可证贸易针对不同类型的知识产权有不同的非自愿许可证贸易方式。从本节起，我们开始研究知识产权非自愿许可证贸易。非自愿许可证贸易主要是为了平衡知识产权私人利益与公共利益的关系而由法律特别规定的贸易方式。

一、法定许可证贸易的基本含义与种类

（一）法定许可证贸易的概念

法定许可证贸易是著作权国际公约与我国《著作权法》对于著作权这种特定知识产权规定的一种贸易方式。

（二）《伯尔尼公约》规定的法定许可证种类

现有著作权国际公约中，《伯尔尼公约》明确规定了两种法定许可著作权贸易。从公约条文先后顺次看：

一是播放作品法定许可证。播放作品法定许可证源自《伯尔尼公约》第11条之二规定。即源自：（1）文学艺术作品的作者享有下述专有权：①许可以无线电广播其作品或以任何其他无线传送符号、声音或图像的方法向公众传播其作品；②许可由原广播机构以外的另一机构通过有线传播或转播的方式向公众传播广播的作品；③许可通过扩音器或其他任何传送符号、声音或图像的类似工具向公众传播广播的作品。（2）本联盟成员国的法律得规定行使上面第一款所指的权利的条件，但这些条件的效力只限于作出这些规定的国家。在任何情况下，这些条件均不应有损于作者的人身非财产权利也不应有损于作者获得公正报酬的权利，该报酬在无友好协议的情况下应由主管当局规定之。（3）除另有规定外，根据本条第一款给予的许可，不包括利用录音或录像工具录制广播作品的许可。但本联盟成员国法律有权为某一广播机构使用其自己设备并为供自己播送之用而进行短期录制制定规章。本联盟成员国法律也可以批准由于这些录制品具有的特殊文献性质而交付官方档案馆保存。

这项法定许可证是在 1928 年《伯尔尼公约》罗马修订会议上，基于电台广播[1]在欧洲成为流行趋势，欧洲不同国家之间对广播组织是否给予保护立场不一，因而不同代表者对公约修订持不同意见。如部分成员国要求限制作品的空中传播，部分成员国以电视台为教育工具而主张应给予一定的优惠和照顾。罗马会议上双方妥协的结果即产生了播放作品的法定许可证，即允许作者通过授权方式控制作品的使用，同时国内立法机构可以"自行规定实施上述权利的条件"。[2]目前《伯尔尼公约》的上述规定就是在 1928 年文本的基础上演进而来的。因此，国际上法定许可证是权利人与作品使用者妥协的结果。[3]

二是音乐作品机械录音法定许可证。音乐作品机械录音法定许可证源自《伯尔尼公约》第 13 条的规定。即（1）本联盟每一成员国得就乐曲作者及允许歌词与乐曲一道录音的歌词作者对允许录制上述乐曲及乐曲连词歌词（如有歌词时）的专有权的保留及条件为本国作出规定；但这类保留及条件之效

---

〔1〕　1893 年，尼古拉·特拉斯在美国密苏里州圣路易斯首次公开展示了无线电通信，1897 年在美国获得了无线电专利，开创了无线电新时代。1906 年 12 月，世界上第一个无线电广播电台在美国诞生，1920 年美国匹兹堡 kdka 电台正式开播，开创了无线电广播电台商业化之先河。1895 年意大利的马可尼和俄国的波波夫几乎同时也发明了无线电。无线电何时开始在欧洲盛行，笔者无确实资料进行论证，但 1917 年俄国十月革命的胜利，是从阿芙乐尔巡洋舰上向世界各国宣布的。1922 年德法两国为争夺鲁尔区展开"广播战"，苏俄与罗马尼亚争夺沙拉尼亚，苏俄利用广播对罗进行宣传；德波为争夺西西里亚地区，也展开过"广播战"等都证明 1928 年无线电台在欧洲的发展状况和影响。

〔2〕　参见张曼：《著作权法定许可制度研究》，厦门大学出版社 2013 年版，第 88—89 页。

〔3〕　参见詹启智：《论取消报刊转载摘编法定许可证制度》，载《河南科技》2018 年第 15 期。

力严格限于对此作出规定国家范围内，而且在任何情况下均不应损害作者获得在没有友好协议情况下由主管当局规定的公正报酬的权利。（2）根据1928年6月2日在罗马和1948年6月26日在布鲁塞尔签订的本公约文本第13条第3款，在本联盟任何一成员国内录制的出乐录音，自本条约本文在该国生效之日起2年内，可以不经乐曲作者同意在该国进行复制。（3）根据本条第1、2款制作的录音品，如未经利益关系人批准而输入认定此种录音属于违法行为的国家的，可在该国予以没收。

机械录音的法定许可源自1908年《伯尔尼公约》柏林外交会议上德国代表团的建议。机械录音技术产生于19世纪中叶的欧洲。1886年草拟《伯尔尼公约》之时，录音技术对著作权人的冲击尚未引起足够重视。[1]1908年欧洲录音工业已经成熟，全欧洲的与录音技术相关的著作权利人包括作曲家、出版商、集体管理组都在探索、寻求可以许可录音产业进行录音的权利。在这次外交会议上，权利人代表要求《伯尔尼公约》新文本中赋予作曲家许可机械录制和机械表演音乐作品的专有权。但这种要求遭到录音产业代表的坚决反对。德国代表团提出折衷建议，一旦作者自己行使或许可他人行使了机械复制权或机械表演权，任何第三方都有权在公开支付报酬的前提下，得以利用机械复制权或机械表演权。柏林会议采纳了德国代表团的建议，在柏林文本第13条中授予了作者机械表演权，且同时允许各国对该权利进行限制。[2]这就是法定许可证最早在国际公约中的体现。目前《伯尔尼公约》的上述规定就是由1908年文本相关规定演变而来的。其中，保留和条件就是当年对德国代表团建议的回应。这是不同利益代表者妥协的结果。德国代表团的建议，揭示了法定许可证的本质含义。[3]

由此可见，国际公约中的法定许可证是保留作者报酬权情况下，在特定情形下由各国立法对权利行使条件的限制。法定许可证作为妥协或利益平衡的工具，主要平衡的就是作者与作品传播者的关系。这一平衡工具在各国著作权法中都有程度不同的运用。如1969年《匈牙利版权法》[4]曾规定了广播

---

〔1〕参见罗向京：《著作权集体管理组织的发展与变异》，知识产权出版社2011年版，第114页。

〔2〕参见张曼：《著作权法定许可制度研究》，厦门大学出版社2013年版，第86页。

〔3〕参见詹启智：《论取消报刊转载摘编法定许可证制度》，载《河南科技》2018年第15期。

〔4〕《匈牙利版权法》2007年修订时将广播电视的法定许可改为授权许可，删除了戏剧作品的法定许可。

电视组织和戏剧作品两种法定许可；《印度版权法》1999 年规定了播放作品和录音制品两种法定许可；《新加坡著作权法》1987 年规定了教育机构多种复制权、支持残障、智力残障读者机构的多种复制权的法定许可。[1]

（三）我国法定许可证种类

我国《著作权法》则规定了四种法定许可证。

1. 教科书法定许可证

教科书法定许可证源自《著作权法》第 25 条的规定。即为实施义务教育和国家教育规划而编写出版教科书，可以不经著作权人许可，在教科书中汇编已经发表的作品片段或者短小的文字作品、音乐作品或者单幅的美术作品、摄影作品、图形作品，但应当按照规定向著作权人支付报酬，指明作者姓名或者名称、作品名称，并且不得侵犯著作权人依照本法享有的其他权利。前款规定适用于对与著作权有关的权利的限制。

义务教育教科书和国家教育规划教科书，是指为实施义务教育、高中阶段教育、职业教育、高等教育、民族教育、特殊教育，保证基本的教学标准，或者为达到国家对某一领域、某一方面教育教学的要求，根据国务院教育行政部门或者省级人民政府教育行政部门制定的课程方案、专业教学指导方案而编写出版的教科书。不包括教学参考书和教学辅导材料。

在教科书中汇编已经发表的作品片段或者短小的文字作品、音乐作品或者单幅的美术作品、摄影作品，除作者事先声明不许使用的外，可以不经著作权人许可，但应当支付报酬，指明作者姓名、作品名称，并且不得侵犯著作权人依法享有的其他权利。

作品片段或者短小的文字作品，是指九年制义务教育教科书中使用的单篇不超过 2000 字的文字作品，或者国家教育规划（不含九年制义务教育）教科书中使用的单篇不超过 3000 字的文字作品。

短小的音乐作品，是指九年制义务教育和国家教育规划教科书中使用的单篇不超过 5 页面或时长不超过 5 分钟的单声部音乐作品，或者乘以相应倍数的多声部音乐作品。

2. 报刊转载摘编法定许可证

报刊转载摘编法定许可证源自《著作权法》第 35 条第 2 款的规定。即作

---

〔1〕　詹启智：《论取消报刊转载摘编法定许可证制度》，载《河南科技》2018 年第 15 期。

品刊登后，除著作权人声明不得转载、摘编的外，其他报刊可以转载或者作为文摘、资料刊登，但应当按照规定向著作权人支付报酬。

3. 制作录音制品法定许可证

制作录音制品法定许可证源自《著作权法》第 42 条第 2 款的规定。即录音制作者使用他人已经合法录制为录音制品的音乐作品制作录音制品，可以不经著作权人许可，但应当按照规定支付报酬；著作权人声明不许使用的不得使用。

4. 广播组织播放已发表作品法定许可证

广播组织播放已发表作品法定许可证源自《著作权法》第 46 条第 2 款的规定。即广播电台、电视台播放他人已发表的作品，可以不经著作权人许可，但应当按照规定支付报酬。

综合我国四种法定许可证规定，可以看出，法定许可证是教科书编写出版者、报刊出版者、录音制作者、广播电台电视台分别以汇编、刊登、使用音乐作品制作录音制品、播放方式使用已经发表的作品、他人已经合法录制为录音制品的音乐作品，可以不经著作权人许可，但应当支付报酬的特定贸易方式。

二、法定许可证贸易的参与主体

1. 著作权人。在我国法定许可证贸易中，第一种法定许可证的主体被称为作者或著作权人，其他三种法定许可证主体被称为著作权人。在法定许可证贸易中，著作权人的许可权受到限制，仅仅享有获得报酬权。

2. 国家。国家在法定许可证贸易中的角色是许可者或者许可证颁发者。但由于作品使用者众多，各使用者使用作品数量巨大，国家难以一一为使用者颁发许可证，于是就通过立法的形式，在特定情形和条件下，《著作权法》中直接剥夺著作权人的许可权，仅仅保留著作权人的获得报酬权。因此法定许可实质上就是法律许可。

3. 特定作品的使用者。特定作品的使用者是法定许可的被许可人，是法定许可证的拥有者，同时也是法定许可证使用者义务即支付报酬的承担者。我国学者将著作权法定许可主体视为"对作品依法享有法定许可使用权的人"[1]

---

〔1〕 张曼：《著作权法定许可制度研究》，厦门大学出版社 2013 年版，第 117 页。

是不妥的。对作品依法享有法定许可使用权的人充其量只是被许可人。在我国法定许可的被许可人包括教科书编写出版者、报刊社、录音制作者、广播电台、电视台。

三、法定许可证贸易的程序

与著作权自愿许可证贸易程序具有的许可、使用、支付报酬三程序不同，因法律在特定情况下剥夺了著作权人的许可权，因此，法定许可证贸易只有使用和支付报酬两个程序。

1. 使用。法定许可证的被许可人，即符合法律规定在特定情况下的作品使用者，可以不经著作权人许可，按照法律规定的方式直接使用作品。但在法定许可证贸易中，法定许可的被许可人可以使用的作品，有一定的限制。这些限制主要包括已经发表作品的限制、作品篇幅的限制与著作权人声明的限制等。

2. 向著作权人支付报酬。依法向著作权人支付报酬是法定许可证的被许可人、作品使用者的法定义务。只有在法定许可的被许可人依法向著作权人支付合理报酬义务完成后，法定许可证贸易才算完成。

四、我国法定许可证贸易中存在的问题

我国是世界上法定许可证种类较多的国家。著作权的限制程度与著作权的保护水平成反比。由此可知，我国著作权保护水平在国际上属于较低的水平。我国法定许可证贸易种类繁多，但存在问题也很多。主要有下列三个方面的问题：

（一）法定许可证颁发种类多，但合理报酬标准体系不健全

依据《伯尔尼公约》的规定，法定许可的合理报酬由主管当局规定。我国原国家版权局制订了《教科书法定许可使用作品支付报酬办法》（2013年）、《文字报酬办法》中规定了报刊转载、摘编的报酬标准。目前，我国还没有制作录音制品法定许可报酬标准与广播组织播放已经发表作品的法定许可报酬标准。

（二）法定许可证报酬标准不合理

我国报刊转载文字作品报酬标准为 100 元/千字，教科书法定许可报酬标准为 300 元/千字，该报酬标准大大低于我国"文革"前的报酬标准（扣除物

价因素）。

（三）被许可人普遍不履行支付报酬义务

以报刊转载为例，我国报刊转载支付报酬者不足应付报酬的10%，网络领域几乎无人支付报酬。这种状况使法定许可成为侵权的挡箭牌，成为侵犯权利人获得报酬权的助推器。

五、我国法定许可证的发展方向

（一）新《著作权法》限缩了法定许可种类

新《著作权法》将我国原《著作权法》的五种法定许可证限缩为四种，取消了广播电台电视台播放已经出版的录音制品的法定许可。

（二）个人对我国法定许可证的看法

基于我国法定许可报酬义务设置形同虚设，报刊转载作品90%以上不付报酬，我国广播电台电视台播放他人已经发表的作品几乎从不付酬。法定许可证成为侵权的挡箭牌。我国法定许可证的实施完全打破了权利人与使用者的利益平衡，因此，在我国著作权保护意识总体低下的情况下，应当大大限缩法定许可证的种类，除了为了教育目的的法定许可外，应当取消其他所有种类的法定许可证，[1]同时建立惩罚性侵权赔偿机制，这样才能够在我国真正建立起权利人与使用者利益的平衡。

第四节　知识产权指定许可证贸易

知识产权指定许可证贸易是我国《专利法》特有的贸易制度。根据我国《专利法》第49条规定："国有企业事业单位的发明专利，对国家利益或者公共利益具有重大意义的，国务院有关主管部门和省、自治区、直辖市人民政府报经国务院批准，可以决定在批准的范围内推广应用，允许指定的单位实施，由实施单位按照国家规定向专利权人支付使用费。"的规定，建立了我国别具特色的指定许可证贸易制度。指定许可证作为我国专利制度中的一个特有的制度，体现了"中国特色"。[2]但其本质上具有浓厚的计划经济色彩。

---

〔1〕　参见詹启智：《论取消报刊转载摘编法定许可证制度》，载《河南科技》2018年第15期。
〔2〕　参见王瑞贺主编：《中华人民共和国专利法释义》，法律出版社2021年版，第142页。

我国在市场经济体制建立并发展 30 余年来，保留这一制度，对于战时或非常时期满足国家利益、公共利益的需要具有一定的意义。平时状态下，指定许可证非常少见。

一、指定许可证贸易的客体

1. 可成为"指定许可"客体的专利，只限于发明专利，不包括实用新型专利和外观设计专利。因为一般来说，发明专利是《专利法》所保护的三种发明创造客体中技术进步意义最大，技术难度最大，往往也是社会、经济价值最大的一种。因此，与实用新型专利和外观设计专利相比，通常只有发明专利可能会对国家利益或公共利益产生重大影响，具有重大意义，因而有必要通过法定的指定许可来推广实施。由于指定许可证是对专利权人的专有权的一种限制，除非确有必要，才可允许采用。而实用新型和外观设计专利通常对国家利益、公共利益影响有限，不具有重大意义，没有必要采取指定许可的办法。因此，我国指定许可证客体仅限于发明专利。

2. 可作为指定许可客体的发明专利，只限于国有企业事业单位作为专利权人的发明专利。国有企业事业单位财产的最终所有者是国家，国有企业事业单位享有法人财产权。而专利权作为财产权的表现与存在形式之一，国有企业事业单位的专利权的最终所有者也是国家，国家有权根据其所代表的国家利益与公共利益的需要，决定其作为终极所有人的发明专利权的实施。

二、指定许可证的颁发主体与程序

国家对国有企业事业单位发明专利的指定许可，只能是国有企业事业单位作为专利权人应当享有的自愿许可权利的一种例外，也是国有企业社会责任的一种表现。这种指定许可必须具有明确的合理性，必须考虑作为专利权人的国有单位的自身利益，因此，被指定许可的发明专利不具有普遍性，必须是对国家利益或者公共利益具有重大意义的发明专利。其他专利都不得颁发指定许可证。指定许可证的颁发有特定的主体，并且必须履行法定的程序。

（一）指定许可证的贸易主体

指定许可证贸易是一种对国家利益或公共利益具有重大意义的发明专利的特别许可证贸易。因此，颁证主体是由法律特别规定确定的。这些主体包括：

1. 请求主体。请求颁发指定许可证的主体是一类特殊主体，只有国务院有关主管部门和省、自治区、直辖市人民政府。除此之外，任何人都不得请求颁发指定许可证。

2. 颁证主体。颁证主体是国务院。

3. 实施主体（被指定许可人）。国务院主管部门和省、自治区、直辖市人民政府选定的实施某发明专利的企业。

4. 收取专利使用费主体。即发明专利所有者的国有企事业单位。

（二）指定许可证的贸易程序

指定许可证的颁发程序，依照我国《专利法》的规定非常简单。但是在实际工作中会比法律规定更为具体和复杂。

1. 请求。国务院有关主管部门或省、自治区、直辖市人民政府提出指定许可的请求。该请求应当根据下列情况提出：（1）国务院有关部门、省、自治区、直辖市根据该部门、省、自治区、直辖市内出现了某种关系重大国家利益、公共利益的产品或需求必须满足；（2）国务院有关部门、省、自治区、直辖市没有满足这种关系重大国家利益、公共利益的产品和技术；（3）经过专利检索发现某国有企事业单位拥有该项发明专利，为了国家利益或公共利益决定请求实施该项发明专利；（4）选定拟指定实施的企业，该企业应具备实施该发明专利的技术等条件。

2. 批准。国务院有关部门或省、自治区、直辖市人民政府决定指定实施某发明专利，并将本地有关国家利益、公共利益的重大需求，发明专利的拥有者的检索报告、拟指定实施的企业情况向国务院提出请求报告。国务院收到请求报告后，经审议决定是否批准指定许可。

3. 实施。指定许可经国务院批准后，由国务院有关主管部门、省、自治区、直辖市人民政府指定某企业在指定的时间、地域、行业或专业领域等范围内实施该发明专利。非指定实施单位，不得擅自实施该发明专利。

4. 支付费用。由指定实施的企业根据指定实施的条件向发明专利的所有者支付专利使用费。

三、指定许可使用费数额的确定

被指定的实施单位的专利实施权不是无偿取得的，实施单位应当按照国家规定向专利权人支付使用费。由此我们可以看出，指定许可证的费用数额，不存在任何协商的问题，支付多少使用费，不是由专利权人与实施单位或国务院有关主管部门、省、自治区、直辖市人民政府协商决定的，而是由国家规定的。无论规定数额高低，专利权人和实施单位都没有讨价还价的余地。指定许可证的上述特点，可以使请求主体及时获得满足国家利益或公共利益的重大发明专利许可。

第五节　知识产权强制许可证贸易

在我国强制许可证贸易主要在专利贸易、植物品种权贸易中适用。《集成电路布图设计保护条例》中对集成电路布图设计专有权使用了非自愿许可贸易的概念。但相关规定与专利的强制许可证贸易并无实质差别。因此，我们将之归入强制许可证贸易中进行一并介绍和研究。

一、颁发强制许可证的条件

强制许可证贸易作为非自愿许可证贸易的重要形式，对于权利人具有重要的影响。除非在特定情形下，即在符合法律规定的前提下，符合法定条件的申请人才能申请颁发强制许可证。不同的知识产权，申请与颁发强制许可证的条件是不同的。

（一）颁发专利强制许可证的条件

根据我国法律规定，申请和颁发专利强制许可证的条件主要有：

1. 无正当理由未实施或未充分实施。专利权人自专利权被授予之日起满三年，且自提出专利申请之日起满四年，无正当理由未实施或者未充分实施其专利的。未充分实施其专利，是指专利权人及其被许可人实施其专利的方式或者规模不能满足国内对专利产品或者专利方法的需求。

2. 垄断行为。专利权人行使专利权的行为被依法认定为垄断行为，为消除或者减少该行为对竞争产生的不利影响的。

3. 国家出现紧急状态或非常情况，或者为了公共利益目的。

4. 为了公共健康目的。为了公共健康目的，对取得专利权的药品，可以给予制造并将其出口到符合我国参加的有关国际条约规定的国家或者地区的强制许可。取得专利权的药品，是指解决公共健康问题所需的医药领域中的任何专利产品或者依照专利方法直接获得的产品，包括取得专利权的制造该产品所需的活性成分以及使用该产品所需的诊断用品。

5. 依存专利可互相给予强制许可。一项取得专利权的发明或者实用新型比前已经取得专利权的发明或者实用新型具有显著经济意义的重大技术进步，其实施又有赖于前一发明或者实用新型的实施的，国务院专利行政部门根据后一专利权人的申请，可以给予实施前一发明或者实用新型的强制许可。在依照前款规定给予实施强制许可的情形下，国务院专利行政部门根据前一专利权人的申请，也可以给予实施后一发明或者实用新型的强制许可。

对于专利强制许可证的申请和颁发，还需要注意以下几个问题：

1. 强制许可涉及的发明创造为半导体技术的，只有在为了公共利益的目的和专利权人行使专利权的行为被依法认定为垄断行为，为消除或者减少该行为对竞争产生的不利影响的情形才能申请和颁发强制许可证。

2. 强制许可证贸易的市场范围主要为了供应国内市场。但是，专利权人行使专利权的行为被依法认定为垄断行为，为消除或者减少该行为对竞争产生的不利影响的；以及为了公共健康目的，对取得专利权的药品，国务院专利行政部门可以给予制造并将其出口到符合中华人民共和国参加的有关国际条约规定的国家或者地区的强制许可不受主要供应国内市场的限制。

3. 申请强制许可证的申请人应当提供材料证明其以合理的条件请求专利权人许可其实施专利，但未能在合理的时间内获得许可的证据。在专利权人自专利权被授予之日起满三年，且自提出专利申请之日起满四年，无正当理由未实施或者未充分实施其专利的以及依存专利情形下，申请强制许可证申请人应当提供该项证据。

4. 专利强制许可证有经申请颁发的强制许可证和国务院专利行政部门直接给予实施的强制许可证。在国家出现紧急状态或者非常情况时，或者为了公共利益的目的，或者为了公共健康目的国家专利行政部门可以直接颁发强制许可证。其他情形下需要通过申请程序颁发强制许可证。

5. 颁发强制许可证的专利仅限于发明专利和实用新型专利，外观设计专利在任何情况下都不存在颁发强制许可证的问题。其中为了公共健康目的，药品专利主要是发明专利。

（二）颁发植物品种权强制许可证的条件

植物品种权只有在为了国家利益或者公共利益情况下，才能颁发强制许可证。对于植物品种权林业部分强制许可证颁发的具体条件为：

1. 为满足国家利益或者公共利益等特殊需要；

2. 品种权人无正当理由自己不实施或者实施不完全，又不许可他人以合理条件实施的；

对于农业部分品种权强制许可证颁发的具体条件为：

1. 为了国家利益或者公共利益的需要；

2. 品种权人无正当理由自己不实施，又不许可他人以合理条件实施的；

3. 对重要农作物品种，品种权人虽已实施，但明显不能满足国内市场需求，又不许可他人以合理条件实施的。

（三）颁发集成电路布图设计专有权非自愿许可证的条件

在国家出现紧急状态或者非常情况时，或者为了公共利益的目的，或者经人民法院、不正当竞争行为监督检查部门依法认定布图设计权利人有不正当竞争行为而需要给予补救时，国务院知识产权行政部门可以给予使用其布图设计的非自愿许可。

（四）强制许可证颁发条件的比较

从上述介绍可见，颁发专利强制许可证的条件最多，其原因在于在三类知识产权中，获得专利权的要求最高，专利是最难获得的，且专利权仅授予一个最早申请的人。专利权对国家经济社会的发展影响更为深远，为了专利发明创造更好地为社会经济发展服务，防范专利权人不当或滥用权利，国家法律规定了在较多条件下可以申请或给予强制许可证，即专利强制许可证具有颁证条件多相对容易的特征。

植物品种权强制许可证颁发的条件要求最少。品种权需要品种培育人申请被批准后才享有该排他性权利。植物新品种，是指经过人工培育的或者对发现的野生植物加以开发，具备新颖性（即指申请品种权的植物新品种在申请日前该品种繁殖材料未被销售，或者经育种者许可，在中国境内销售该品种繁殖材料未超过 1 年；在中国境外销售藤本植物、林木、果树和观赏树木品种繁殖材料未超过 6 年，销售其他植物品种繁殖材料未超过 4 年）、特异性（申请品种权的植物新品种应当明显区别于在递交申请以前已知的植物品种）、一致性（申请品种权的植物新品种经过繁殖，除可以预见的变异外，其相关的特征或者特性一致）和稳定性（申请品种权的植物新品种经过反复繁殖后或者在特定繁殖周期结束时，其相关的特征或者特性保持不变）并有适当命名的植物品种。植物新品种通常仅影响人民生活和环境美化，在国家紧急状态、非常情况等都不会产生影响。因此，植物品种权强制许可证颁发的条件通常只涉及国家利益或公共利益。植物品种权强制许可证只有在请求的情况下，在符合法律规定条件下才能颁发。

与专利强制许可证颁发不同，集成电路布图设计专有权非自愿许可证或强制许可证颁发的条件比专利强制许可证的条件要求要严格得多，在权利人未实施或未充分实施情况下或依存情况下，实施人经申请可以颁发强制许可证，但因为集成电路布图设计专有权获得条件是独创性并经登记产生，它比专利权获得条件要求低得多，没有新颖性、创造性和实用性的高标准，因此其强制许可条件也比专利要求的低。

二、知识产权强制许可证贸易程序

采用强制许可证进行知识产权贸易，专利强制许可证根据不同颁发条件，既有经实施人请求或申请而颁发的强制许可证，又有国务院专利行政部门直接给予的强制许可证两种不同的程序。国家直接给予强制许可证除了没有申请或请求程序外，其他程序都是相同的。植物品种权强制许可证只有实施人请求并经审查符合法定条件才能颁发。集成电路布图设计专有权强制许可证相关法律没有直接规定请求程序，但是如果没有使用集成电路布图设计专有权的人请求，则国务院知识产权行政部门通常难以发起强制许可证程序，因此，虽然不排除国务院知识产权行政部门直接发起强制许可证程序，但通常应是应使用人的请求而经审查符合法定条件才会颁发强制许可证。因此，本部分我们以请求发起为例介绍强制许可证颁发程序。

1. 请求。知识产权贸易在全世界范围内实行的都是自愿许可证贸易为主，非自愿许可证贸易为辅或补充的原则。在能够实施自愿许可情形下，都不会颁发强制许可证。一般而言，自愿许可证贸易效率高于强制许可证。自愿许可证贸易通常只是发生权利人与使用人之间的贸易合同关系，权利人与使用人双方通过直接谈判达成合同是最有效率的贸易方式。但是，不排除权利人为了垄断利益、进行不正当竞争等情况下拒绝许可，只有在此种情况下，使用人在符合法律规定的条件下，才能请求颁发强制许可证。

同时，应当说明的是：（1）并非所有知识产权经过请求后知识产权主管当局都会颁发强制许可证。请求的前提是该知识产权是法律规定可以实施强制许可证贸易的知识产权。在我国，著作权、商业秘密、商标、域名等知识产权都不得请求颁发强制许可证，只有专利（限于发明专利、实用新型专利）、植物新品种权和集成电路布图设计专有权三种知识产权才存在使用人请求颁发强制许可证的问题。（2）请求颁发强制许可证还需要使用人以合理的条件请求知识产权人许可其实施知识产权，但未能在合理的时间内获得许可。这里的"合理的条件"通常包括：①必须是具备条件的单位。条件包括资金、技术、设备、厂房、技术人员等。具备这些条件的单位，才有资格申请实施他人的知识产权。②必须是合理的贸易条件。请求许可实施其知识产权，本质上是贸易交换关系，应当遵守公平、等价有偿的原则和经济规律。贸易条件是否合理，需要由第三者站在公平合理的立场上进行判断。[1]只有在具备前述条件下，请求知识产权人许可实施其知识产权，未能在合理长的时间内获得专利权人的许可才能请求强制许可证。此处的"合理长的时间"，依照《专利法》第53条第1项的规定，专利权人自专利权被授予之日起满3年，且自提出专利申请之日起满4年，无正当理由未实施或者未充分实施其专利的，任何人都可以请求强制许可。因此，满3年专利实施人可以请求强制许可证。但是，3年之内经实施人多次向权利人请求而被拒绝或未予答复，基于专利强制许可应当对合理的时间进行个案判断。其他知识产权未有具体时间的规定，但笔者认为在实施人经过多次请求被拒绝或未予答复的情况下，合理的时间需要进行个案判断，不能强求一致。通常情况下，只有在合理的协商失败的情况下，即在合理的期限内遭到拒绝或未答复，才能发动强制许可权的实施和请求。

　　符合上述条件，发起强制许可证的请求人，应当向知识产权主管当局提交强制许可请求书。专利和集成电路布图设计专有权依法向国家知识产权局提交强制许可请求书；植物新品种权林业部分依法向国家林业和草原局提交强制许可请求书，农业部分依法向中华人民共和国农业农村部提交强制许可请求书。在请求书中要附具相关法律法规所规定的证明文件和申请人具备实施该知识产权条件的说明材料。请求人还应提交未能以合理条件与权利人签订实施许可证的证明。强制许可请求书、相关说明材料和证明通常一式两份。

　　提交强制许可请求书，一般需要同时或在规定的期限内缴纳请求费。

----

〔1〕　参见《专利实施强制许可的条件和程序》，载 http://www.chinalawedu.com/new/15700_169/2009_4_17_wa4726182921171490029492.shtml，最后访问日期：2023年8月10日。

2. 审查。知识产权主管当局收到请求人的强制许可请求书、有关说明材料、有关证明后，应当审查请求书及相关证明是否属实，是否符合请求强制许可的法定条件。审查的通常过程为：

（1）知识产权主管当局将强制许可请求书的副本送交权利人，权利人应当在知识产权主管当局指定的期限内陈述意见；期满未答复的，不影响知识产权主管当局作出决定。

（2）知识产权主管当局在作出驳回强制许可请求的决定或者给予强制许可的决定前，应当通知请求人和权利人拟作出的决定及其理由。

这里需要说明的一点是，国务院专利行政部门依照《专利法》第55条的规定，即为了公共健康目的，对取得专利权的药品，国务院专利行政部门可以给予制造并将其出口到符合中华人民共和国参加的有关国际条约规定的国家或者地区的强制许可。作出给予强制许可的决定，应当同时符合中国缔结或者参加的有关国际条约关于为了解决公共健康问题而给予强制许可证的规定，但中国作出保留的除外。

3. 决定。知识产权主管当局在听取了请求人和权利人双方的意见后，对于权利人不实施或者不许可他人实施其知识产权有正当理由，应当作出不准申请人强制实施的决定；反之，知识产权主管当局应当作出允许申请人强制实施此知识产权的决定。知识产权主管当局给予实施强制许可证的决定，应当根据强制许可的理由规定实施的范围和时间。其中，集成电路布图设计专有权强制许可证其范围应当限于为公共目的非商业性使用，或者限于经人民法院、不正当竞争行为监督检查部门依法认定布图设计权利人有不正当竞争行为而需要给予的补救。

4. 通知。知识产权主管当局在作出是否准许强制实施知识产权的决定后，及时通知请求人和权利人。

5. 登记和公告。一般在知识产权主管当局作出决定后，即进行相关知识产权强制许可证的登记和公告。请求人应当缴纳登记费和公告费。

6. 异议。权利人对知识产权主管当局关于实施强制许可证的决定不服的，可以自收到通知之日起3个月内向人民法院起诉。

7. 实施与缴纳使用费。知识产权主管当局的强制许可决定生效后实施人才能依法实施相关知识产权，同时实施人应按照协议或裁决向权利人缴纳知识产权使用费。协议不成，不影响实施人对相关知识产权的实施或使用。

8. 终止。知识产权强制许可证都存在一个强制许可的条件、实施的范围和时间问题。强制许可的理由或法定条件消除并不再发生时，知识产权主管当局应当根据权利人的请求，经审查后作出终止实施强制许可的决定；当强制许可证的时间届满时，强制许可证自然失效而终止。

上述程序中，异议一般不是必经程序。如果权利人对知识产权主管当局的强制许可决定没有异议，则不存在该程序。

三、强制许可证使用费的确定

强制许可证生效后，实施人在实施知识产权的同时，应当依法向权利人缴纳知识产权使用费或支付合理的报酬。

知识产权使用费数额或合理的报酬和支付方式主要由实施人与权利人通过协商决定。在"合理的条件"是因为使用费未达成一致的情况下，请求人请求并得到强制许可证的情况下，权利人与实施人之间就使用费问题，一般还是难以达成协议的。除此之外，因其他原因或理由经请求而取得强制许可证的实施人与权利人之间达成使用费的可能性要较前者为大，但也不能排除双方不能达成协议的情况。无论在什么情况下，双方未达成使用费协议的，都可以请求知识产权主管当局对使用费数额进行裁决。知识产权主管当局对于使用费的裁决应以合理为原则，防止请求人通过裁决支付不合理的使用费，也要防止权利人获得超过合理限度的使用费。

对知识产权主管当局对使用费的裁决无异议的，实施人应及时向权利人支付使用费，完成强制许可证贸易全程工作。如果不服知识产权主管当局关于强制许可使用费决定的，可以自收到通知之日起 3 个月内向人民法院起诉。3 个月内未起诉，则许可使用费的裁决自动生效，则实施人应在决定 3 个月届满后按照裁决的使用费数额和时间、方式及时向权利人支付使用费。如果向法院提起诉讼，则使用费应当在人民法院裁判生效后依照裁判的数额、时间、方式向权利人及时支付使用费。合理也是人民法院审理裁判使用费的原则，以防止前述倾向，特别是防止实施人试图通过裁判支付不合理使用费的倾向。

四、强制许可证贸易需要注意的几个问题

1. 强制许可证贸易是一种非独占或非排他性许可证，即是一种非自愿普通许可证。

2. 取得强制许可证的实施人应当在强制许可证规定的范围和时间内实施相关知识产权。超过强制许可证允许实施的范围和时间，都构成对知识产权的侵权，依法应承担侵权责任。

3. 强制许可证不具有转授性。除请求人外，任何人不得依据强制许可证实施相关知识产权。该非请求人的实施人依法构成侵权行为，依法应承担侵权责任，因强制许可证合法持证人授予他人依据该强制许可证实施相关知识产权，持证人与实施人构成共同侵权，依法应承担连带责任。

第三章
知识产权转让证贸易

　　知识产权许可证贸易主要涉及的是有关知识产权财产权、使用权的贸易。本章我们研究的是知识产权财产所有权的转移与贸易，为了与许可证贸易相区别，本书将之称为转让证贸易。许可证贸易不发生知识产权主体的任何变化，知识产权转让证贸易则发生的是知识产权主体的转移，即通过知识产权转让证贸易产生了新的知识产权人。新的知识产权人的产生，并不意味着知识产权原权利人完全丧失了其权利人身份。知识产权转让证贸易通常被称为知识产权转让贸易，是本书为了区分知识产权狭义许可证贸易而创设的概念，它也可以称为权利证贸易、受让证贸易。它是国际上广义许可证贸易的组成部分。知识产权作为私权，法律不禁止知识产权在不同主体之间的合法流转。知识产权的合法流转是知识产权创造价值、实现价值的重要贸易方式。

第一节　著作权转让证贸易

　　我国《著作权法》第 10 条赋予了著作权人 4 项人身权和 13 项财产权。依照第 10 条第 3 款的规定，著作权人可以全部或者部分转让其依照法律规定享有的财产性权利，并依照约定或者《著作权法》有关规定获得报酬。应当说明的是，在《著作权法》颁布之初，我国《著作权法》并没有赋予著作权人通过转让方式进行著作财产权贸易的合法形式，转让作为著作权人行使著作权的法定方式，是在 2001 年我国《著作权法》第一次修正时，为了与国际知识产权贸易接轨而赋予著作权人的贸易方式。

　　一、著作权转让的方式

　　在允许著作权转让的国家中，著作权转让通常采用下列方式：

（一）合同转让与法定转让

我国《著作权法》规定的著作权转让有合同转让与法定转让之分。合同转让系作品的作者依照合同意思自治原则或法律规定进行自愿转让的著作权贸易方式。这种合同转让主要有：一是完全依照意思自治原则进行著作权转让。在我国依照合同意思自治原则签订著作权转让合同转让著作权，主要体现在《著作权法》第 10 条第 3 款和第 27 条之中，这是我国著作权转让贸易的主要形式。二是依照法律规定进行著作权合同转让。主要有：（1）部分职务作品的著作权合同转让。《著作权法》第 18 条规定，自然人为完成法人或者非法人组织工作任务所创作的作品是职务作品，除本条第 2 款的规定以外，著作权由作者享有，但法人或者非法人组织有权在其业务范围内优先使用。作品完成两年内，未经单位同意，作者不得许可第三人以与单位使用的相同方式使用该作品。有下列情形之一的职务作品，作者享有署名权，著作权的其他权利由法人或者非法人组织享有，法人或者非法人组织可以给予作者奖励：……法律、行政法规规定或者合同约定著作权由法人或者非法人组织享有的职务作品。（2）委托作品的著作权合同转让。《著作权法》第 19 条规定，受委托创作的作品，著作权的归属由委托人和受托人通过合同约定。合同未作明确约定或者没有订立合同的，著作权属于受托人。

法定转让是依照《著作权法》直接进行的著作权转让。主要有：

1. 视听作品的著作权法定转让

《著作权法》第 17 条规定，视听作品中的电影作品、电视剧作品的著作权由制作者享有，但编剧、导演、摄影、作词、作曲等作者享有署名权，并有权按照与制作者签订的合同获得报酬。前款规定以外的视听作品的著作权归属由当事人约定；没有约定或者约定不明确的，由制作者享有，但作者享有署名权和获得报酬的权利。视听作品中的剧本、音乐等可以单独使用的作品的作者有权单独行使其著作权。

2. 部分职务作品的著作权法定转让

《著作权法》第 18 条第 2 款规定，有下列情形之一的职务作品，作者享有署名权，著作权的其他权利由法人或者非法人组织享有，法人或者非法人组织可以给予作者奖励：（1）主要是利用法人或者非法人组织的物质技术条件创作，并由法人或者非法人组织承担责任的工程设计图、产品设计图、地图、示意图、计算机软件等职务作品；（2）报社、期刊社、通讯社、广播电台、电视台的工作人员创作的职务作品。

3. 美术作品展览权的法定转让

《著作权法》第 20 条规定，作品原件所有权的转移，不改变作品著作权的归属，但美术、摄影作品原件的展览权由原件所有人享有。作者将未发表的美术、摄影作品的原件所有权转让给他人，受让人展览该原件不构成对作者发表权的侵犯。

4. 继承法定转移

《著作权法》第 21 条规定，著作权属于自然人的，自然人死亡后，其著作财产权利在法定的保护期内，依法转移。著作权属于法人或者非法人组织的，法人或者非法人组织变更、终止后，其著作财产权利在法定保护期内，由承受其权利义务的法人或者非法人组织享有；没有承受其权利义务的法人或者非法人组织的，由国家享有。

在知识产权贸易中，涉的著作权转让主要是意思自治原则下的著作权转让，其他著作权转让是补充形式，是《著作权法》第 11 条规定的"另有规定"除外情形。

（二）全部转让和部分转让

这是以转让的著作财产权范围为标准设定的著作权转让方式。我国《著作权法》第 10 条第 3 款明确的转让方式即主要是这类转让方式。全部转让系指著作权人将依法享有的作品著作权中的全部权利在著作权有效期内转让给受让人，使受让人完全取代著作权人的地位行使对受让作品的全部著作财产权的贸易方式。这种贸易方式为"著作权卖绝"。著作权卖绝在有的国家是明令禁止的，如《突尼斯版权示范法》第 17 条规定，版权可以部分转让；如果全部转让，则一般视为无效（除非转让给作家协会或类似的代表作者利益的组织）。[1]

著作权部分转让系指著作权人将依法享有的作品部分著作财产权在著作权保护期内转让给受让人，著作权人保留其余部分著作财产权的贸易方式。这种贸易方式称为"著作权部分卖绝"。

因著作权卖绝对著作权人利益影响巨大，我国自新中国成立以来，对著作权卖绝持谨慎态度，在总体政策上不支持著作权人卖绝著作权。如我国

---

〔1〕　参见郑成思：《论版权转让》，载《知识产权》1990 年第 3 期。

1950年9月25日第一届全国出版会议《关于改进和发展出版工作的决议》第12条明确规定，为尊重著作家的权益，原则上应不采取卖绝著作权的办法。但因著作权属于私权，学术界有人认为《著作权法》不应禁止著作权人卖绝著作权，因此，我国未对著作权卖绝问题做出禁止性规定。应当说，我国《著作权法》没有对著作权人的这种附加保护，是我国《著作权法》保护水平不足的一个例证。笔者认为，我国《著作权法》相关规定，不排除著作权卖绝，但在实际工作中应谨慎处理著作权卖绝问题，鼓励著作权人更多采取许可证贸易的方式进行贸易，如确需采用著作权转让方式进行贸易，则尽可能不采取卖绝的办法进行贸易。

（三）无期限转让和有期限转让

这是以转让的著作财产权合同期限的长短为标志确定的著作权贸易方式。无期限转让系指在整个著作权保护期内将著作财产权的全部或部分一次性转让给受让人的著作权贸易方式。通过这种贸易方式，受让人获得了在整个著作权保护期内的著作权。无期限转让是我国著作权司法实践中的主流观点，[1]但这种观点对于著作权人合法权利的保护是十分不利的。

有期限转让系指在著作权有效保护期内将著作财产权的全部或部分在约定或法定的期间内转让给受让人的著作权贸易方式。我国主流观点对有期限转让并不认可，认为转让合同如有期限限制，则就变成了许可合同。[2]但是在国际上不少国家明确规定著作权转让须有期限限制。如法国规定表演转让合同不得超过5年，冰岛只允许3年，[3]在许多保护精神权利的、却又允许部分或全部保护转让版权的国家，都在版权法中明文规定了版权转让的期限，或至少规定了不得将全部版权在整个有效期内转让他人。[4]《英国版权法》第90条规定，版权可以像动产一样地转让、遗嘱处理或执行法律的方式发生转移。版权的转让或他种方式转移可以是部分的，其中包括版权所有人依专有权可实施行为之一种或几种，但不是全部；版权存续期的一段而不是全部

---

〔1〕 参见常守风：《论著作权转让的特点及界限》，载《出版发行研究》2002年第5期；参见钱翠华：《著作权转让权利的认定——深圳中院判决韦洪兴诉深图广告公司等著作纠纷案》，载《人民法院报》2013年1月10日，第6版。

〔2〕 参见钱翠华：《著作权转让权利的认定——深圳中院判决韦洪兴诉深图广告公司等著作纠纷案》，载《人民法院报》2013年1月10日，第6版。

〔3〕 参见常守风：《论著作权转让的特点及界限》，载《出版发行研究》2002年第5期。

〔4〕 参见郑成思：《论版权转让》，载《知识产权》1990年第3期。

时间……[1]笔者认为，版权转让可以附期限，应当附期限。[2]在司法实践中，不少法院将著作权转让和著作权卖绝混为一谈，认为只要转让著作权就是卖绝。这是我国司法实践中对著作权人权利保护不力的表现。北京三面向版权代理有限公司为了保护著作权人的著作权，在与著作权人签订的版权转让合同中明确了转让期限，对著作权人以国际惯例提供了附加保护，被认为是"该合同名为转让实为许可合同"。由此可见，我国学术界对著作权转让的理论研究和司法研究有待进一步提升。著作权转让与著作权许可的本质区别不在于是否有期限，其区别在于：其一，著作财产权部分或全部转让给他人，在合同有效期内原权利人无权向任何第三人发放任何形式的许可证。这一点虽然与原权利人发放专有使用权许可证类似，但在转让合同有效期内，发放专有许可证的权利转移给受让人，如果原权利人已发放专有许可证，则在合同期内的收益权转移至受让人。在非专有使用权许可证有效期内，原权利人可以向任何人发出无限量的许可证。其二，在部分国家中，仅版权人或受让人依法对侵犯版权行为享有诉讼权，包括独占性许可证持有人则不享有侵权行为诉讼权（我国为独占性许可证持有人享有诉权）。其三，版权受让人在合同期内可以以版权作为抵押物（标的），而持有许可证则不能以版权作抵押物（标的）。[3]我国《著作权法》第 28 条规定："以著作权中的财产权出质的，由出质人和质权人依法办理出质登记。"《著作权质押合同登记办法》第 6 条规定："著作权出质人必须是合法著作权所有人。著作权为两人以上共有的，出质人为全体著作权人。中国公民、法人或非法人单位向外国人出质计算机软件著作权中的财产权，必须经国务院有关主管部门批准。"

二、著作权转让证及其主要内容

从贸易视域看，著作权转让证系指著作权转让合同。

著作权转让合同是著作权转让证贸易的法定文书和凭证。著作权转让贸易中签署著作权转让合同是最为关键的步骤。签订合同对于出让人与受让人来说都是一件非常重要的事情，关涉到合同双方的重大利益转移，双方必须

---

[1]　参见来小鹏：《著作权转让比较研究》，载《比较法研究》2005 年第 5 期。
[2]　参见詹启智：《版权转让是否可以附期限》，载《科技与出版》2010 年第 9 期。
[3]　参见郑成思：《论版权转让》，载《知识产权》1990 年第 3 期。

慎之又慎。签订协议之前，出让人和受让人都要对作品的市场状况进行充分调研。对于出让人而言，由于处于弱势地位，更要谨慎签约，争取获得更大的利益，签好合同的每个条款。但是由于受让人通常为法人或非法人组织，具有优势地位，权利人的利益往往得不到保障，这就对出让人慎重签约提出了更高的要求。

基于我国《著作权法》的规定，著作权转让合同通常包括下列内容：①作品的名称；②转让的权利种类、地域范围；③转让价金；④交付转让价金的日期和方式；⑤违约责任；⑥双方认为需要约定的其他内容。

笔者认为，在上述主要合同条款中，第⑥项即"双方认为需要约定的其他内容"为出让人切实保护自己的合法权益提供了重要的法律基础和机会，出让人需要充分利用这一条款保护自己的合法权利，防止权利贱卖。

三、颁发著作权转让证应当注意的几个问题

（一）转让证中未明确的权利，受让人未经权利人同意不得行使

我国《著作权法》明确规定，转让的权利种类、地域范围是著作权转让合同的主要内容。因此，颁发著作权转让证，明确转让的权利种类是颁证双方合意不可或缺的重要内容。通常而言，转让证中未明确的权利，就是未转让的权利。对于著作权人未转让的权利，受让人当然不得行使。这就我国《著作权法》第29条规定的"转让合同中著作权人未明确许可、转让的权利，未经著作权人同意，另一方当事人不得行使"的基本精神。这里需要注意的问题是受让的权利要符合合同目的，避免受让的权利不能实现合同目的问题。如出版单位出版一部文集，仅受让复制权、发行权。若严格按照《著作权法》的规定，则该文集还难以正常出版。因为文集是汇集一个人或多个人文章的汇编，此时，就要连同汇编权一同转让才能保障汇编作品的顺利出版发行。涉及改编权、翻译权的作品，同样存在此类问题，甚至还要取得原作品的许可或转让。

（二）合作作品各合作作者未协商一致不得转让

《著作权法》第14条第2款、第3款规定，合作作品的著作权由合作作者通过协商一致行使；不能协商一致，又无正当理由的，任何一方不得阻止他方行使除转让、许可他人专有使用、出质以外的其他权利，但是所得收益应当合理分配给所有合作作者。合作作品可以分割使用的，作者对各自创作

的部分可以单独享有著作权，但行使著作权时不得侵犯合作作品整体的著作权。在著作权转让证贸易中，涉及的问题比许可证贸易复杂很多。对于不可分割的合作作品转让的前提是各合作作者协商一致。否则，转让合同无效。

（三）著作权转让证可以向著作权主管部门备案

著作权自作品创作完成之日起自动产生。但是作品的无形性使得权利的变动会产生不确定性和公信力问题。因此，不少学者认为，为了更好地保护著作权人的合法利益，保护交易安全和善意第三人的利益，建议著作权转让证应当到著作权主管部门进行登记。未经登记不影响转让合同效力，但不得对抗第三人。[1]从目前我国法律规定看，虽然《著作权法实施条例》第25条规定，与著作权人订立专有许可使用合同、转让合同的，可以向著作权主管部门备案。据此，我国也颁布了《作品自愿登记试行办法》，其为解决著作权纠纷提供初步证据，实行作品自愿登记制度并未改变《著作权法》规定的著作权自动保护原则，作品不论是否登记，作者或其他著作权人依法取得的著作权不受影响。

著作权转让证登记或备案不是必经法律程序，不仅不影响合同效力，且对抗第三人也不存在效力问题。至于善意第三人的责任问题，通常采取的原则为法律保护在先权，在后善意第三人应当承担停止侵权责任。至于赔偿责任，善意第三人因无过错，不对损失承担赔偿责任。[2]在先受让人的损失，可以根据与出让人签订的合同来解决。

（四）著作权转让证应采取书面形式

基于著作权转让证对于颁证双方的重大影响，我国《著作权法》明确规定，著作权转让合同应当采取书面形式。因此，著作转让证属于要式合同。但是，在实际工作者中，却存在着签订转让合同未采取书面形式的问题。对此，《最高人民法院关于审理著作权民事纠纷案件适用法律若干问题的解释》第22条规定，著作权转让合同未采取书面形式的，人民法院依据《民法典》第490条的规定审查合同是否成立。依据我国《民法典》第490条第2款规定，法律、行政法规规定或者当事人约定合同应当采用书面形式订立，当事

〔1〕 参见来小鹏：《著作权转让比较研究》，载《比较法研究》2005年第5期；参见张桂珍：《试论著作权转让》，载《财贸研究》2001年第6期；参见徐聪颖：《版权转让中的交易风险规避问题分析——"老鼠爱大米"一案所引发的思考》，载《电子知识产权》2006年第3期。

〔2〕 广东省高级人民法院民事判决书（2019）粤高法民三终字第157号。

人未采用书面形式但是一方已经履行主要义务，对方接受时，该合同成立，在转让证当事人一方已经履行主要义务，对方接受的情况下，该合同成立。因此，学术界有学者认为只要当事人就合同的约定不违反法律、公共秩序和善良风俗及第三人的利益或者已经得以实际履行，仅未采用书面形式，应承认其效力。[1] 笔者认为，该学者关于"只要当事人就合同的约定不违反法律、公共秩序和善良风俗及第三人的利益，……仅未采取书面形式，应承认其效力"的观点值得商榷。当事人的合同约定违背法律、公共秩序和善良风俗及第三人的利益，这本身就不是应否承认其效力问题。

我国《民法典》第 506 条规定，合同中的下列免责条款无效：（1）造成对方人身损害的；（2）因故意或者重大过失造成对方财产损失的。因此，只要当事人就合同的约定不违反法律、公共秩序和善良风俗及第三人的利益，应当采用书面形式，仅未采取书面形式认定其是否有效，只能用实际已经履行和诚实信用原则进行考量。笔者认为，尽管最高法院有上述规定和学界早有相关承认其法律效力的学术观点，但因不具有书面形式，要证明相关合同是转让合同还是许可合同，是专有许可合同还是非专有许可合同关键要看证据。只有有了充分的证据证明著作权转让的事实，才能够被依法认定为合同成立。但是，根据《著作权法实施条例》的规定以及国家版权局的相关规定，没有书面合同通常仅享有非专有使用权，因此，要达到证明无书面形式的转让合同成立，证明难度极大。通常在出让人坚决否定的情况下，难以被法院采信。因此，版权转让证原则上应当采取书面形式，杜绝非书面形式，避免不必要的纠纷。发生非书面形式的转让合同纠纷，通常会发生对受让人不利的后果。

四、著作权转让的几个重要理论问题

（一）著作权转让中精神权利与财产权利的冲突：精神权利部分穷揭理论

精神权利部分穷揭理论是著作权贸易的基石，这一基石作用在大陆法系承认著作精神权利的国家中尤为重要。在大陆法系国家，著作权精神权利或人身权利通常认为与著作权人不可分离，不得转让或不具有转让性。在著作权人进行著作权转让贸易中，就不可避免地发生人身权与财产权的冲突。如

---

〔1〕 参见来小鹏：《著作权转让比较研究》，载《比较法研究》2005 年第 5 期。

已故著名知识产权法学家郑成思教授举的例子，一个剧本的作者把该剧本的表演权转让给了某个剧团，数年后又反对以演出形式使用该剧本（但未宣布收回）；或一个乐曲作者把乐曲的表演权转让给某制片厂，却又反对稍加修改，以便更合适在某影片中使用该乐曲，或反对包含该乐曲的电影上映，这样就产生了"经济权利全部或部分转让，……与不可转让的精神权利如何协调的问题。""精神权利把握在原作者手里，对受让人终归是一种威胁，使大多数受让人感到自己通过转让合同得到的经济权利缺乏可靠性。"[1]这种状况不利于著作权贸易。为了促进著作权贸易事业的发展，理论界就提出了精神权利部分穷揭理论。

精神权利部分穷揭理论，又称精神权利部分穷竭原则，是指当作者在经济权利转让合同中对受让的权利范围、利用目的、利用地域、利用时间及利用条件等内容都做了具体约定时，作者（出让人）就是在行使自己的精神权利；而为该合同目的行使精神权利，在合同范围内只能行使一次，即告行使完毕即穷揭。[2]对于该理论还有一种解释，即指版权人在转让经济权利的同时有条件的许可权利受让人行使其部分精神权利，[3]并进一步认为，这一原则包含三层含义：一是精神权利可以有条件转让，版权人在合同范围内行使一次即告穷揭；二是这种转让不会使之卖绝，而是有条件地放弃或暂时放弃其中的一部分；三是精神权利的转让仅仅是伴随相应的财产权的转让而发生的。这里的"条件"主要有四个方面：一是版权人同意转让的意思表示；二是经济权利转让的种类；三是经济权利转让的期限；四是经济权利转让的地域范围。[4]笔者认为，胡先生关于精神权利部分穷揭原则的观点存在着自相矛盾的问题。通常认为，精神权利不得转让、许可，胡先生认为穷揭是许可受让人行使作者的精神权利问题，笔者认为是欠妥的，穷揭在于在合同范围内作者已经行使而穷揭。在涉及修改问题上，是作者授权受让人在合同使用目的基础上的修改。这一理论使得作者无权在合同履行期间再度行使自己的精神权利来限制或否认著作权转让合同的履行。

---

〔1〕　郑成思：《论版权转让》，载《知识产权》1990 年第 3 期。

〔2〕　参见郑成思：《论版权转让》，载《知识产权》1990 年第 3 期。

〔3〕　参见陈谊：《论网络环境下著作人身权的移转》，载《涪陵师范学院学报》2004 年第 6 期。

〔4〕　参见胡知武：《贯彻"精神权利部分穷竭"原则——版权转让的关键》，载《知识产权》1998 年第 5 期。

精神权利部分穷揭理论在多数国家的版权法中很少有明文规定。但这一原则可以从不少国家的版权法中推论出来。如《法国版权法》第 L.121-2 条、L.121-4 条即是如此。前者规定，仅作者有权发表其作品。在不影响 L.132-24 条规定的情况下，由作者确定发表的方式和条件。L.132-24 条是 1994 年 5 月 10 日 94-361 号法律增补条款。该条款规定了软件作者著作权的质押。L.132-24 条规定了著作权（特别是软件著作权）质押条件下，作者发表权部分穷揭。L.121-4 条规定，尽管使用权已转让，甚至该转让作品已经出版，作者对受让人仍享有追悔或收回的权利。作者必须在事先赔偿因追悔或收回给受让人造成的损失后，才能行使该权利。该规定近似明确作者在版权转让合同签署后，如不事先赔偿受让人因追悔或收回造成的损失，则无权行使该权利。

我国是少数对作者精神权利部分穷揭原则在《著作权法》中明确规定的国家。

我国对精神权利部分穷揭原则明文规定，主要有两个方面的规定：

一是在著作权赋权中穷揭部分精神权利，表现在仅赋予署名权，穷揭其他精神权利。

1. 视听作品在赋权中穷揭编剧、导演、摄影、作词、作曲等作者的发表权、修改权、保护作品完整权和使用权即获得报酬权，仅保留署名权和合同约定的报酬权。

如我国《著作权法》第 17 条第 1 款规定，视听作品中的电影作品、电视剧作品的著作权由制作者享有，但编剧、导演、摄影、作词、作曲等作者享有署名权，并有权按照与制作者签订的合同获得报酬（合同报酬权）。

2. 在单位享有著作权的职务作品赋权中作者穷揭发表权、修改权、保护作品完整权和使用权即获得报酬权，仅享有署名权和获得奖励权。

如《著作权法》第 18 条第 2 款规定，有下列情形之一的职务作品，作者享有署名权，著作权的其他权利由法人或者非法人组织享有，法人或者非法人组织可以给予作者奖励（职务作品奖励权）：①主要是利用法人或者非法人组织的物质技术条件创作，并由法人或者非法人组织承担责任的工程设计图、产品设计图、地图、示意图、计算机软件等职务作品；②报社、期刊社、通讯社、广播电台、电视台的工作人员创作的职务作品；③法律、行政法规规定或者合同约定著作权由法人或者非法人组织享有的职务作品。

二是在著作权行使阶段，穷揭部分精神权利。

1. 修改权的穷揭。主要表现在修改权部分穷揭。一方面我国授予著作权人以修改权，另一方面我国《著作权法》又明确在特定情势下作者精神权利部分穷揭。这些规定主要有：（1）《著作权法》关于作者向报刊社投稿修改权穷揭规定。《著作权法》第36条规定，图书出版者经作者许可，可以对作品修改、删节。报社、期刊社可以对作品作文字性修改、删节。对内容的修改，应当经作者许可。（2）视听作品作者修改权的穷揭。《著作权法实施条例》第10条规定，著作权人许可他人将其作品摄制成电影作品和以类似摄制电影的方法创作的作品的，视为已同意对其作品进行必要的改动，但是这种改动不得歪曲篡改原作品。我国《著作权法》对作者修改权部分穷揭原则的明文规定，极大的促进报刊事业和影视业的发展。在著作权转让中，修改权部分穷揭也是非常重要的。在转让合同约定的范围内，出让人一次性的行使了修改权，即授权出让人在使用目的、范围内可以对作品进行适当修改、改动。

2. 发表权的穷揭。在精神权利部分穷揭中除涉及修改权明文规定外，主要涉及发表权穷揭。发表权，即决定作品是否公之于众的权利，他具有一次用尽的显著特征。一件作品只要第一次合法的以某种形式公之于众，就永远处于已经公之于众的状态，永远就不可能再回到未发表的状态之中。我国著作权许可合同、转让合同都是以著作权人在合同范围内已经行使发表权为前提的。我国《著作权法》在作者许可使用与转让的前提下，作者许可、转让合同相对人使用作品，无论是否约定发表权如何行使，都不得以侵害发表权阻却相对人行使权利。传播者合法使用作品不以侵害发表权为注意义务。如我国《著作权法》第31条规定，出版者、表演者、录音录像制作者、广播电台、电视台等依照本法有关规定使用他人作品的，不得侵犯作者的署名权、修改权、保护作品完整权和获得报酬的权利。即表明许可、转让即一次性的行使了发表权，作者无权再以发表权阻止出版者、表演者、录音录像制作者、广播电台、电视台等传播者停止传播作品，这些传播者传播作品也不存在侵害发表权的问题，传播者的注意义务仅仅在于署名权、修改权、保护作品完整权和依法支付报酬上。

3. 署名权的穷揭。署名权通常在著作权转让中不具有穷揭性。但是在特别情况下，作者的署名权也会穷揭。如《著作权法实施条例》第19条规定

"使用他人作品的，应当指明作者姓名、作品名称；但是，当事人另有约定或者由于作品使用方式的特性无法指明的除外。"保护作品完整权在任何情况都不存在穷揭问题。

作者精神权利部分穷揭保障了我国版权贸易事业的正常发展。

（二）未来作品著作权转让问题

未来作品，也称将来作品，是尚未创作完成的作品，既包括正在创作尚未完成的作品，又包括还未开始创作，计划以后时间开始创作的作品。未来版权也称将来版权，是指尚未创作完成但在创作完成之日起自动享有的著作权。郑成思教授认为，"将来版权"指的是已经处于创作过程中、但尚未创作完成的作品所享有的版权。[1]郑教授的观点，笔者认为存在两个方面的问题，一是不全面，即还未处于创作过程中，计划在未来时间内创作的作品未包含在内；二是尚未创作完成的作品，著作权尚未产生，不存在尚未创作完成的作品所享有的版权问题。还有部分学者对未来作品著作权的转让问题进行了研究，但并未对未来版权进行严格界定。[2]但其未来版权概念都是与其未来作品概念的界定相联系的。在研究未来版权转让的论著中，学者一致认为我国《著作权法》中无未来版权转让的明文规定，使我国《著作权法》的遗漏。[3]笔者认为，我国《著作权法》中并非没有未来作品版权转让的明文规定，我国《著作权法》中只是未使用未来作品、未来版权的法律概念，但对未来版权转让问题却有着明确规定。我国《著作权法》第19条规定，受委托创作的作品，著作权的归属由委托人和受托人通过合同约定。合同未作明确约定或者没有订立合同的，著作权属于受托人。笔者认为，委托作品即为未来作品，委托作品创作未完成时的版权问题，就是未来版权，委托作品创作完成时自动产生的著作权即未来版权因作品创作完成转变成了现实版权。在《著作权法》规定的该条款中包含了三层次的含义，一是委托作品著作权的归属，如委托人与受托人通过合同约定属于委托人，则委托作品即未来作品的著作权属于委托人。二是委托作品著作权的归属，如委托人与受托人通过合

〔1〕 参见郑成思：《论版权转让》，载《知识产权》1990年第3期。

〔2〕 参见钟瑞栋、王根长：《论未来作品著作权的转让》，载《甘肃政法学院学报》2009年第2期；参见穆英慧、苏玉环：《未来版权转让合同之民法基础》，载《华东政法学院学报》2003年第4期等。

〔3〕 参见钟瑞栋、王根长：《论未来作品著作权的转让》，载《甘肃政法学院学报》2009年第2期；参见穆英慧、苏玉环：《未来版权转让合同之民法基础》，载《华东政法学院学报》2003年第4期等。

同约定属受托人，则委托作品即未来作品的著作权属于受托人；三是合同未作明确约定或者没有订立合同的，著作权属于受托人。笔者认为，第一层含义就是未来作品的著作权合同转让问题。因此，我国《著作权法》不是对未来版权没有规定，而是将未来作品作为委托作品对待的，把未来版权作为委托作品尚未创作完成时未来的版权问题看待的。因此，研究我国《著作权法》和著作权贸易不能仅从文字上，更要从法律精神上全面把握我国著作权法的实质。

我国关于委托作品的规定，明确了未来作品的转让问题和如何转让的具体方法即可通过委托合同方式进行转让。被学者认为"实质就是未来版权转让"[1]的"约稿"现象，买断某作家未来三年的全部作品'歌曲创作者在创作某歌曲之前预先将该歌曲的演唱权转让给某歌手'等本质上都是委托创作合同关系或者委托创作关系的转化形式。

基于上述认识，笔者认为在我国未来版权转让不仅有社会基础，而且有法律保障。在著作权贸易活动中，未来版权转让在我国可通过委托作品著作权明确约定的方式进行转让。而且部分学者提出的"在作品创作前就签订一个合同，约定相关事宜，作品产生后，再签订正式的版权转让合同。"[2]的未来版权转让方式，在诚实信用原则下可以通过签订委托合同一揽子解决版权转让问题，没必要签订两次合同，浪费合同双方的时间和钱财。

我国职务作品的著作权归属，在相当程度上也体现了未来版权转让问题。职务作品著作权归属，通常由合同约定或由雇员单位的规章制度事先规定，所有入职人员都须遵守该约定或规定。在约定或规定形成之时，作品尚未创作，在劳动关系存续期间创作完成的作品权利归属，按照约定或规定享有。因此，职务作品制度体现了未来作品、未来版权归属的制度性安排。

（三）著作权转让与载体

著作权的客体是作品。"作品依存于载体，载体呈现作品。作品之所以被创作出来，乃在于作者借助了一定的媒介将内在思想通过载体形诸于外。"著作权依作品创作完成而产生，载体本身则属于物权的客体，载体上承载的作

---

[1] 钟瑞栋、王根长：《论未来作品著作权的转让》，载《甘肃政法学院学报》2009 年第 2 期；参见穆英慧、苏玉环：《未来版权转让合同之民法基础》，载《华东政法学院学报》2003 年第 4 期等。

[2] 钟瑞栋、王根长：《论未来作品著作权的转让》，载《甘肃政法学院学报》2009 年第 2 期；参见穆英慧、苏玉环：《未来版权转让合同之民法基础》，载《华东政法学院学报》2003 年第 4 期等。

品则是著作权或知识产权的客体。在著作权领域，著作权的转让不依载体的交付为前提，但"由于作品必然存身于物质载体，著作权与物权发生冲突的可能性仍然存在，特别是当作品载体具有唯一性或作品的价值主要体现在最初的原始载体上时，情况更是如此。"[1]因此，在著作权转让时，应当在转让合同中对作品载体特别是原始载体的交付或权利转移进行处理。在转让合同中，如无对载体，特别是只有原始载体没有复制载体进行约定，则可能会存在签订了著作权转让合同，而受让人无法获得作品，或者著作权人出让著作权，也丧失了载体的物权的冲突与矛盾。解决此矛盾与冲突，办法其实很简单，就是在合同中明确约定载体的交付、归还或归属。如果没有约定，则会造成不必要的矛盾与冲突。此问题应当在签约时随即解决。

其实，对此问题我国出版单位处理起来并不陌生。早在1999年国家版权局制定的《图书出版合同（标准样式）》第18条就有专门的提示性条款规定，其第18条的具体规定为：上述作品出版后×××日内乙方应将作品原稿退还甲方。如有损坏，应赔偿甲方××× 元；如有遗失，赔偿 ×××元。但除了图书出版者或与出版相关的研究者外，其他权利人或相关受让人对此规定并不十分了解，因此我们在此强调版权转让与载体的关系，对于社会公众在版权转让贸易中妥善处理两者的关系，推动版权贸易顺利开展具有重要意义。

第二节　商标专用权转让证贸易

一、商标转让及其基本类型

商标转让是指商标所有人或其他有处分权的人将商标专用权转让给受让人的行为。广义的商标转让包括商标转让和转移。商标转移是指商标注册人消亡后注册商标的继受或承受。从贸易视域出发，商标转让不包括商标转移。

商标转让从世界范围的历史上考察，它有连同转让和单独转让两种基本类型。

连同转让是指商标的转让须与企业的财产或营业一同转让。早期的商标转让，是属于企业或营业转让的附随结果，此时期由于生产工艺和技术设备

---

[1]　参见杨述兴：《论作品与载体的关系》，载《知识产权》2012年第6期。

尚未实现标准化，商品质量是和一定的营业相联系的，特定的营业是商品质量的保障。为了充分保障消费者权益，即便出现了独立的商标转让，法律上也要求其所属营业一并转让。[1]大致到20世纪30年代，世界范围内的情况发生了变化，出现了不同国家对商标转让是否须一并转让营业不同的要求。据《保护工业产权巴黎公约指南》一书记载，当时多数国家的法律允许转让商标而无须同时或一并转让商标所属企业；另一些国家的法律则规定，商标转让是否有效须视其所属企业是否同时或一起转让而定。[2]连同转让至今仍然是商标转让的一种基本类型。《TRIPS协定》第21条商标的许可与转让规定，证明了这一点。该规定为，各成员可对商标的许可和转让确定条件，与此相关的理解是，不允许商标的强制许可，且注册商标的所有权人有权将商标与该商标所属业务同时或不同时转让。据我国学者研究，在当今主要国家中，只有美国仍然坚持连同转让的立法模式，但也并未真正得到贯彻。[3]并提出了连同转让存在五大弊端：一是营业转让与品质保证之间不存在必然联系。因为营业转让虽然有助于保证商品品质，但并非品质保证的必要前提，再则，连同转让也并不能阻却受让人改变商品质量。二是难以规避商标转让者与受让者的合谋。即转让方只需授意受让方将其商标注册，而作为商标所有人不提异议。这样转让方的商标就会被撤销，受让方最终取得商标所有权。上述程序与连同转让原则并存会导致商标法内部规则的冲突。三是未能平等对待商标受让人与原始所有人的品质保证义务。连同转让只是单方面要求受让人保持与前手相同的商品质量，而原始所有人则无保持商品质量的义务。为满足市场需求，对商品质量乃至类型进行适时调整不但必要而且有益，禁止受让人改变商品质量，存在着阻碍受让人进行技术革新，影响其市场竞争力。四是对商标转让的控制具有偶然性。对商标转让的控制，只存在于竞争企业才有激励对商标转让进行监督的情况下，不具有竞争的企业则不存在对商标转让的控制问题。五是有悖于公共利益原则。连同转让原则的适用导致

---

〔1〕　参见彭学龙：《商标转让的理论建构与制度设计》，载《法律科学（西北政法大学学报）》2011年第3期。

〔2〕　参见［奥］博登浩森：《保护工业产权巴黎公约指南》，汤宗舜、段瑞林译，中国人民大学出版社2003年版，第69-70页、第286-288页。

〔3〕　参见彭学龙：《商标转让的理论建构与制度设计》，载《法律科学（西北政法大学学报）》2011年第3期。

部分符合商业惯例的商标转让被宣告无效，引发了大量的高昂成本的无谓诉讼，违背公共利益原则。

单独转让，也称独立转让、自由转让，是指注册商标可以单独进行转让而不与营业相关联的商标转让行为。目前世界上多数国家都采用这一模式规范商标转让行为。我国商标法对于商标转让实行的就是单独转让原则。使用单独转让原则，可以规避前述连同转让原则的种种困扰，显示出单独转让的合理性：一是符合商标转让的商业惯例，有助于企业以商标为担保获取融资。在企业无力偿债的情况下，转让其商标而保留营业对各方当事人都是有利的。此种情况下增加了同类商品的市场供给者或竞争者，使消费者有了更大的选择自由，促进了公共利益。二是优化商标资源配置。商标自由转让有利于商标流向对其评价最高的市场主体，实现优化配置。商标是商誉的载体，商誉附属于商标。即使是法律不作要求，商标与商誉一同转让，附属于商标的商誉一同转让。三是将自由转让和商业欺诈行为分离开来。单独转让与商业欺诈之间并不存在必然的联系。只要受让人依照法律规定和商业惯例标示出商品的实际生产者，消费者稍尽注意即能发现商标转让的事实，且即便企业利用受让的商标欺骗消费者，其原因也不在于未一同转让营业，而是源自其投机心理。[1]因单独转让具有连同转让无法比拟的优势，已成为世界商标转让的最为主要的原则和类型。我们本节研究商标权的转让，主要研究的是自由转让或单独转让。

此外，在我国自 2002 年 9 月 15 日起，已经申请但尚未获准注册的商标，也可以申请转让或移转。

二、注册商标转让的基本程序

我国《商标法》第 42 条规定，转让注册商标的，转让人和受让人应当签订转让协议，并共同向商标局提出申请。受让人应当保证使用该注册商标的商品质量。转让注册商标的，商标注册人对其在同一种商品上注册的近似的商标，或者在类似商品上注册的相同或者近似的商标，应当一并转让。对容易导致混淆或者有其他不良影响的转让，商标局不予核准，书面通知申请人

---

〔1〕 参见彭学龙：《商标转让的理论建构与制度设计》，载《法律科学（西北政法大学学报）》2011 年第 3 期。

并说明理由。转让注册商标经核准后，予以公告。受让人自公告之日起享有商标专用权。据此，我国商标转让的基本程序是：

（一）磋商与颁发商标转让证

商标转让方与受让方在双方有转让意向的基础上，需要双方对交易的商标进行评价、就转让标的、近似商标查询、价金、合同条款等进行磋商，在双方达成一致意见下，签订商标转让协议或颁发商标转让证。商标转让证示例如下：

商标转让协议
（示例）

注册商标权转让方（以下简称甲方）：

注册商标权受让方（以下简称乙方）：

甲、乙双方经协商一致，对（商标名称）注册商标权的转让达成如下协议：

一、转让的注册商标名称：

二、商标图样（贴商标图样，并由甲方盖骑缝章）：

三、商标注册证号：

四、该商标下次应续展的时间：

五、该商标取得注册所包括的商品或服务的类别及商品或服务的具体名称：

六、甲方保证是上述注册商标的所有人，并保证不存在属于甲方所有的、与上述注册商标构成相同或相近似的注册商标及使用但未注册商标。

七、商标权转让后，乙方的权限：

1. 可以使用该商标的商品种类（或服务的类别及名称）：

2. 可以使用该商标的地域范围：中国

八、商标权转让的性质：永久性的商标权转让

九、商标权转让的时间：在本协议生效后，且办妥商标转让变更注册手续后，该商标权正式转归乙方。

十、商标转让协议生效后的变更手续：

由甲方在商标权转让协议生效后，办理变更注册人的手续，变更注册人

所需费用由甲方承担。

十一、双方均承担保守对方生产经营情况秘密的义务；乙方在协议期内及协议期后，不得泄露甲方为转让该商标而一同提供的技术秘密与商业秘密。

十二、甲方应保证被转让的商标为有效商标，并保证没有任何第三方拥有该商标所有权，在上述转让注册商标上不存在质押、许可使用等他项权利的存在。

十三、商标权转让的转让费与付款方式：

1. 转让费按转让达到权限计算共××××万元；

2. 付款方式及时间：本协议签订时，由乙方支付转让费的×%（即人民币××××元），商标转让变更注册手续完成后，乙方成为上述商标的注册商标权人后，由乙方支付转让费的×%（即人民币××××元）。

十四、甲方保证在协议有效期内，不在该商标的注册有效地域内经营带有相同或相似商标的商品，也不得从事其他与该商品的生产、销售及提供服务等与乙方相竞争的活动。

十五、双方的违约责任：

1. 甲方在本协议生效后，违反协议约定，仍在生产的商品上继续使用本商标，除应停止使用本商标外，还应承担赔偿责任；

2. 乙方在协议约定的时间内，未交付商标转让费用，甲方有权拒绝交付商标的所有权，并可以通知乙方解除协议。

十六、协议纠纷的解决方式：双方应友好协商，如协商不成，任何一方可向法院起诉。

十七、本协议自双方签字盖章之日起生效。但如果转让注册商标申请未经商标局核准的，本协议自然失效；甲方应当将所收取的乙方交付的转让费退还乙方。

转让方：   受让方：

代表人：   代表人：

地址：   地址：

邮政编码：   邮政编码：

电话：   电话：

开户银行：   开户银行：

银行账号：   银行账号：

协议签订地点：

协议签订日期：　　　　　　年　　月　　日

(二) 申请与受理

转让人与受让人签署商标转让合同后，应共同向商标局提出申请。即共同向商标局提出符合书件格式规定的转让注册商标申请书，国家商标局唯一接受的书件格式如下：

转让/移转申请/注册商标申请书

转让人名称(中文)：

　　　　　　(英文)：

转让人地址(中文)：

　　　　　　(英文)：

受让人名称(中文)：

　　　　　　(英文)：

受让人地址(中文)：

　　　　　　(英文)：

邮政编码：

联系人：

电话：

外国受让人的国内接收人：

国内接收人地址：

邮政编码：

代理机构名称：

商标申请号/注册号：

是否共有商标：　　　□ 是　　　　　□ 否

转让人章戳（签字）：　　受让人章戳（签字）：　　代理机构章戳：

　　　　　　　　　　　　　　　　　　　　　　代理人签字：

填写说明

1. 办理转让/移转商标注册申请或转让/移转注册商标的，适用本书式。申请书应当打字或印刷。转让人/受让人应当按规定填写，不得修改格式。以下填写说明适用于移转。

2. 商标转让由转让人和受让人共同提出申请。

3. 转让人/受让人名称、转让人/受让人章戳（签字）处加盖的章戳（签字）应当与所附身份证明文件中的名称一致。转让人/受让人为自然人的，应当同时在姓名后面填写证明文件号码。

4. 转让人/受让人地址应冠以省、市、县等行政区划名称并按照身份证明文件中的地址填写，证明文件中的地址未冠有省、市、县等行政区划的，应增加填写相应行政区划名称。转让人/受让人为自然人的，可以填写通讯地址。

5. 国内申请人不需填写英文。

6. 外国受让人应当在申请书中指定其国内接收人负责接收国家知识产权局后继商标业务的法律文件，国内接收人地址应冠以省、市、县等行政区划名称详细填写。

7. 转让前为共有商标或转让后为共有商标的，应当在"是否共有商标"选择"是"；非共有商标选择"否"。

8. 共有商标申请转让，申请书首页转让人/受让人名称/地址填写代表人的名称/地址，其他转让人/受让人共有人依次填写在申请书附页上（可再加附页）。非共有商标的，不需提交附页。

9. 集体商标转让的，受让人需提交商标使用管理规则和集体成员名单；证明商标转让的，受让人需提交商标使用管理规则。

10. 委托商标代理机构申报的，应当填写代理机构名称并在"代理机构章戳/代理人签字"处由代理人签字并加盖代理机构章戳。未委托商标代理机构的，不需填写。

11. 一份申请书填写一个商标申请号/注册号。

12. 转让人/受让人为法人或其他组织的，应当在"转让人/受让人章戳（签字）"处盖章。转让人/受让人为自然人的，应当在此处签字。所盖章戳或签字应当完整清晰。

13. 申请按类别收费，一个类别受理转让注册商标费为 500 元人民币，由受让人缴纳。

14. 申请事宜并请详细阅读"商标申请指南"（www. saic. gov. cn）。

转让/移转申请/注册商标申请书

（附页）

其他转让共有人

1. 名称（中文）：

（英文）：   （章戳/签字）

   地址（中文）：

（英文）：

2. 名称（中文）：

（英文）：   （章戳/签字）

   地址（中文）：

（英文）：

其他受让共有人

1. 名称（中文）：

（英文）：   （章戳/签字）

   地址（中文）：

（英文）：

2. 名称（中文）：

（英文）：   （章戳/签字）

   地址（中文）：

（英文）

1. 申请转让注册商标有途径

A 申请人自行提交电子申请。

通过网上系统提交商标转让申请。提交方法详见中国商标网"网上申请"栏目。中华人民共和国国家知识产权局商标局中国商标网上服务系统网址：https：//wssq. sbj. cnipa. gov. cn：9443/tmsve/。

B 申请人可到相关受理窗口办理。

（1）直接到开展相关受理业务的商标受理窗口办理。

截至 2023 年 3 月，国家知识产权局在全国各地设立了众多商业业务受理窗口，受理商标变更、转让、续展申请业务。全国各地商标业务受理窗口信

息可查《国家知识产权局商标业务受理窗口信息表》[1]。全国（不包括港澳台）各地商业业务受理窗口数量分布如下表：

地域	数量	地域	数量	地域	数量	地域	数量
北京	12	上海	9	湖北	20	云南	9
天津	7	江苏	12	湖南	14	陕西	10
河北	5	浙江	12	广东	14	甘肃	15
山西	6	安徽	14	广西	14	宁夏	1
内蒙古	5	福建	7	海南	4	新疆	7
辽宁	12	江西	5	重庆	1	合计	277
吉林	8	山东	12	四川	12		
黑龙江	12	河南	9	贵州	9		

从上表可知，除西藏、青海外，全国大多数地级市均有商标业务受理窗口。

（2）到商标局在京外设立的商标审查协作中心办理。

	序号	名称	地址	对外电话
广东	1	商标审查协作广州中心	广东省广州市越秀区流花路117号内12、14号楼一楼	020-83772305
上海	2	上海商标审查协作中心	上海市徐汇区漕宝路650号一号楼一楼	021-23521800-0
重庆	3	重庆商标审查协作中心	重庆市江北区对山立交科技金融大厦5号楼	023-6585419，65854187
山东	4	济南商标审查协作中心	山东省济南市高新区天辰路2177号联合财富广场2号楼	0531-89700542
河南	5	郑州商标审查协作中心	河南省郑州市郑东新区永和龙子湖广场B座32层	0371-88905323

（3）直接到商标局驻中关村国家自主创新示范区办事处办理。

---

〔1〕 参见《国家知识产权局商标业务受理窗口信息表》，载 https://www.cnipa.gov.cn/art/2023/3/24/art_ 2629_ 183135.html。

商标局驻中关村国家自主创新示范区办事处地址为：北京市海淀区苏州街 36 号北京市工商行政管理局二层 205 办公室。

（4）直接到商标局商标注册大厅办理。

商标局商标注册大厅办公地址：北京市西城区茶马南街 1 号　邮编：100055

办公时间：8：30-11：30　13：30-16：30 咨询电话：010-63218500

C 委托在商标局备案的商标代理机构办理。

（三）缴纳商标规费

申请按类别收费，一个类别受理转让注册商标费为 500 元人民币。

（四）核准与公告

依照我国《商标法》的规定，商标转让实行核准制，即注册商标转让要经过国家知识产权局商标局审查后给予核准。

我国商标局对商标转让的审查有绝对性条款和相对性条款审查。绝对性条款是指"对容易导致混淆或者有其他不良影响的转让，商标局不予核准，书面通知申请人并说明理由。"此种审查主要与商品产地和政治性影响有关。如"新郑"大枣，"茅台"酒，"中南海"香烟等商标不允许转让到其他地区。相对性条款是指"商标注册人对其在同一种商品上注册的近似的商标，或者在类似商品上注册的相同或者近似的商标，应当一并转让。"

商标局经审查后，转让申请核准后，直接办理的，商标局将按照申请书上填写的地址，以邮寄方式发给受让人转让证明即《注册商标转让证明》，经代理的，发送给代理组织。对于注册商标，将该商标的转让事宜刊登公告。证明上的落款日期为公告之日，受让人自该日起享有商标专用权。

注册商标转让证明与商标注册证一起使用具有同等法律效力，至此，转让申请人（受让人）成为合法的商标专用权人。

转让申请被视为放弃或不予核准的，商标局发出《视为放弃通知书》或《不予核准通知书》。直接办理的，将按照申请书上填写的地址，以邮寄方式发给申请人；经代理的，发送给代理组织。

转让申请书中的受让人为多个人共有的，商标局的有关通知或证明仅发给代表人。其他共有人需要证明的，应申请补发。

从上列注册商标转让可知，注册商标权利证贸易是在签订书面转让协议基础上，经申请、核准后表现为注册商标转让证明+商标注册证。其中，注册商标转让证明是以符合法律要求的注册商标转让协议为前提的；权利证贸易是否合法以是否取得注册商标转让证明为依据。

三、颁发商标转让证实践中应注意的几个问题

（一）商标转让应当签署书面合同

《商标法》第 42 条规定，转让注册商标的，转让人和受让人应当签订转让协议，并共同向商标局提出申请。受让人应当保证使用该注册商标的商品质量。转让注册商标的，商标注册人对其在同一种商品上注册的近似的商标，或者在类似商品上注册的相同或者近似的商标，应当一并转让。转让注册商标，商标注册人对其在同一种或者类似商品上注册的相同或者近似的商标未一并转让的，由商标局通知其限期改正；期满未改正的，视为放弃转让该注册商标的申请，商标局应当书面通知申请人。当事人签订的转让协议（证）应当是书面形式的协议或转让证。

（二）商标转让实行核准制

受让人自公告之日起享有商标专用权。转让注册商标的，转让人和受让人应当向商标局提交转让注册商标申请书。转让注册商标申请手续应当由转让人和受让人共同办理。转让注册商标经商标局核准后，即商标局核准转让注册商标申请的，发给受让人相应证明，并予以公告。对容易导致混淆或者有其他不良影响的转让，商标局不予核准，书面通知申请人并说明理由。

（三）防范商标转让代理陷阱[1]

1. 先通过国家知识产权局商标局官方网站查询相关代理机构资质，从中选择可信赖者为自己提供代理服务，原则上尽量选择成立时间久、综合信誉好的代理机构。另外，可以优先考虑北京地区的代理机构，因为其在地理位置上便于与商标局联系沟通、递送材料。或者选择当地代理机构，一旦发生纠纷，也有利于及时解决。

2. 对欲申请注册的商标在行业划分上有一定了解。申请人在申请注册商标时要准确了解自己的商品或者服务属于哪个类别，并根据未来发展规划判断需要在哪些关联类别上注册商标。这样可以防止一些商标代理机构为了多

---

[1] 参见李先锋：《如何防范商标代理陷阱》，载《中国工商报》2015 年 11 月 17 日，第 6 版。

收费而怂恿申请人进行不必要的全类别注册。

3. 掌握商标注册程序，关注注册申请动态，避免轻信代理机构的承诺。商标局对申请注册商标的审查是按申请时间的先后进行的，不存在"插队"之说，要避免相信代理机构所谓的找熟人加快审查之类的保证。一般来说，在一个完整的商标注册申请流程中，从提交申请到收到注册申请受理通知书的时间应该在3-4个月，如果代理机构早于3个月拿到受理通知书或者晚于4个月仍未拿到受理通知书，都可能出现问题，这时申请人应该查询中国商标网，及时了解情况。

4. 正确对待商标驳回和商标异议。面对商标没有通过审查的情形，申请人应当摆正心态正确对待，并在综合考虑的基础上决定是否进行驳回复审。当一些代理机构宣称复审保过时，申请人不能轻信。

第三节　专利权转让证贸易

一、专利转让的基本类别

我国《专利法》第10条第1款规定，专利申请权和专利权可以转让。因此，在我国《专利法》中赋予了以是否实际取得专利权为标准的两种专利转让类型。

在发明创造完成后，在专利被授予前，完成发明创造者即发明人和外观设计人可以将其发明创造专利申请的权利转让给他人。专利申请权受让人经依法申请被批准后，成为原始专利权人。严格来讲，专利申请权的转让并非真正的专利权转让。它仅仅是对已完成的发明创造可获得专利权的转让，本质上应属于一种技术风险性投资行为。受让的专利申请权存在着被授予专利和被驳回申请两种可能性。当此种申请被驳回，则申请权受让人即不能获得和享有专利权，其专利申请权投资就可能血本无归。当该申请权被授权专利后，受让申请人即可通过垄断性专利发明创造的制造、使用、许诺销售、销售、进口等实施行为或许可、转让专利权获得巨额利润，但该巨额利润在专利发明创造被实施、许可、转让前也只是一种可能性。因此，为规避专利申请权转让的巨大风险，专利申请权受让人在转让前需要充分了解拟申请专利权所涉及发明创造的可专利性及其发明创造的利用前景，尽可能规避风险。

专利申请权毕竟不是专利权，因此从总体上专利申请权的转让金额会比专利权的转让要低，因此，受让人在对拟申请专利的发明创造可专利性充分了解的基础上，受让专利申请权是以较少的费用取得专利权的重要方法，而且，专利申请人还可以享有在整个专利保护期内的完整专利权。当然完成发明创造者（发明人或设计人）在转让专利申请权时，亦应对其发明创造的可专利性进行评估，避免过低价格出让申请权。

在发明创造完成后，发明人或外观设计人依法申请专利被批准后成为专利权人。我们通常意义上的专利权转让，即是指专利权人对其依法获得的专利向他人进行的转让。专利转让是指专利权人作为转让方，将其发明创造专利的所有权或将持有权移转至受让方，受让方支付约定价款所订立的合同。通过专利权转让合同取得专利权的当事人，即成为新的合法专利权人，同样也可以与他人订立专利实施许可合同、转让合同。

二、专利申请权和专利权转让的流程或程序

根据我国《专利法》第10条第2款、第3款的规定，中国单位或者个人向外国人、外国企业或者外国其他组织转让专利申请权或者专利权的，应当依照有关法律、行政法规的规定办理手续。转让专利申请权或者专利权的，当事人应当订立书面合同，并向国务院专利行政部门登记，由国务院专利行政部门予以公告。专利申请权或者专利权的转让自登记之日起生效。该规定包含了我国专利出口程序和国内专利权转让的基本流程。国内专利权转让的基本流程前置程序，即"应当依照有关法律、行政法规的规定办理手续"加国内专利权转让基本流程，即为专利权出口流程。我们基于本书研究目的，主要介绍我国专利权转让的基本流程。

（一）签署书面专利申请权和专利权转让合同

专利申请权和专利权的转让需要转让人与受让人共同签署书面的专利（申请）权（简称专利权）转让合同，这是专利法的基本要求。但是专利（申请）权的转让在签订书面转让合同之前，还有许多工作要做。专利权的转让，是专利权人与受让人双方的事情。

从专利权人来讲，专利权人从事发明创造或者受让专利申请权获得专利的目的就在于获得应有的经济回报或经济利益，为此目的，专利权人除自己实施、许可他人实施外，还可以通过转让专利权的方式获得回报。但是，专利权人想转让其专利的道路并不会是一帆风顺的。首先，他就要寻求专利转让途径或市场机会，即寻找买家。对专利权人而言，寻找买家。从理论上而言，专利权人寻找买家，可有下列路径实现供需见面：

1. 自我转让。即专利权人自行与投资商商洽，促进专利发明创造转化。这是一种专利权人主动推销其专利发明创造的转让途径。自我转让需要具备两大条件，一是让需要投资该专利发明创造者即投资商知悉您是某专利权人。作为专利权人，你必然在国家知识产权局有登记记载。但我国是世界性专利大国，每年甚至每天都有许多专利问世，专利发明创造信息汇集在专利登记簿上，即国家知识产权局发行的专利公报上，该公报只有少数部门或图书馆才能找到，受众面极为狭小，通常并不会对自我专利转让起到很大作用。如果想找到愿意投资专利项目，又愿意承担风险的企业，媒体宣传是必不可少的渠道之一。此处的媒体宣传包括传统媒体如报纸、期刊，还包括新兴媒体即网络媒体。二是信任度。自我推销其专利发明创造，即使你的发明创造再好，也有一个老王卖瓜自卖自夸的嫌疑。这一嫌疑是自我推销难以成功的重要影响因素。因此，如何解决投资商对专利发明创造的不信任感，提升投资商对专利发明创造的信任度，是自我转让成功的关键。基于此，通过朋友介绍自行与投资商面谈也是专利自行转让最有效的方法，成功率也会更高些。

2. 网络化平台转让。为了推动专利发明创造转化为生产力，促进科技事业的发展，我国各级政府建立了不少知识产权交易平台，专利权人应积极运用这些平台推广其专利发明创造，如参与各专利技术新产品展览会、洽谈会、交易会等技术交易活动，并在各类技术交易活动中发布和推广自己专利产品。另外还有近来兴起的在线展会，如科易网在线技术展会等，不同的在线展会每月都有几场在线技术展会举行。在线会展打破了空间限制，强调同时在线洽谈对接，降低参展的花费。

3. 委托中介机构转让。为了解决专利转让难、实施难等问题，我国近些年来大力发展了不少知识产权中介机构。专利权人可以通过市场选择国家正规、有资质的中介公司。也可以通过第三方服务平台，寻找相关服务机构。第三方服务平台旨在为科技服务机构提供在线承接各种科技服务需求。

专利权人转让专利发明创造，可以通过上述途径寻求专利发明创造的需方。同样，专利发明创造的需方，也可以通过上述途径寻求专利发明创造的供方，即出让人。只有出让人与受让人通过上述各种途径有机会接触，才可

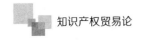

能促成专利权的转让。

签署专利权转让合同，仅有出让人与受让人的接触机会是不够的。接触，只是双方了解的开始。要完成签署书面专利权转让合同，还需要对专利的有效期进行了解，还需要受让方对专利发明创造的成熟度的了解和认知，还需要对转让价金等进行充分洽谈并达成一致意见，才能初步完成专利权转让合同的签署工作。

在具体签订专利权转让合同时，应当参照国家知识产权局制定的《专利（申请）权转让合同签订指引》《专利（申请）权转让合同》范本进行签订。

（二）到国务院专利行政部门即国家知识产权局办理登记和公告手续

根据《专利审查指南》第一部分第一章 6.7 的规定，这一手续可以由当事人自己办理，也可以委托专利代理机构办理。如果专利权人在专利申请阶段委托了代理机构，转让时自行办理专利权转让手续的，应当首先办理解除委托的手续，否则应当由其委托的专利代理公司去办理。办理专利权转让的程序是：应向国家知识产权局提交转让合同和著录项目变更申报书。该合同是由单位订立的，应当加盖单位公章或者合同专用章；与公民订立合同的，由本人签字或者盖章。有多个申请人（或者专利权人）的，应当提交全体权利人同意转让的证明材料。除了提交相关文件之外，还应缴纳著录事项变更费 200 元；如果变更专利代理机构的，需要额外缴纳变更费 50 元。

著录项目变更申报书和委托书的格式可在国家知识产权局网页下载。

三、专利（申请）权转让合同签订指引

根据《专利法》等规定，国家知识产权局于 2023 年 6 月修订并印发了《专利转让许可合同模板及签订指引》，极具可操作性。专利权人与他人签署专利（申请）权转让合同前，均应首先学习和研究《专利转让许可合同模板及签订指引》中的《专利（申请）权转让合同签订指引》，该指引的具体内容如下：

概述

《专利法》第 10 条第 1 款规定："专利申请权和专利权可以转让。"《民法典》第 863 条第 1 款规定："技术转让合同包括专利权转让、专利申请权转让、技术秘密转让等合同。"专利转让合同和专利申请权转让合同是指合法拥有专利的权利人，将其现有的特定专利、专利申请的相关权利让与他人所订立的合同，是技术转让合同中重要的两类合同。《民法典》第 862 条至第 877 条对技术转让合同和技术许可合同作了规定，是专利（申请）权转让合同签订的重要依据。

专利权转让合同的标的为已被合法授予的专利权，转让方为专利权人，转让发生在专利授权之后；专利申请权转让合同的标的为专利申请权，即申请人提出专利申请后对其专利申请享有的权利，转让方为专利申请人，转让发生在专利授权之前。

合同封面

合同需要列明合同双方必要的基本信息，包括名称和地址；需要填写合同本身的相关信息，包括签订地点、签订日期、有效期限等；对于专利权转让合同的有效期限，一般应当与标的专利的专利权有效期限（以孰后者为准）保持一致。若合同标的仅涉及一件专利，可以在封面明确合同的标的专利的相关信息，包括发明创造名称以及专利号/专利申请号，以便将合同的标的予以固定。

前言（鉴于条款）

鉴于条款需要简单介绍合同双方的合作背景，包括双方基于何种目的希望就本项目达成合作意愿。在模板基础上，当事人可以根据实际需要进一步进行补充，可考虑的内容包括但不限于标的专利的形成背景、标的专利的实施前景等。

第 1 条　名词和术语（定义条款）

定义条款需要对合同中出现的专有名词或术语进行定义，目的就是对这些术语的具体含义进行清楚界定，以避免合同双方在签订及后续履行合同的过程中出现理解上的分歧。通常而言，可能涉及定义的名词或术语包括"标的专利""标的产品""技术资料""技术服务"等。

第 2 条　标的专利的专利（申请）权转让

为保证合同效力，合同中应明确约定标的专利，避免使用"一切权利"等模糊约定，防止多重法律关系发生混同，从而保证双方权利义务关系清晰明确。在实践中，受让方对标的专利的实施，可能还依赖转让方的其他专利，由于该等专利未被纳入标的专利范围，则双方还可能就相关专利的许可事宜达成一致安排。在上述情形下，建议双方另行签署专利实施许可合同。

专利申请权或专利权的转让自国家知识产权局转让登记之日起生效，故受让方于转让登记之日起取得标的专利的所有权及其他相关权益。

由于专利（申请）权转让自登记公告后生效，故双方应对转让登记的办理进行约定，避免因各种原因而导致专利（申请）权转让延迟。例如，可约定由转让方在转让合同签署之日后 7 日内向专利管理部门递交标的专利的专利（申请）权转让登记申请，并对该转让登记申请尽最大商业合理努力。为避免疑义，双方还可对"最大商业合理努力"进行列举。此外，为确保双方的权利义务关系对等，另一方同样负有配合办理登记的义务。

需要注意的是，当标的专利处于质押状态时，办理转让手续需要取得质权人同意。《专利权质押登记办法》（国家知识产权局公告第 461 号）第 18 条规定，专利权质押期间，出质人未提交质权人同意转让该专利权的证明材料的，国家知识产权局不予办理专利权转让登记手续。

第3条　交付资料

双方可根据具体情况，在签订专利（申请）权转让合同时，明确具体地规定相关资料的交付内容，特别是要注意判断仅交付合同所列举的专利文件和资料是否能够实现合同目的（尤其是在标的专利为发明或实用新型时，需考虑配方、工艺、图纸或相关技术秘密是否应当被列入交付内容，外观设计则通常不涉及技术秘密相关内容），同时要保证合同各条款有关交付范围的表述的一致性，避免条款之间的矛盾。如果仅转让部分份额的专利权，合同中应有明确的条款对份额进行约定，防止未来就专利归属发生争议。

《专利法实施细则》第 106 条规定，专利登记簿记载了专利权的授予；专利申请权、专利权的转移；专利权的质押、保全及其解除；专利实施许可合同的备案；专利权的无效宣告；专利权的终止；专利权的恢复；专利实施的强制许可；专利权人的姓名或者名称、国籍和地址的变更。《专利法实施细则》第 145 条规定，经国务院专利行政部门同意，任何人均可以查阅或者复制已经公布或者公告的专利申请的案卷和专利登记簿，并可以请求国务院专利行政部门出具专利登记簿副本。《专利法实施细则》第 63 条规定，任何单位或者个人可以查阅或者复制该专利权评价报告。

标的专利的法律状态是专利转让中需要核验的重要内容。一般来说，转让方会在合同中就标的专利的情况进行陈述和保证。但保证不应取代转让前的尽职调查。转让方向受让方交付资料的过程，同时也是受让方对标的专利的法律状态进行尽职调查的过程。由于法律状态由专利管理部门予以确认，因此，受让方除了查验转让方交付的资料，还应该直接通过向专利管理部门查阅专利登记簿等方式，确认标的专利的法律状态，充分了解标的专利曾经发生或正在发生的转让、许可、质押、保全、复审、无效宣告等各种情况。对于转让专利申请权来说，受让方可以通过专利管理部门已发出的审查意见通知书，判断其可能的授权前景。对于转让实用新型或外观设计专利权，受让方应当关注该标的专利是否已出具专利权评价报告，及报告关于该专利是否符合授权条件的具体意见。

双方在签订专利（申请）权转让合同时，要尽量在合同中对交付资料的交付时间（明确日期或明确的时间段）、地点和方式（纸质交付或其他形式）以及对附随的技术指导和服务（如果有）进行明确规定，避免模糊和歧义条款，从而防止未来发生争议。具体而言：

1. 交付时间

双方在专利（申请）权转让合同中可根据自身情况，约定于转让合同生效后的一定时间内（如7日内）交付全部资料，或以转让登记手续合格为分界，分批交付约定的资料。如双方未对交付资料的履行期限进行约定，按照合同有关条款与交易习惯亦无法确定的，可能会被法院认为不构成迟延履行，进而对一方权益产生影响。

2. 交付方式和地点

交付方式并不仅限于面交、快递与电子邮件，转让方与受让方可自行约定所有能够确认受让方收悉的交付方式。若合同中未约定技术资料的交付形式，法院一般会根据交付技术资料的真正用意，通过判断实际的交付形式是否使受让方顺利获取该项专利技术，来判断转让方是否履行了交付义务。双方可选择受让方所在地或其他约定的地点作为交付地点。

3. 交付资料的验收

受让方对交付资料的验收义务在实践中较为常见，其重点在于验收的期限与采取行动的期限。双方应首先考虑对前述期限自行约定，以避免因采用"合理期限"的表述而产生的争议。受让方可以自行验收也可以委托独立第三方进行验收。对于验收不合格的情况，双方应约定此种情况下双方的权利义务，例如允许补救的次数、是否允许终止合同、验收费用的承担、验收报告的签署等。

第4条 技术服务与培训（选填）

很多情况下，受让方获得转让方的专利权或专利申请权及技术资料后，并不能立即独立实施该等技术，而仍然需要依靠转让方提供一定的人员培训和技术指导。因此，在转让合同中，受让方通常会对转让方提供技术协助的义务做出约定（通常而言，在标的专利为发明或实用新型时，需要技术服务或培训的可能性相对较高，在标的专利为外观设计时，相关需求相对较低）。为了避免可能存在的纠纷，转让方可以与受让方就相关技术服务与培训的提供方式、验收标准、费用等进行详细约定，其中，对于技术服务与培训的费用，倘若双方已经将其涵盖在转让费中，也就无需另设该种付款安排。

此外，受让方可能会要求转让方承担对技术协助结果的责任，例如约定转让方应当对受让方成功制造出标的产品或达到特定生产效率和质量作出承诺或保证。此种情况下，转让方应当尤其注意条款的措辞表述，在已充分合理履行自身义务的前提下，避免承担过多的责任。

第5条 转让费及支付方式

根据双方之间的商业安排以及标的专利范围的不同，转让费及支付方式会各有不同。转让费的支付方式通常为固定费用，包括一次性付款和分期付款。少数情况下，可能会涉及里程碑费用或者提成费用。具体如下：

1. 固定费用

固定费用根据其支付方式又可以细分为一次性付款和分期付款。

（1）一次性付款。一次性付款需要受让方能够一次性地将转让费结清，这对受让方的资金支付能力要求比较高。

（2）分期付款。分期付款可以将转让方与受让方的利益和风险密切结合在一起，有利于促进转让方更关心和更愿意协调受让方尽快掌握专利技术并投产，有利于减轻受让方的财务负担，对受让方提供一定的保护。

固定费用支付方式对受让方有利的一面在于受让方无需定期对其生产或销售情况向转让方进行报告，同时，也减少了因提交专利使用情况报告而带来的额外开支以及因转让方入场进行生产或销售情况审计而对其生产经营活动所带来的不利影响。

2. 提成费用

（1）入门费。入门费一般会约定为固定的金额，在合同签署之日后的一定时间内支付，并且一般不会设置其他付款前提。根据标的专利的价值，入门费的金额也会有区别。

（2）销售额提成。销售额提成是指当标的产品上市销售后，由受让方从其每月/半年/年净销售额中按照双方约定的一定比例向转让方支付不可退还的销售额提成。合同双方应当注意关于净销售额的定义，减少后续计算相关价款时出现争议的风险，对于销售主体、计入依据、扣减范围等事项，双方可在附件一等处另行达成约定予以明确。

由于销售提成的计算与净销售额紧密相关，因此转让方通常会要求对受让方的销售、库存等财务数据进行审计和查账。作为受让方，其拥有该标的产品的销售数据，有义务向转让方提供该销售数据，以及合理的支持材料，如第三方审计机构出具的报告。在转让方认为受让方提供的销售数据存在疑问时，其有权利要求受让方对其进行解释或提供更进一步的说明材料。有时，转让方也可自行委派第三方财务审计机构对该销售数据进行核实。如果审计结果与受让方出具的报告不符合，转让方还可以约定在审计不符合标准的情况下的处理方式。相应地，对产生的额外的审计费用，双方也应当在转让合同中明确约定。

（3）利润额提成费用

与由受让方从净销售额中按照双方约定的一定比例向转让方支付转让费不同，利润额提成费用的计算基数为受让方标的产品的净利润额。对受让方来说，其通常希望将所有与标的产品相关的成本从实际销售价格中扣除，从而降低销售提成的计算基数，而转让方则希望对可扣除的成本范围予以限制。因此，合同双方应当注意关于净利润额的定义，减少后续计算相关价款时出现争议的风险，对于销售主体、计入依据、扣减范围等事项，双方可在附件一等处另行达成约定予以明确。

4. 国际结算方式

若该合同为跨境专利（申请）权转让合同，则须采用国际结算方式，常见有国际汇付、国际托收、国际信用证、国际保理等。国际汇付是由受让方主动将价款汇给转让方的结算方式，包括订货付现、见单付款、交单付现。国际托收是由转让方对受让方开立汇票，委托银行向受让方收取价款的结算方式。国际信用证是由开证银行根据开证人请求或自身需要，开给第三人（受益人）的一种在一定条件下保证付款的凭证。国际保理是指转让方根据应收账款发票和装运单据转让给保理商即可收取价款，由保理商承担受让方不付款或逾期付款责任的结算方式，包括有追索权的保理和无追索权的保理。

国际汇付和国际托收下银行不对价款给予任何担保，是否支付完全取决于买方信用，适用于双方合作关系良好的情形，较为便利；而国际信用证、国际保理下由银行或保理商承担买方违约的风险，更利于转让方。

第 6 条　专利实施和实施许可的情况及处置办法

鉴于专利实施和实施许可对受让方所获得的权益具有较大影响，双方应首先确认在转让合同生效前，是否存在转让方已经实施标的专利，或已经许可他人实施标的专利的情况。

针对转让方已经实施标的专利的情况，双方可约定转让方在合同生效后立即停止实施该专利，或作出另外约定，如在本合同生效前的范围内实施该专利等。受让方应根据需求与情况，与转让方谨慎谈判，避免因已经实施标的专利的范围不妥当而造成不利影响。此外，实践中（例如集团内部的专利转让中），可能存在双方同意由转让方在合同生效后继续实施标的专利的情形，上述情形实际上或构成受让方对转让方的专利实施许可，双方可就具体的许可时间、实施范围、许可费用等事项予以约定并在第 6 条第 1 款第（4）项中予以明确，或另行签署专利实施许可合同。

针对转让方已经向第三方授予标的专利的实施许可的情况，《最高人民法院关于审理技术合同纠纷案件适用法律若干问题的解释》第 24 条第 2 款规定："让与人与受让人订立的专利权、专利申请权转让合同，不影响在合同成立前让与人与他人订立的相关专利实施许可合同或者技术秘密转让合同的效力。"

因此，若双方均认可受让方在转让合同生效后亦不作为许可合同的当事人，仍维持由转让方与被许可方继续作为许可合同的双方享有相关权利并履行相关义务（例如提供非专利技术资料、提供人员支持、支付许可费用等），且转让方与第三方之前已经签署的授予标的专利的实施许可合同中亦无其他相反约定，则可选择适用第 6 条第 2 款第（1）项中的安排。

若双方同意，在转让合同生效后由受让方接替转让方作为许可合同的当事人承受相应权利义务，则根据《民法典》第 555 条（当事人一方经对方同意，可以将自己在合同中的权利和义务一并转让给第三人），还应当就此取得许可合同的被许可方的同意（倘若转让方与第三方之前已经签署的授予标的专利的实施许可合同中并无相反内容）。

当然，双方也可以约定，转让方应当在本合同生效日前终止已经许可他人实施标的专利的许可合同，或其他双方认可的合法处理方式。受让方应当注意的是，转让方已经向第三方授予标的专利的实施许可的情况属于标的专利的权利负担，为保障受让方的相关权利，其应在本合同第9条第1款选择适用第（3）项为宜。

第7条　过渡期条款

由于专利（申请）权转让自国家知识产权局登记后生效，故自转让合同生效后至国家知识产权局登记期间，专利（申请）权转让并未生效，此时即为过渡期，需对此期间的专利许可、专利维持义务、费用、责任承担等进行约定。

针对过渡期安排的条款，双方首先要注意维持专利有效性义务的主体和期限，避免己方承担过重的或者不合理的义务和责任。通常而言，转让方在过渡期内负责维持专利权或者专利申请的有效性，以顺利实现权利的转让；在登记公告之后，由于权利已经实际转移，专利有效性维持义务也应当转移给受让方。

在过渡期内，由于受让方还未实际获得专利权或专利申请权，若需提前使用该专利，转让方可以通过许可使用的形式来授权受让方使用，此时还需要明确许可形式（普通许可/独占许可/排他许可）以及许可地域、是否需要单独缴纳许可费用等。

第8条　保密条款

在专利（申请）权转让中，一方面，转让谈判历时长、参与人员众多（例如双方的关联方、雇员、董事、代理、承包商、咨询人和顾问等）、交流信息广泛，这些均使得在专利（申请）权转让谈判过程中披露的双方当事人的商业信息容易被泄露；另一方面，在专利（申请）权转让后，双方也会披露各类信息，如未公布的专利申请、技术资料和其他财务、商业、业务、运营或技术性质的信息和数据等，而这些信息一经泄露将会对信息持有人产生致命影响。因此，在转让合同中，双方应当就在转让谈判过程中和后续过程中所披露的何种信息为保密信息进行定义并明确双方的保密义务。

第9条　陈述与保证

陈述和保证条款一方面是为了确保转让方是标的专利的合法权利人，享有标的专利的完整权利；另一方面，也要确保转让合同自生效后，即对双方具有约束力。因此，本条款是转让合同正常有效实施的基础，双方可据此结合实际情况，另行补充其认为必要的陈述和保证条款。

在陈述与保证条款中，一种可能出现的情况是受让方还会要求转让方保证受让方实施标的专利将不会侵犯任何第三方的权利，否则转让方应赔偿受让方由此而产生的损失，此类陈述保证对转让方的要求较高，当事双方应当结合专利的法律特性予以慎重考虑。实践中，若要求转让方作出"不侵权保证"，转让费往往也会相应较高。在转让方无法保证受让方实施标的专利不会侵犯任何第三方权利的情况下，双方可以根据具体情况，约定因实施标的专利而侵犯第三方权利时的具体责任承担和费用。

第10条　技术进出口管制（选填）

就技术进出口管制而言，《中华人民共和国技术进出口管理条例》第2条将专利（申请）权转让纳入到规制范围，分为禁止进出口、限制进出口和自由进出口三类，应当注意区分不同类别的管理要求，防止因忽略行政强制性规定而出现合同无法履行等违约情形。

在专利（申请）权转让涉及技术在中国与其他国家/地区之间进行交流的情形中，除中国法律法规所设置的技术进出口管制规则外，还有可能涉及境外法律法规的技术进出口管制要求。双方应当结合转让项目的商业目的，对相应的权利义务（主要为确认、警示相对方技术进出口合规风险以及办理技术进出口行政手续义务）予以安排。

第11条　专利权维权

对于专利（申请）权转让之前的侵权行为，受让方是否享有相应的诉讼权利，要看原权利人与现权利人在专利（申请）权转让过程中是否有明确约定，即转让合同中如果对转让前侵权行为的诉权也约定了转移，则受让方也可以受让对转让前的侵权行为的诉权。由此可见，转让方和受让方之间必须对诉权做出明确的转移约定，若无明确的转移约定，则未发生诉权的转让，受让方无权对转让之前的侵权行为提起诉讼。

第12条　专利权被宣告无效（或专利申请被驳回）的处理

《专利法》第47条规定，宣告无效的专利权视为自始即不存在。宣告专利权无效的决定，对在宣告专利权无效前已经履行的专利权转让合同，不具有追溯力。但是因专利权人的恶意给他人造成的损失，应当给予赔偿。依照前款规定不返还专利权转让费，明显违反公平原则的，应当全部或者部分返还。根据上述规定，当专利权被宣告无效时，尚未履行或正在履行的专利转让合同应当立即停止履行，受让人可以停止支付有关费用。

专利权被宣告无效的纠纷常见情形包括当专利权被宣告无效时如何处理转让费产生的纠纷。在这种情况下，司法实践一般会根据转让合同中的相关约定对转让费进行处理。故为避免争议，双方应在转让合同中就专利权被宣告无效的情况如何处理已支付或未支付的转让费进行明确约定。双方可以约定返还全部转让费，也可以约定部分返还，还可以约定合同履行超过一定时期或受让方已经获得经济利益后，专利权才被宣告无效的，不予返还或少量返还。另外，关于应对无效宣告请求或诉讼的答辩及费用，双方也应该作出约定。需要注意的是，可能会出现无效决定宣告专利权的部分权利要求无效，部分权利要求有效的情形，建议对上述可能出现的情形约定清楚。

对于专利申请权转让合同，专利申请存在未授权的可能。相对于外观和实用新型，发明专利申请的审查更为严格，在专利申请权转让后，能否被授予专利权处于不确定状态。对于受让人来说，其目的就是通过受让专利申请权进而获得专利权，因此，在专利申请权转让合同中，对于未取得专利权的处理，双方需要予以明确约定。

《最高人民法院关于审理技术合同纠纷案件适用法律若干问题的解释》第23条规定："专利申请权转让合同当事人以专利申请被驳回或者被视为撤回为由请求解除合同，该事实发生在依照专利法第10条第3款的规定办理专利申请权转让登记之前的，人民法院应当予以支持；发生在转让登记之后的，不予支持，但当事人另有约定的除外。"根据该规定，对于专利申请被视为撤回或被驳回，双方可约定作为合同解除的条件；由于视为撤回或被驳回可以进行救济，还存在授权的可能性，也可以暂时不急于解除合同，而是约定对视为撤回进行答辩或对驳回决定进行复审请求，并对相关费用予以明确。

关于转让费返还与否的处理，可以约定全部返回转让费，也可以约定部分返回，还可以约定合同履行超过一定时期或受让方已经获得经济利益后、专利申请才被视为撤回或被驳回的，不予返还或少量返还。双方也可以在专利申请权转让合同中将支付方式约定为分期付款，约定受让方取得专利权之后，受让方再支付剩余款项，从而降低受让方的风险。

第 13 条　不可抗力

不可抗力条款的作用在于免除双方在某些特定情形下的责任，双方需要对何为不可抗力、发生不可抗力情形之后合同的后续安排及责任损失分担方式、合同对于不可抗力发生后的通知形式是否有特殊要求，包括通知时限、通知的形式（例如应以书面形式等）、通知内容，以及如何及时减少损失、何时终止合同等作出明确约定。

第 14 条　送达

考虑到专利（申请）权转让所涉及的技术资料可能较为复杂和专业，建议双方安排专门的联系人进行对接，以保证专利（申请）权转让的顺利完成。此外，约定送达条款也可以在双方发生纠纷时，避免双方对通知、资料的送达产生争议。

第 15 条　违约与损害赔偿

转让方在履行转让合同的时候，可能会存在违约行为。通常而言，转让方常见的违约场景包括：未提供或未及时完整提供技术资料、技术服务、培训以及标的专利侵犯第三人的合法权利等。受让方在履行转让合同时，也可能会存在违约行为。通常而言，受让方常见的违约场景包括：未支付或未及时足额支付转让费以及违反合同的保密条款，致使转让方的保密信息泄露等。

针对上述违约行为，双方可以在转让合同中设置违约条款，要求违约方支付一定数额的违约金，并且亦可规定守约方在此种情况下享有终止合同的权利。但对于双方而言，此类违约行为的发生可能并非其有意为之，此种情形下，以受让方未支付转让费为例，如果受让方因此而需要停止生产或销售产品，对其可能会造成难以弥补的损失。因此，双方在合同中约定一个违约通知期，要求守约方在此种情况下应当向违约方进行通知，并允许违约方进行补救，只有违约方在通知期限内未采取任何补救行为的情况下，守约方才可以行使终止合同等权利。

除了约定违约金，当事人一方不履行合同义务或者履行不符合约定，造成对方损失的，也可以主张损害赔偿。根据《民法典》第 584 条，损失赔偿额应当相当于因违约所造成的损失，包括合同履行后可以获得的利益；但是，不得超过违约方订立合同时所能预见的因违约可能造成的损失。

第 16 条　税费（选填）

在专利（申请）权转让合同中，关于当事人各方纳税义务等事项的条款，通常称"税费"条款。纳税主体如何纳税，应当由对纳税主体或纳税客体有管辖权国家的法律予以规定。交易的当事人作为纳税主体，以任何形式约定的纳税事项，都不能排除法律对其所规定的纳税义务。

然而，在专利（申请）权转让合同中却通常可以看到税费条款。之所以如此，原因主要在于：（1）当事人为了避免他们之间在税费事项上所可能产生的误解，要重申法律所规定的纳税义务；（2）虽然我国税法明确规定了各税种的纳税义务人，但是未明确禁止纳税义务人与合同相对人约定由纳税人以外的人负担税款，合同双方可以通过税费条款进行税款经济负担的约定。

第 17 条　争议解决

争议解决条款应当明确转让合同所适用的法律和争议解决方式。

在适用法律方面，若专利（申请）权转让合同不涉及涉外因素，则统一适用中华人民共和国法律。若一方当事人为中国公民或法人，或转让行为发生在中国，一般应当适用中华人民共和国法律。若专利（申请）权转让合同调整的是涉外知识产权关系，则应当根据《中华人民共和国涉外民事关系法律适用法》第 41 条和第 49 条，由当事人在合同中协议选择知识产权转让适用的法律，常见的有合同履行地法律、合同签署地法律、某个中立国家或地区的法律、双方所在地法律等。

争议解决方式一般分为调解、诉讼和仲裁。双方如何选择争议解决方式，特别是诉讼和仲裁两种方式的选择上，需要综合考虑效率、灵活性、权利救济等多方面因素。

从效率方面考虑，双方发生纠纷一般都希望尽可能在短时间内解决，以避免投入更多的财力、时间成本。在这点上，仲裁比较占优势。首先，仲裁的受理和开庭程序相对简单，诉讼相对复杂；其次，仲裁实行一裁终局，裁决立即生效。诉讼实行两审终审，当事人不服一审判决的还可上诉，并且提起上诉程序仍需时间。

从权利救济方面考虑，仲裁是一裁终局，在快捷方便的同时，失去了二审的监督作用，当事人没有进一步主张权利的回旋余地（在法定情况下，当事人可以向法院申请撤销仲裁裁决）。相比而言，由于诉讼是两审终审，即便是发生了法律效力的判决，当事人还可以向上级法院申请再审，救济途径相对更广。此外，无论是采取仲裁还是采取诉讼的解决方式，在仲裁庭作出裁决前或法院作出判决前，当事人均可以先行调解。

第18条　合同的生效、变更与终止

本条款的作用在于明确转让合同的生效时间，以及变更、修改、终止合同情形下所需满足的条件，为一般合同的基本条款。实践中，当事人可能会专门设置专利（申请）权转让合同的生效日期，若存在上述情况，则双方可在第18条中另行约定。

第19条　其他

前18条没有包含，但需要特殊约定的内容，如其他特殊约定，包括出现不可预见的技术问题如何解决，出现不可预见的法律问题如何解决等。

四、专利（申请）权转让合同

根据《专利法》等规定，国家知识产权局于2023年6月修订并印发了《专利转让许可合同模板及签订指引》，极具可操作性。专利权人与他人签署专利（申请）权转让合同，均应在上述文件规定的《专利（申请）权转让合同》下，合理运用本范本颁发转让证，实现合同目的。

专利（申请）权转让合同

转让方：_____

通讯地址：_____

受让方：_____

通讯地址：_____

签订地点

签订日期　　　　年　　　月　　　日

有效期限至　　　　年　　　月　　　日

国家知识产权局监制

2023年6月

前言（鉴于条款）

本专利（申请）权转让合同（"本合同"）由以下双方于_____年__
_____月_____日（"签署日"）在_____（"签署地"）签订：

转让方：_____（"转让方"）

通讯地址：_____

邮政编码：_____

法定代表人：_____

联系人：_____

电话：_____

邮箱：_____

受让方：_____（"受让方"）

通讯地址：_____

邮政编码：_____

法定代表人：_____

联系人：_____

电话：_____

邮箱：_____

转让方、受让方单独称"一方"，合称"双方"。

鉴于：

（2）转让方为标的专利（定义见第1条）的专利权人/专利申请人。

（2）受让方基于对标的专利的了解，希望获得该等标的专利的专利（申
请）权。

（3）转让方同意将其拥有的标的专利的专利（申请）权转让给受让方。

经过平等协商，双方一致同意签订本合同如下：

第1条　名词和术语（定义条款）

在本合同中，除非双方另有书面约定，以下术语应具有如下含义：

1. "本合同""签署日""签署地""转让方""受让方""一方"以及
"双方"应具有前言所规定的含义。

2. "标的专利"应具有本合同第 2 条所规定的含义。

3. "交付资料""专利管理部门""验收标准"应具有本合同第 3 条所规定的含义。

4. "技术服务""培训"应具有本合同第 4 条所规定的含义。

5. "转让费""标的产品""净销售额""净利润额"应具有本合同第 5 条所规定的含义。

6. "过渡期"应具有本合同第 7 条所规定的含义。

7. "不可抗力事件"应具有本合同第 13 条所规定的含义。

8. "保密信息"应具有本合同第 8 条所规定的含义。

9. 本合同项下的其他术语及其含义以附件一为准。

第 2 条　标的专利的专利（申请）权转让

1. 本合同项下的标的专利（"标的专利"）根据以下第_____种方式确定（单选）：

（1）本合同项下的标的专利是指名称为_____的发明创造，其专利申请号为_____，公开（公告）号为_____。标的专利的专利类型为_____（外观设计专利/实用新型专利/发明专利）。标的专利的申请日为_____年_____月_____日。截止至本合同签署日，标的专利的状态为_____（已取得授权/尚在申请中）。

（2）本合同项下的标的专利共_____项，详见本合同附件二所示表格。

（3）_____

2. 转让方同意向受让方转让标的专利的专利（申请）权，标的专利的专利（申请）权自转让登记之日转让给受让方。

3. 标的专利的专利（申请）权转让登记

_____（转让方/受让方）应在_____日前向专利管理部门递交标的专利的专利（申请）权转让登记申请，并尽最大商业合理努力尽快完成标的专利的专利（申请）权转让登记。_____（转让方/受让方）应积极配合完成标的专利的专利（申请）权转让登记。

办理专利（申请）权转让登记所需费用（包括官费和中介机构的服务费）及相关税费应由_____（转让方单独/受让方单独/双方共同/……）承担。

第3条 交付资料

1. 交付资料的内容

转让方应当向受让方交付以下第_____项所示资料（"交付资料"）（可多选）：

（1）转让方向标的专利所涉及的专利行政管理部门（包括但不限于中国国家知识产权局，"专利管理部门"）递交的标的专利的全部专利申请文件原件（电子件），包括说明书、权利要求书、说明书附图、摘要及摘要附图、请求书、意见陈述书以及代理委托书等。

（2）所有专利管理部门发给转让方的所有涉及标的专利的文件原件，包括受理通知书、中间文件、授权决定、专利证书及副本、专利权评价报告等。

（3）转让方已许可他人实施标的专利的专利实施许可合同书，他人为实施开放许可发送给转让方的通知书，开放许可使用费支付凭证，转让方撤回开放许可的声明，以及与许可标的专利有关的其他文件。

（4）所有专利管理部门出具的关于标的专利权是否有效的证明文件原件（最近一次专利年费缴费凭证或专利管理部门的专利登记簿）；专利权无效请求中，专利管理部门作出的维持专利权有效的决定或宣告专利权无效的决定，人民法院作出的相关判决等。

（5）中国单位或个人向外国单位或个人转让专利申请权或专利权的，有关部门批准转让文件的原件。

（6）本合同附件三所示的交付资料。

（7）_____

2. 交付资料的交付

转让方应当根据以下第_____项的约定交付资料（单选）：

（1）转让方应在_____日前，在_____以_____方式，向受让方交付全部交付资料。

（2）交付资料的交付安排以双方在附件三中确认的流程为准。

（3）_____

3. 交付资料的验收

（1）受让方应在收到交付资料后的_____日_____内（自行/委托具备相应资质的第三方机构）对交付资料进行验收，转让方应当予以积极配合。

（2）双方同意，交付资料的验收标准（"验收标准"）根据以下第____
____项的约定确定（单选）：

①在受让方使用的相关设备、材料、条件、工艺以及技术人员的能力、技术力量等均满足实施标的专利条件的前提下，技术资料应当确保受让方可以充分实施标的专利。

②技术资料应当符合附件三中约定的标准。

③_____

（3）经验收符合验收标准的，受让方应向转让方提供验收合格的书面凭证；若自受让方收到交付资料后的_____日内，受让方未向转让方提供验收合格的书面凭证，也未向转让方发出验收不合格通知的，视为交付资料符合验收标准。受让方验收发现交付资料全部或部分不符合验收标准的，应按照以下第_____项约定处理（单选）：

①受让方应及时通知转让方验收不合格及相关原因，转让方应在收到验收不合格的通知之日起_____日内对该等验收不合格进行补救。一旦完成该等补救行动，转让方应将补救技术资料提交受让方再次验收，直至验收合格为止。

②受让方应及时通知转让方验收不合格及相关原因，转让方应在收到验收不合格的通知之日起_____日内对该等验收不合格进行补救。一旦完成该等补救行动，转让方应将补救技术资料提交受让方再次验收，如次第验收仍然不合格的，受让方有权终止本合同，同时转让方应返还受让方已支付的转让费并赔偿受让方因此遭受的损失。

③受让方有权终止本合同，同时转让方应返还受让方已支付的转让费并赔偿受让方因此遭受的损失。

④_____

与验收相关的所有费用由_____（转让方单独/受让方单独/双方共同/……）承担。

第4条　技术服务与培训（选填）

1. 技术服务

转让方应根据本合同向受让方提供以下第_____项所示的技术服务（"技术服务"）（单选）：

（1）技术服务的内容以及提供方式以附件四为准。

（2）＿＿＿＿＿＿＿＿＿＿＿＿＿＿＿＿＿＿＿＿＿＿＿

2. 培训

转让方应根据本合同向受让方提供以下第＿＿＿＿项所示的培训（"培训"）（单选）：

（1）培训的内容以及提供方式以附件四为准。

（2）＿＿＿＿＿＿＿＿＿＿＿＿＿＿＿＿＿＿＿＿＿＿＿

3. 转让方完成技术服务或培训后，双方共同签署验收证明文件。技术服务或培训过程中发生的各项费用由＿＿＿＿＿（转让方单独/受让方单独/双方共同/……）承担。

第5条　转让费及支付方式

1. 转让费及支付方式

作为取得本合同第2条所述标的专利的专利（申请）权的价款，受让方同意根据以下第＿＿＿＿项约定的付款方式支付转让费用（"转让费"）（可多选）：

（1）固定费用支付

受让方应当支付给转让方的固定费用共计（人民币/美元/……）＿＿＿＿＿＿（元/美元/……）（大写：＿＿＿＿＿＿＿＿），受让方应按照以下第＿＿＿＿种方式支付固定费用（单选）：

① 一次性付款：截止至＿＿＿＿＿＿日前，受让方应向转让方支付全部转让费，即（人民币/美元/……）＿＿＿＿＿（元/美元/……）（大写：＿＿＿＿＿＿）。

② 分期付款：

第一笔付款：截止至＿＿＿＿＿＿日前，受让方应向转让方支付转让费的＿＿＿＿＿＿%，即（人民币/美元/……）＿＿＿＿＿＿（元/美元/……）（大写：＿＿＿＿＿＿）。

第二笔付款：截止至＿＿＿＿＿＿日前，受让方应向转让方支付转让费的＿＿＿＿＿＿%，即（人民币/美元/……）＿＿＿＿＿＿（元/美元/……）（大写：＿＿＿＿＿＿）。

＿＿＿＿＿＿＿＿＿＿＿＿＿＿＿＿＿＿＿＿＿＿＿＿

最终付款：截止至＿＿＿＿＿＿日前，受让方应向转让方支付全部剩余转让费，即（人民币/美元/……）＿＿＿＿＿（元/美元/……）（大写：＿＿＿＿＿＿）。

（2）提成费用支付

本合同所称的标的产品（"标的产品"）是指落入标的专利保护范围的产品。受让方应按照以下第_____种方式支付提成费用（单选）：

①销售额提成费用：自标的产品首次销售发生之日起，受让方应在_____（每年/每六个月/每月/……）的最后一日前向转让方支付_____（当年/前六个月/当月/……）标的产品净销售额的%作为销售额提成费用。本合同所称的净销售额（"净销售额"）是指_____（受让方/……）在指定时间内通过真实公平的交易向第三方销售标的产品所获得的总金额（以合法合规开具的发票金额为准），扣除以下费用：包装费、运输费、税金、广告费以及符合法律法规要求的商业折扣、_____。

②利润额提成费用：自标的产品首次销售发生之日起，受让方应在_____（每年/每六个月/每月/……）的最后一日前向转让方支付_____（当年/前六个月/当月/……）标的产品净利润额的_____%作为利润额提成费用。本合同所称的净利润额（"净利润额"）是指_____（受让方/……）在指定时间内通过真实公平的交易向第三方销售标的产品所获得的总金额（以合法合规开具的发票金额为准），扣除下述费用：包装费、运输费、税金、广告费以及符合法律法规要求的商业折扣，进一步扣除标的产品生产材料的进货成本、_____。

③入门费和_____（销售额/利润额）提成费用：截止至_____日前，受让方应先向转让方支付入门费（人民币/美元/……）_____（元/美元/……）（大写：_____），随后依据上述第_____种方式向转让方支付相应的提成费用。

④_____

受让方应当保存详细、完整和准确的账目记录，包括财务账目、生产账目、运输账目等，确保转让方可对受让方提成费用支付义务的履行情况进行审计。在经转让方合理事先通知的情况下，受让方应当向转让方或转让方委派的代表或机构开放该等记录以供转让方审计。如果审计的结果表明受让方实际向转让方支付的提成费用少于受让方应支付的提成费用，转让方有权要求受让方支付相应差额，若该等差额超过受让方应当向转让方支付的提成费用的%，则受让方还应当承担审计所产生的费用。

（3）其他费用支付形式

_____

2. 国际结算方式（选填）

由于本合同涉及跨境国际支付，双方一致同意按照_____（国际汇付/国际托收/国际信用证/国际保理）结算方式结算转让费，具体安排如下：

_____

3. 支付账号

受让方应当按照上述支付方式将转让费支付至转让方账号或以现金方式支付给转让方。转让方开户名称、开户银行和账号如下：

开户名称：_____

开户银行：_____

账号：_____

4. 涉及多个专利（申请）权人共有标的专利的专利（申请）权转让费用的分配方案，应按照以下第_____种方式确定（单选）：

（1）专利（申请）权人_____分配比例为_____%；专利（申请）权人_____分配比例为_____%；专利（申请）权人_____分配比例为_____%。_____

（2）共有标的专利的专利（申请）权人通过自行协商方式，另行约定标的专利的专利（申请）权转让费用的分配方案。

（3）_____

第6条 专利实施和实施许可的情况及处置办法

1. 在本合同生效前，转让方已经实施标的专利的，双方同意按照以下第_____项所示规定处理（单选）：

（1）转让方应自本合同生效后立即停止实施标的专利。

（2）转让方仅可在本合同生效前已有的实施范围内实施标的专利。

（3）针对标的专利，受让方向转让方授予一项免许可费的普通实施许可，使转让方在本合同生效后有权继续实施标的专利。

（4）_____

2. 对在本合同生效前，转让方已经许可他人实施标的专利的许可合同，双方同意按照以下第_____项所示规定处理（单选）：

（1）本合同不影响在本合同生效前转让方与他人订立的关于标的专利的

实施许可合同的效力。

（2）双方同意，且转让方陈述并保证已取得被许可方同意，转让方的权利义务关系在本合同生效后由受让方承受。

（3）转让方应在_____（本合同生效前/本合同生效之日后三十日内/……）终止全部许可他人实施标的专利的许可合同。

（4）_____

3. 本合同生效前，转让方就标的专利作出开放许可声明的，应在本合同生效后____日内向专利管理部门提交撤回开放许可的声明，并在提交后_____日内通知受让方。

第7条　过渡期条款

针对每一项标的专利，自本合同生效后，至专利管理部门转让登记之日止（"过渡期"），转让方应维持标的专利的有效性，如办理专利年费、专利审查意见和无效请求的答辩以及无效诉讼的应诉，并且双方达成以下第_____项所示安排（可多选）：

（1）针对标的专利，转让方向受让方授予一项_____区域内、_____（可分许可的/不可分许可的）、_____（独占/排他/普通）许可，受让方有权以合适的方式自行利用和实施前述标的专利。

（2）针对过渡期内转让方向受让方授予前述许可所收取的许可费用，双方同意根据以下第_____项约定的方式处理（单选）：

① 受让方无需就过渡期内自行使用和实施前述标的专利向转让方支付许可费用。

② 由双方另行协商。

③_____

（3）维持标的专利有效性的一切费用（包括但不限于专利权维持的年费、行政审查意见和无效请求的答辩以及无效诉讼所产生的费用）由_____（转让方单独/受让方单独/双方共同/……）承担。

（4）_____

第8条　保密条款

1. 本合同项下的保密信息（"保密信息"）根据以下第_____种方式

确定（单选）：

（1）保密信息是指一方（以下简称"披露方"）以口头、书面或其他方式直接或间接向另一方（以下简称"接收方"）披露的所有信息；该等信息包括但不限于本合同各条款的具体内容、本合同的签署及履行情况［不包括经双方协商同意后通过专利（申请）权转让登记等方式所公开的信息］以及披露方所披露的技术资料和其他与财务、商业、业务、运营或技术相关的非公开信息。

保密信息不包括：① 非因接收方的披露而为公众所知的信息；② 在披露方披露以前，已为接收方正当知晓的信息；③ 接收方从第三方处合法获取的信息，且不违反任何保密限制或保密义务；④ 由接收方独立形成而未使用任何保密信息或者违反接收方在本合同项下任何义务的信息。⑤＿＿＿＿＿＿＿＿
＿＿＿＿＿＿＿＿＿＿＿＿＿＿＿＿＿＿。

（2）＿＿＿＿＿＿＿＿＿＿＿＿＿＿＿＿＿＿＿＿＿＿＿＿＿＿＿＿

2. 除非获得披露方事先书面同意或本合同另有约定，（1）接收方应严守披露方的保密信息，并采取一切必要保密措施和保密制度予以保护；（2）接收方只能为履行本合同规定的其义务或行使本合同规定的其权利而使用任何该等保密信息；（3）接收方不得向任何接收方之外的第三方披露或泄露本合同项下的保密信息。

3. 接收方只能在履行本合同规定的其义务和行使本合同规定的其权利的必要范围内，向＿＿＿＿＿＿（关联方/雇员/董事/代理/承包商/咨询人/顾问/……）仅在需要知道的范围内披露披露方的保密信息，上述人员必须与接收方签订保密协议并遵守与本条规定相符的保密和不使用义务。

4. 本合同执行完毕或因故终止、变更的，接收方应立即将披露方的所有保密信息归还披露方或销毁，同时，接收方应向披露方提供由接收方授权代表签署的关于返还或销毁的书面证明。

5. 本保密条款的效力根据以下第＿＿＿＿＿＿种方式确定（单选）：

（1）本保密条款自本合同生效后＿＿＿＿＿＿日内有效。

（2）本保密条款在本合同执行完毕或终止后持续有效。

（3）＿＿＿＿＿＿＿＿＿＿＿＿＿＿＿＿＿＿＿＿＿＿＿＿＿＿＿＿

第9条　陈述与保证

1. 转让方特此作出以下第＿＿＿＿＿＿项所示的陈述与保证（可多选）：

（1）截至本合同签署日，转让方拥有转让标的专利或披露交付资料的完整权利。

（2）标的专利不附带将会影响或限制本合同项下的转让方转让的任何权利负担，且不存在与任何第三方签订的合同将影响或限制其在本合同项下的转让。

（3）转让方承诺本合同附件五所列的权利负担是标的专利在本合同签署日前的全部权利负担，并向受让方提供标的专利全部权利负担的证明文件。除本合同附件五所列权利负担外，标的专利不存在其他的任何许可、质押等权利负担。

（4）转让方并未收到有关任何主张、起诉、诉讼或法律程序的通知或威胁，并未知晓或有理由知晓任何信息，将会：（a）导致任何标的专利的任何权利要求无效或不可执行；或（b）导致标的专利中包括的任何专利申请的任何权利要求未能被授予或与其目前申请的范围相比受到严重限制或局限；（c）导致受让方根据本合同对标的专利的实施侵犯第三人的合法权利。

（5）本合同签署后，若第三方针对受让方实施标的专利提出任何侵权控诉，对于受让方在合理范围内要求转让方提供的协助，转让方应当予以配合，所导致的民事责任承担，由双方另行协商确定。

（6）_____

第10条　技术进出口（选填）

双方均已就本合同项下的标的专利的进出口管制情形尽到审慎调查义务，并承诺标的专利的专利（申请）权转让符合所有适用的技术进出口管制相关规定，并且已经取得必要的许可或授权（如适用）。

第11条　专利权维权

转让方享有的对标的专利转让合同登记完成前发生的标的专利侵权行为进行维权的权利，在标的专利转让合同登记完成后由_____（转让方/受让方）享有。因维权而支出的费用由_____（转让方/受让方）承担，因维权而获得的收益由_____（转让方/受让方）享有。

在约定由受让方享有上述维权权利的情形下，对于受让方在合理范围内要求转让方提供的协助，转让方应当予以配合。

第12条 专利权被宣告无效（或专利申请被驳回）的处理

1. 若标的专利权被生效的无效决定宣告全部无效，双方同意按照以下第_____项所示规定处理（可多选）：

（1）关于转让费返还与否的处理。在本合同生效后，在专利权无效宣告请求审查决定书载明的决定日前，受让方已支付转让费的，如无明显违反公平原则，且转让方无恶意给受让方造成损失的，转让方不向受让方返还已支付的转让费，受让方也不返还本合同第3条所述的全部资料、支付未支付的转让费，否则，转让方应返还已支付的全部转让费，受让方应返还本合同第3条所述的全部资料且无需支付未支付的转让费。

（2）关于无效或诉讼的答辩及费用。他人向专利管理部门提出请求宣告标的专利的专利权无效，对该专利权宣告无效或对专利管理部门的决定不服向人民法院起诉时，如专利管理部门尚未登记转让专利，由转让方负责答辩，由此发生的请求或诉讼费用由（转让方单独/受让方单独/双方共同/……）承担，转让方如对授权权利要求进行删除或合并式修改，应在正式提交前取得受让方同意；如专利管理部门已经登记转让专利，则由受让方负责答辩，并承担由此发生的请求或诉讼费用，对于受让方在合理范围内要求转让方提供的协助，转让方应当予以配合。

（3）关于合同的履行。在已被宣告无效的该标的专利被重新判定为有效前，本合同停止履行，受让方停止支付费用。

（4）_____

2. 若转让方的专利申请被视为撤回或驳回，双方同意按照以下第_____项所示规定处理（可多选）：

（1）关于对视为撤回的答辩或对驳回的复审请求及费用。视为撤回通知书或驳回决定发文日在过渡期内的，由转让方负责答辩，由此发生的费用，包括官费和中介机构服务费，由（转让方单独/受让方单独/双方共同/……）承担；视为撤回通知书或驳回决定发文日在过渡期后的，由受让方负责答辩，并承担由此发生的费用，包括官费和中介机构服务费，对于受让方在合理范围内要求转让方提供的协助，转让方应当予以配合。

（2）关于转让费返还与否的处理。在本合同生效后，转让方或受让方收到视为撤回通知书或驳回决定前，受让方已支付转让费的，如无明显违反公平原则，且转让方无恶意给受让方造成损失的，转让方不向受让方返还已支付的转让费，受让方也不返还本合同第3条所述的全部资料、支付未支付的转让费，否则，转让方应返还已支付的全部转让费，受让方应返还本合同第3条所述的全部资料且无需支付未支付的转让费。

（3）关于合同的履行。在该专利申请被授予专利权前，本合同停止履行，受让方停止支付费用。

（4）_____

第13条　不可抗力

1. 本合同任何一方均无需因超出其合理预见、控制、克服或避免的原因导致其违反或无法履行本合同项下的任何义务而承担责任，这些原因可能包括禁运、战争、战争行为（无论是否宣战）、恐怖主义行为、叛乱、骚乱、内乱、罢工、停工、流行性疫病或其他劳资纠纷、火灾、洪水、地震或者其他自然事件，或任何政府当局或另一方的作为、不作为或延误（"不可抗力事件"）。

2. 当不可抗力事件发生，双方同意按照以下第_____项所示规定处理（可多选）：

（1）任一方在得知不可抗力事件后应立即向另一方发出通知，该等通知包含不可抗力的细节、程度、影响以及_____等。

（2）任一方在得知不可抗力事件后应及时尽一切必要合理的努力采取适当措施减轻损失。

（3）若因不可抗力事件导致任一方无法按照本合同约定履行义务的，无法履行本合同义务的一方应向另一方提供关于合同不能履行的书面证明且该证明需要明确表明该一方确实不适合履行本合同。双方应友好协商在另行确认的时间继续履行本合同约定之内容。

（4）如果不可抗力事件致使违反或无法履行本合同项下的任何义务持续_____日以上，则任何一方均有权终止本合同。对于不可抗力事件造成本合同的终止，任何一方均不向另一方承担任何责任。

（5）_____

第14条　送达

本合同前言（鉴于条款）列明的通讯地址、联系人等联系信息适用于双方往来联系、交付资料交付、书面文件送达及争议解决时法律文书送达。一方变更联系信息的，应当提前_____日以书面形式通知另一方。

第 15 条 违约与损害赔偿

1. 转让方未按照本合同第 3 条和第 4 条的约定向受让方交付资料和/或提供技术服务与培训，导致受让方无法实施标的专利，应当赔偿受让方因此遭受的损失，包括受让方实施标的专利可获得的利益。

2. 转让方在过渡期内未维持标的专利有效，导致专利（申请）权全部失去效力，受让方有权解除合同，并要求转让方返还全部转让费，并支付违约金_____（人民币/美元/……）。

3. 受让方未按照本合同约定足额按时支付转让费，应当补交转让费，并按照日息_____和逾期天数支付转让方违约金。

4. 受让方违反合同的保密条款，致使转让方的保密信息泄露，应当赔偿转让方因此遭受的损失。

5. 任何一方未能履行其在本合同项下的其他义务，应当对守约方因此遭受的损失承担相应责任。

第 16 条 税费

双方应当按照法律的规定，承担法律对其所规定的各项纳税义务。除非本合同另有约定，双方同意本合同项下产生的一切税费按照以下第_____项所示规定处理（单选）：

（1）本合同项下产生的一切税费由_____（转让方/受让方/双方各自/……）承担。

（2）_____

第 17 条 争议解决

1. 双方同意按照以下第_____项确定本合同所适用法律（单选）：

（1）本合同适用中华人民共和国法律。

（2）本合同属于涉外专利（申请）权转让合同，双方同意适用_____国/地区（本合同履行地/本合同签署地/某个中立国家或地区/双方所在地……）法律。

2. 在履行本合同过程中发生争议的，双方应当友好协商解决。双方协商不成的，任何一方可采取以下第_____种方式处理（单选）：

（1）向_____（转让方所在地/受让方所在地/本合同签署地/本合同履行地……）具有管辖权的人民法院提起诉讼；

（2）提请＿＿＿＿＿＿＿＿＿＿＿＿＿＿＿＿＿＿＿＿＿＿＿＿＿仲裁委员会仲裁；

（3）＿＿＿＿＿＿＿＿＿＿＿＿＿＿＿＿＿＿＿＿＿＿＿＿＿＿＿＿＿＿＿＿

第 18 条　合同的生效、变更与终止

1. 本合同自＿＿＿＿＿＿＿＿＿＿＿＿（双方签字盖章之日/……）起生效。本合同一式＿＿＿＿＿份，双方各持＿＿＿＿＿份，另有一份用于专利（申请）权转让登记、一份用于技术合同认定登记，每份具有同等法律效力。

2. 本合同内容的任何修改或变更必须由双方书面签署同意。

3. 除本合同另有约定外，如果一方违反本合同约定的义务，另一方有权书面通知违约方要求其履行本合同约定的义务，并承担相应责任。如果违约方在收到书面通知日内仍未履行相关义务，那么守约方有权书面通知违约方终止本合同。

4. 双方确认，本合同以及本合同中提及的任何文件组成了双方之间就本合同项下合作事项而达成的完整的合同，且本合同取代了双方在之前就该事项所达成的或存在于双方之间的所有口头或书面的安排、合同、草案、保证、陈述或谅解。

第 19 条　其他

＿＿＿＿＿＿＿＿＿＿＿＿＿＿＿＿＿＿＿＿＿＿＿＿＿＿＿＿＿＿＿＿＿＿＿

转让方签章　　　　　　　　受让方签章

转让方法人代表签章　　　　受让方法人代表签章

　年　　月　　日　　　　　年　　月　　日

	名称（或姓名）	（签章）			
转让方	统一社会信用代码				
	法人代表	（签章）	委托代理人		（签章）
	联系人	（签章）			
	住 所（通信地址）				
	电 话		电 挂		
	开户银行				
	账 号		邮政编码		
受让方	名称（或姓名）	（签章）			
	统一社会信用代码				
	法人代表	（签章）	委托代理人		（签章）
	联系人	（签章）			
	住 所（通信地址）				
	电 话		电 挂		
	开户银行				
	账 号		邮政编码		
中介方	单位名称	（公章） 年 月 日			
	法人代表	（签章）	委托代理人		（签章）
	联系人	（签章）			
	住 所（通信地址）				
	电 话		电 挂		
	开户银行				
	账 号		邮政编码		

附件一　补充名词和术语

附件二　标的专利清单

专利名称	专利申请号	申请日	授权日	权利人	专利类型	当前法律状态

附件三　交付资料清单

交付资料	交付流程	验收标准

附件四　技术服务/培训清单

技术服务/培训内容	提供形式	验收标准

附件五　标的专利权利负担清单

五、专利权转让证颁发应当注意的几个问题

（一）专利权转让合同自登记之日起生效

依照我国《专利法》的规定，专利申请权或者专利权的转让自登记之日起生效。专利权转让不仅对专利权人和受让人具有重大意义，而且对社会公共利益、国家安全等都会产生重大影响，为了充分保护合同双方的合法权利，同时也为了保护公共利益、国家安全，依照该法律规定，专利权转让合同实行登记主义生效制度。登记并向社会公告使专利权转让合同具有社会公信力，有益于社会公众利益的保护。不仅如此，依照《专利法实施细则》第 15 条的规定，专利权因其他事由发生转移的，当事人应当凭有关证明文件或者法律文书向国务院专利行政部门办理专利权转移手续，即登记，著录目录变更申报、公告等。

（二）宣告专利权无效的决定对专利权转让合同不具有追溯力

宣告无效的专利权视为自始即不存在。宣告专利权无效的决定，对在宣告专利权无效前人民法院作出并已执行的专利侵权的判决、调解书，已经履行或者强制执行的专利侵权纠纷处理决定，以及已经履行的专利实施许可合同和专利权转让合同，不具有追溯力。但据此不返还专利侵权赔偿金、专利使用费、专利权转让费，明显违反公平原则的，应当全部或者部分返还；因专利权人的恶意给他人造成的损失，应当给予赔偿。

（三）专利权的转让不同于专利技术转让

1. 转让的标的不同

专利权的转让不是专利技术的转让。专利技术转让即专利许可证贸易，是指以专利技术作为标的进行的许可证贸易，专利技术的转让的受让人获得的是专利技术的使用权，即制造、使用、许诺销售、销售、进口专利产品的权利，或者使用专利方法的权利，或者是使用、销售、进口依照专利方法直接获得的产品的权利。专利权的转让是专利所有权的转让。专利权转让后，原专利权人即丧失了专利权人身份，但专利技术的转让，原专利技术持有人并不会因专利技术的转让而失去该专利技术。包括专利技术的发明创造是专利权的客体，专利权的转让不以专利技术的交付为条件，但专利权转让人、受让人通常需要交付相应的技术资料为手段。

2. 标的范围不同

专利权的转让包括发明、实用新型和外观设计专利的转让。其中发明、实用新型都是一种技术方案，外观设计不属于技术方案。专利技术转让通常仅涉及发明和实用新型，不包括外观设计。

3. 生效条件不同

专利权转让需经过登记、公告程序向社会公示，只有依法登记才产生法律效力。专利技术转让仅需要进行备案，是否备案不影响专利技术转让的合同效力。

(四) 专利权转让涉及的发明创造并不一定是成熟的技术成果

专利技术虽然不是专利权转让的前提，但专利权转让所涉技术成果是否成熟，是否适用于工业化运用，它对受让人依法实施专利或许可他人实施专利却有着重要影响。专利技术是否成熟并不是一纸合同就能解决的。判断技术是否成熟，通常需要通过技术鉴定进行确认。

虽然合同当事人可以就专利技术在专利权转让前是否需要进行鉴定，可以由当事人约定。但鉴定不是转让的必须程序，鉴于受让人对专利的信任，经常并不约定技术鉴定问题，技术成熟度主要是通过履行合同对其作出评价。这就为专利权转让中不成熟的发明创造引发纠纷埋下伏笔。技术鉴定通常可采取下列方法：

1. 以合同约定的"验收标准和方式"为标准进行自我鉴定。"验收标准与方式"是合同法中关于技术合同的一项重要条款，合同中一般应当约定验收标准与方式。因专利转让合同所涉及技术成熟问题发生纠纷，对该技术成果进行鉴定，实质上就是对该合同的技术是否符合合同约定的一种验收。[1]因此，当事人对合同中约定的验收标准和方式，也应当成为鉴定技术成果的标准。纠纷裁决者采用鉴定形式，以合同约定的验收标准和方式为依据，经当事人同意，可采取当事人自行鉴定的形式对技术成果进行鉴定并作出评价以检验技术成果是否符合合同约定。不符合约定验收标准的，就应当视为违反合同，违约方承担违约责任。

2. 以发明专利的实施效益为参考进行鉴定。发明专利实施后取得经济效

---

〔1〕 参见程永顺：《专利技术转让合同案件审理中的若干问题》，载《科技与法律》2003 年第 3 期。

益并由专利实施单位出具财务部门的经济效益证明或社会经济效益证明的技术成果，根据《中华人民共和国国家科学技术委员会科学技术成果鉴定办法》（已废止）第 5 条的规定，根据本办法第三条的规定需要进行鉴定的科技成果，属于下列情况之一的，均视同已通过鉴定：（1）已经生产实践证明技术上成熟、取得经济、社会效益，并由实施单位出具证明的；（2）经技术合同登记机关的技术项目，已经按合同约定验收合格，在生产实践中应用后取得社会、经济效益，并由当事人出具证明的；（3）经中国专利局授予专利权的发明专利，实施后取得经济效益，并由实施单位出具证明的。可视同已经通过鉴定。[1]该办法认为，此种视同鉴定形式与科技成果的其他鉴定形式具有同等效力。视同鉴定需要转让人提供证据证明。但是视同通过鉴定在新的《中华人民共和国国家科学技术委员会科学技术成果鉴定办法》中被废除，因此，以发明专利实施后的经济效益，亦不能作为鉴定的标准，而仅仅具有参考的价值。

3. 实事求是组织技术成果鉴定。科技成果鉴定工作应当坚持实事求是、科学民主客观公正、注重质量、讲求实效的原则，保证科技成果鉴定工作的严肃性和科学性。根据科技成果的特点选择下列鉴定形式：（1）检测鉴定。指由专业技术检测机构通过检验、测试性能指标等方式，对科技成果进行评价。（2）会议鉴定。指由同行专家采用会议形式对科技成果作出评价。需要进行现场考察、测试，并经过讨论答辩才能作出评价的科技成果，可以采用会议鉴定形式。（3）函审鉴定。指同行专家通过书面审查有关技术资料，对科技成果作出评价。不需要进行现场考察、测试和答辩即可作出评价的科技成果，可以采用函审鉴定形式。在鉴定过程中，需要注意三个问题：一是应采取民主的办法，允许当事人质询答辩。[2]科技成果鉴定尽可能采取检测鉴定的办法。特别是对于会议鉴定、函审鉴定中更应允许当事人质询答辩，以求鉴定结论经得起考验。二是应注意为当事人保守商业、技术秘密。专利技术往往是和技术秘密混合在一起的。对于技术秘密要尽可能为当事人保守秘密。对涉及的无关的技术秘密不应公开，更不易泄漏给对方当事人（对技术秘密对方当事人应付费取得）。三是专利技术不符合合同约定、实施达不到约定效果的，应视为转让方违约。发明专利要经过实质性审查才能获得发明专

---

〔1〕　参见程永顺：《谈技术合同诉讼中对技术成果的鉴定》，载《人民司法》1990 年第 6 期。
〔2〕　参见程永顺：《专利技术转让合同案件审理中的若干问题》，载《科技与法律》2003 年第 3 期。

利权，但其距离工业化生产往往还相差较远；对于实用新型和外观设计，甚至连实质审查也未进行，进入工业化生产往往还需要进行后续开发改进。这些说明，获得专利权的发明创造不一定都能立即实施。专利权人在签署专利权转让合同时，负有对自己转让的专利权所涉及专利技术负责的义务，应如实向受让方言明专利技术所处的法律状态、合同中对是否需要继续开发改进、由谁开发改进等进行明确约定。合同中如无约定或约定不明，而作为完全成熟的专利技术，专利权人应当保证其转让的专利所涉及的技术符合合同约定的专利文件中记载的技术标准。受让人对技术成熟度提出异议，裁判者、鉴定者不应以出让人持有"专利证书""专利权未被宣告无效"等理由认定该专利技术成熟可靠，而应当实事求是地进行科学鉴定。以科学鉴定结论为依据进行判定。[1]

（五）防范专利转让陷阱

我国专利转化率在 5% 左右，专利实施难、转让难是不少专利权人必须面对的问题。实施难、转让难是知识产权风险的重要体现。知识产权难以转化，就可能为居心叵测的所谓代理人、中介设置陷阱提供"商机"。我国的自然人发明人约占发明专利的 80%，他们大多生活并不富裕，甚至为了搞发明生活拮据。但因专利高申请授权量与转化率低的矛盾，却有部分人打着中介的幌子，为权利人设置一个个陷阱，其目的不在于真正为权利人专利的转化提供服务，而是在于骗取服务费。据发明人陈同星（专利权人）的经历，并将之概括为"迫不及待型""温和耐心型""其他骗局"三种类型。[2]随后陈同星又发现了一种新型的骗局，这种骗局可以概括为运用网络电子邮件进行"通知"，假借银行等声誉，进行诈骗。[3]

（六）受让人应当注意规避风险

在专利转让过程中，受让人承担的风险主要有：一是技术不成熟风险。即受让人通过专利权转让合同取得专利权涉及的专利技术不成熟，不能在工业生产中实施，甚至是将尚处于试验阶段的技术成果作为成品进行转让，使

---

〔1〕 参见程永顺：《专利技术转让合同纠纷案件审理中的若干问题》，载《科技与法律》2003 年第 3 期。

〔2〕 参见陈同星：《警惕诱人的专利转让陷阱》，载《发明与创新（综合版）》2008 年第 7 期。

〔3〕 参见陈同星：《无孔不入的专利转让诈骗——对新一桩专利转让诈骗案始末的分析》，载《中国发明与专利》2008 年第 11 期。

受让人承担更高的费用继续进行试制、提高、完善、成型，得不偿失。二是重复转让风险。即转让方隐瞒其专利技术已经转让的事实，甚至将已经约定不得再转让的技术拿来再次转让，使受让方受损或无法实现预期的经济效益。为规避该风险，投资企业在专利转让中应对专利技术的真实性、可靠性与市场价值进行深入的了解。在签订合同前通过有关部门或技术人员对专利技术的可行性进行鉴定，通过技术评估对技术的成熟度进行判断，以此作为专利权转让的参考。通过多渠道对专利技术的最新权属进行调查，防范重复转让。在专利权转让合同中对受让后可能存在的风险进行详细、明确的责任约定，尽可能避免损失。为防范风险，在技术属于成熟的专利技术的情况下，还可以通过专利技术转让、技术入股、销售分成等办法来规避可能存在的风险。

第四节　其他知识产权转让证贸易

著作权、专利权、商标权三大传统知识产权是知识产权转让市场的基本产权资源，也是在整个知识产权市场中占据统治地位的产权资源。随着世界科学技术的发展，在传统知识产权基础上，逐渐演化、产生了新的知识产权。新兴知识产权作为私权，其转让多是借鉴传统知识产权的基本路径。

一、植物品种权转让证贸易

植物新品种权依法在我国可以转让。其转让程序与专利权、集成电路布图设计专有权转让程序大致相同。

（一）植物品种权转让的程序

1. 应当颁发书面转让证

《植物新品种保护条例》第9条第4款明确规定，转让申请权或者品种权的，当事人应当订立书面合同。这既是出让人与受让人权利转移的合法依据，又是依法向植物新品种权审批机关登记的必备条件。

2. 向审批机关登记

向审批机关登记，是植物新品种权转让证具有法律效力的基本程序。审批机关包括植物新品种权保护的农业部分和林业部分，应分别向农业农村部、国家林业和草原局植物新品种权审批机关进行登记，变更相关著录事项。《植物新品种保护条例实施细则（林业部分）》第8条规定，转让申请权或者品种权的，自登记之日起生效。因此，登记又是林业植物新品种权转让证的生效程序。

3. 公告

完成向审批机关的登记程序后，由审批机关予以公告。转让证自公告之日起生效。如《植物新品种保护条例实施细则（农业部分）》第11条明确规定，转让申请权或者品种权的，当事人应当订立书面合同，向农业农村部登记，由农业农村部予以公告，并自公告之日起生效。因此，公告，即向社会公示是植物新品权转让证生效程序。

（二）颁发植物品种权转让证应注意的几个问题

1. 植物新品种权转让证农业部分和林业部分生效程序不同

农业部分植物新品种权转让证生效以登记后公告为生效程序，林业部分以登记为生效程序。

2. 向中国人和向外国人颁发植物新品种权转让证程序不同

前述植物新品种权转让证颁发、生效程序是基于中国单位或者个人之间颁发转让证的基本程序。但若中国的单位或者个人就其在国内培育的植物新品种向外国人转让申请权或者品种权的，则应当经审批机关批准。对于林业部分的植物品种权，中国的单位或者个人就其在国内培育的植物新品种向外国人转让申请权或者品种权的，应当报国家林业和草原局批准。对于农业部分的植物品种权，中国的单位或者个人就其在国内培育的新品种向外国人转让申请权或者品种权的，应当向农业农村部申请审批。

3. 国有单位在国内转让申请权或者品种权的，应当按照国家有关规定报经有关行政主管部门批准

国有单位在国内转让植物新品种申请权或者品种权的，由其上级行政主管部门批准。

4. 宣告品种权无效的决定不具有追溯力

宣告品种权无效的决定，对在宣告前人民法院作出并已执行的植物新品种侵权的判决、裁定，省级以上人民政府农业、林业行政部门作出并已执行的植物新品种侵权处理决定，以及已经履行的植物新品种实施许可合同和植物新品种权转让合同，不具有追溯力；但是，因品种权人的恶意给他人造成损失的，应当给予合理赔偿，即品种权人或者品种权转让人不向被许可实施人或者受让人返还使用费或者转让费，明显违反公平原则的，品种权人或者

品种权转让人应当向被许可实施人或者受让人返还全部或者部分使用费或者转让费。

5. 植物品种权转让应当依法缴纳相关费用

申请品种权和办理其他手续时，应当按照国家有关规定向农业农村部、国家林业和草原局缴纳申请费、审查费、年费。

二、集成电路布图设计专有权转让证贸易

集成电路布图设计专有权是在专利制度和著作权制度基础上融合产生的一种新兴知识产权，其转让法律制度借鉴、综合了两种知识产权制度的不同特征，在程序上更多借鉴了专利制度的程序性要求。

（一）集成电路布图设计专有权转让程序

1. 签署书面合同

集成电路布图设计专有权作为私权，权利人依法享有的权利享有转让他人的权利。我国《集成电路布图设计保护条例》第 22 条规定，布图设计权利人可以将其专有权转让他人使用其布图设计，明确了权利人享有的转让权。私权转让属于知识产权利益的重大变化，由此产生的是新的权利人。为了慎重行使转让权，我国法律对转让合同采用法定要式合同，即转让布图设计专有权的，当事人应当订立书面合同。笔者认为，书面集成电路布图设计专有权转让合同的主要内容，可参照著作权转让合同的主要内容进行签署，同时因为集成电路布图设计专有权的权能只有复制权和商业利用权，两种权能具有不同的意义，但单独转让受让复制权，对于受让人而言，没有实质意义；单纯商业利用权的转让，受让人因无复制权则并无商业利用之基，因此，集成电路布图设计专有权的转让，通常应是复制权与商业利用权一并转让。

2. 向国务院知识产权行政部门登记

双方当事人签署书面转让合同后，应填报《集成电路布图设计登记著录项目变更申请书》（书式如下表）向国家知识产权局进行登记。转让登记主要是对布图设计登记证书的著录事项进行变更登记。

国家知识产权局颁发的布图设计登记证书著录的事项包括：①布图设计权利人的姓名或者名称和地址；②布图设计的名称；③布图设计在申请日之前已经投入商业利用的，其首次商业利用的时间；④布图设计的申请日及创作完成日；⑤布图设计的颁证日期；⑥布图设计的登记号；⑦国家知识产权

局的印章及负责人签字。

转让登记主要是对登记证书第一项即布图设计权利人的姓名或者名称和地址的著录事项进行变更登记。布图设计专有权的转让自登记之日起生效。中国单位或者个人在国内申请布图设计登记和办理其他与布图设计有关的事务的，可以委托专利代理机构办理。在中国没有经常居所或者营业所的外国人、外国企业或者外国其他组织在中国申请布图设计登记和办理其他与布图设计有关的事务的，应当委托国家知识产权局指定的专利代理机构办理。

集成电路布图设计登记著录项目变更申请书

布图设计	申请号： 申请日：	
	布图设计名称：	
	当事人	☐申请人或布图设计权利人 ☐
变更项目	变更前	变更后
附件清单： ☐ ☐ ☐ ☐ ☐		
当事人或代理机构签章： 年　月　日	国家知识产权局处理意见： 年　月　日	

3. 国务院知识产权行政部门予以公告

（二）颁发布图设计专有权转让证应注意的问题

1. 共有布图设计专有权的，须经全体共有人同意的情况下，才能进行转让

布图设计是 2 个以上单位或者个人合作创作的，创作者应当共同申请布图设计登记；有合同约定的，从其约定。涉及共有的布图设计专有权的，每一个共同布图设计权利人在没有征得其他共同布图设计权利人同意的情况下，不得将其所持有的那一部分权利进行转让、出质或者与他人订立独占许可合同或者排他许可合同。

2. 向外国人转让布图设计专有权的，须经国务院有关主管部门允许并向国家知识产权局提交证明文件

中国单位或者个人向外国人转让布图设计专有权的，在向国家知识产权局办理转让登记时应当提交国务院有关主管部门允许其转让的证明文件。

布图设计专有权发生转移的，当事人应当凭有关证明文件或者法律文书向国家知识产权局办理著录项目变更手续。

3. 布图设计专有权转让需要缴纳相关费用

布图设计专有权转让登记、公告需要依法向国家知识产权局缴纳著录事项变更手续费。该费用可以直接向国家知识产权局缴纳，也可以通过邮局或者银行汇付，或者以国家知识产权局规定的其他方式缴纳。通过邮局或者银行汇付的，应当在送交国家知识产权局的汇单上至少写明正确的申请号以及缴纳的费用名称。不符合本款规定的，视为未办理缴费手续。直接向国家知识产权局缴纳费用的，以缴纳当日为缴费日；以邮局汇付方式缴纳费用的，以邮局汇出的邮戳日为缴费日；以银行汇付方式缴纳费用的，以银行实际汇出日为缴费日。但是自汇出日至国家知识产权局收到日超过 15 日的，除邮局或者银行出具证明外，以国家知识产权局收到日为缴费日。

多缴、重缴、错缴布图设计登记费用的，当事人可以向国家知识产权局提出退款请求，但是该请求应当自缴费日起一年内提出。

第四章
知识产权价值与价格

知识商品的价值是凝结在其中的创造性劳动或复杂劳动量形成的，其价格是知识商品价值的货币表现形式。知识产权价值是知识商品价值的法律表现形式，其价格是知识产权价值的货币表现形式。知识产权的定价权属于知识产权人，但也有部分知识产权定价采用政府定价与指导价格，知识产权定价通常应进行价值评估。本章研究整个知识商品价值与价格，部分研究采取以作品为例证延及其他知识商品的研究方法。

第一节　知识产权价值

财产权劳动理论是知识产权正当性的法理基础。劳动创造价值，创造知识商品的创造性劳动是复杂劳动，创造知识商品的价值，这是运用复杂劳动理论确定著作权权利价值的理论基础。创造性劳动创造了知识产权客体。创造性劳动在马克思主义劳动理论中具有具体劳动和抽象劳动的双重属性。知识产权价值是知识商品价值的法律表现形式。

一、创造性劳动创造了知识产权客体即知识商品

在成为知识产权客体的知识商品中，作品可版权性的本质属性在于独创性。我们可以将创作作品的智力劳动称为独创性劳动。独创性劳动是由独与创两个特性构成的。因此，独创性劳动包含了创造性劳动的本质内涵。

发明创造可专利性的条件包括新颖性、创造性、实用性，其中新颖性可以看作是创造的新颖性，实用性可以看作发明创造的目的归宿。因此，我们可以将发明创造的智力劳动称为创造型劳动。其他技术类知识产权的客体如

集成电路布图设计、植物新品种等知识商品的劳动，都可称为创造性劳动。

商标，作为商标权的客体即可识别性标志，是任何能够将自然人、法人或者其他组织的商品与他人的商品区别开的标志，包括文字、图形、字母、数字、三维标志、颜色组合和声音等，以及上述要素的组合。可识别性对智力劳动也提出了一定创造性的要求，或者说，可识别性标志本身包含了创造性因素。

由上可知，形成知识产权客体：知识商品的劳动，具有的共同特性就是创造性，因此，形成知识产权客体知识商品的智力劳动，我们可统称为创造性劳动，以下我们通常以作品为例证进行研究。

二、创造性劳动的双重属性：知识商品价值的实体

马克思主义的劳动价值论是从解决商品的两个因素即使用价值和价值，劳动的二重性即具体劳动与抽象劳动及其个别劳动时间与社会必要劳动时间的矛盾中而创立的科学劳动价值理论。在著作权法语系中，著作权客体即作品，其价值需要通过向社会公众提供而实现。在作品价值的实现过程中，作品并不是作为独创性劳动的产品而出现在市场上的，在市场上的作品，它脱离了原来在创作过程中产物即作品的本来面目，成为市场中的一分子，即用于交换，用于向社会公众或不特定的人进行交换，以实现其使用价值与价值的商品。该种商品因其本身具有无形性且是智力活动的产物，作为独立思想的产物，具有知识性，我们将之称为知识商品。知识商品具有商品的一般特性，因此，揭示作品等知识商品的价值理论，应从马克思主义的商品理论出发，从马克思主义的劳动价值论中寻求理论依据。

（一）知识商品的二因素

按照马克思主义学说，商品首先是一个外界的对象，一个靠自己的属性来满足人的某种需要的物。[1]商品的这种能够满足人的需要的属性，即物的有用性，使物成为使用价值。商品本身就是使用价值，它作为使用价值在使用或消费中得到最终实现。"不论财富的社会形式如何，使用价值总是构成财富的物质内容。"[2]马克思主义经济学研究的物，与作为知识商品的作品之间，

〔1〕　参见马克思：《资本论》（第一卷），人民出版社1975年版，第47页。
〔2〕　马克思：《资本论》（第一卷），人民出版社1975年版，第48页。

具有的重要区别。前者研究的作为商品使用价值的物，主要系指有形物，通常能够看得见，摸得着；但作为知识商品的作品，无形是其最重要的特点，[1]或其本质特征系客体的非物质性，是一种没有形体具有独立法律特征[2]的精神财富。此外，作为商品，物权之有形客体（物）与知识产权之无形客体（物）并无二致。作品，作为无形客体，作为知识商品具有满足人的某种需要的属性，即具有有用性。这在任何时代无论是否有著作权法的保护，都是人类的精神财富，它以满足人类获得信息需要为己任，使人们能够通过对作品的感知（包括但不限于阅读、听、看、说、触等）获得知识，开启新智，推动社会进步与发展。因此，作品具有有用性，具有使用价值，这是作品得以传播的物质属性。作品的使用价值是在作品被读者、观众、听众和盲人读者触摸等（以下统称读者）中得到最终实现的。

作品，作为知识商品的使用价值，同样是交换价值的物质承担者。具有使用价值的商品一旦进入市场，就具有了交换价值。它表现为商品间的有着质的差别的不同种使用价值（商品）相交换的数量关系或比例。不同质的使用价值或商品，它们在商品交换关系中可以互换，证明同一种商品的各种有效的交换价值表示一个等同的东西，交换价值仅仅是某种特定等同内容的表现方式或表现形式。[3]各种商品的交换价值表达的仅仅是一种共同的东西，且表达了其量的多少。最基本的数学知识告诉我们，不同质的使用价值本身不具有可比性，但作为交换价值中的共同的东西之间是可比的，不同商品的交换价值，它本身只有量的差别。在商品中，将使劳动产品成为使用价值的物质组成成分和形式或使用价值抽去，它们就不再有任何质的差别，它们就都化减为相同的抽象人类劳动。抽去了商品的使用价值，商品中剩下的只是无差别的人类劳动或人类劳动力耗费的单纯凝结，即商品价值。这就是商品交换关系或交换价值中表示出来的"等同的东西"或共同的东西。商品价值的量是用它所包含的"形成价值的实体"即劳动或用劳动持续的时间来计量的。劳动——独创性劳动是形成作品价值的实体。但商品价值量，是由社会

〔1〕 参见郑成思：《知识产权论》，法律出版社 2007 年版，第 46 页。
〔2〕 相对于动产、不动产之有形而言的，它具有不同的存在、利用、处分形态：（1）不发生有形控制的占有。（2）不发生有形损耗的使用。（3）不发生消灭的事实处分与有形交付的法律处分。参见吴汉东主编：《知识产权法》，法律出版社 2011 年版，第 11—12 页。
〔3〕 参见马克思：《资本论》（第一卷），人民出版社 1975 年版，第 49 页。

必要劳动时间决定的。[1]所以，不同商品间交换的"数量关系或比例"，就是不同商品所凝结的社会必要劳动时间的比例。由社会必要劳动时间决定商品价值的规律，同样适用于决定作品价值的规律。

商品的价值量与体现在商品中的劳动的量成正比，与这一劳动的生产力成反比。这是马克思主义劳动价值论的基本结论。这是因为，一定时期的劳动生产力越高或越低，生产某商品所需要的必要劳动时间就越少或越多，凝结于其中的劳动量就越小或越多，该商品的价值越小或越大。应当指出，马克思主义的该结论是有前提的。其前提就是劳动复杂程度保持不变。如果，随着科学技术的跨越式发展，劳动复杂程度有了重大的或划时代的提高，则商品中凝结的劳动量所形成的价值，则会发生新的变化。此问题我们将在下文论述。

一方面，商品具有使用价值，另一方面，商品具有价值。这就是商品的两个因素或商品的二重性。商品总是使用价值与价值的对立统一。对于商品的生产者或经营者与商品的使用者或消费者而言，前者其生产经营行为并不是为了使用价值，而是为了它的价值，但为了它的价值必须生产出使用价值；对于后者，他们不是为了商品的价值，而是为了商品的使用价值，但为了使用价值必须付出应有的价值（这就是等价交换规律）。

不同主体之间基于商品的二因素之间的矛盾，使商品的使用者或消费者必须通过向商品的生产者与经营者支付商品的价值。这就是商品二因素之间的矛盾与对立产生的商品交换。交换缓解与解决了矛盾，但如果交换关系破裂或失败，矛盾性使商品的生产者和使用者、消费者的目的性均难以实现，但对商品的生产者、消费者而言，就会陷入困境，正如马克思所说，这个跳跃如果不成功，摔坏的不是商品，但一定是商品所有者。[2]

作品，作为向社会提供的无形知识商品，同样是使用价值与价值的统一。作品，作为知识商品，其二因素之间的矛盾，同样需要通过交换来解决矛盾。只不过，作品的交换从法律语言而言，通常被称为传播。作品的创作与传播过程，包含着授权（许可、转让）使用并支付报酬（价值）市场过程。这个

---

〔1〕 社会必要劳动时间，也称为社会必要劳动量，它是"在现有的社会正常的生产条件下，在社会平均的劳动熟练程度和劳动强度下制造某种使用价值所需要的劳动时间。"参见马克思：《资本论》（第一卷），人民出版社 1975 年版，第 52 页。

〔2〕 参见马克思：《资本论》（第一卷），人民出版社 1975 年版，第 124 页。

过程如果不成功，作品的创作者将一无所获，甚至还是负收益。

（二）创造性劳动的二重性

劳动的二重性是马克思首先提出并证明的，是"理解政治经济学的枢纽"〔1〕，即商品二因素可以由劳动的二重性即具体劳动与抽象劳动予以说明。生产商品或创作作品的同一劳动，都是具体劳动与抽象劳动的对立统一。

生产商品或创作作品的同一劳动是对立的，他们作为同一劳动的不同形态而存在，创造了商品或作品的使用价值和价值。

一方面，同一独创性劳动是人类劳动力在其特定目的性、操作方式、对象、手段和结果的形式上的耗费，以其创造出使用价值证明了其劳动的有用性，即有用劳动。食品、纸张与作品是具有不同质的使用价值，生产和创作它们的劳动也是不同质的。这是它们作为商品相互对立进行交换和社会分工的物质基础。每个商品的使用价值都包含着一定目的的生产活动或创作活动，即有用劳动，它是具有一定的具体形式的劳动，称为具体劳动。生产各类物质形态的商品，都是自然物质与劳动要素的结合。在物质形态商品中，除了有用劳动外，"总还剩有一种不借人力而天然存在的物质基质。"人的劳动"只能改变物质的形态。"〔2〕在物质载体的商品时代，"劳动并不是它所生产的使用价值即物质财富的唯一源泉。正像威廉·配第所说，劳动是财富之父，土地是财富之母。"〔3〕但作品，包括专利、商标等知识商品，它们仅仅是劳动的产物，其中不包含自然物质的任何原子。当然，作品等知识产权的载体，它们不是知识商品本身。在作品等知识商品世界里，劳动是精神财富的唯一源泉，"土地是财富之母"就不具有真理性了，因为，在知识商品世界，劳动是财富之父，也是财富之母，更准确地说，自己的创造性劳动是财富之父，他人的创造性劳动即现有技术、现有作品或原作品中凝结的劳动是财富之母。但这里的劳动，对于整个知识商品而言，是创造性劳动；对于作品而言，是独创性劳动。生产具有物质形态商品的劳动与知识商品世界的创造性劳动，创作作品的独创性劳动，它们都是具有一定目的的有用劳动，制造、创造各种各类具有不同使用价值的物质商品与知识商品，证明了其有用性，是有用

〔1〕 马克思：《资本论》（第一卷），人民出版社1975年版，第55页。
〔2〕 马克思：《资本论》（第一卷），人民出版社1975年版，第56页。
〔3〕 马克思：《资本论》（第一卷），人民出版社1975年版，第57页。

劳动，它们都是不同质的具体劳动。因此，具体劳动创造了物质商品与知识商品，创造了商品与知识商品的使用价值。

另一方面，从商品的价值属性而言，作为价值，食品、纸张和作品等，都是同种劳动的客观表现。我们把生产、创作活动的劳动的特定性质或有用性质抽去，就只是人类劳动即都是人的脑、肌肉、神经、手等等的耗费，都是人类劳动或抽象形态上的劳动，称为抽象劳动。具体劳动和抽象劳动是耗费人类劳动力的两种不同形式。具体劳动耗费人类劳动力的形式，生产、创作出了具有不同使用价值的商品、作品。抽象劳动耗费人类劳动力的形式，创造了商品或作品的价值。"商品中使用价值之于价值，就是生产活动中有用劳动之于抽象劳动"[1]或之于人类劳动本身、一般人类劳动，"它是每个没有任何专长的普通人的机体平均具有的简单劳动力的耗费"[2]即简单劳动。因此，商品价值中体现的劳动量是简单劳动量。

商品价值量由社会必要劳动量决定，该劳动量即指简单平均劳动量。简单平均劳动是马克思主义劳动价值论的重要的基础性概念。因此，理解和把握简单平均劳动对于准确理解和把握马克思主义的劳动价值论具有重要意义。笔者认为，准确理解简单平均劳动需要与马克思对社会必要劳动时间的界定相结合的基础上，从现实与历史、发展观念出发，进行全面界定。

（三）市场经济的基本矛盾：私人劳动和社会劳动的矛盾，知识产权贸易的社会根源

前述按照马克思主义理论，我们实际上揭示了商品、作品生产、创作中存在的三对矛盾，即使用价值和价值的矛盾，具体劳动和抽象劳动的矛盾，个别劳动时间与社会必要劳动时间的矛盾。这些矛盾都是由商品经济或市场经济的基本矛盾决定的。

市场经济的运转需要两个基本的条件，一是生产者之间存在社会分工体系。二是商品生产者是具有不同经济利益的实体。

历史上曾出现过的以生产资料私有制和个人参加劳动为基础的商品生产或商品经济，是在社会分工和私有制基础上出现的。社会分工，使各个商品

---

〔1〕〔美〕保罗·斯威齐：《资本主义发展论》，陈观烈、秦亚男译，商务印书馆 1962 年版，第 52 页。

〔2〕马克思：《资本论》（第一卷），人民出版社 1975 年版，第 57-58 页。

生产者之间存在着互相联系、互相依赖的关系。一方面，每个商品生产者的劳动都是社会上彼此联系的社会总劳动的一部分，它具有社会性，从此意义上看，它是社会劳动。另一方面，每个商品生产者又是独立的商品生产主体。其生产什么、生产多少和怎样生产，又成为商品生产者私人的事情，劳动产品也归他私人所有，因此，它的劳动又具有私人性，直接表现为私人劳动。

在简单商品经济条件下，私人劳动和社会劳动的矛盾性表现在：一是这种劳动既具有私人性又具有社会性，同时体现了其私人劳动的性质和社会劳动的性质；二是私人劳动的产品归他私人所有，而社会劳动又要求劳动产品必须为他人使用；三是在私人劳动的情况下，每个商品生产者的生产具有盲目性，其生产的商品不一定符合社会的需要，也不一定被社会所承认，而社会劳动又要求必须符合社会需要并为社会承认。

私人劳动和社会劳动的矛盾是简单商品生产的基本矛盾，它决定了商品中包含的三对矛盾，支配商品生产者的命运。在交换中，如果商品生产者的商品卖出去了，这就表明，它的私人劳动被社会承认了，是社会劳动的一部分，是有用劳动，就有可能部分或全部以致超额补偿其在私人劳动的耗费，其商品价值也就按照社会必要劳动时间决定的价值量实现了。如果商品生产者的商品卖不出去，这就表明他的劳动不被社会承认，劳动的社会性就没有变为现实，同时他的劳动不能实现使用价值具有无用性，不能实现其价值，其在生产中耗费的劳动（包括活劳动和物化劳动）不能得到补偿。

马克思去世 140 多年来，世界经济发生了天翻地覆的变化，但马克思揭示商品经济的基本矛盾仍然决定着世界各国商品生产者的命运。特别是作品创作，除了创作使用的原始材料更为丰富和在现代技术条件下，创作手段更为现代化外，创作作为私人劳动的性质，没有改变。特别受著作权法保护的作品须具有独创性的法律要求，使得作品中凝结的劳动，首先表现为私人劳动。

三、创造性劳动是复杂劳动

（一）马克思的复杂劳动理论

马克思的经典著作三卷《资本论》中，作为独立的范畴，使用"复杂劳动"只有一次，[1]作为复杂劳动的提供者，马克思也只有使用一次"复杂劳

---

〔1〕 参见马克思：《资本论》（第一卷），人民出版社 1975 年版，第 58 页。

动者"，且是在脚注中使用的。[1]此外，马克思还使用"比较复杂的劳动"
一次，[2]"较复杂的劳动"二次，[3]"较高级较复杂的劳动"两次。[4]无论是
对"复杂劳动"还是"较复杂的劳动"、"比较复杂的劳动"的使用过程中，
均未对复杂劳动做出明确界定。在马克思主义劳动价值论中，复杂劳动及其还
原或化简问题，是一个未得到充分论述的问题，[5]更是一个经济学难题，[6]从
而引起了国内外学术界对复杂劳动的不同认识。本文且仅从我国学者对复杂
劳动的认识与界定出发进行研究。

（二）我国学术界对复杂劳动的认识

孙尚清从与简单劳动比较的视域出发，认为"高于简单劳动力的知识和
技能水平的劳动，则是不同程度的复杂劳动"。[7]奚兆永提出，复杂劳动
"是有专长的、需要经过教育训练才能从事的劳动。"[8]王质冰提出，复杂劳
动"是社会在一定发展阶段上，有些劳动者由于经过专门培养和训练，使
其具有一定技术专长的较高级的劳动技能。"[9]谭希培，肖昭理、[10]汤美
莲、[11]《马克思主义政治经济学概论》编写组等也都提出了大致相同的观
点。[12]

笔者认为，学术界上述观点，或多或少都存在着这样或那样的问题。为

---

[1]　参见马克思：《资本论》（第一卷），人民出版社 1975 年版，第 224 页。

[2]　参见马克思：《资本论》（第一卷），人民出版社 1975 年版，第 58 页。

[3]　参见马克思：《资本论》（第一卷），人民出版社 1975 年版，第 223 页；参见马克思：《资本论》（第三卷），人民出版社 1975 年版，第 427 页。

[4]　参见马克思：《资本论》（第一卷），人民出版社 1975 年版，第 223 页。

[5]　参见朱钟棣：《劳动价值论中一个并未得到充分论述的问题——应当如何把复杂劳动还原成简单劳动》，载《财经研究》1989 年第 4 期。

[6]　参见艾德文：《复杂劳动与知识价值——对一个经济学难题的求解》，载《中外企业家》2000年第 1 期。

[7]　参见孙尚清：《关于复杂劳动如何化为简单劳动的问题》，载《经济研究》1962 年第 11 期。

[8]　奚兆永：《关于复杂劳动与简单劳动、熟练劳动与非熟练劳动的概念问题——与陈征等同志商榷》，载《上饶师专学报（社会科学版）》1981 年 Z1 期。

[9]　王质冰：《复杂劳动与按劳分配——学习马克思劳动价值理论的一点体会》，载《社会科学辑刊》1983 年第 4 期。

[10]　参见谭希培、肖昭理：《简单劳动和复杂劳动新探》，载《江汉大学学报（人文社会科学版）》2002 年第 2 期。

[11]　参见汤美莲：《论复杂劳动和价值计量和价值实现》，载《消费经济》2003 年第 3 期。

[12]　参见《马克思主义政治经济学概论》编写组：《马克思主义政治经济学概论》，人民出版社、高等教育出版社 2011 年版，第 43 页。

了节约篇幅，本文直接从马克思的相关论述中对复杂劳动进行界定。

1. 复杂劳动是与简单劳动相比较而引出的一个概念。为了说明问题，笔者在这里引用马克思一段较长的话如下：

如果把生产活动的特定性质撇开，从而把劳动的有用性质撇开，生产活动就只剩下一点：它是人类劳动力的耗费……是人的脑、肌肉、神经、手等等的生产耗费……当然，人类劳动力本身必须已有一定的发展，才能以这种或那种形式耗费。但是，商品价值体现的是人类劳动本身，是一般人类劳动的耗费……它是每个没有任何专长的普通人的机体平均具有的简单劳动力的耗费。简单平均劳动虽然在不同的国家和不同的文化时代具有不同的性质，但在一定的社会里是一定的。比较复杂的劳动只是自乘的或不如说多倍的简单劳动，因此，少量的复杂劳动等于多量的简单劳动。[1]

从比较的视域出发，马克思的引出复杂劳动的语境为：抽象劳动——它是人类劳动力的耗费——商品价值体现的是人类劳动本身——一般人类劳动的耗费——简单劳动力的耗费。马克思和学术界均将上述语境中的"简单劳动力的耗费"称为"简单劳动"。马克思在此语境下引出"复杂劳动"概念，因此，对应于简单劳动，复杂劳动最为简洁的概念应是"复杂劳动力的耗费"。

但从比较的视域出发，仅有其最简洁的概念，还难以反映复杂劳动与简单劳动之间的特点或区别。复杂劳动与简单劳动的特点是相对应的。

马克思前述简单劳动定义中包含的简单劳动的特点之反面，就是复杂劳动的特点。马克思定义的简单劳动的特点及其反面为：

（1）没有任何专长。这是简单劳动具有的最为重要的特征。与此相应，复杂劳动的最为重要的特征就是"具有一定专长"，或专长是复杂劳动的本质特征。

（2）普通人的机体。它是没有任何专长的简单劳动力的承载者。这里的普通人即指简单劳动者。与此相应，复杂劳动力的承载者就应是具有一定专长的复杂劳动者的机体。

（3）平均具有。作为简单劳动的特征，平均具有是有前提的。该前提是前述引文中的"人类劳动力本身必须已有一定的发展"。这就是说，简单劳动

---

[1] 参见马克思：《资本论》（第一卷），人民出版社1975年版，第57-58页。

是具有当时代大多数人（即普通人）应当具有的知识与技能的人类劳动力的耗费。至少在马克思生活与创作《资本论》的时代，能够成为工人阶级的一分子，需要具有比一般农业劳动者更多的知识与技能。这些知识和技能或源于学校教育，或源于工作中的师徒培训。因此，教育和培训对于简单劳动而言，也是需要的。教育和培训本身不应是复杂劳动的特权，特别是在现代社会，几乎人人都须经过义务教育，在义务教育阶段，也有部分职业教育。与此相应，复杂劳动对教育和培训就有较高的要求。

因此，笔者认为，复杂劳动是具有一定专长的复杂劳动者的机体具有的复杂劳动力的耗费。这是对马克思主义之复杂劳动概念界定的第一步。这一步是从比较视域得出的结论，也是复杂劳动概念的基本内涵。

2. 复杂劳动是与简单劳动存在级差的人类劳动力的耗费。在马克思的语境中，复杂劳动即比较复杂的劳动，与简单劳动之间存在级差关系。在马克思著名的复杂劳动等于自乘或多倍或多量的简单劳动的论断中证明了这一点。

理解和把握马克思对复杂劳动或较复杂劳动的解释，有四点是需要注意的。一是对较复杂的劳动采用了"较高级"的修饰形式。如"比社会平均劳动较高级较复杂的劳动"。[1]二是将较高级的劳动视为较复杂劳动的表现形式。如复杂劳动"它也就表现为较高级的劳动"。[2]三是在马克思对相关问题论述的注重将较高级劳动直接与简单劳动相对应。如"较高级劳动和简单劳动"。[3]四是马克思还将复杂劳动与简单劳动的价值形成还原关系看成是较高级劳动与简单劳动的还原关系。如"在每一个价值形成过程中，较高级的劳动总是要化为社会平均劳动"等。[4]

因此，在马克思的视域中，较高级劳动与较复杂劳动是同义语，高级劳动与复杂劳动是同义语。因此，在劳动价值理论中，人类一般劳动或抽象劳动形成价值之间是存在级差的，级差之间存在"自乘、倍加、多量"或者"较高级的劳动化为×日简单的劳动"规律。[5]

〔1〕 参见马克思：《资本论》（第一卷），人民出版社1975年版，第223页。
〔2〕 参见马克思：《资本论》（第一卷），人民出版社1975年版，第223页。
〔3〕 参见马克思：《资本论》（第一卷），人民出版社1975年版，第224页。
〔4〕 参见马克思：《资本论》（第一卷），人民出版社1975年版，第224页。
〔5〕 参见马克思：《资本论》（第一卷），人民出版社1975年版，第224页。

（三）复杂劳动属于抽象劳动的范畴

复杂劳动是具体劳动还是抽象劳动，在学术界有不同的认识。

陈征认为，简单劳动和复杂劳动的差别，是不同工种的诸劳动在发展程度上的差别。[1]从此认识可知，陈征是将复杂劳动和各具体劳动相联系的。

孙尚清、[2]张天性[3]等明确认为，复杂劳动应属于"抽象劳动的范畴"。笔者认同这一观点，但认为学术界对复杂劳动和抽象劳动的认识还应深化，且分析复杂劳动、简单劳动与具体劳动、抽象劳动的关系，不能脱离劳动二重性理论的指导。

在马克思的劳动理论中存在着不同质的劳动。在马克思的不朽著作《资本论》中，在多种场合直接对劳动的质问题进行研究。由马克思主义经典作家的论述可知，[4]劳动分为"不同的质"的劳动和"相同的质"的劳动。生产上衣和麻布的"缝与织"是"不同的质"的劳动，形成使用价值；抽去"缝与织"的"特殊的质"，它们就成为具有"相同的质"即"人类劳动的质"的劳动，即抽象劳动，形成商品的价值。因此，"不同的质"即异质劳动是具体劳动，"相同的质"即同质劳动是抽象劳动。不同质的劳动及其商品（使用价值）之间不能进行直接比较，只有将不同质的劳动抽去其不同的质后，使其只剩下人类劳动的质情况下，才能进行直接的比较。

由上述可见，只有抽象劳动在"劳动多少，劳动时间多长"的基础上，才存在"一定的比例"上各种商品具有等量的价值。因此，作为复杂劳动与简单劳动之间的"自乘的或不如说多倍的"以及"多量的"比例关系，只能是抽象劳动之间的"比例关系"。所以，复杂劳动与简单劳动能够在量上直接进行比较在于它们具有同质性，即都是人类劳动，都是抽象劳动。

那么，复杂劳动、简单劳动与具体劳动就没有关系吗？这个问题，在马

---

〔1〕 参见陈征：《〈资本论〉解说》（第三册），福建人民出版社1980年版，第65页。

〔2〕 参见孙尚清：《关于复杂劳动如何化为简单劳动的问题》，载《经济研究》1962年第11期。

〔3〕 参见张天性：《抽象劳动、简单劳动、复杂劳动的关系》，载《财经科学》1984年第2期。

〔4〕 正如马克思所指出的那样：正是由于缝和织具有不同的质，它们才是形成作为使用价值的上衣和麻布的要素；而只是由于它们的特殊的质被抽去，由于它们具有相同的质，即人类劳动的质，它们才是上衣价值和麻布价值的实体。参见马克思：《资本论》（第一卷），人民出版社1975年版，第58页。再如马克思指出的那样：就使用价值说，有意义的只是商品中包含的劳动的质，就价值量说，有意义的只是商品中包含的劳动的量，不过这种劳动已经化为没有质的区别的人类劳动。参见马克思：《资本论》（第一卷），人民出版社1975年版，第59页。

克思主义经典著作中我们找不到答案。笔者认为，这也不妨我们对复杂劳动、简单劳动与具体劳动关系再行探讨。

笔者认为，各种商品生产的具体劳动在质上是不同的，不能直接进行比较。但同种商品生产的具体劳动也是存在巨大差异的。如纺纱，既可以采用传统的手工纺纱方式进行纺纱，又可以采用机器进行纺纱。这种具体劳动差异，在不同的文化时代会有不同的表现形式。但在同一文化时代同一商品可以由不同的具体劳动生产，则是不争的事实。不同的具体劳动之间存在着是否具有"专长"的问题。具有"专长"的劳动马克思将之称为或抽象为"复杂劳动"，没有任何"专长"的劳动，马克思将之称为或抽象为"简单劳动"。因此，笔者认为，复杂劳动和简单劳动是马克思对是否具有"专长"的具体劳动的抽象形式。因此，马克思的抽象劳动是分层次结构的。马克思的抽象劳动主要分为两个层次，一是将所有具体劳动抽象去所有不同的质为人类一般劳动，或抽象劳动，这是马克思使用的最具普遍意义的抽象劳动。如"织就它织出价值而论，也和缝毫无区别，所以是抽象人类劳动。"[1]等，都是最一般最普遍的意义上使用的抽象意义的抽象劳动。二是对具体劳动保留其"专长"的次级抽象。有学者认为，简单劳动或复杂劳动作为简单劳动力的耗费或复杂劳动力的耗费，都抽象掉了"任何专长"是不妥的。[2]复杂劳动恰恰是具有某种专长的劳动力的耗费，复杂劳动所以具有复杂性，就在于它与简单劳动相比具有"某种专长"。马克思的二级抽象是马克思主义历史唯物主义观的体现。这一科学的对具体劳动的二级抽象，回答了为什么不同（是否具有专长）的劳动耗费具有不同价值问题。

早有学者曾将复杂劳动和简单劳动称为"异质劳动"。[3]有学者对该观点提出了质疑，认为复杂劳动与简单劳动只是异量劳动，是抽象意义上相比较的劳动。[4]笔者认为，该学者将复杂劳动与简单劳动认为是异质劳动是不妥的，但其在一定程度上将复杂劳动和具体劳动（异质）联系起来是有一定

---

〔1〕　马克思：《资本论》（第一卷），人民出版社 1975 年版，第 65 页。

〔2〕　参见余军、郭其友：《谈简单劳动与复杂劳动（与一些教材编写者商榷）》，载《集美师专学报》1991 年第 1 期。

〔3〕　参见陈振羽：《马克思对劳动价值论的伟大变革》，载《经济研究》1979 年第 7 期；参见李广平等：《复杂程度不同的劳动是创造价值的劳动吗？——兼论科技劳动的性质和作用》，载《经济评论》2004 年第 3 期。

〔4〕　参见陈宇弘：《复杂劳动和简单劳动不是异质劳动》，载《经济研究》1980 年第 3 期。

意义的。质疑学者认为复杂劳动与简单劳动是同质（抽象劳动）异量劳动无疑是正确的，但没有看到劳动抽象的层次结构，也存在一定不足之处。

还有学者认为，熟练劳动与复杂劳动、不熟练劳动与简单劳动的概念在内涵上是完全一致的。[1]笔者认为，此种看法，混淆了复杂劳动与熟练劳动在价值形成量级上的差别，把属于简单劳动层次上马克思分析价值形成理论的分析工具熟练劳动与非熟练劳动的差别混同了复杂劳动与简单劳动的区别。

（四）复杂劳动的形成："专长"的造就

由马克思主义经典作家对复杂劳动的形成的两处专门论述可知，[2]马克思关于复杂劳动形成，即"专长"造就的基本途径是"教育或训练"，在前论述中提出了"较高的教育费用"一条件论，在后论述在一条件论基础上对在前理论有了新的发展。因此，马克思提出的复杂劳动力"专长"造就需要两个条件，一是需要较高的教育费用；二是需要花费较多的时间。这是马克思提出的"二条件论"。

在马克思的《资本论》第一卷出版后，欧洲"社会主义的行家"和"社会主义的改革家"欧根·杜林对马克思创设的劳动价值论提出了质疑。恩格斯对之进行了无情的批判。恩格斯在《反杜林论》一书中，发展了马克思的复杂劳动理论。恩格斯提出，"并非任何劳动都只是人的简单劳动力的消耗；许多种类的劳动包含着需要耗费或多或少的辛劳、时间和金钱去获得的技巧和知识的运用。"[3]可见，恩格斯将马克思主义复杂劳动产生的条件从马克思的"两条件论"发展至"三条件论"。本文就在恩格斯更加完善的"三条件论"基础上对复杂劳动的形成或"专长"的造就进行研究。

---

〔1〕 参见奚兆永：《关于复杂劳动与简单劳动、熟练劳动与非熟练劳动的概念问题——与陈征等同志商榷》，载《上饶师专学报（社会科学版）》1981年第Z1期；参见赵振华：《国外学者关于劳动价值理论讨论综述》，载《青海社会科学》2003年第3期；参见庄三红：《劳动价值论的时代化研究》，中国社会科学出版社2016年版，第32页。

〔2〕 一是，"要改变一般的人的本性，使它获得一定劳动部门的技能和技巧，成为发达的和专门的劳动力，就要有一定的教育或训练，而这就得花费或多或少的商品等价物。"马克思：《资本论》（第一卷），人民出版社1975年版，第195页。二是，"比社会平均劳动较高级较复杂的劳动，是这样一种劳动力的表现，这种劳动力比普通劳动力需要较高的教育费用，它的生产要花费较多的劳动时间"。参见马克思：《资本论》（第一卷），人民出版社1975年版，第223页。

〔3〕 恩格斯：《反杜林论》，人民出版社1970年版，第195页。

1. 较高的教育费用和金钱

复杂劳动是复杂劳动力具有的人的脑力与体力的总和。复杂劳动和简单劳动在劳动力构成上的最重要区别在于，复杂劳动主要是由脑力决定的"专长"，即"技巧与知识的运用"。教育与培训是获得"专长"的重要途径。

教育是获得"知识"的重要途径。义务教育阶段结束后，劳动力后备军具有了成为在生产过程中与生产资料相结合的资格，可以就业，但义务教育阶段的劳动者并没有获得具有"专长"的"技巧和知识"。因此，在我国完成义务教育阶段就业的劳动者，就业前通常都要经过一个岗前培训过程和岗位培训。岗前培训就是向新员工介绍企业的规章制度、文化以及企业的业务和员工。岗位培训是岗位对员工进行的实际操作技能的培训与岗位内的相互学习。这类培训只能使员工了解、学会、掌握岗位的实际操作技能，并逐渐由学徒工成为正式工人，成为一名具有正常的熟练程度的劳动力。此类培训造就的是简单劳动力。随着时间的推移，岗位培训也只能提高实际操作的熟练程度，但难以成为复杂劳动者。因为，岗位培训的提供者本身就是居于简单劳动能力的熟练工人，其培训难以超越自身能力。因此，对复杂劳动力形成具有重要意义的教育，通常是指义务教育阶段结束后进行的不同阶段的教育。

义务教育阶段结束后对复杂劳动力形成具有决定意义的教育，有两种教育形式。一是职业教育，亦称职业技术教育。根据1996年《中华人民共和国职业教育法》的规定，职业教育分为初等职业教育、中等职业教育和高等职业教育。我国初等职业教育施行免费义务教育制度，中等职业教育在全国不少地方已经施行免费教育，高等职业教育目前还实行收费教育制度。经过中等职业教育的劳动者就业，就不再需要再经过岗位培训或学徒阶段。因此，中等职业教育阶段发生的教育费用，应当是再生产复杂劳动力的费用。二是普通高中以及高中后学历教育。包括高中教育与专科、本科、硕士、博士等高等教育。其学制高中3年，专科一般为3年，本科一般为4年-5年，硕士2年-3年，博士3年。这些高中阶段教育和高等教育通常都要缴纳学费。这些都构成不同层次复杂劳动再生产的费用。

完成上述生产复杂劳动力的教育过程，经考核合格，即成为不同层次的复杂劳动者。此后复杂劳动者进入复杂劳动力的耗费与再生产过程之中。复杂劳动力的再生产也具有简单再生产与扩大再生产两种形态。扩大再生产是

复杂劳动力再生产的主要形态，这是社会发展进步之必需，也是人类追求进步所必须。因此，复杂劳动力生产出来后，不断扩大再生产所需要的追加的教育学习费用，也是复杂劳动力价值的应有要素。

2. 花费较多的劳动时间

上述对各不同阶段教育学制的介绍，都说明不同层次复杂劳动力的生产或再生产都需要花费比义务教育阶段更多的时间。在这些时间里，每个再生产过程中准复杂劳动者都要不断地消费维持人的生命所必需的生活资料。在学制内为维持准复杂劳动者生存需要而消费的生活资料中凝结劳动时间，根据马克思的劳动价值理论，就是马克思所指的"它的生产要花费较多的劳动时间"。

3. 辛劳

辛劳是恩格斯发展与完善马克思复杂劳动形成理论而提出生产复杂劳动力的重要条件。在复杂劳动力生产过程之中，一方面要支付数目不菲的教育费用，另一方面还要花费维持准复杂劳动者生存需要的生活资料中凝结的劳动时间或生活费用。但在此复杂劳动力生产过程中，准复杂劳动力还要付出辛劳。该辛劳亦应是生产复杂劳动力价值的构成要素。但辛劳如何计入生产复杂劳动力的费用之中，革命导师恩格斯并没有具体指明方向与方法。笔者认为，前述花费较高的教育费用和金钱以及花费较多的劳动时间，都是物化的劳动时间，是对死劳动时间的消耗。辛劳是准复杂劳动者为生产复杂劳动力而花费的活劳动，是复杂劳动力生产中对活劳动的消耗。此活劳动的消耗可视为简单劳动力耗费的价值与复杂劳动力耗费价值的平均值。该平均值是复杂劳动力生产过程中因不能获得收入而造成的机会损失或机会成本。该成本应计入复杂劳动力的生产耗费之中。

（四）创造性劳动是复杂劳动

1. 独创性劳动重在"创"字

劳动是劳动力或劳动能力的耗费。劳动力或劳动能力是"人的身体即活的人体中存在的、每当人生产某种使用价值时就运用的体力和智力的总和。"[1]简单劳动力的耗费与物质资料的结合生产出来的商品，是按照既定的方案使劳动力耗费与生产资料的耗费相结合的工业复制过程，它是以已有同类商品

---

〔1〕 马克思：《资本论》（第一卷），人民出版社1975年版，第190页。

或已有既定生产方法为前提的。

独创性劳动的特点重在"创"字。任何劳动力的耗费或劳动的提供，都是劳动者个人独立进行的，协作劳动也是各独立提供劳动的劳动力之间共同进行的，没有每个劳动力的独立行为，任何劳动力的耗费即劳动即不存在。因此，"独立创作，源于本人"作为一个独立的劳动过程并不具有特殊性。使创作作品的劳动具有特殊性的在于"创"字，该"创"能使一部作品从无到有而产生，且还不是抄袭或主要是抄袭他人的作品，或"创"使"新作品"具有一定的文学、艺术和科学高度，从而使"新作品"成为受著作权法保护的作品。

2. 独创性劳动需要进行教育掌握基本创作技巧

作品是思想的表达。作品中的思想是指人的思想、过程、原理、数学概念、操作方法等。著作权保护延及表达，不延及思想，但作品中首先要有思想。没有思想的表达，则不是人类的表达，不属于智力成果，不能获得著作权。因此，作品本身具有思想与表达两个要素，但思想本身不受著作权保护。具有一定的思想，是表达的前提。因此，独创性劳动需要思想的形成和表达实现两个阶段。

（1）思想的形成有赖于教育。思想来源于社会实践。人们通过社会实践可以获得丰富多彩的思想素养。人们将社会实践中的思想素养经过提炼加工形成知识。知识具有一个积累过程。经过人类文明数千年的发展过程，已形成了一个巨大的分工精细的知识体系。现代社会，一个人自出生之日起，在成长过程中仅仅通过社会实践去获得某分工精细的知识体系，既效率低下，又几乎不可能。因此，延续数千年的教育制度，是获得现有知识的基本途径。

现有知识和社会实践是新知识产生的土壤。新知识又不断成为既有知识，被充实到教育过程之中。教育，特别是高等教育又是新知识产生的重要阵地。

作品中的思想，既可以是既有知识，又可以是新知识。既有知识可以有新表达，新知识可以有不同的表达。一个人通常只有通过程度不同的教育经历，掌握不同程度的现有知识，并和一定的社会实践相结合，加上自己的独立思考，形成了不同的思想。

（2）表达实现需要系统的教育训练。除了口述作品外，表达通常都要借助于一定手段和工具。我们以文字作品为例。文字作品的创作，需要经过系统的教育训练。没有系统的教育训练，任何人都创作不出来文字作品。

①识字写字是创作文字作品的前提。文字作品是以文字形式表现的小说、诗词、散文、论文等作品。对一个国家的文字的识字写字没有达到一定程度或水准，就创作不出来文字作品。任何国家的教育都是从认识书写一个国家的文字开始的。认字写字教育一般要经过义务教育阶段才能基本完成社会交往的需要，在我国高中阶段也有识字写字的学习任务，这是进一步发展需要。识字写字的学习任务需要在教育阶段通过读说听写等手段来完成。一般而言，进入高等教育阶段就不存在这一教育义务（当然，不排除在高等教育阶段认识一些新的字）。

②创作需要进行系统的教育训练。在我国义务教育阶段，是从识字写字开始的，此后，开始了组词、造句训练。然后开始习作简单的短文，这种教育训练一直持续到义务教育阶段结束。进入高中阶段，仍有习作训练。进入高等教育阶段，习作不是主要任务，但人文社会科学领域本科毕业，通常都要通过毕业论文的创作，经考核合格才能完成学业。创作，特别是创作技巧，不是人先天就具备的能力，这种能力需要系统的教育训练。不少情况下，即使经过了高等教育阶段，也难以写出令人满意的毕业论文。由此可见，创作的复杂性。

3. 独创性劳动总体属于复杂劳动

独创性劳动力或劳动能力是经过长期教育训练才能形成或生产出来的劳动力，因此，它是复杂劳动力；独创性劳动力的耗费，即独创性劳动，它是复杂劳动，这应是一个必然的结论。但我们不能否认，一个仅仅接受过义务阶段教育或在接受义务教育阶段的学生，也可以创作作品，即习作。

从著作权法视域出发，学生习作只要是独立思考创作完成没有抄袭他人作品，依法亦享有著作权，受到著作权法的保护。因为，此类习作是现有知识、思想的独立表达，尽管会有不少雷同，也不影响其受到著作权法的保护。但习作创作的目的在于学习创作知识与技巧，且它不以向公众提供作品为目的。著作权的法律价值在于鼓励作品的传播，作品只有通过传播，才能实现其经济价值或权利价值。总体上学生习作除了在面向中小学生的学习类报刊有少量发表外，很少有在面向成人的大众报纸、期刊进行传播的，且面向广大中小学生的学习类报刊发表的作品，主要还是受过一定高度教育的中小学教育工作者。面向社会的出版社等图书出版社出版的各种面向少年儿童的作品，通常也是受到一定教育高度的成年人创作完成的。从社会现实看，仅仅接受初等教育者，就业后从事职业创作者几乎没有，进行业余创作者也是凤毛麟角。因此，在社会上广为传播的各类作品，通常都是具有一定高度教育的复杂劳动者运用独创性劳动创作的。独创性劳动总体上属于复杂劳动。独创性劳动属于复杂劳动是原则，简单劳动是例外。所以，本课题对独创性劳动的研究，抽象掉了例外情况，以复杂劳动为基础进行研究。

四、知识产权价值是知识商品价值的法律表现形式

（一）知识产权基于知识商品或在知识商品完成的基础上经授权而产生

在世界上大多数国家著作权采用自动产生原则，也被称为"自动保护主义"原则。该原则源自《伯尔尼公约》第3条第1款第（a）项[1]和第5条第2款[2]规定。

自动保护原则是《伯尔尼公约》与《世界版权公约》的重要区别之一。我国同时是两大公约的成员国。我国著作权保护采用自动保护原则。我国《著作权法》第2条第1款[3]和《著作权法实施条例》第6条[4]共同规定了自动保护原则。著作权自动产生的前提是作品创作完成。此时，独创性劳动已经凝结在作品之中，形成了作品的财产性价值的最为重要的组成部分。

商业秘密权的客体即商业秘密，作为知识商品产生商业秘密权，在于其秘密性或不公开性。商业秘密作为不为公众所知悉、能为权利人带来经济利益、具有实用性并经权利人采取保密措施的技术信息和经营信息等商业信息，其权利的产生也具有一定的自动产生属性。

其他知识产权通常需要在知识商品完成后经注册或申请程序进行授权。

著作权、商业秘密权的自动产生和其他知识产权经注册或申请程序，依知识产权法定主义原则，均属于依法授权而产生的知识产权。

---

〔1〕《伯尔尼公约》第3条第1款第（a）项规定，根据本公约，（a）作者为本同盟任何成员国的国民者，其作品无论是否已经出版，都受保护。

〔2〕《伯尔尼公约》第5条第2款规定，享受和行使这些权利不需要履行任何手续，也不论作品起源国是否存在保护。因此，除本公约条款外，保护的程度以及为保护作者权利而向其提供的补救方法完全由被要求给以保护的国家的法律规定。

〔3〕《著作权法》第2条第1款规定，中国公民、法人或者非法人组织的作品，不论是否发表，依照本法享有著作权。

〔4〕《著作权法实施条例》第6条规定，著作权自作品创作完成之日起产生。

（二）知识产权价值是知识商品价值的法律表现形式

1. 知识产权客体：知识商品价值

知识商品的价值是创造性劳动形成的。但知识商品的价值并非单纯由创造性劳动形成的。为了说明这个问题，我们以著作权客体即作品为例进行简要探讨。

根据我国《著作权法》第3条[1]的规定，著作权客体即作品包括文字作品等九种形式创作的文学、艺术和自然科学、社会科学、工程技术作品。创作作品除了提供独创性劳动外，还要投入为创作作品所必需的创作工具、创作素材、创作载体等物化劳动。因此，作品价值中除了独创性劳动创造的价值外，还包括物化劳动转移的价值。因此，独创性劳动是作品价值的源泉，但并不是作品价值的全部。

作品创作独创性劳动主要是作者的智力活动和耗费。因此，《著作权法》将著作权归于作者作为基本原则，归于他人视为例外。这就是《著作权法》第11条第1款[2]规定的意义。在各种形式的文学、艺术和科学领域的作品中，某些形式的作品创作前期投入的物化劳动并不巨大，但有些形式的作品则需要有巨大的前期投入。根据各种形式作品创作的情况，《著作权法》规定了若干著作权归属例外。

综合著作权归属的一般规则与例外，在视为作者、制片者、著作权由单位享有的职务作品等（以下统称单位）等个别情况下，著作权不属于作者，即不属于独创性劳动提供者，其他情况下著作权属于独创性劳动提供者。著作权价值则分别归单位或作者所有。在归单位所有著作权的情况下，作者只能通过创作获得劳动报酬，因其独创性劳动的复杂性，可以获得或有奖励或追加报酬。也就是说，单位享有著作权的作品价值，就由 c+v+m 构成；但独创性劳动成果著作权归于作者享有的情况下，作品的价值中包含的 c+v+m 与单位无关，都属于独创性劳动提供者所有，其中作品价值中扣减 c 的部分，都是独创性劳动耗费创造的全部价值，都表现为独创性劳动报酬。

---

〔1〕 参见《著作权法》第3条规定，本法所称的作品，是指文学、艺术和科学领域内具有独创性并能以一定形式表现的智力成果，包括（1）文字作品；（2）口述作品；（3）音乐、戏剧、曲艺、舞蹈、杂技艺术作品；（4）美术、建筑作品；（5）摄影作品；（6）视听作品；（7）工程设计图、产品设计图、地图、示意图等图形作品和模型作品；（8）计算机软件；（9）符合作品特征的其他智力成果。

〔2〕《著作权法》第11条第1款规定，著作权属于作者，本法另有规定的除外。

2. 知识产权价值是知识商品价值的法律表现形式

前述包括作品在内的知识商品的无形性及其不同的存在、利用、处分形态，只要作品等知识商品一旦公开，就会脱离权利人的控制。非权利人有可能不通过法律规定的途径即授权使用并支付报酬去利用、"处分"属于他人而自己并未实际"占有"的知识商品。国家有必要赋予知识商品的创造者以知识产权，并对这种专有权利实行不同于传统财产权制度的特别法律保护。[1]

《著作权法》赋予作品创作者以专有权，就是为了作者能够通过法律手段控制作品的使用行为。因此，著作权基于作品创作完成而产生，著作权权利价值是作品价值的法律表现形式。某作品著作权的权利价值，取决于该作品中转移的不变资本价值和独创性劳动创造的价值，即作品中包含的物化劳动价值与活劳动即独创性劳动耗费凝结的价值之和。

将作品延及整个知识商品，著作权价值延及整个知识产权，知识产权价值就是知识商品价值的法律表现形式。

第二节　知识产权市场价格与国家定价

一、市场价格与国家定价

依照《中华人民共和国价格法》（以下简称《价格法》）规定的价格管理体制，我国价格形式包括市场价格、国家定价（政府指导价和政府定价）和价格干预措施。

我国《价格法》规范的价格包括商品价格和服务价格。商品价格是指各类有形产品和无形资产的价格。服务价格是指各类有偿服务的收费。知识产权价格包含在无形资产的价格范畴之内。因此，我国《价格法》关于价格行为的各种规定，适用于知识产权价格行为。

我国实行并逐步完善宏观经济调控下主要由市场形成价格的机制。价格的制定应当符合价值规律，大多数商品和服务价格实行市场调节价，极少数商品和服务价格实行政府指导价或者政府定价。我国《价格法》所称的经营者是指从事生产、经营商品或者提供有偿服务的法人、其他组织和个人。

---

〔1〕　参见吴汉东主编：《知识产权法》，法律出版社 2011 年版，第 12 页。

市场调节价，是指由经营者自主制定，通过市场竞争形成的价格。这就是本节所研究的市场价格。市场调节价情况下，经营者拥有价格决策权，商品与服务价格由经营者根据生产成本、市场供求关系、消费者心理等因素自主决定。这是社会主义市场经济条件下价格形成的核心。

政府指导价，是指依照价格法规定，由政府价格主管部门或者其他有关部门，按照定价权限和范围规定基准价及其浮动幅度，指导经营者制定的价格。政府指导价赋予经营者在基准价及其浮动幅度内一定价格决策权利，是一种双重定价主体的价格形式，具言之，是由政府规定基准价和浮动幅度，引导经营者据以制定具体价格。政府通过基准价及其浮动幅度以控制价格水平，经营者可以在政府规定的基准价及其浮动幅度范围内自主灵活地制定与调整价格，这是一种集政府定价强制性与经营者定价灵活性于一体的定价形式。

政府定价，是指依照价格法规定，由政府价格主管部门或者其他有关部门，按照定价权限和范围制定的价格。这种定价形式的定价主体是政府。此处的定价主体政府具言之系指政府价格主管部门或者有关部门按照定价权限和范围制定。政府定价属于行政定价性质，具有强制性。不经价格主管部门批准，包含但不限经营者的单位和个人都无权变动。

政府指导价和政府定价就是我们本节主要研究的国家定价。在我国计划经济时代，几乎所有商品和服务都实行政府定价。随着我国改革开放社会主义市场经济体制的建立，我国价格形成的途径有了根本性转变，已由几乎完全的政府定价转换为主要由市场形成价格。只有极少数商品和服务实行国家定价，即实行政府指导价和政府定价。

在社会主义市场经济条件下，市场价格和国家定价，都应以价值规律为基础，符合价值规律的要求。制定市场价格、政府指导价、政府定价，应当依据有关商品或者服务的社会平均成本和市场供求状况、国民经济与社会发展要求以及社会承受能力，实行合理的购销差价、批零差价、地区差价和季节差价。

应当说明的是，依据我国《价格法》的规定，经营者进行价格活动，应当遵守法律、法规，执行依法制定的政府指导价、政府定价和法定的价格干预措施、紧急措施。依法进行价格行为，是所有经营者必须履行的义务，这是依法治国的内在要求。对于依法制定的政府指导价、政府定价，经营者必须执行。价格干预措施和紧急措施是政府运用行政手段对价格进行宏观调控的措施，是保持市场价格基本稳定、国家社会安定的需要和要求。

二、知识产权的市场价格与国家定价

（一）知识产权的市场价格

前述已经阐明，知识产权价格属于商品价格中的无形资产价格，受到我国《价格法》的调整。对于各类不同的知识产权而言，市场价格行为是经营者的最为主要的价格行为，知识产权价格主要由市场形成，即知识产权的定价权属于知识产权人，并受到市场供求关系的影响与调节，同时，知识产权定价也有政府定价与指导性定价，存在价格干预措施。

在我国依据相关法律规定，商标、集成电路布图设计专有权、植物新品种权、商业秘密权、域名权等完全实行市场形成价格制度，政府不制定政府指导价、政府定价。著作权、专利主要实行市场形成价格体制。如我国《著作权法》第 3 条规定的作品，包括以下列形式创作的文学、艺术和自然科学、社会科学、工程技术等作品：①文字作品；②口述作品；③音乐、戏剧、曲艺、舞蹈、杂技艺术作品；④美术、建筑作品；⑤摄影作品；⑥视听作品；⑦工程设计图、产品设计图、地图、示意图等图形作品和模型作品；⑧计算机软件；⑨符合作品特征的其他智力成果等九种形式的作品，这些作品依照目前我国著作权法的规定，都可以实行市场价格。如《著作权法》第 30 条规定"使用作品的付酬标准可以由当事人约定"，就是作品使用价格行为都可以由当事人约定即由市场机制形成。

（二）著作权使用行为的政府指导价与政府定价

1. 制定作品使用政府指导价、政府定价是履行版权保护国际义务的要求

1992 年 7 月 30 日，我国正式加入《世界版权公约》。届时，公约已有 85 个成员国。该公约第 5 条第 2 款第 4 项规定，各缔约国对作品翻译权的限制，必须遵照"国内法律应作出相应的规定，以保证翻译权所有权者得到公平而符合国际标准的补偿，保证这种补偿的支付和传递，并保证准确地翻译该作品"。

1992 年 10 月 5 日，我国正式加入《伯尔尼公约》，成为该公约的第 93 个成员国。该公约第 11 条之二明确规定，文学艺术作品的作者行使相关专有权利的条件，由本成员国的法律规定，但在任何情况下，这些条件"不应有损于作者获得合理报酬的权利，该报酬在没有协议情况下应由主管当局规定。"在第 13 条规定了音乐作品作者、歌词作者授权对其作品录音的专有权利由成

员国规定保留及条件。该规定保留及条件"在任何情况均不得损害作者获得在没有协议情况下由主管当局规定的合理报酬的权利。"

我国加入的世界贸易组织协定中的《TRIPS 协定》第二部分第 1 节版权和有关权利第 14 条第 4 款规定:"如果在 1994 年 4 月 15 日,成员在录音制品的出租方面已经实施向权利持有人公平报酬的制度,则可维持这种制度,但以录音制品的商业性出租对权利持有人的复制专有权并未造成重大的损害为限。"第三部分知识产权的执法第二节民事与行政程序及救济第 45 条损害赔偿第 1 款规定:对于故意或有充分理由应知道自己从事侵权活动的侵权人,司法机关有权责令侵权人向权利持有人支持足以补偿其因知识产权侵权所受损害的赔偿。

由此可见,在没有协议情况下,由主管当局规定报酬标准既是履行版权保护国际义务的要求,又是在没有协议情况下支付(赔偿)报酬合理、公平(足以)与否的一个判断标准。[1]

2. 制定作品使用政府指导价、政府定价是我国的法律授权和要求

《价格法》第 18 条规定,与国民经济发展和人民生活关系重大的极少数商品价格,重要的公益性服务价格,政府在必要时可以实行政府指导价或者政府定价。这是制定作品使用政府指导价、政府定价的基本法律基础。

作品的创作与使用,关系到国民经济发展中文化教育事业的提升,创新能力的提升,还关系到国民经济发展的总体质量水平。作品创作与使用的价格,更是关系到数以千万著作权人的重大切身利益与生活,关系到数量更为巨大的千千万万作品使用人的切身利益与生活。作品创作的价格,即创作者应当得到的合理报酬,与作品使用价格,即使用作品应当支付的对价,是相互依存,对立统一的矛盾体。没有作品创作的合理价格,就难以有效鼓励国民的创新精神;但超越了国民经济发展水平的报酬,又会限制作品的使用与市场,同样不利于科技的普及、推广与创新。因此,作品作为一种无形财产和无体商品,关系千家万户的切身利益。从我国建设创新型国家战略出发,从我国目前创新能力不足和权利人总体上处于弱势群体的现实看,制定体现著作权价值的作品使用报酬政府指导价、政府定价,切实保护创新

---

[1] 参见曹真、天则:《隆起版权保护的"牛鼻子"》,载《科技与出版》2012 年第 2 期。

能力，是一项十分紧迫的工程。[1]虽然我们制定了《文字报酬办法》《教科书法定许可使用作品支付报酬办法》等政府指导价、政府定价，但距体现作品价值的要求，还相距甚远。[2]

《中华人民共和国劳动法》第 48 条规定，国家实行最低工资保障制度。最低工资的具体标准由省、自治区、直辖市人民政府规定，报国务院备案。用人单位支付劳动者的工资不得低于当地最低工资标准。作品是创作者智力劳动的结晶，凝结的是复杂劳动的消耗与价值。作为劳动成果，依法应得到与其劳动消耗相应的补偿与报酬。制定作品使用政府指导价实质上就是保护智力劳动者的劳动消耗能够得到有效补偿的重要制度，是保护智力劳动者劳动积极性（创新动力）的基础性工作。国家实行最低工资保障制度，保障就是劳动者基本生存的权利，作品使用政府指导价是最低工资保障制度的延伸和应有之义，保障的是国家最基本的创新发展能力。[3]前者重在维"稳"，后者重在激"活"与发展，两者缺一不可。

《著作权法》第 30 条规定："使用作品的付酬标准可以由当事人约定，也可以按照国家著作权主管部门会同有关部门制定的付酬标准支付报酬。当事人约定不明确的，按照国家著作权主管部门会同有关部门制定的付酬标准支付报酬。"这一规定，既充分考虑了主要按照市场规律依照市场决定作品价格的基本法律导向，同时又根据大多数作品难以签订或无法达成合同的客观情况，授权版权主管当局会同价格主管当局制定政府指导价、政府定价。同时，这也是我国履行国际条约义务在法律上的重要体现和承诺。

3. 目前我国著作权的政府指导价

我国著作权政府指导价只有文字作品政府指导价。即《文字报酬办法》的主要内容。即除本办法第 13 条规定的报刊转载摘编其他报刊已经发表的作品使用价格外，其他都实行政府指导价。《文字报酬办法》的主要内容详见本书第二章第一节相关出版者支付报酬的阐述。

---

〔1〕 参见曹真、天则：《隆起版权保护的"牛鼻子"》，载《科技与出版》2012 年第 2 期。

〔2〕 参见詹启智：《版权之基在于酬》，载《中国知识产权报》2013 年 10 月 11 日，第 10 版；参见詹启智：《赔偿之本在法定——〈使用文字作品支付报酬办法〉意义诠释与应用》，载《三峡大学学报（人文社会科学版）》2015 年第 4 期。

〔3〕 参见詹启智：《激发文学原创力需要合理的稿酬标准》，载《中国知识产权报》2012 年 4 月 6 日，第 10 版。

4. 目前我国作品（制品）使用的政府定价

目前我国实行政府定价的作品（制品）使用价格，主要集中在法定许可情况下的使用价格行为。《著作权法实施条例》第22条规定，依照《著作权法》第23条（教科书法定许可，现第25条）、第33条第2款（报刊转载摘编法定许可，现第35条）、第40条第3款（录音制作者法定许可，现第42条）的规定使用作品的付酬标准，由国务院著作权行政管理部门会同国务院价格主管部门制定、公布。据此规定，我国至少应有三种政府指导价。

此外，《著作权法》第46条（原第43条）第2款规定，广播电台、电视台播放他人已发表的作品，可以不经著作权人许可，但应当按照规定支付报酬。《著作权法实施条例》并未将之称列入制定政府指导价的范围之内，现实中也没有该法定许可的政府定价。

目前，我国著作权使用的政府定价主要有：

（1）报刊转载摘编法定许可政府定价

《文字报酬办法》第13条规定，报刊依照《著作权法》的相关规定转载、摘编其他报刊已发表的作品，应当自报刊出版之日起2个月内，按每千字100元的付酬标准向著作权人支付报酬，不足五百字的按千字作半计算，超过五百字不足千字的按千字计算。

报刊出版者未按前款规定向著作权人支付报酬的，应当将报酬连同邮资以及转载、摘编作品的有关情况送交中国文字著作权协会代为收转。中国文字著作权协会收到相关报酬后，应当按相关规定及时向著作权人转付，并编制报酬收转记录。

报刊出版者按前款规定将相关报酬转交给中国文字著作权协会后，对著作权人不再承担支付报酬的义务。

（2）教科书法定许可政府定价

《教科书法定许可使用作品支付报酬办法》第4条规定，教科书汇编者支付报酬的标准如下：①文字作品：每千字300元，不足千字的按千字计算；②音乐作品：每首300元；③美术作品、摄影作品：每幅200元，用于封面或者封底的，每幅400元；④在与音乐教科书配套的录音制品教科书中使用的已有录音制品：每首50元。⑤支付报酬的字数按实有正文计算，即以排印的版面每行字数乘以全部实有的行数计算。占行题目或者末尾排印不足一行的，按一行计算。诗词每十行按一千字计算；不足十行的按十行计算。非汉字的文字作品，按照相同版面同等字号汉字数付酬标准的80%计酬。

　　教科书出版发行存续期间，教科书汇编者应当按照本办法每年向著作权人支付一次报酬。报酬自教科书出版之日起2个月内向著作权人支付。教科书汇编者未按照前款规定向著作权人支付报酬，应当在每学期开学第一个月内将其应当支付的报酬连同邮资以及使用作品的有关情况交给相关的著作权集体管理组织。教科书汇编者支付的报酬到账后，著作权集体管理组织应当及时按相关规定向著作权人转付，并及时在其网站上公告教科书汇编者使用作品的有关情况。

　　著作权集体管理组织收转报酬，应当编制报酬收转记录。使用作品的有关情况包括使用作品的名称、作者（包括原作者和改编者）姓名、作品字数、出版时间等。

　　教科书出版后，著作权人要求教科书汇编者提供样书的，教科书汇编者应当向著作权人提供。教科书汇编者按照本办法通过著作权集体管理组织转付报酬的，可以将样书交给相关的著作权集体管理组织，由其转交给著作权人。转交样书产生的费用由教科书汇编者承担。

　　（三）专利指定实施国家定价（政府定价）和价格干预措施

　　1. 专利指定实施国家定价（政府定价）

　　《专利法》第49条规定，国有企业事业单位的发明专利，对国家利益或者公共利益具有重大意义的，国务院有关主管部门和省、自治区、直辖市人民政府报经国务院批准，可以决定在批准的范围内推广应用，允许指定的单位实施，由实施单位按照国家规定向专利权人支付使用费。该规定赋予了指定实施许可的政府定价。

　　从专利法的该项规定中，我们只能解读出来指定实施许可实行政府定价，但难以解读出来向著作权法规定的那么明确的政府定价或中央政府定价。根据我国《价格法》的规定，此处的国家定价主要应是我国中央政府价格主管部门制定价格。该价格在制定过程中是否会同产权管理部门，则并无明确规定。目前，尚未看到我国的专利指定实施许可的政府定价。

　　2. 知识产权的价格干预措施

　　《专利法》第62条规定，取得实施强制许可的单位或者个人应当付给专利权人合理的使用费，或者依照中华人民共和国参加的有关国际条约的规定处理使用费问题。付给使用费的，其数额由双方协商；双方不能达成协议的，

由国务院专利行政部门裁决。第 63 条规定，专利权人对国务院专利行政部门
关于实施强制许可的决定不服的，专利权人和取得实施强制许可的单位或者
个人对国务院专利行政部门关于实施强制许可的使用费的裁决不服的，可以
自收到通知之日起 3 个月内向人民法院起诉。专利法的该两条规定，赋予了
专利强制许可使用费的行政干预和司法干预（裁决）措施。对于实施强制许
可的集成电路布图设计专有权、植物新品种权而言，也存在使用费的行政干
预和司法干预措施。

根据《价格法》等法律法规的规定，知识产权强制许可价格行政干预措
施，不具有终局性，其强制许可司法干预措施的最终决定，具有终局性。强
制许可的当事人必须接受终局性的价格司法干预措施的终局裁决。

第三节　知识产权价值（价格）评估

马克思（1818 年 5 月 5 日－1883 年 3 月 14 日）主义创始人生活时代，虽
然知识产权包括专利权（1474 年 3 月 19 日，威尼斯共和国颁布了世界第一部
专利法《发明人法》）、著作权（世界第一部版权法诞生于 1709 年）、商标
权（1857 年 6 月 23 日，法国颁布了《与商业标记和产业标志有关的法律》，
这部法律是世界上第一部现代意义的成文商标法）已然在欧洲产生并得到了
发展，但远未达到今天知识产权对经济社会生活的影响程度。相关知识产权
的世界性组织大致也产生于马克思主义主要理论创建时代之后，如《巴黎公
约》，于 1883 年 3 月 20 日在巴黎签订，1884 年 7 月 7 日生效。瑞士政府于
1886 年 9 月 9 日在伯尔尼举行的第三次大会上予以通过的《伯尔尼公约》
（Berne Convention for the Protection of Literary and Artistic Works）。这时马克思
主义的主要创始人已然离世。

科学技术对社会生产的巨大影响虽然已经在相当程度上呈现出来，但也
未达到今天的影响程度。马克思在创建他的科学的劳动价值论时，在很大程
度上已注意到了知识产权的客体即科学技术成果对社会生产的影响。为此，
马克思主义创始人提出了复杂劳动理论。但因为马克思主义理论的目的性在
于揭露资本主义剥削的本质，在于论证全世界无产者联合起来的伟大真理，
在其提出复杂劳动理论之后，并未将笔墨聚焦于复杂劳动研究之上，为世人
留下了还原理论和转型理论两大世界性难题。至今从全球范围看，虽然有无

数学者对此两大难题进行探索，但至今尚未取得令世人满意的答案。笔者认为，破解还原理论与转型理论两大世界性难题，是科学破解知识产权价值确定这一知识产权界世界性难题的理论之基。

知识产权价值确定这一世界性难题，并不会因为其难度巨大，世人就不会想出一定的办法进行确定。目前从世界范围内看，确定知识产权价值，西方发达国家是将传统资产的价值估算方法引入知识产权领域，通过对传统资产价值评估的收益法、成本法、市场法引入知识产权领域进行评估的。我国知识产权价值确定，在实务界也采用西方知识产权价值评估方法，采用收益法、成本法、市场法进行估价。本节我们重点介绍收益法、成本法两种估价方法在知识产权估价中的运用。

一、收益法

收益法被认为是知识产权或无形资产价值评估的主要方法或重要方法，[1]最为适宜的方法。[2]

知识产权作为无形资产存在实体的非物质性、载体依附性、使用共享性和共益性及其替代性和周期性、价值形成的累积性、开发成本界定的复杂性、价值确定的不确定性。这些特性使知识产权价值评估难度较大，评估结果精确度较低。但知识产权作为专有权，具有法定垄断性，除了知识产权滥用达到排除、限制竞争等少数情形下，其专有性不被反垄断法所否定。因此，知识产权运用，它是企业取得竞争优势，取得超额利润以及垄断利润的基本手段，这是知识产权能够在全世界范围内得到充分重视并逐渐发挥越来越大作用的重要原因。这也是收益法被知识产权界推崇为最重要最适宜方法的基本思想根源。

收益法评估技术的思路是，任何一个理性的投资者在购置或投资知识产权时，愿意支付或投资的货币数额不会高于所购置或投资的知识产权在未来给其带来的回报即收益额。它利用投资回报和收益折现等技术手段，将被估知识产权的预期产出能力和获利能力作为被估标的来测评被估知识产权的价值。这种方法易被业界所接受。

---

〔1〕 参见刘玉平主编：《资产评估学》，中国人民大学出版社 2015 年版，第 119-120 页。

〔2〕 参见乔志敏、宋斌主编：《资产评估学教程》，中国人民大学出版社 2015 年版，第 107 页。

收益法是指通过估算被评估知识产权未来预期收益的现值，来判断知识产权价值的各种评估方法的总称。收益法通常采用资本化或折现的方法来判断和估算知识产权价值。其数学表达式为：

$$P = \sum_{i=1}^{n} R_i / (1 + r)_i$$

式中：P 为被估知识产权价值；n 为知识产权经济使用年限或剩余使用年限或合同年限或收益期；i 为某年；R_i 为第 i 年的超额利润或垄断利润；r 为折现率或资本化率。

（一）超额利润的确定

确定知识产权运用中的超额利润或垄断利润是知识产权价值评估的关键步骤之一。知识产权运用中的超额利润，就是该方法中收益的特定含义。它一般通过下列方法确定：

1. 直接估算法

这是通过使用知识产权与未使用知识产权的收益差别对比，确定超额利润的方法。从经济上分析，使用知识产权超额利润的来源有收入的增长和成本费用的节约及其组合，因此，可以将知识产权划分为收入增长型、费用节约型和收入增长与费用节约混合型三类。

（1）收入增长型知识产权。这是知识产权运用于生产经营过程，能够使得生产产品的销售收入大幅增加的知识产权。根据收入增长的原因不同，大致可有两种情况：

第一，单纯提高商品销售价格带来的超额利润。该情况主要发生在商标转让、许可之中。该种情况下，商品的市场规模（销售量）不变，单位成本不变，因使用了知名、驰名商标而使商品以高出同类产品的价格进行销售。其超额利润为：

$$R = \sum_{i=1}^{n} \left[(P_2 - P_1) Q \right] (1-t)$$

式中：R 为受益期内的超额利润；P_1 为未使用知识产权时单位商品的价格；P_2 为使用知识产权后单位商品的价格；Q 为商品销售量；t 为所得税税率。

使用该式确定超额利润时，需要注意的是，商品价格的上涨并非单纯由知识产权使用而引起。因此，在市场供求均衡情况下，如单纯因知识产权使用引起的商品价格上涨，则该式计算所得可视为该知识产权使用带来的超额利润；如价格上涨因素中还包含了商品新用途的发现等使市场发生了供不应求等造成的商品价格上涨，则应进一步分离出单纯因知识产权运用而带来的超额利润。

第二，通过扩大销售量带来的超额利润。在专利等知识产权使用的情况下，提高了生产能力，是企业扩大了商品的市场规模，销售量有了较大提高。这种情况下，企业的单位产品价格和成本通常并不发生显著变化。其超额利润为：

$$R = \sum_{i=1}^{n} \left[(Q_2-Q_1)(P-C) \right] (1-t)$$

式中：Q_1 为未使用知识产权时的商品销售量；Q_2 为使用知识产权后的商品销售量；P 为单位商品价格；C 为单位商品成本；其他同上式。

例1：2022 年中国品牌啤酒在河南的年销售量为 18 000 万箱（每箱 12瓶），其中，燕京占据市场份额的 15%，郑州黄河啤酒占据市场的 4%。它们的具体销售情况如下表所示：

啤酒品牌（商标）	燕京	黄河
单位价格（人民币元/箱）	48.00	36.00
销售量（万箱）	2700	720
单位成本（人民币元/箱）	18.00	27.00
所得税率	25%	25%

假如黄河啤酒获得燕京啤酒商标在河南地区的 10 年独占许可权，那么，在年销售量和单位成本不变的情况下，其超额利润为：

$$R = \sum_{i=1}^{n} \left[(P_2-P_1)Q \right] (1-t)$$
$$= \left[(48-36) \times 2700 \right] (1-25\%) \times 10$$
$$= 243\ 000 （万元）$$

在单位价格和单位成本不变的情况下，超额利润为：

$$R = \sum_{i=1}^{n} \left[(Q_2-Q_1)(P-C) \right] (1-t)$$

$$= (2700-720)(48-27)(1-25\%)\times10$$

$$=311\,850\,(万元)$$

或 $R = \sum_{i=1}^{n} [(Q_2-Q_1)(P-C)](1-t)$

$$= (2700-720)(48-18)(1-25\%)\times10$$

$$=445\,500\,(万元)$$

运用不同方法计算所得的超额利润具有较大差别，这种差别通常是由于指标的选择所造成的，同时是由于销量增加成本摊薄等因素造成的。由此可知，指标选择不同，会造成对知识产权价值评估的高估或低估。无论是高估还是低估，都是违背科学性原则的。

（2）费用节约型知识产权。这是知识产权的运用，生产产品的成本降低，从而带来的超额利润。此种情况主要发生运用专利的情况下。在销售量不变、单位产品价格不变情况下，其超额利润为：

$$R = \sum_{i=1}^{n} [(C_1-C_2)Q](1-t)$$

式中：C_1 为运用知识产权前的单位生产成本；C_2 为运用知识产权后的单位成产成本；其他同上式。

从上例而言，运用知识产权不仅提升销量带来超额利润，而且还使单位生产成本大大降低，其费用节约带来的超额利润为：

$R = \sum_{i=1}^{n} [(C_1-C_2)Q](1-t)$

$$= (27-18)\times2700\times(1-25\%)\times10$$

$$=182\,250\,(万元)$$

（3）收入增长与费用节约混合型知识产权。

对于专利等知识产权，往往其效用是多方面的，一方面可以起到扩大生产能力，促进销售规模的作用，另一方面还可以起到降低生产费用的作用；再者可以起到提升商品质量，按照质价相应原则，可以提高商品销售价格的作用等。在此等情况下，确定知识产权运用带来的超额利润，可用下式表示：

$$R = \sum_{i=1}^{n} [(P_2-P_1)Q_2+(C_1-C_2)Q_2+(Q_2-Q_1)(P-C)](1-t)$$

上例中，知识产权的运用不仅扩大了销售量，而且带来了成本的节约，又提高了产品销售价格，其运用带来的超额利润为：

$$R = \sum_{i=1}^{n} \left[(P_2-P_1) Q_2 + (C_1-C_2) Q_2 + (Q_2-Q_1)(P-C) \right] (1-t)$$

$$= \left[(48-36) \times 2700 \right] + (27-18) \times 2700 + (2700-720)(48-18) \right] (1-25\%) \times 10$$

$$= \left[32\ 400 + 24\ 300 + 59\ 400 \right] (1-25\%) \times 10$$

$$= 870\ 750\ (万元)$$

2. 销售收入或利润分成率法

利润分成率法是指以知识产权投资产生的销售收入或利润为基础，按照一定的比率即销售收入或利润分成率分成确定知识产权的净收益。该种方法在技术类知识产权价值评估中运用较为广泛。其理论表达式为：

R＝销售收入（利润）×销售收入（利润）分成率×（1-所得税率）

$$= P = \sum_{I=1}^{n} kR_i (1+r)_i$$

该方法中，销售利润只是销售收入的一部分。销售收入分成率与销售利润分成率的关系，可表达为：

销售收入分成率＝销售利润分成率×销售利润率

销售利润分成率＝销售收入分成率/销售利润率

3. 差额法

在部分情况下，使用知识产权和未使用知识产权的收益无法区分，这时确定使用知识产权的超额利润就需要借助使用知识产权和其他类型资产的综合收益及其行业平均水平进行估算。其超额利润一般可通过下列表达式确定：

R＝净利润-净资产总额×行业平均收益率

应当注意的是，运用该方法确定的差额利润，可能是多种知识产权运用的超额利润。确定某种知识产权运用的差额利润，需要运用一定方法对之进行再分离明晰。

（二）折现率或资本化率的确定

折现率从本质上而言，是一种期望投资回报率，即投资者在一定投资风险的情况下，对投资所期望的回报率。折现率通常由无风险报酬率、风险报酬率和通货膨胀率构成。无风险报酬率，亦称安全利率，系指资产的一般获利水平，通常以政府发行的国库券利率、银行储蓄利率为依据进行适当调整。风险报酬率系对投资风险的一种补偿，在数量上表现为超出无风险报酬率以上的部分投资报酬率，在经济意义上表现为因承担投资风险取得的额外收益占原投资的比重，是风险投资价值的相对数形式。通货膨胀率根据价格指数确定。

资本化率在本质上与折现率相同，都是将未来的预期收益折算成现值的比率。二者的差别在于一是使用场合不同。折现率是将未来有限年度的预期收益（收入流）折算成现值的比率，资本化率是将未来永续年期预期收益（年金）转化为现值的比率。二是内涵上略有差别。折现率是投资中对收益流要求的回报率，需要考虑机会成本和收益的不确定性，它由无风险报酬率、风险报酬率和通货膨胀率构成；资本化率除了反映无风险报酬率、风险报酬率、通货膨胀率外，还反映资产收益的长期增长前景。因此，折现率更多情况下，可适用于许可情况的知识产权价值评估；资本化率更多情况下可适用于转让知识产权情况下的知识产权价值评估。

下面我们仅以折现率为例，介绍折现率的确定方法：

1. 加和法

加和法基于折现率由无风险报酬率、风险报酬率构成并受到通货膨胀率的影响，分别求取各部分的数值，然后将之无风险报酬率与风险报酬率加总基础上考虑通货膨胀率得到折现率。

在不考虑通货膨胀率的情况下，运用加和法确定折现率为：

$$折现率＝无风险报酬率＋风险报酬率$$

在考虑通货膨胀率情况下，运用加和法确定折现率有两种方法：

（1）顺加法。

$$折现率＝（无风险报酬率＋风险报酬率）（1＋通货膨胀率）$$

（2）倒扣法

$$折现率＝（无风险报酬率＋风险报酬率）／（1－通货膨胀率）$$

无风险报酬率在知识产权估价中，通常采用长期（一年及一年以上）政府债券报酬率，作为无风险报酬率。但对于短期许可使用的知识产权，一般（一年以下）可采用短期政府债券报酬率，作为无风险报酬率。在实务中，具体采用的政府债券收益期间，应与被估知识产权的收益期相适应。

风险报酬率部分主要反映两种风险，一是市场风险，主要包括行业的总体状况、宏观经济状况、资本市场状况、地区经济状况、市场竞争状况、法律法规约束、国家产业政策等；二是与特定的被评估对象或企业相联系的风险，主要包括产品或服务类型、企业规模、财务状况、管理水平、资产状况、收益数量或质量、区位等。可见，风险报酬率的量化，是比较困难的，且对于不同的投资者而言，风险报酬率考虑的因素会有不同，侧重点也会有差异，实务中可根据被评估知识产权的实际情况，采取不同的方法进行估算测定。

2. 资本资产定价模型

资本资产定价模型是通过 β 系数来量化折现率中的风险报酬率的常用方法。其表达式为：

$$R=R_f+\beta（R_m-R_f）$$

式中：

R 为折现率；R_f 为无风险报酬率；R_m 为市场平均收益率；β 为风险系数

（R_m-R_f）表达的是市场平均风险报酬率，学术界和业界称为系统性市场风险。在股市被称为股权超额风险回报率（ERP），其本质是进行知识产权（股权）投资预期获得的超过无风险的收益率。我国较广泛使用历史数据法计算和确定超额风险回报率。我国采用沪深 300 过去 10 年几何增长率的算术平均数，减去无风险报酬率确定市场平均风险报酬率。

β 系数的计算较为复杂。国内外有专门机构根据上市公司的经营状况、市场表现等编制行业或公司的 β 系数。知识产权价值评估可以参照股市的 β 系数。在知识产权价值评估之中，如果 β 系数=1，则说明知识产权的风险报酬率与市场平均风险报酬率同比上涨；如果 β 系数<1，则说明该知识产权的风险报酬率，低于市场平均风险报酬率；β 系数>1，则说明，该知识产权的风险报酬率，高于市场平均风险报酬率。

3. 市场法

市场法是通过寻求与被评估知识产权相类似知识产权的市场价格及其收益来倒求折现率。其表达式为：

$$R=（\sum_{i=1}^{n} 样本知识产权的收益／样本知识产权价格）÷n$$

样本知识产权是指与被评估知识产权在运用行业、销售类型、收益水平、风险程度、流动性等方面类似的知识产权。同时，样本数应尽量多选取一些，折现率的准确性与样本数量呈正相关性。

（三）收益期的确定

收益期是被评估知识产权具有获利能力并产生净收益的持续时间。它通常由评估人员根据知识产权自身状况、未来获利能力、损耗情形、相关条件、法律法规约束、合同等加以确定。收益期分为有期限和无期限（永续）。有期限通常适用于许可情况下。无期限通常适用于原权利人或受让人。知识产权收益期在无限期（永续）情形下，也不能做绝对理解，一是它受到法律保护期的限制。法律保护期是收益期的上限，但知识产权的收益期，通常低于法律保护期，因此，收益期通常可以按照经济寿命期确定，即知识产权能够给拥有者带来收益的最大年限。

上例中我们明确了收益期为 10 年。如折现率我们设定为 10%。根据上式我们计算，其超额利润每年为 87 075（万元）十年收益期为 870 750（万元），这是静态超额利润，没有考虑资本的时间价值。收益法确定知识产权价值需要将其静态的超额利润折现为现值。

$$P = \sum_{i=1}^{n} R_i / (1 + r)$$

$$= 87\,075/（1+10\%）+87\,075/（1+10\%）^2+\cdots\cdots+87\,075/（1+10\%）^{10}$$

$$=79\,159+71\,963+65\,421+59\,473+54\,067+49\,152+44\,683+40\,621+36\,928+33\,571$$

$$=535\,038（万元）$$

二、成本法

成本法是知识产权价值评估的重要方法之一，它是指通过估测被评估知识产权的重置成本，扣减被评估知识产权的贬值而得到被评估知识产权价值的方法。

成本法的技术思路是重建或重置被评估知识产权。理性投资者在决定投资某知识产权时，所愿意支付的价格不会超过重建或重置该知识产权的现行构建成本。如被评估知识产权授权已经过一定的时间，投资者所愿意支付的价格会在投资知识产权全新的构建成本的基础上扣减各种贬值。其表达式为：

知识产权价值＝知识产权重置成本－知识产权功能性贬值－知识产权经济性贬值

或

知识产权价值＝知识产权重置成本×成新率

前者是重置成本法的完整表达式，后者是重置成本法的简易表达式，成新率是知识产权功能性贬值和经济性贬值的转化形式。

因此，运用重置成本法估价知识产权，通常需要经过下列步骤：确定被评估知识产权；确定重置成本；确定被评估知识产权的使用年限；测算被评估知识产权的功能性和经济性贬值；最后确定被评估知识产权的价值。下面，我们对运用成本法测算知识产权价值的主要参数的确定，介绍如下：

（一）知识产权的重置成本

重置成本是知识产权的先行再取得成本，它是一个价格范畴，它的内涵包括了取得知识产权所耗费的合理必要费用、资金成本和利润。重置成本包括复原重置成本和更新重置成本两种：复原重置成本是指采用与评估知识产权相同的材料、建筑或制造标准、设计、规格及技术等，以现时价格水平重新构建与被评估知识产权具有同等功能的全新知识产权所发生的费用。更新重置成本是指采用与被评估知识产权并不完全相同的材料、现代建筑或制造标准、设计、规格和技术等，以现行价格水平构建与被评估知识产权具有同等功能的全新知识产权所需要的费用。复原重置成本和更新重置成本中对比的全新知识产权，与被评估知识产权都具有同等功能，但二者在费用上通常更新重置成本通常会大于复原重置成本。我国目前对知识产权价值总体具有低估的趋向，因此，笔者建议重置成本以采用更新重置成本为宜。但具体采用何种重置成本，取决于评估目的。

确定重置成本，通常有两种方法，一种是自创，一种是外购。

1. 自创型知识产权重置成本的确定

自创型知识产权重置成本是采用委托评估人自行研制、开发具有与被评估知识产权同等功能的知识产权的重置成本。在我国创新驱动发展战略下，自主创新是我国知识产权发展的重要路径，是我国成为知识产权强国的必由之路。自创型知识产权重置成本的表达式为：

自创型知识产权重置成本＝成本＋合理利润

上式是知识产权重置成本的理论表达式，是一种静态的理论工具。

成本指研究、开发该知识产权的全部资本投入，包括直接投入和间接投入，以及所投入的资本的应有回报。其成本要素包括材料成本、人工成本、间接成本（期间费用通常是管理费用、销售费用、财务费用的总和）、开发商利润及企业家奖励等。这里的开发商利润通常以开发商自创知识产权投入的全部成本的预期回报率来评估，也可以按照开发所耗费的时间量的加价率或确定金额的加价率来评估；企业家奖励是激励知识产权所有者进入开发过程的经济收益额，是开发知识产权的时间机会成本。因此，考虑时间因素，自创型知识产权的重置成本，可以按照下列公式确定：

知识产权重置成本＝研发知识产权的全部资本投入 × （1+无风险报酬率)$^{n/2}$／（1−风险率）

或

知识产权重置成本＝研发知识产权的全部资本投入× （1+同类知识产权平均投资报酬率)$^{n/2}$

式中：n为研发的投资期限。

知识产权自创的风险很大，因此，运用无风险报酬率与风险系数即风险率的倒扣法对投资回报率进行考虑，即按照上式确定的研发实际报酬率中已包含了较大的风险报酬率。开发商利润和企业家奖励也包含在了实际的研发报酬率之中。

例2：某化工企业拟转让一方法发明专利，需要对之进行价值评估。该专利技术研制开发共耗时4年，耗费材料费、燃料动力费、专用设备等共计16万元；人工费用64万元，人员培训及资料费2万元，差旅费3万元，占用固定资产折旧6万元，管理费用等3万元，专利申请费与代理费2万元。社会投资无风险报酬率为6%，该类技术研发风险率平均为80%。

该知识产权的重置成本＝ （16+64+2+3+6+3+2） （1+6%)$^{4/2}$／ （1−80%）

= 539.328 （万元）

2. 外购型知识产权重置成本的确定

外购知识产权的重置成本一般以原始账面成本为依据，并运用价格指数对其价值进行调整。其中，外购账面成本包括购买知识产权的购买价、购买费用（包括购买人员的差旅费、人员工资和福利等人工费用，还包括向个人购买知识产权缴纳的税金）两部分。其公式为：

外购型知识产权重置成本＝外购知识产权账面成本×评估时价格指数/购买时价格指数

（二）知识产权的功能性贬值

知识产权的功能性贬值是指由于技术进步或原技术相对落后引起的知识产权功能相对落后而造成的知识产权价值损失。主要表现为新工艺、新材料、新技术的运用，而使原有即被评估知识产权的建造成本超过现行建造成本的超支额，和被评估知识产权超过体现技术进步的同类知识产权的运营成本的超支额。从运营成本视域看，在产出相同情况下，被评估知识产权的运营成本要高于同类技术先进的知识产权运营成本；从产出视域看，在运营成本相同情况下，被评估知识产权的产出能力要低于同类技术先进的知识产权的产出能力。

估算知识产权的功能性贬值，需要考虑两个方面的主要问题，一是确定被评估知识产权可能造成的成本增加额或利润降低额。此方面的估算，主要根据被评估知识产权运用的效用、生产加工能力、工耗、物耗、能耗水平等功能性差异进行确定。二是重视技术进步因素，包括替代设备、替代技术、替代产品的影响与行业技术进步状况、资产更新换代速度。通常可按下列步骤进行：

1. 将被评估知识产权的年运营成本与功能相近但性能更好的新知识产权的年运营成本进行比较。

2. 确定被评估知识产权与功能相近的新知识产权的年运营成本的差额。在确定该差额时需要注意，因企业支付的运营成本是在所得税前支付的，它会引起税前利润额的下降，从而引起在累进所得税率情况下所得税率的或有降低，因此，企业所负担的运营成本或低于其实际支付额，因此，实际超额运营成本是名义超额运营成本扣减抵减的所得税后的余额。

3. 被评估知识产权的剩余经济寿命。

4. 以适当的折现率将被评估知识产权在剩余经济寿命期内每年的实际超额运营成本折现。

该折现值之和即被评估知识产权的功能性损失或贬值。其公式为：

被评估知识产权功能性贬值 $= \sum_{i=1}^{n}$（被评估知识产权实际超额运营成本 × 折现率）

或功能性贬值的估算，还可以通过对超额投资成本的估算进行确定，即超额投资成本视同功能性贬值。其公式为：

被评估知识产权功能性贬值＝复原重置成本−更新重置成本

应当注意的是，在实务中或会存在功能性溢价的情形，即当被评估知识产权功能明显优于参照知识产权的功能时，评估对象就可能存在功能性溢价。

通常，随着科技进步，这种功能性溢价很少发生。

（三）知识产权的经济性贬值

知识产权的经济性贬值是指由于外部条件发生变化而引起的知识产权闲置、收益下降等而造成的知识产权价值损失。该方面的损失表现为包含或资产的运营收益减少，或知识产权的资产利用率下降、闲置，所以，经济性贬值的估算，有两种途径：

1. 直接计算法。这是计算因收益减少或降低所导致的经济性贬值。其公式为：

知识产权经济性贬值=知识产权年收益损失额×（1-所得税率）×（P/A，r，n）

（P/A，r，n）为年金现值系数。

2. 间接计算法。这是计算因知识产权利用率下降所导致的经济性贬值。实务中，运用间接计算法计算经济性贬值通常以重置成本为基数，因此，间接计算法确定的知识产权经济性贬值公式为：

知识产权经济性贬值=重置成本×知识产权经济性贬值率

其中：

知识产权经济性贬值率

=［1-（知识产权预计可利用的生产能力/知识产权原设计生产能力)^x］×100%

式中，x 为功能价值系数，实践中这是一个经验数据，数值通常在 0.6 至 0.7 之间。

因此，间接计算法确定知识产权经济性贬值为：

知识产权经济性贬值=重置成本×知识产权经济性贬值率

=重置成本×［1-（知识产权预计可利用的生产能力/知识产权原设计生产能力)^x］×100%

（四）成新率的确定

成新率是综合知识产权功能性贬值与经济性贬值的一个综合性经验指标。通常有两种方法进行确定：

1. 专家鉴定法

也称勘察成新率。这是通过有关领域的技术专家对被评估知识产权的先进性和适用性做出判断，从而确定其成新率。该判断建立在通过对知识产权运用的现场勘察、查阅其历史资料、向操作人员询问其使用状况、维修保养状况等，相关信息进行综合判断分析得出的专家意见之上。该意见具有一定的主观性。

2. 年限成新法

也称剩余经济寿命法。它是通过对知识产权剩余经济寿命的分析判断来确定成新率的方法。其公式为：

成新率=知识产权剩余经济寿命/知识产权经济寿命×100%

=知识产权剩余经济寿命/（知识产权已使用年限+知识产权剩余经济寿命）×100%

三、市场法

在知识产权价值评估方法中，中外学术界通常认为，三种常用方法中，收益法适用于几乎所有知识产权，成本法适用于在知识产权的超额收益或超额利润无法确定之时。市场法作为传统资产评估方法，要求有一个充分发育活跃市场和参照无物与被评估知识产权可比较的指标、技术参数等数据可收集到两大前提条件。但因知识产权具有新颖性（不同知识产权对新颖性要求不同，且具有不同的内涵）因此，大多数知识产权的市场发育不够活跃成熟，即使在知识产权市场发育非常成熟的西方发达国家之中，不仅参照知识产权难以寻找，且参照知识产权的相关对比数据的收集也是非常困难的。因此，市场法在实践中运用也是非常少的。尽管如此，学术界普遍认为，市场法在知识产权价值评估中，主要适用于部分软件著作权。因此，基于市场法在实务中较少适用，我们就不再具体介绍。

第四节　知识产权许可费的确定

第三节我们主要运用实务界采用的收益法、成本法对知识产权价值进行评估的方法进行介绍。但知识产权的价值并非知识产权运用者应当支付给知识产权人的报酬，即许可使用费。那么，知识产权的许可使用与知识产权价值具有何种关系呢？又应当如何确定知识产权的许可使用费呢？这就是本节所要探讨的问题。

一、知识产权价值与许可使用费的关系

从马克思主义劳动价值论而言，知识产权的价值来源于创造知识产权客体及其为获得授权而耗费的创造性劳动的凝结而形成的。按照马克思主义的商品成本价值（价格）理论，商品的价值是由生产成本与剩余价值（平均利润）构成的。因此，实务界运用收益法和成本法确定的知识产权价值，具有不同的经济学意义。

（一）收益法确定的知识产权价值，是知识产权的效用或使用价值

使用价值是商品满足人们某种需要的属性。知识产权之所以能够被运用，就在于其具有获得超额利润的能力。因此，按照收益法确定的在一定期间内的知识产权超额利润的折现值即现值。这是知识产权以其使用价值为基础确定的效用的货币现值表现形式。

但知识产权要发挥其应有作用，需要资本投入，需要科学的经营管理等。因此，收益法确定的知识产权价值，只能是投资者能够投资的最大限额，而且这是在不考虑资本对知识产权本身投资进行正常回报情况下的最大投资限额。因此，该折现额并不能够证明，这就是投资者应当按照该数额向知识产权人支付的知识产权价值额。

知识产权人在收益法确定的知识产权价值中能够获得的只能是其全部效用的货币表现形式总额中的一部分。该部分究竟占知识产权价值的多大比例，通常是由权利人与投资者之间的商业谈判进行确定。知识产权权利人通过对投资者基于知识产权取得的效益中的分成部分，实现其在知识产权创造过程中耗费劳动并获得利润，实现其知识产权价值。

（二）成本法确定的知识产权价值，近似地反映了知识产权本身的价值与价格

成本法是从自创知识产权或外购知识产权的视域出发对知识产权价值进行评估的。应当说，这种方法确定的知识产权价值更接近于马克思主义劳动价值论的结果。但成本法确定的知识产权价值主要是建立在知识产权由投资者享有所有权的基础上的。因此，用成本法确定的知识产权价值，也不能等同投资者应当向知识产权人支付的实际对价。但在外购型知识产权的重置成本情况下，如果参照的市场价格是市场上的许可价格，则可以作为向知识产权人支付许可费的重要依据或标准。

二、影响知识产权许可费的因素

1. 知识产权价值分成率

知识产权的价值（收益法和自创知识产权成本法，特别是收益法）并不等同于应当支付给知识产权人的对价。如前所述，知识产权价值中应当作为知识产权人对价的是其劳动价值，并不是知识产权运用所创造的全部效用的货币表现总额。无论从理论上还是现实中，知识产权人的获得的对价，仅仅是知识产权全部效用价值货币总额的一定比例。该比例，笔者称为知识产权价值的分成率。

因此，从理论上看，在知识产权价值中，知识产权人获得的对价，或称知识产权创造价值是知识产权效用价值与知识产权效用价值分成率之积。其理论表达式为：

知识产权人应获得的对价＝知识产权效用价值×知识产权人分成率

从理论上看，知识产权价值分成率它是此消彼长的投资人分成率与知识产权人分成率之和，二者之和为100%。但知识产权价值分成率究竟如何构成，或者，二分成率大小如何确定，在市场经济中主要是由双方的商业谈判决定的。但在实践中，通常有一个国际上公认的分成率，即25%法则。该法则的基本内涵是在知识产权（收益法）价值中，知识产权人占25%，投资者占75%，以此规则实现利益平衡。应当说，这是一个国际实践证明了的能够实现利益平衡的经验分成率，并被实务界所接受。但该经验数据并没有严格法律依据。

2. 知识产权的法律保护期、经济寿命期和许可期（收益期）

知识产权法定保护期是知识产权收益期的极大值或上限。任何知识产权一旦超过了其收益期的时间上限，则其就自动进入公有领域。则原权利人就不再享有该知识产权的经济权利，如果该知识产权的原客体，即知识商品就脱离了其知识商品的属性，成为不受知识产权财产权保护的知识产品。

除少数知识产权外，绝大多数知识商品的法律收益期均会大于其实际收益期。知识产权的实际收益期只是法律收益期的一部分。知识产权的实际收益期是知识产权最大价值实现的事实上的最长时期。知识产权的实际收益期，特别是收益期的后期的实际收益，并不一定符合经济效益原则，即实际收益可能从时间价值上看，是不经济的。因此，理论界从经济性出发，又将实际收益期中能够从时间价值上看符合经济原则的收益期，称为知识产权的经济寿命期。因此，知识产权的全部价值，从社会视域看，应在知识产权的经济寿命周期内完全实现。这是绝大多数知识产权人实现正常扩大再生产的基本需要，是知识产权投资人最基本的道德底线。

知识产权人应获得的对价，应当在知识产权的经济寿命周期内完全实现。但投资人获得的许可期限即收益期并不会与其经济寿命期完全相同。这里实际许可期限受到知识产权寿命周期的严格限制，知识产权经济寿命周期是知识产权实际许可期的上限，这是知识产权人商业道德的一般标准。许可期（收益期）的谈判结果，就是双方确定的一般标准的过程与对这一般道德标准的确认与固定，或是双方谈判的结果是对知识产权经济寿命期中一段时间的选择。因此，合同约定的实际收益期与知识产权经济寿命期之间的比例关系，是影响知识产权许可使用费的重要因素，它与许可使用费的高低呈正比例关系或正相关关系。

3. 知识产权许可使用方式或被许可人数

知识产权的许可使用费还受到许可方式的重要影响。从知识产权的许可方式对许可使用费的影响看。其许可使用方式主要有独占性许可、排他性许可和普通许可。从经济学视域看，知识产权许可方式，是与被许可人数直接相关的。通常而言，独占性许可即被许可人为 1 人且运用实施人为 1 人的许可使用方式；排他性许可是被许可人是 1 人但运用实施人为 2 人（共有知识产权人作为一人对待）的许可使用方式；普通许可是被许可人是 $m-1$ 人且运用实施人为 m 人的许可使用方式。m 的阈值为 1，即当 $m=1$ 时，即属于知识产权人自己实施或独占性许可他人实施；当 $m=2$ 时，即知识产权由知识产权人与排他性许可人共同实施或由知识产权人许可二人共同实施的普通许可；当 $m \geq 3$ 时，则完全属于普通许可。

当 $m=1$ 时，在实际许可期（收益期）内的知识产权价值中，知识产权人的分成额或对价，与许可使用费并无二致。这也就是学术界与实务界的一个不成文的共识，即专有许可高于非专有许可的使用费的基本理论依据。从严格意义上看，普通许可实现知识产权人的对价，就是 m 个实施人共同对知识产权人对价实现负责。但，并不等于每个实施人应支付的对价之和一定等于一个实施人应支付的对价。因为 $m \geq 3$ 的被许可人之间，形成了较为有效的竞争，竞争或造成各被许可人实际支付的许可使用费之和大于独占性许可人支付的许可使用费。这是知识产权人更倾向于实施普通许可的基本原因。因此，许可使用方式，或被许可人数与单个被许人的支付许可使用费呈负相关关系。

三、许可使用费的一般模型

根据知识产权价值与知识产权许可使用的上述关系及其影响因素，我们可以建立许可使用费的一般模型如下：

$$Rs = RFt/Tm$$

式中：Rs 为知识产权许可使用费总额；

　　　R 为知识产权价值；

　　　F 为知识产权人价值分割率或分成率，一般可采用25%标配；

　　　t 为实际收益期或许可期；

　　　T 为经济寿命周期；

　　　m 为知识产权运用者数量。

应当说明的是，上述理论模型是建立在 m 运用者都是等分，即许可期相同、生产规模相同情况下。但实际上，m 使用者之间，许可期完全相同，生产规模完全相同，在现实中几乎是不会存在的。因此，在实际确定许可费标准时，还应加上许可期变量和生产规模变量等因素。为简便期间，我们可以设定 Rm 为某运用者创造超额利润现值，因此，某知识产权运用者应支付的许可使用费为：

$$Rms = RmFt/T$$

式中：Rms 为某知识产权运用者应支付的许可费；

　　　Rm 为某知识产权运用者的超额利润现值；

　　　其他同上。

这里需要特别强调的是，本模型仅仅是按照理论建立起来的一般模型，其适用性还有待实践的检验，更重要的是，现实中许可使用费除了政府指导价、政府定价外，通常都是经过商业谈判确定的。本模型的意义在于为知识产权许可谈判提供价格咨询依据。

四、从许可使用费到知识产权价值的反推

上文我们介绍了如何从知识产权价值出发确定许可使用费问题。许可使用费是知识产权价值的分解与流变。那么，从知识产权许可使用费出发，我们也可以反推出知识产权的大致价值。

从 $Rms = RmFt/T$ 中，

我们可以得到知识产权价值为：

$$Rm = Rmst/TF$$

在许可期与经济寿命周期相同的情况下，则

$$Rm = Rms/F$$

因此，通常情况下，知识产权价值可以被看作是知识产权许可费与知识产权价值分割率的倒数之积；或者知识产权价值是知识产权许可使用费与知识产权价值分割率之商。由此可见，我国《商标法》第 63 条第 1 款规定，侵犯商标专用权的赔偿数额，按照权利人因被侵权所受到的实际损失确定；实际损失难以确定的，可以按照侵权人因侵权所获得的利益确定；权利人的损失或者侵权人获得的利益难以确定的，参照该商标许可使用费的倍数合理确定。《专利法》第 71 条第 1 款规定，侵犯专利权的赔偿数额按照权利人因被侵权所受到的实际损失或者侵权人因侵权所获得的利益确定；权利人的损失或者侵权人获得的利益难以确定的，参照该专利许可使用费的倍数合理确定。商标法、专利法规定，之"按照许可使用费或权利交易费用的合理倍数确定赔偿数额，"其本质上就是按照知识产权的市场价值进行赔偿。我国《著作权法》第三次修改草案送审稿规定，侵犯著作权或者相关权的，在计算损害赔偿数额时，权利人可以选择实际损失、侵权人的违法所得、权利交易费用的合理倍数或者一百万元以下数额请求赔偿。在最终通过的《著作权法》中被修改为"侵犯著作权或者与著作权有关的权利的，侵权人应当按照权利人因此受到的实际损失或者侵权人的违法所得给予赔偿；权利人的实际损失或者侵权人的违法所得难以计算的，可以参照该权利使用费给予赔偿。对故意侵犯著作权或者与著作权有关的权利，情节严重的，可以在按照上述方法确定数额的一倍以上五倍以下给予赔偿。"送审稿的"权利交易费用的合理倍数"被删除，使著作权所谓惩罚性赔偿最多达到实现著作权市场价值的程度或标准。因此，基于专利权、商标权惩罚性赔偿而言，著作权惩罚性赔偿是有其名无其实，基于送审稿而言，是对著作权保护水平的极大退步。

最高人民法院 2014 年即已提出知识产权赔偿数额应与知识产权市场价值相契合，本质上就是倡导知识产权价值的回归。基于专利权、商标权而言，应当是可以实现的；基于著作权因惩罚性赔偿适用条件的严格性和司法政策，通过著作权保护实现著作权价值对大多数权利人而言还是难以企及的。

第五章

知识产权违法贸易与治理

知识产权贸易不仅有知识产权合法市场，即通过许可证（包括非自愿许可证）、转让证而形成的知识产权市场及其合法贸易，但从世界市场、国内市场角度看，除了合法市场、合法贸易外，知识产权还有违法市场和违法贸易。

第一节　知识产权违法贸易概述

一、知识产权违法市场与贸易

知识产权违法市场是与合法市场相对而言的。合法市场是由知识产权许可、转让而形成的市场。合法市场包括知识产权人的自愿许可、转让而形成的市场和知识产权非自愿许可而形成的市场。非自愿许可是由法律的特别规定而形成一种合法市场，在这种市场中知识产权人的非自愿贸易，法律保障其获得合理的报酬或法定报酬。

知识产权违法市场是未经知识产权人许可、转让也不符合知识产权法特别规定而形成的知识产权市场。在世界范围建立知识产权制度，其目的在于通过对知识产权私权的保护，达到促进社会进步。对私权的保护在于授予知识产权对知识产权使用、实施的控制权和报酬权（收益权）。但知识产权涉及社会公共利益，为了防范知识产权人滥用权利损害公共利益，知识产权法的特别规定对知识产权人的许可权、转让权进行限制，但却保留了知识产权人的报酬或收益权。知识产权违法市场而产生的知识产权贸易活动，使知识产权人丧失了对知识产权的控制权和报酬（收益）权。

知识产权违法贸易具有下列基本特征：

1. 未经知识产权人合法授权。所有知识产权法都赋予权利人对知识产权使用、实施的基本手段，就是法律授予知识产权以专有权，只有合法享有知识产权的人才能控制知识产权的使用、实施行为。法律授予知识产权控制使用、实施行为的基本手段包括知识产权人的许可权、转让权、禁止权。许可权、转让权是知识产权人的授权形式，禁止权是知识产权人有权禁止任何人未经授权使用、实施知识产权行为。合法的知识产权市场的最简单形式为知识产权人控制知识产权使用、实施行为，知识产权使用、实施人经知识产权人许可、转让获得知识产权使用、实施权生产知识商品并向知识产权人支付报酬，知识产权使用人、实施人向市场提供知识商品获得经营利益。合法市场表现为知识产权人、知识产权使用人和实施人、知识商品消费者三者之间的和谐关系。知识产权违法市场的首要特征，就是该市场彻底摆脱了知识产权人的控制权，直接向市场提供享有知识产权的商品。

2. 不符合知识产权的特别规定。为了平衡私人利益与公共利益，知识产权法在特定的情形下通过特别的法律规定对知识产权人的许可权进行限制，从而产生了著作权的法定许可、专利权的强制许可和指定许可、集成电路布图设计专有权的非自愿许可、植物品种权的强制许可等非自愿许可市场。在非自愿许可市场贸易中，知识产权使用、实施人或者根据法律的特别规定可以不经知识产权人许可直接使用、实施知识产权如著作权的法定许可，或者知识产权人未实施或未充分实施，形成垄断行为等，知识产权使用、实施人在合理的期限内请求知识产权人许可而未获得许可或知识产权人拒绝许可，由知识产权人使用、实施人经法定程序向知识产权主管当局申请而获得特别许可证，如专利等知识产权的强制许可证。技术类知识产权除了专利的指定许可、主管当局直接强制许可的个别情形外，都是首先以尊重知识产权人的许可权为前提的。法律特别规定下的知识产权非自愿许可证市场贸易，基本上都是通过知识产权主管当局特别许可，知识产权使用、实施人生产知识商品，向市场提供知识商品获得经营利益，向知识产权人支付报酬（法律规定，或协商，或协商不成经主管当局裁定以致司法当局对使用费进行终局裁定）。非自愿许可市场贸易中，知识产权使用、实施人向知识产权人支付报酬由法律予以保障。知识产权违法市场贸易不符合知识产权法特别规定的情形和程序，知识产权人使用、实施人直接生产并向市场提供知识商品获得经营利益，且不向知识产权人支付任何报酬。知识产权违法市场贸易的基本形式为知识产权使用、实施人与知识商品消费者之间的生产与消费关系，在该市场中知识产权人与知识产权使用、实施人及其消费者之间构成的不是和谐共生关系，而是侵权法律关系。

二、知识产权合法贸易与违法贸易的边缘

（一）知识产权法划定的合法贸易与违法贸易边缘

只有在特定情形下，知识产权法律为了平衡知识产权人私人利益和公共利益，对知识产权专有权进行彻底的限制。这就是知识产权的合理使用制度。知识产权合理使用制度是知识产权使用、实施人在特定情形下在符合法律规定的条件可以不经知识产权人许可，不向其支付报酬而使用、实施知识产权的制度。

相关知识产权法如《著作权法》第 24 条、《商标法》第 59 条、《专利法》第 75 条、《植物新品种保护条例》第 10 条、《集成电路布图设计保护条例》第 23 条规定的不视为市场的使用行为即由合理使用、正当使用或不视为侵权行为的使用行为，构成了知识产权违法市场与贸易的边缘。

合理使用制度下，因知识产权人既不享有许可权，也不享有获得报酬权，因此，合理使用不构成知识产权市场与贸易。合理使用制度虽然不构成知识产权市场贸易，但却是合法市场与违法市场贸易的边缘地带。在特定情形下使用、实施知识产权，超越了法律规定的条件或限度，则"合理使用"就转化成了违法市场贸易。因此，理论界有一种观点认为，合理使用是侵权诉讼的抗辩理由，是很有道理的。这一观点也说明了合理使用与违法市场的关系。

从各知识产权法对相关知识产权合理使用或正当使用、不视为侵权使用规定看，学术界的主流观点认为，合理使用基本是排除商业性使用的（除集成电路布图设计专有权第三种合理使用外）。这是合理使用不构成知识产权市场贸易的基本原因。布图设计权的基本条件的独创性，《集成电路布图设计保护条例》第 4 条规定："受保护的布图设计应当具有独创性，即该布图设计是创作者自己的智力劳动成果，并且在其创作时该布图设计在布图设计创作者和集成电路制造者中不是公认的常规设计。受保护的由常规设计组成的布图设计，其组合作为整体应当符合前款规定的条件。"布图设计权因登记而产生，独创性的布图设计在理论上不排除不同人有完全相同的独创性布图设计，或相同的独创性布图设计在理论上可由不同人分别完成。因他人未登记但不享有专有权，因该相同布图设计是他人独创的，因此，布图设计专有权不能对抗他人独创布图设计的使用权和商业利用权。同时，集成电路布图设计专

有权并未有只授予一个申请人的规定，他人依法也可以在证明独创性的条件下，申请独立于他人的布图设计专有权。因此，理论上相同的独创性布图设计可以分别享有独立的专有权。对自己独立创作的与他人相同的布图设计进行复制或者将其投入商业利用的，也属于合理使用范畴。

但笔者认为，合理使用并不排除商业性使用。[1] 主流观点的合理使用排除商业性使用的观点，是值得商榷的。

此外，《专利法》规定的"不视为侵害专利权行为"，《商标法》规定的"正当使用"等，从本质上属于或类似合理使用制度，此等知识产权的使用行为均属于知识产权合法贸易与违法贸易的边缘。

（二）反垄断法为知识产权划定的合法贸易与违法贸易边缘

《反垄断法》第 68 条之但书规定，划定了作为知识产权人的经营者违法市场与贸易的另种边缘，即经营者滥用知识产权，排除、限制竞争的行为将受到反垄断法的规制。

知识产权具有专有性或排他性，是法律赋予知识产权人对特定客体在法律授权的范围内排他性地享有或者行使的权利，可以在一定的时间、地域内就某种产品的生产、销售取得市场优势乃至市场支配地位，或对市场竞争造成一定的影响。[2] 知识产权人正常行使知识产权，对外积极进行许可，通常并不会出现反垄断法规制的垄断行为。但知识产权人在许可协议中附加一定的限制条件，或会存在一定程度上排除和限制竞争。但因知识产权而形成的垄断地位以及因知识产权的行使而对竞争的限制，是基于法律的授权，是合法的。[3] 因此，原则上应当排除反垄断法的适用。否则，就会造成知识产权法与反垄断法的冲突。

知识产权保护与维护市场竞争之间是一种既限制又促进的关系。[4] 反垄断法和知识产权法具有共同的保护竞争和激励创新、提高经济运行效率、维护消费者利益和社会公共利益的价值目标。知识产权法律上的垄断性并不必然带

---

〔1〕 参见詹启智：《著作权合理使用并不排除商业性使用》，载《河南科技》2019 年第 30 期。

〔2〕 参见《全国人大法律委员会关于第十届全国人民代表大会第五次会议主席团交付审议的代表提出的议案审议结果的报告》，载《中华人民共和国全国人民代表大会常务委员会公报》2008 年第 1 期。

〔3〕 参见全国人民代表大会常务委员会法制工作委员会编、安建主编：《中华人民共和国反垄断法释义》，法律出版社 2007 年版，第 116 页。

〔4〕 参见王先林主编：《中华人民共和国反垄断法注释本》，法律出版社 2022 年版，第 130 页。

来反垄断法上的垄断地位。只有知识产权人行使知识产权时超越了法律允许的范围和界限，导致对该权利的不正当利用，损害他人利益和社会公共利益的行为，构成知识产权滥用，[1]达到了排除、限制竞争的程度，才构成反垄断法规制的垄断地位。

知识产权人行使知识产权法律允许的范围和限度，除在立法宗旨有明确规定外，法律还有特别性强调规定。如《著作权法》第4条之"著作权人和与著作权有关的权利人行使权利，不得违反宪法和法律，不得损害公共利益"规定，《专利法》第5条之"对违反法律、社会公德或者妨害公共利益的发明创造，不授予专利权"规定，《商标法》第9条之"申请注册的商标，应当有显著特征，便于识别，并不得与他人在先取得的合法权利相冲突"规定等，都划定了知识产权人获得、行使知识产权的范围和界限。这是知识产权人行使权利不可逾越的界限，也是知识产权合法市场与违法市场的边缘。

知识产权违法市场边缘就是由上述两条边缘构成的。前者是知识产权使用、实施人的违法市场边缘；后者是知识产权行使知识产权的违法市场贸易边缘。合法市场贸易处于两条边缘之内，违法市场贸易处于两条边缘之外。

三、知识产权违法贸易的类别

前述知识产权违法贸易，我们主要是从知识产权人的角度进行研究和介绍的，但是对知识产权违法贸易的研究，还可以从其构成上或内部分类上进行研究。从知识产权违法贸易构成上看，从不同角度分析，大致有如下类别：

（一）从违法或侵权严重程度上区分，有一般违法贸易和严重违法贸易

从侵权严重程度上看，侵权行为有一般侵权行为和严重侵权行为；从市场的违法程度上看，有一般侵权市场和严重侵权市场；与之相应，从违法的严重程度上看，有一般违法贸易和严重违法贸易之分。

通常而言，一般未取得知识产权人许可使用实施知识产权，仅构成一般侵权市场，只有达到一定的程度才构成严重侵权市场。从知识产权法总体规定来看，严重的侵权市场行为通常除了应承担民事责任外，还要依法承担行政责任，构成犯罪的，还要承担刑事责任。最典型的就是著作权违法市场贸

---

[1]　参见刘继峰等：《中华人民共和国反垄断法理解与适用》，中国法制出版社2022年版，第337页。

易，《著作权法》将一般侵权市场和严重侵权市场分别以第 52 条和第 53 条分别进行界定。严重的违法市场不仅侵害知识产权人的民事权利，还违背市场管理秩序，侵害公共利益。如《著作权法》第 53 条明确规定，侵害著作权行为，"侵权行为同时损害公共利益的，由主管著作权的部门责令停止侵权行为，予以警告，没收违法所得，没收、无害化销毁处理侵权复制品以及主要用于制作侵权复制品的材料、工具、设备等，违法经营额五万元以上的，可以并处违法经营额 1 倍以上 5 倍以下的罚款；没有违法经营额、违法经营额难以计算或者不足 5 万元的，可以并处 25 万元以下的罚款；构成犯罪的，依法追究刑事责任"。知识产权违法市场从一般违法市场行为到严重知识产权违法市场行为有一个量变到质变的过程。通常而言，以知识产权违法市场规模是否损害公共利益为一般违法市场与严重违法市场的界限。对于严重的违法市场行为，根据其严重程度又分为仅承担行政责任的严重违法市场和承担刑事责任的违法市场。该违法市场的界限，在我国具体由《最高人民法院、最高人民检察院关于办理侵犯知识产权刑事案件具体应用法律若干问题的解释》《最高人民法院、最高人民检察院关于办理侵犯知识产权刑事案件具体应用法律若干问题的解释（二）》《最高人民法院、最高人民检察院关于办理侵犯知识产权刑事案件具体应用法律若干问题的解释（三）》来界定一般违法市场行为与严重违法市场行为的分界点，也是一般违法贸易和严重违法贸易的分界点。

一般违法市场贸易活动仅承担民事责任，严重的违法市场行为则要依法承担行政责任，乃至刑事责任。

（二）从知识产权违法贸易与知识产权人的关联程度区分，违法贸易包括直接违法贸易和间接违法贸易

凡是未经许可使用知识产权而形成的知识产权违法市场都是直接违法市场，与之相应的贸易即为直接违法贸易。但是知识产权违法市场还有另类仿冒市场，如仿冒专利，仿冒商标，仿冒种子等仿冒市场，与之相应的贸易即为间接违法贸易。

假冒市场包括假冒他人知识产权而形成的市场和冒充市场。如假冒专利市场。《专利法》第 68 条规定，假冒专利的，除依法承担民事责任外，由负责专利执法的部门责令改正并予公告，没收违法所得，可以处违法所得五倍以下的罚款；没有违法所得或者违法所得在 5 万元以下的，可以处 25 万元以下的罚款；构成犯罪的，依法追究刑事责任。《专利法实施细则》第 101 条规

定，下列行为属于专利法第 63 条[1]规定的假冒专利的行为：①在未被授予专利权的产品或者其包装上标注专利标识，专利权被宣告无效后或者终止后继续在产品或者其包装上标注专利标识，或者未经许可在产品或者产品包装上标注他人的专利号；②销售第①项所述产品；③在产品说明书等材料中将未被授予专利权的技术或者设计称为专利技术或者专利设计，将专利申请称为专利，或者未经许可使用他人的专利号，使公众将所涉及的技术或者设计误认为是专利技术或者专利设计；④伪造或者变造专利证书、专利文件或者专利申请文件；⑤其他使公众混淆，将未被授予专利权的技术或者设计误认为是专利技术或者专利设计的行为。专利权终止前依法在专利产品、依照专利方法直接获得的产品或者其包装上标注专利标识，在专利权终止后许诺销售、销售该产品的，不属于假冒专利行为。销售不知道是假冒专利的产品，并且能够证明该产品合法来源的，由管理专利工作的部门责令停止销售，但免除罚款的处罚。

又如假冒注册商标市场。《商标法》第 63 条第 4 款和第 5 款规定，人民法院审理商标纠纷案件，应权利人请求，对属于假冒注册商标的商品，除特殊情况外，责令销毁；对主要用于制造假冒注册商标的商品的材料、工具，责令销毁，且不予补偿；或者在特殊情况下，责令禁止前述材料、工具进入商业渠道，且不予补偿。假冒注册商标的商品不得在仅去除假冒注册商标后进入商业渠道。第 67 条第 3 款规定，销售明知是假冒注册商标的商品，构成犯罪的，除赔偿被侵权人的损失外，依法追究刑事责任。

再如假冒授权品种市场。《植物新品种保护条例》第 40 条规定，假冒授权品种的，由县级以上人民政府农业、林业行政部门依据各自的职权责令停止假冒行为，没收违法所得和植物品种繁殖材料；货值金额 5 万元以上的，处货值金额 1 倍以上 5 倍以下的罚款；没有货值金额或者货值金额 5 万元以下的，根据情节轻重，处 25 万元以下的罚款；情节严重，构成犯罪的，依法追究刑事责任。第 41 条规定，省级以上人民政府农业、林业行政部门依据各自的职权在查处品种权侵权案件和县级以上人民政府农业、林业行政部门依据各自的职权在查处假冒授权品种案件时，根据需要，可以封存或者扣押与案件有关的植物品种的繁殖材料，查阅、复制或者封存与案件有关的合同、账册及有关文件。《植物新品种保护条例实施细则（林业部分）》第 64 条规定，

---

[1]　现第 68 条。

《植物新品种保护条例》所称的假冒授权品种，是指：①使用伪造的品种权证书、品种权号的；②使用已经被终止或者被宣告无效品种权的品种权证书、品种权号的；③以非授权品种冒充授权品种的；④以此种授权品种冒充他种授权品种的；⑤其他足以使他人将非授权品种误认为授权品种的。《植物新品种保护条例实施细则（农业部分）》第57条规定，《植物新品种保护条例》第40条、第41条所称的假冒授权品种行为是指下列情形之一：①印制或者使用伪造的品种权证书、品种权申请号、品种权号或者其他品种权申请标记、品种权标记；②印制或者使用已经被驳回、视为撤回或者撤回的品种权申请的申请号或者其他品种权申请标记；③印制或者使用已经被终止或者被宣告无效的品种权的品种权证书、品种权号或者其他品种权标记；④生产或者销售本条第①项、第②项和第③项所标记的品种；⑤生产或销售冒充品种权申请或者授权品种名称的品种；⑥其他足以使他人将非品种权申请或者非授权品种误认为品种权申请或者授权品种的行为。

假冒市场还包括《反不正当竞争法》第6条规定的仿冒市场。该法第6条规定，经营者不得实施下列混淆行为，引人误认为是他人商品或者与他人存在特定联系：①擅自使用与他人有一定影响的商品名称、包装、装潢等相同或者近似的标识；②擅自使用他人有一定影响的企业名称（包括简称、字号等）、社会组织名称（包括简称等）、姓名（包括笔名、艺名、译名等）；③擅自使用他人有一定影响的域名主体部分、网站名称、网页等；④其他足以引人误认为是他人商品或者与他人存在特定联系的混淆行为。

在假冒市场、仿冒市场上进行的知识产权贸易，即为间接违法贸易。假冒市场中的假冒他人知识产权市场主要是假冒人假借知识产权人的商业声誉，剽窃的是知识产权人的商业信誉和商品声誉，此种假冒属于侵害知识产权人合法权利的行为，依法需要承担民事责任、行政责任以及刑事责任。冒充市场主要侵害的知识产权市场管理秩序，侵害的是公共利益，因此，该种违法市场行为通常承担行政责任或刑事责任，一般不涉及民事责任。

第二节　著作权违法贸易

一、著作权违法贸易的特征

在知识产权体系中，著作权是一个非常特殊种类的知识产权。与其他知识产权相比，著作权有这样几个特殊的地方：一是权利内容繁多。依照我国《著作权法》的规定，我国著作权包含 17 项权能。其他任何知识产权都不具有这么多的权能。二是著作权是人身权与财产权的总和，甚至在财产权保护期届满后人身权仍然受到法律的保护。特别是在大陆法系国家对人身权的保护甚至重于对财产权的保护。在其他知识产权中，虽然专利权也存在在专利证书上表明发明人身份问题，但其人身权属性远不如著作权强。专利权保护的重点在于财产权。其他知识产权则完全是财产权的保护，基本不存在人身权问题。三是著作权是基于作品创作的权利即狭义著作权和基于作品传播中的独创性劳动和投资而产生的权利即邻接权的总和。此外的其他任何知识产权都不存在邻接权问题。与上述著作权的特点相适应，著作权违法贸易就表现出下列特征：

1. 著作权违法市场贸易涉及著作权利多种多样纷繁复杂。在违法市场上发现一个侵权行为，如果是文字作品，若是纸介作品则可能涉及复制权、发行权，或者复制权、发行权、汇编权；如是数字化作品，则可能涉及复制权、发行权、汇编权，网络环境下则涉及信息网络传播权；如是他人对该文字作品的演绎，则可能还涉及改编权、翻译权、表演权等。如是音乐作品，则涉及的可能是表演权、广播权、放映权等；如是戏剧作品则可能涉及表演权、摄制权、广播权、放映权等。

2. 著作权违法贸易经常表现为侵害人身权与财产权一体化。著作权人身权融于作品之中，或表现在作品之上，或表现在公开之前。如发表权具有一次性穷揭的属性，未经同意发表作者的作品，从人身权上侵害的就是发表权，但作品一旦被侵权发表，必然涉及财产权的侵权问题。再者，署名权通常在作品之上通过署名的行为来行使。但某报刊在转载作品时遗漏了作者署名，此时则侵害了作者的署名权，同行还侵害了报酬权（如未支付报酬的情况下）。再如，修改权和保护作品完整权则是融入作品之中的，未经同意修改作品（报刊社文字性修改除外）则可构成侵害修改权；对作品进行歪曲、篡改则是法律禁止行为。侵害修改权、保护作品完整权通常也是和侵害财产权相联系的。应当说明的是，侵害人身权和财产权，除了一体化情形外，还有分别侵害人身权和财产权的情形。如在违法报刊转载作品中未侵害人身权但未支付报酬，则是单纯侵害财产权的行为，如在合同纠纷中，被许可人未署名或未正确署名，歪曲、篡改作品，则是单纯侵害署名权或保护作品完整权。

3. 著作权违法贸易表现为侵害作者的著作权和侵害邻接权人的邻接权的

一体化。在享有邻接权的传播客体中，如一部在市场上畅销的纸介图书，被另一违法书商盗版。则该盗版商不仅侵害了作者的著作权，而且侵害了出版社的版式设计权（畅销书出版十年内）。如果作者许可出版者的是非专有出版权，则出版者可向盗版者主张版式设计权，作者向盗版商主张复制权、发行权；如果作者许可出版者的是专有出版权，在许可证有效期内则作者和出版者可共同或分别向侵权者主张著作权、专有出版权、版式设计权（此时，一般认为专有出版权吸收了版式设计权）；在超过许可证有效期但在版式设计权保护期内，则可分别主张著作权、版式设计权。对于作者与出版者关于报酬的不同约定，也影响作者和出版者向盗版商主张权利问题，如果是一次性付酬，则盗版商除了可能涉嫌侵害人身权外，不侵害著作权人的财产权。再如，一张盗版 DVD 光盘，既涉及侵害作者的著作权，又涉及侵害表演者权，还可能涉及侵害录音录像制作者权。

二、著作权违法贸易

由于著作权违法贸易具有上述特点，我国《著作权法》按照不同的侵权行为，并按照是否涉及损害公共利益将违法市场或侵权行为区分为一般侵权行为和严重的侵权行为，或一般违法贸易和严重违法贸易。

（一）著作权一般违法贸易

我国《著作权法》第 52 条规定了 11 种著作权侵权行为，由该 11 种著作权侵权行为形成的违法贸易，就是一般违法贸易。

著作权一般违法贸易包括下列情形：①未经著作权人许可，发表其作品的；②未经合作作者许可，将与他人合作创作的作品当作自己单独创作的作品发表的；③没有参加创作，为谋取个人名利，在他人作品上署名的；④歪曲、篡改他人作品的；⑤剽窃他人作品的；⑥未经著作权人许可，以展览、摄制视听作品的方法使用作品，或者以改编、翻译、注释等方式使用作品的，著作权法另有规定的除外；⑦使用他人作品，应当支付报酬而未支付的；⑧未经视听作品、计算机软件、录音录像制品的著作权人、表演者或者录音录像制作者许可，出租其作品或者录音录像制品的原件或者复制件的，《著作权法》另有规定的除外；⑨未经出版者许可，使用其出版的图书、期刊的版式设计的；⑩未经表演者许可，从现场直播或者公开传送其现场表演，或者录制其表演的；⑪其他侵犯著作权以及与著作权有关的权利的行为。

根据《著作权法》第52条的规定，著作权一般违法贸易形成原因为：

1. 著作权违法贸易主要是由于著作权人有特定关系的人、与作品创作和权利行使、同业使用等引发的。

第①项侵权行为引发的违法市场贸易，是由与作者有特定关系的人造成的，如师生、特定约稿者、定向投稿者引发的违法贸易。第②至⑥项侵权行为主要是作品创作之间或后续创作者即演绎者之间引起的。第⑦项主要（但不限于）是法定许可使用作品，应当支付报酬而未支付报酬的造成的。第⑧至第⑩项，主要是小权利包括出租、版式设计、现场直播等，这些行为要么影响较小，要么可以及时发现制止如现场直播，通常不会损害公共利益。

2. 著作权一般违法贸易以未经许可为基本构成要件，以违背《著作权法》的禁止权或禁止性规定或强行性为补充，既包括侵害人身权又包括侵害财产权。

除第⑪项兜底条款外，10项法定侵权行为中，有6项直接以未经许可为构成要件的。未以未经许可为构成要件的，其中第③项，没有参加创作，为谋取个人名利，在他人作品上署名的；是违背《著作权法》第14条"没有参加创作的人，不能成为合作作者"的禁止性规定而构成的，第④项歪曲、篡改他人作品的；是违背《著作权法》第10条第1款第四项保护作品完整权，即保护作品不受歪曲、篡改的权利。即保护作品完整权本身属于禁止权。第⑤项，剽窃他人作品的；主要发生在《著作权法》第24条第1款之为介绍、评论某一作品或者说明某一问题，在作品中适当引用他人已经发表的作品中违背合理使用"但应当指明作者姓名、作品名称，并且不得侵犯著作权人依照本法享有的其他权利"的强制性规定。第⑦项使用他人作品，应当支付报酬而未支付的；主要发生在法定许可或侵权使用作品中，作品的法定许可主要是教科书法定许可和报刊转载摘编法定许可，应当支付报酬是其法定义务，支付报酬是具有强制性的规定。

3. 著作权一般违法贸易的成因主要不以营利为目的，不涉及公共利益问题。

第①至⑥项的侵权行为形成的违法市场，侵权者完全不以营利为目的，或者基本上与营利目的无关。第⑦至⑩项侵权行为形成的违法市场，虽然会存在一定的营利目的，但营利有限，基本不会造成损害公共利益的程度。如第⑦项主要涉及法定许可，主要侵害的是作者的报酬权，不会影响著作权行政管理秩序，不影响公共利益；第⑧项未经许可出租他人的视听作品、计算机软件、录音制品，通常不会存在较大规模，一般即使有营利，数额有限，不会涉及公共利益；第⑨项侵害版式设计权通常不会存在同业出版者之间，主要存在于盗版者，通常会被专有出版权吸收，即使单独主张版式设计，因版式设计在图书、期刊出版中对市场影响有限，也不会对营利带来很大影响，盗版主要是侵害著作权和专有出版权，单纯版式设计侵权不会涉及影响公共利益的程度。第⑩项对表演进行现场直播、公开传送现场表演，通常是新闻媒体记者、观众，一般不会有重大影响。

（二）著作权严重违法贸易

我国《著作权法》第53条规定了8种严重的侵权行为。这8种严重的侵权行为引发的违法市场，就是著作权严重的违法市场，与此相应的贸易即为严重违法贸易。

著作权严重的侵权行为包括：①未经著作权人许可，复制、发行、表演、放映、广播、汇编、通过信息网络向公众传播其作品的，著作权法另有规定的除外；②出版他人享有专有出版权的图书的；③未经表演者许可，复制、发行录有其表演的录音录像制品，或者通过信息网络向公众传播其表演的，著作权法另有规定的除外；④未经录音录像制作者许可，复制、发行、通过信息网络向公众传播其制作的录音录像制品的，著作权法另有规定的除外；⑤未经许可，播放、复制或者通过信息网络向公众传播广播、电视的，著作权法另有规定的除外；⑥未经著作权人或者与著作权有关的权利人许可，故意避开或者破坏技术措施的，故意制造、进口或者向他人提供主要用于避开、破坏技术措施的装置或者部件的，或者故意为他人避开或者破坏技术措施提供技术服务的，法律、行政法规另有规定的除外；⑦未经著作权人或者与著作权有关的权利人许可，故意删除或者改变作品、版式设计、表演、录音录像制品或者广播、电视上的权利管理信息的，知道或者应当知道作品、版式设计、表演、录音录像制品或者广播、电视上的权利管理信息未经许可被删除或者改变，仍然向公众提供的，法律、行政法规另有规定的除外；⑧制作、出售假冒他人署名的作品的。

与著作权一般违法贸易相对应，严重违法贸易形成的原因为：

1. 著作权严重违法贸易主要是由与著作权人之间不具有特定关系的作品使用者形成的。

这些不特定的作品使用者包括出版者、表演者、广播电视组织、录音录像制作者、网络服务提供者等市场主体。

2. 著作权严重违法贸易以未经许可使用作品侵害著作权财产权为前提。严重的违法贸易是以侵害著作权为基础的，只有侵害著作权达到一定程度，才会产生严重违法贸易。我国《著作权法》中 8 种严重的侵权行为，有 6 种是以未经许可使用他人作品侵权为构成要件的。第②项出版他人享有专有出版权图书的，虽然没有以未经许可为构成要件，但专有出版权是一种垄断权、独占权，禁止他人出版。《著作权法实施条例》第 28 条规定，图书出版合同中约定图书出版者享有专有出版权但没有明确其具体内容的，视为图书出版者享有在合同有效期限内和在合同约定的地域范围内以同种文字的原版、修订版出版图书的专有权利。该规定中即包含了禁止他人出版的含义。第⑧项制作、出售假冒他人署名的作品的行为，主要发生在假冒名人的身上。[1]该作品不是某名人的作品，但制作者、出售者为了市场利益等目的，假冒他人署名进行复制发行等。该行为主要违背《著作权法》第 11 条"创作作品的自然人是作者"和如无相反证明"在作品上署名的公民、法人或者其他组织为作者"的规定，属于不直接侵害被假冒人署名者的著作权，主要是破坏著作权市场秩序的行为，直接侵害了公共利益。

3. 著作权的严重违法市场贸易通常以营利为目的，涉及公共利益问题。

8 种严重的侵权行为，主要都是以营利为目的的作品、表演、广播电视节目、录音录像制品的使用者在侵权使用作品或破坏、规避技术措施、删除或改变权利管理电子信息、制作、出售假冒他人署名的作品等在程度上严重的侵权行为或直接损害公共利益行为。根据侵害公共利益的程度不同，分别应在承担民事责任基础上承担行政责任或刑事责任。

---

[1] 该侵权行为还可以直接适用《反不正当竞争法》第 6 条之"经营者不得实施下列混淆行为，引人误认为是他人商品或者与他人存在特定联系：……（二）擅自使用他人有一定影响的企业名称（包括简称、字号等）、社会组织名称（包括简称等）、姓名（包括笔名、艺名、译名等）"规定进行规制。

第三节 商标违法贸易

一、商标使用与商标违法贸易

判断是否构成商标侵权或商标违法贸易，通常需要考虑下列因素。

（一）判断涉嫌侵权行为是否构成商标法意义上的商标的使用

判断是否为商标的使用应当综合考虑使用人的主观意图、使用方式、宣传方式、行业惯例、消费者认知等因素。

商标的使用，是指将商标用于商品、商品包装、容器、服务场所以及交易文书上，或者将商标用于广告宣传、展览以及其他商业活动中，用以识别商品或者服务来源的行为。其中，商标用于商品、商品包装、容器以及商品交易文书上的具体表现形式包括但不限于：①采取直接贴附、刻印、烙印或者编织等方式将商标附着在商品、商品包装、容器、标签等上，或者使用在商品附加标牌、产品说明书、介绍手册、价目表等上；②商标使用在与商品销售有联系的交易文书上，包括商品销售合同、发票、票据、收据、商品进出口检验检疫证明、报关单据等。商标用于服务场所以及服务交易文书上的具体表现形式包括但不限于：①商标直接使用于服务场所，包括介绍手册、工作人员服饰、招贴、菜单、价目表、名片、奖券、办公文具、信笺以及其他提供服务所使用的相关物品上；②商标使用于和服务有联系的文件资料上，如发票、票据、收据、汇款单据、服务协议、维修维护证明等。商标用于广告宣传、展览以及其他商业活动中的具体表现形式包括但不限于：①商标使用在广播、电视、电影、互联网等媒体中，或者使用在公开发行的出版物上，或者使用在广告牌、邮寄广告或者其他广告载体上；②商标在展览会、博览会上使用，包括在展览会、博览会上提供的使用商标的印刷品、展台照片、参展证明及其他资料；③商标使用在网站、即时通信工具、社交网络平台、应用程序等载体上；④商标使用在二维码等信息载体上；⑤商标使用在店铺招牌、店堂装饰装潢上。

（二）是否经商标注册人的许可

商标的使用应当经过商标注册人的许可是基本原则。只有未经许可且不符合正当使用才有可能构成注册商标侵权。未经商标注册人许可的情形包括未获得许可或者超出许可的商品或者服务的类别、期限、数量等。

（三）是否在同一种商品、服务或类似商品、服务上的商标使用

同一种商品是指涉嫌侵权人实际生产销售的商品名称与他人注册商标核定使用的商品名称相同的商品，或者二者商品名称不同但在功能、用途、主要原料、生产部门、消费对象、销售渠道等方面相同或者基本相同，相关公众一般认为是同种商品。同一种服务是指涉嫌侵权人实际提供的服务名称与他人注册商标核定使用的服务名称相同的服务，或者二者服务名称不同但在服务的目的、内容、方式、提供者、对象、场所等方面相同或者基本相同，相关公众一般认为是同种服务。核定使用的商品或者服务名称是指国家知识产权局在商标注册工作中对商品或者服务使用的名称，包括《类似商品和服务区分表》（以下简称"区分表"）中列出的商品或者服务名称和未在区分表中列出但在商标注册中接受的商品或者服务名称。

类似商品是指在功能、用途、主要原料、生产部门、消费对象、销售渠道等方面具有一定共同性的商品。类似服务是指在服务的目的、内容、方式、提供者、对象、场所等方面具有一定共同性的服务。

判断是否属于同一种商品或者同一种服务、类似商品或者类似服务，应当在权利人注册商标核定使用的商品或者服务与涉嫌侵权的商品或者服务之间进行比对。判断涉嫌侵权的商品或者服务与他人注册商标核定使用的商品或者服务是否构成同一种商品或者同一种服务、类似商品或者类似服务，参照现行区分表进行认定。对于区分表未涵盖的商品，应当基于相关公众的一般认识，综合考虑商品的功能、用途、主要原料、生产部门、消费对象、销售渠道等因素认定是否构成同一种或者类似商品；对于区分表未涵盖的服务，应当基于相关公众的一般认识，综合考虑服务的目的、内容、方式、提供者、对象、场所等因素认定是否构成同一种或者类似服务。

（四）与注册商标是否相同或近似

与注册商标相同的商标是指涉嫌侵权的商标与他人注册商标完全相同，以及虽有不同但视觉效果或者声音商标的听觉感知基本无差别、相关公众难以分辨的商标。涉嫌侵权的商标与他人注册商标相比较，可以认定与注册商标相同的情形包括：（1）文字商标有下列情形之一的，①文字构成、排列顺序均相同的；②改变注册商标的字体、字母大小写、文字横竖排列，与注册商标之间基本无差别的；③改变注册商标的文字、字母、数字等之间的间距，

与注册商标之间基本无差别的；④改变注册商标颜色，不影响体现注册商标显著特征的；⑤在注册商标上仅增加商品通用名称、图形、型号等缺乏显著特征内容，不影响体现注册商标显著特征的。（2）图形商标在构图要素、表现形式等视觉上基本无差别的。（3）文字图形组合商标的文字构成、图形外观及其排列组合方式相同，商标在整体视觉上基本无差别的。（4）立体商标中的显著三维标志和显著平面要素相同，或者基本无差别的。（5）颜色组合商标中组合的颜色和排列的方式相同，或者基本无差别的。（6）声音商标的听觉感知和整体音乐形象相同，或者基本无差别的。（7）其他与注册商标在视觉效果或者听觉感知上基本无差别的。

与注册商标近似的商标是指涉嫌侵权的商标与他人注册商标相比较，文字商标的字形、读音、含义近似，或者图形商标的构图、着色、外形近似，或者文字图形组合商标的整体排列组合方式和外形近似，或者立体商标的三维标志的形状和外形近似，或者颜色组合商标的颜色或者组合近似，或者声音商标的听觉感知或者整体音乐形象近似等。

涉嫌侵权的商标与他人注册商标是否构成近似，参照现行《商标审查及审理标准》关于商标近似的规定进行判断。判断商标是否相同或者近似，应当在权利人的注册商标与涉嫌侵权商标之间进行比对。判断与注册商标相同或者近似的商标时，应当以相关公众的一般注意力和认知力为标准，采用隔离观察、整体比对和主要部分比对的方法进行认定。

（五）是否容易导致混淆

在商标侵权判断中，在同一种商品或者同一种服务上使用近似商标，或者在类似商品或者类似服务上使用相同、近似商标的情形下，还应当对是否容易导致混淆进行判断。

《最高人民法院关于审理涉及驰名商标保护的民事纠纷案件应用法律若干问题的解释》规定的容易导致混淆包括以下情形：①足以使相关公众认为涉案商品或者服务是由注册商标权利人生产或者提供；②足以使相关公众认为涉案商品或者服务的提供者与注册商标权利人存在投资、许可、加盟或者合作等关系。

判断是否容易导致混淆，应当综合考量以下因素以及各因素之间的相互影响：①商标的近似情况；②商品或者服务的类似情况；③注册商标的显著性和知名度④商品或者服务的特点及商标使用的方式；⑤相关公众的注意和认知程度；⑥其他相关因素。

未经许可，符合商标判断标准的商标使用即为违法商标贸易。

二、商标违法贸易的表现形式

（一）假冒注册商标违法贸易

商标违法贸易最基本的就是假冒注册商标。

假冒注册商标是指未经商标注册人的许可，在同一种商品上使用与其注册商标相同的商标。我国《商标法》第57条第1项规范的就是假冒注册商标贸易行为。假冒注册商标包括：（1）自行改变注册商标或者将多件注册商标组合使用，与他人在同一种商品或者服务上的注册商标相同的商标侵权行为。（2）在同一种商品或者服务上，将企业名称中的字号突出使用，与他人注册商标相同的商标侵权行为。

（二）仿冒注册商标违法贸易

《商标法》第57条第2项规范的是仿冒注册商标。仿冒注册商标是指未经商标注册人的许可，在同一种商品上使用与其注册商标近似的商标，或者在类似商品上使用与其注册商标相同或者近似的商标行为。仿冒注册商标主要有三种市场行为：①未经注册人的许可，在同一种商品上使用与其注册商标近似的商标；②未经注册人的许可，在类似商品上使用与其注册商标相同的商标；③未经注册人的许可，在类似商品上使用与其注册商标近似的商标。

下列情况下构成仿冒注册商标违法贸易：（1）自行改变注册商标或者将多件注册商标组合使用，与他人在同一种或者类似商品或者服务上的注册商标近似、容易导致混淆的商标侵权行为。（2）在同一种或者类似商品或者服务上，将企业名称中的字号突出使用，与他人注册商标近似、容易导致混淆的商标侵权行为。（3）不指定颜色的注册商标，可以自由附着颜色，但以攀附为目的附着颜色，与他人在同一种或者类似商品或者服务上的注册商标近似、容易导致混淆的商标侵权行为。注册商标知名度较高，涉嫌侵权人与注册商标权利人处于同一行业或者具有较大关联性的行业，且无正当理由使用与注册商标相同或者近似标志的，应当认定涉嫌侵权人具有攀附意图。

（三）销售侵害注册商标专用权的商品违法贸易

这是我国《商标法》第57条第3项规定规制的违法贸易。销售侵害注册商标专用权的商品，具有混淆商品来源、侵害注册商标专用权、损害消费者利益的作用。销售侵害注册商标专用权的商品违法贸易包括但不限于：（1）在包工包料的加工承揽经营活动中，承揽人使用侵犯注册商标专用权商品的商标侵权行为。（2）经营者在销售商品时，附赠侵犯注册商标专用权商品的商标侵权行为。

侵害注册商标专用权的商品生产者主观上通常都是出于故意，但销售侵害注册商标专用权的商品，主观上不一定出于故意。判断销售侵害注册商标专有权的商品主观上是否故意的标准有两个：

一是知道或不知道。知道者即为故意，否则即非为故意。有下列情形之一的，不属于《商标法》上的"销售不知道是侵犯注册商标专用权的商品"：①进货渠道不符合商业惯例，且价格明显低于市场价格的；②拒不提供账目、销售记录等会计凭证，或者会计凭证弄虚作假的；③案发后转移、销毁物证，或者提供虚假证明、虚假情况的；④类似违法情形受到处理后再犯的；⑤其他可以认定当事人明知或者应知的。

二是能否证明该商品是自己合法取得并说明提供者的。能证明该商品是自己合法取得的情形主要有：①有供货单位合法签章的供货清单和货款收据且经查证属实或者供货单位认可的；②有供销双方签订的进货合同且经查证已真实履行的；③有合法进货发票且发票记载事项与涉案商品对应的；④其他能够证明合法取得涉案商品的情形。"说明提供者"是指涉嫌侵权人主动提供供货商的名称、经营地址、联系方式等准确信息或者线索。对于因涉嫌侵权人提供虚假或者无法核实的信息导致不能找到提供者的，不视为"说明提供者"。

销售不知道是侵犯注册商标专用权的商品，能证明该商品是自己合法取得并说明提供者的，不承担赔偿责任。

（四）非法制造、销售非法制造的注册商标违法贸易

非法制造、销售非法制造的注册商标标识违法贸易包括：（1）伪造、擅自制造他人注册商标标识。"伪造"系指未经商标注册人许可而仿造他人注册商标的图样及物质实体制造出来与该注册商标相同的商标标识。"擅自制造"系指未经商标注册人许可在商标印制合同约定的数量之外，私自加印商标标识的行为。该两种行为的目的在于以之用于自己的或供他人用于其生产或销售的同一种商品或类似商标上，以假充真、以次充好、误导消费者。（2）销售伪造、擅自制造的注册商标标识的违法贸易。即以伪造、擅自制造的注册商标为标的以批发或零售方式进行内部销售、市场销售，其目的在于直接获

取非法利益。

非法制造、销售非法制造的注册商标市场行为的主要特征有：（1）其主要客体是国家对商标的管理秩序，次要客体是他人注册商标的专用权；（2）非法制造、销售非法制造的注册商标标识罪在客观上表现为行为人实施了非法制造、销售非法制造的注册商标标识的行为；（3）非法制造、销售非法制造的注册商标标识罪主体为一般主体，单位也可以构成非法制造、销售非法制造的注册商标标识罪；（4）非法制造、销售非法制造的注册商标标识罪在主观方面表现为故意。

非法制造、销售非法制造的注册商标标识，所侵害的客体为国家的商标管理制度和他人注册商标的专用权。对象是他人的注册商标标识。所谓商标标识，是指附有商标图样、商标注册标记、"注册商标"字样、注册商标标志、核准注册的名称等的物质载体，如商标纸、商标片、商标织带等。它是表明注册商标的商品显著特征的识别标志，包括：（1）在商品上或者商品包装、说明书以及其他附着物上所标明的"注册商标"字样或者注册商标标识以及注册标记；（2）在商品或者包装物上印制的注册商标图形，即注册商标的文字、字母、图形及其组合图样；（3）经商标局核准注册或能起到商标作用的商品特定名称及外观装潢部分。商标超过有效期限或因其他原因而被注销，其标识就不能构成本罪之对象。成为本罪犯罪对象的必须是他人的商标标识，如果是自己的商标标识，就根本谈不上伪造或擅自制造。

在客观方面表现为违反商标管理法规，伪造、擅自制造他人注册商标标识或者销售伪造、擅自制造的商标标识，情节严重之行为。

（五）未经商标注册人同意，更换其注册商标并将该更换商标的商品又投入市场的违法贸易

与假冒注册商标相联系，我国《商标法》还规范商标反向假冒市场行为。商标反向假冒是指未经商标注册人同意，更换其注册商标并将该更换商标的商品又投入市场的行为。反向假冒行为是一种侵犯商标专用权的行为，商标的价值在于商标具有识别商品、保证商品质量以及广告宣传、促销等作用，而商标之所以能正常地发挥这些功能，是因为商标在企业的商品与消费者之间建立了一个信息传递的渠道，因此商标功能的发挥必须以商标与商品的完

全结合为前提。[1]而商标专用权赋予了商标注册人依法在其商品上使用其注册商标，并禁止他人假冒、撤换的权利，其目的就在于保障商标与商品的结合。而无论是在相同或类似商品上使用与注册商标相同或近似的商标的行为，还是将他人商标取下而换上自己的商标的行为，都切断了源商品与源商标的联系，切断了生产者与消费者之间的桥梁，妨碍了商标功能的正常发挥，侵犯了他人的商标专用权。反向假冒行为具有如下特征：①在行为主体方面，其主体只有与被反向假冒人生产、制造同类产品的生产者有关，而不包括该类商品的销售者在内。销售者购进他人生产的商品，用自己的销售商标替换他人商标再将商品投入流通市场的行为不属于反向假冒商品行为。②在行为人主观方面，反向假冒商标行为人主观动机主要是盗用他人产品声誉为自己创牌牟取不当利润。如外国厂商购进我国厂商生产的价廉物美的商品后换用自己的商标继续销售，以牟取暴利。③在行为对象方面，反向假冒行为直接指向他人生产的产品，其实质在于盗用或贬损他人产品的声誉。④在行为内容方面，反向假冒表现为在市场上购进他人生产的商品，以自己的商标标识替换他人的商标标识，将该商品继续投入流通。反向假冒商标行为的性质，从商标权角度看，它属严重的商标侵权行为；从消费者权益角度看，它属欺诈消费者行为；从市场竞争角度看，它构成不正当竞争行为。

（六）故意为侵犯他人商标专用权行为提供便利条件，帮助他人实施侵犯商标专用权行为的违法贸易

故意为侵犯他人商标专用权行为提供便利条件，帮助他人实施侵犯商标专用权行为的，属于商标侵权行为。"便利条件"主要包括为侵犯他人商标专用权提供仓储、运输、邮寄、印制、隐匿、经营场所、网络商品交易平台等。

（七）给他人的注册商标专用权造成其他损害的违法贸易

市场主办方、展会主办方、柜台出租人、电子商务平台等经营者怠于履行管理职责，明知或者应知市场内经营者、参展方、柜台承租人、平台内电子商务经营者实施商标侵权行为而不予制止的；或者虽然不知情，但经商标执法相关部门通知或者商标权利人持生效的行政、司法文书告知后，仍未采取必要措施制止商标侵权行为的商标侵权行为。

将与他人注册商标相同或者相近似的文字注册为域名，并且通过该域名

---

[1] 参见李正锋、许其勇：《假冒注册商标罪的立法完善》，载《中华商标》2004年第1期。

进行相关商品或者服务交易的电子商务，容易使相关公众产生误认的商标侵权行为。

第四节　专利违法贸易

专利违法市场贸易在传统知识产权中，类型较少，主要有直接违法市场贸易和假冒市场贸易两种类型。

一、直接侵害专利权的违法贸易

判断被控侵权产品或方法是否侵犯了某一项专利权，不仅需要判断所述产品或方法是否落入该专利权的保护范围，还应当认定被控侵权行为是否属于专利法意义上的侵权行为。缺少其中任何一方面，都无法直接得出被控侵权行为构成专利侵权的结论。实践中，前者重点是将被控侵权产品或方法与涉案专利进行技术对比，后者重点是考察被控侵权人实施的行为本身，二者的判断过程和标准相对独立，不存在固定的先后顺序。

判断被控侵权人是否具有侵犯专利权的行为，可以遵循以下步骤：（1）被控侵权人是否存在实施他人专利的行为；（2）被控侵权人实施他人专利的行为是否在专利授权之后且在专利权保护期内；（3）被控侵权人是否经专利权人许可、是否不以生产经营为目的以及是否被《专利法》明确规定为不侵犯专利权。

（一）实施专利的行为

根据《专利法》第11条的规定，实施专利，对发明和实用新型专利权而言，是指为生产经营目的制造、使用、许诺销售、销售、进口专利产品，使用专利方法以及使用、许诺销售、销售、进口依照该专利方法直接获得的产品；对于外观设计专利权而言，是指为生产经营目的制造、许诺销售、销售、进口外观设计专利产品。该条列举的五种行为是对侵犯专利权行为的穷举，未列入其中的行为，不构成实施专利的行为，不能采用类比的方式将其纳入侵犯专利权行为的范畴。例如，设计专利产品的行为，如果未将该设计转化为专利产品，则设计行为本身不构成实施专利的行为；仓储和运输专利产品的行为，如果该专利产品不是由行为人制造，行为人也未销售或许诺销售该专利产品，则仓储和运输行为不构成实施专利的行为，但构成共同侵权的除外。

1. 制造

制造，对于发明和实用新型专利权而言，是指做出或者形成具有与权利要求记载的全部技术特征相同或者等同的技术特征的产品；对于外观设计专利权而言，是指做出或者形成采用外观设计专利的图片或者照片中所表示的设计的产品。制造行为的对象应当是专利产品，包括将原材料经化学反应、将零部件经物理组装形成权利要求所保护的专利产品等行为。

（1）产品的数量、质量和制造方法对制造行为的影响

在制造行为的认定中，通常需要关注制造的结果，即制造的产品是否为专利产品。产品的数量、质量或性能以及制造方法通常不影响对制造行为的认定，除非制造产品的数量极少从而影响到对生产经营目的的认定或者产品的质量或性能使得产品未落入权利要求参数限定的范围内，或者权利要求中同时限定了特定的制造方法。

（2）委托加工或贴牌生产行为

委托加工或加工承揽，是指定作人或委托人提供样品或图纸，承揽人或加工人按定作人或委托人的要求完成产品，承揽人或加工人交付成品，定作人或委托人支付报酬的行为。企业接受委托加工或贴牌生产都属于加工承揽。

如果委托加工或者贴牌生产的产品侵犯专利权，承揽人或加工人的加工行为构成实施专利的行为，定作人或委托人的委托行为也构成制造专利产品的行为。

（3）在已有产品上添加图案和/或色彩获得专利产品的行为

外观设计是指对产品的形状、图案或者其结合以及色彩与形状、图案的结合所作出的富有美感并适用于工业应用的新设计。组成外观设计的要素是形状、图案和色彩。外观设计专利保护的对象有：单纯形状的设计、单纯图案的设计、形状和图案的结合的设计、形状与色彩结合的设计、图案与色彩结合的设计以及形状、图案和色彩结合的设计。被控侵权人从他人处获得已有产品，并在产品上添加图案和/或色彩，如果最终的产品落入外观设计专利保护的范围，则该添加图案和/或色彩的行为属于制造专利产品的行为。

（4）制造产品仅供出口的行为

未经专利权人许可擅自制造侵权产品并全部出口到国外的行为，虽然因产品全部销往国外，并不会损害专利权人在本国市场销售其专利产品，但其仍然构成制造专利产品的行为，属于侵权行为。

2. 使用

使用，对于发明或者实用新型产品专利而言，是指权利要求所记载的产品技术方案的技术功能得到了应用，该应用不局限于专利说明书中指明的产品用途，除非权利要求中已明确记载该用途；对于方法发明专利而言，是指权利要求记载的专利方法技术方案的每一个步骤均被实现，使用该方法的结果不影响对是否构成侵犯专利权行为的认定。

单纯使用侵犯外观设计专利权的产品的行为不属于侵犯专利权的行为。

（1）将专利产品组装成另一产品

将侵犯发明或者实用新型专利权的产品作为零部件或中间产品制造另一产品的，一般应当认定属于对侵权产品的使用。

（2）拥有、储存或保存侵权产品

拥有、储存或保存侵犯专利权产品的行为，通常不构成使用侵权产品的行为。

判断拥有、储存或保存侵权产品是否构成使用行为，需要考虑产品的性质以及储存或保存的目的等因素。例如，如果行为人购买了侵权产品，但仅存放于库房中，尚未进行下一步的销售行为，其本身也不具备使用该产品的条件，则储存行为不应被认定为使用侵权产品的行为。但是，对于某些属于备用性质的产品，例如急救装置、救火设备等，只要将其按照使用要求在建筑物内予以配置，就构成使用行为，不能认为只有在救火或急救中的使用才构成专利法意义上的使用。同样，如果储存或保存某种产品的目的是随时投入使用，则只要备用状态存在，也构成使用侵犯专利权产品的行为。

（3）使用专利方法

专利技术方案可以分为产品技术方案和方法技术方案，方法技术方案又可以分为产品制造方法和操作使用方法。产品制造方法是制造某种产品的方法，一般是通过设定一定条件、使用特定的装置设备并按照特定的工艺步骤使某种物品如原材料、中间产品在结构、形状或物理化学特性上发生变化并形成新的产品的方法。操作使用方法是对特定装置设备、特定产品的操作使用，如测量、计算、制冷、通信方法等。

使用专利方法，是指权利要求记载的专利方法技术方案的每一个步骤均被实现。使用专利方法的结果不影响对是否构成侵犯专利权的认定。对于产品制造方法专利，使用专利方法就是按照专利方法生产出相应产品的行为，通常表现为制造相关产品的过程，在结果上表现为制造出相应的产品；对于操作使用方法专利，使用专利方法就是生产经营过程中按照专利方法的步骤、条件逐一再现专利方法的全过程。

使用专利方法是专利方法的完整再现，如果专利方法有特定步骤顺序，则使用专利方法还应遵循该顺序。一般而言，省略专利方法的步骤或者未按专利方法的顺序完整地再现专利方法，均不构成使用专利方法的侵权行为。

3. 销售

销售侵权产品，是指将落入产品权利要求保护范围的侵权产品的所有权、依照专利方法直接获得的侵权产品的所有权或者含有外观设计专利的侵权产品的所有权从卖方有偿转移到买方。搭售或以其他方式转让上述产品所有权，变相获取商业利益的，也属于销售该产品。

销售行为的完成，应以合同依法成立为判断标准，不要求合同实际履行完毕。如果合同成立后卖人未交付产品，不影响销售行为已成立的定性。

（1）将侵权产品作为零部件制造另一产品并销售

将侵犯发明或者实用新型专利权的产品作为零部件，制造另一产品并销售的，应当认定属于销售侵权产品的行为。

将侵犯外观设计专利权的产品作为零部件，制造另一产品并销售的，应当认定属于销售侵犯外观设计专利权的产品的行为，但侵犯外观设计专利权的产品在另一产品中仅具有技术功能的除外。仅具有技术功能，是指该零部件在最终产品的正常使用中不产生视觉效果，只具有技术功能。不产生视觉效果，既有可能是零部件位于最终产品的内部等不可视部位，也有可能是零部件部分被遮挡，无法从整体上体现出侵权产品与现有设计的区别。

（2）搭售、搭送

搭售，是指销售商要求消费者在购买其商品或服务的同时购买另一种商品或服务。搭售行为构成侵犯专利权既包括搭售品构成侵权的情形，也包括被搭售品构成侵权的情形。无论搭售行为在形式上是否具有独立性，只要搭售品或者被搭售品构成侵犯专利权，则搭售行为应被认定为侵权行为。

搭送，是指销售者在销售某种商品或提供服务时，基于广告宣传等目的赠送某种商品或服务。与搭售行为不同，搭送行为从形式上对消费者是免费的。但这并不意味着即便搭送的是侵权产品，销售商也不承担侵权责任。如果销售商搭送的产品或服务侵犯了他人专利权，即使销售的产品未侵权，搭送行为和主销售行为合并成为一种特殊的销售行为，也构成侵犯专利权的行为。

4. 许诺销售

在销售侵犯他人专利权的产品行为实际发生前，被控侵权人作出销售侵犯他人专利权产品的意思表示的，构成许诺销售。

以做广告、在商店橱窗中陈列、在网络或者在展销会上展出、寄送供试用的侵权产品等方式作出销售侵犯他人专利权产品的意思表示的，可以认定为许诺销售。许诺销售的方式还可以是口头、电话、传真等。

许诺销售既包括合同法上的要约，也包括合同法上的要约邀请。许诺销售成立的关键，不在于订立合同的意向最先由谁提出，只要被控侵权人一方作出将会提供侵权产品的意思表示即可构成许诺销售。

许诺销售行为本身即构成独立的直接侵犯专利权的行为，并非实际销售行为之前的准备性工作，不能以其后确实发生实际销售行为来认定许诺销售行为成立。许诺销售侵权产品的，其后实际销售的产品未落入专利权保护范围的，即便以销售方式侵犯专利权的行为不能成立，也不影响对以许诺销售方式侵犯专利权的行为成立的认定。

通常情况下，许诺销售与实际销售的标的物是一致的，但由于技术创新、产品改进或其他原因，客观上也存在许诺销售与实际销售的标的物不一致的情况。根据《专利法》第 11 条第 1 款规定，制造、使用、许诺销售、销售、进口这几种侵权行为是并列平行的关系，即当事人未经专利权人许可实施上述行为中的任何一种行为都是专利侵权行为。因此，判断许诺销售行为是否构成专利侵权，以标示在广告或展示中的标的物为准，而判断销售是否构成专利侵权，以实际销售的标的物为准。

5. 进口

进口侵权产品，是指将落入产品专利权利要求保护范围的侵权产品、依照专利方法直接获得的侵权产品或者含有外观设计专利的侵权产品在空间上从境外运进境内的行为。

无论被控侵权产品自哪一国家进口，这种产品在其制造国或者出口国是否享有专利保护，该产品是专利产品还是依照专利方法直接得到的产品，进口者的主观状态如何，只要该产品越过边界进入海关，都属于进口侵权产品的行为。

进口行为的成立，不以产品交付给进口商为判断基准，只要产品进入海关即可判定进口行为成立。

专利权人或者其被许可人在我国境外售出其专利产品或者依照专利方法直接获得的产品后，购买者将该产品进口到我国境内以及随后在我国境内使用、许诺销售、销售该产品的，不构成侵犯专利权的行为。

6. 产品制造方法专利的延伸保护

所谓"产品制造方法专利的延伸保护"，是指一项产品制造方法发明专利权被授予后，任何单位或者个人未经专利权人许可，除了不得为生产经营目的使用该专利方法外，也不得为生产经营目的使用、许诺销售、销售或者进口依照该专利方法直接获得的产品。

（1）延伸保护仅涉及产品制造方法

方法专利包括制造方法、加工方法、作业方法、物质的用途等专利。只有产生专利法意义上的产品的方法才涉及延伸保护，不产生专利法意义上的产品的方法不涉及延伸保护。

专利法意义上的产品，是指符合专利法定义的，具有一定结构、组成、性状、功能的产品，不仅包括常规的物品，还包括物质、机器、装置、系统等。

产生专利法意义上的产品的方法主要是制造方法和加工方法。产生专利法意义上的产品既可以是通过将原材料经一系列加工步骤处理后获得一种全新的产品，也可以是对原有物品的性能、结构进行改进后获得一种不同于原有物品的产品。

（2）直接获得

产品制造方法专利权只能延伸到依照该专利方法直接获得的产品。

所谓"直接获得"，是指完成专利方法的最后一个步骤后所获得的最初产品。当权利要求的主题名称中的目标产品与完成最后一个方法步骤后获得的最初产品一致时，主题名称中的目标产品就是制备方法直接获得的产品；当主题名称中的目标产品与完成最后一个方法步骤后获得的最初产品不一致时，需要根据说明书的内容，考察二者的关系。如果说明书中已经明确最后一个方法步骤获得的最初产品能通过常规的方法转化为主题名称中的目标产品，则该权利要求直接获得的产品是所述主题名称中的目标产品；如果说明书中没有明确最后一个方法步骤获得的最初产品如何转化为主题名称中的目标产品，并且转化方法非所属领域的公知技术，则该权利要求直接获得的产品是最后一个方法步骤获得的最初产品。

（3）延伸保护与是否获得新产品无关

对于依照专利方法直接获得的产品，无论该产品是新产品还是已知产品均可获得延伸保护。只要制造方法本身被授予专利权，即使该方法直接获得的是已知产品，任何单位或个人未经专利权人许可许诺销售、销售、使用、进口该已知产品的行为也构成侵犯专利权的行为。

（二）不视为侵犯专利权的行为

根据《专利法》第11条的规定，如果被控侵权人实施专利经过专利权人许可（包括专利权人的明示许可、基于产品销售或先前使用而产生的专利默示许可，指定许可或强制许可），或者不以生产经营为目的（如以私人方式或在公共服务、公益事业、慈善事业中实施专利的行为），或者被《专利法》第75条明确规定为不侵犯专利权，则该行为不构成侵犯专利权的行为。

二、假冒专利违法贸易

（一）假冒专利行为的概念

假冒专利行为，是指以非专利产品（方法）冒充、假冒专利产品（方法）的行为。如果行为人实施了《专利法实施细则》第101条第1款规定的行为，即"①在未被授予专利权的产品或者其包装上标注专利标识，专利权被宣告无效后或者终止后继续在产品或者其包装上标注专利标识，或者未经许可在产品或者产品包装上标注他人的专利号；②销售第①项所述产品；③在产品说明书等材料中将未被授予专利权的技术或者设计称为专利技术或者专利设计，将专利申请称为专利，或者未经许可使用他人的专利号，使公众将所涉及的技术或者设计误认为是专利技术或者专利设计；④伪造或者变造专利证书、专利文件或者专利申请文件；⑤其他使公众混淆，将未被授予专利权的技术或者设计误认为是专利技术或者专利设计的行为"则构成假冒专利行为。

《专利法实施细则》第101条第2款则规定了不属于假冒专利行为的情形："专利权终止前依法在专利产品、依照专利方法直接获得的产品或者其包装上标注专利标识，在专利权终止后许诺销售、销售该产品的，不属于假冒专利行为。"

（二）假冒专利的行为方式

标注专利标识的行为方式主要包括：在产品或产品的包装上标注专利标识、销售标注了专利标识的产品、在产品说明书等材料中宣称专利等，如果上述行为中涉及的专利权未授权、已终止或被宣告无效或者是未经许可标注的他人的专利权，则构成假冒专利行为；另外，伪造或者变造专利证书等文件、使公众混淆或误认为有专利权等行为，也构成假冒专利行为。

1. 在产品或者产品的包装上标注专利标识

按照《专利标识标注办法》第 5 条的规定，专利标识应当采用中文标明专利权的类别，例如中国发明专利、中国实用新型专利、中国外观设计专利；同时还应标明由国家知识产权局授予该专利权的专利号。除上述内容之外，还可以附加其他文字、图形标记，但附加的文字、图形标记及其标注方式不得误导公众。

在产品或者产品的包装上标注专利标识是最常见的引发假冒专利行为的情形，主要包括两种情况：一是产品本身并没有被授予专利权或者是在"专利权被宣告无效或者终止后"即不具有任何有效的专利权的情况下，行为人在该产品或者该产品包装上标注专利标识；二是标注的专利号虽然合法有效，但标注专利标识的行为人并不是专利权人或经专利权人同意享有专利标识标注权的被许可人。

在以上两种情况下，标注专利标识的行为人一般为产品制造者，而构成假冒专利行为的方式既有可能发生在产品的制造过程中，也可能发生在产品的销售、流通过程中，无论发生在哪个环节，其行为均构成假冒专利行为。

2. 销售标注了专利标识的产品

根据社会分工的不同，市场主体除制造方外，还存在大量只负责销售、不负责制造的销售商，如果仅仅限定在非专利产品上标注专利标识的制造行为才构成假冒专利行为，则销售者就会逃脱法律责任，因此，销售标注有专利标记的非专利产品的行为，同样构成假冒专利行为。

但是，基于合理性的考虑，如果销售者所销售产品或其包装上的专利标记系在专利权有效期内标注，那么即便该专利权终止后，销售者继续销售该产品也不构成假冒专利行为（见《专利法实施细则》第 101 条第 2 款）。同时，为了减少不知情销售者的责任，《专利法实施细则》第 101 条第 3 款规定，销售不知道是假冒专利产品，并且能够证明该产品合法来源的，管理专利工作的部门责令其停止销售，但免除罚款的处罚。该款虽然对该种行为免除了罚款的处罚，但该行为仍然构成假冒专利行为，需承担除罚款以外的行政处罚。

3. 在产品说明书等材料中宣称专利

涉嫌构成假冒专利行为的情况还包括在产品说明书、产品宣传资料等材料中将未被授予专利权的技术或者设计称为专利技术或者专利设计，将专利申请称为专利，或者未经许可使用他人的专利号，使公众将所涉及的技术或者设计误认为是专利技术或者专利设计。在产品说明书等材料中将非专利技术或者设计宣称为专利技术或者专利设计也是常见的构成假冒专利行为的方式。

4. 伪造或者变造专利证书、专利文件或者专利申请文件

专利证书是专利申请经审查合格后，由国家知识产权局发给专利权人的法律证明文件。专利证书记载了发明创造的名称、专利权人姓名或名称、专利权起始日期、申请号及专利号等。

伪造专利证书、专利文件或者专利申请文件，是指行为人编造国家知识产权局未颁发过的专利证书、没有公告过的专利文件、并未受理过的专利申请文件。

变造专利证书、专利文件或者专利申请文件，是指行为人以篡改方式变造国家知识产权局颁发的专利证书、公告的专利文件、受理的专利申请文件。

5. 其他假冒专利行为

《专利法实施细则》第101条第1款第（1）至（4）项规定了假冒专利行为的多种表现形式，考虑到实践中还存在形式比较特殊的其他违法行为，为有效打击假冒专利行为，《专利法实施细则》第101条第1款设置一项兜底性条款，以涵盖该款第（1）-（4）项未能涵盖的其他假冒专利行为。其他使公众混淆，将未被授予专利权的技术或者设计误认为是专利技术或者专利设计的行为也应当被认为是假冒专利的行为。

对于带有国外专利标识的商品，不能因为标注了国外专利标识就认定为属于假冒专利行为，而是应该审查所属国外专利的真实性，区别对待。

（三）假冒专利行为认定

1. 认定构成假冒专利的要素

假冒专利行为是在制造、销售、许诺销售、宣传某产品（或技术），或者

实施专利许可、签订技术合同等商业活动中，将非专利产品（或方法）冒充专利产品（或方法）的行为，该违法行为本质上是因错误的专利标识标注而引发的，因此，某行为是否构成假冒专利行为与标注的专利标识有直接关系。一项合法的专利标识应当满足以下条件：第一，行为主体应当是有权主体；第二，行为载体应当是专利产品、依照专利方法直接获得的产品、产品包装、产品说明书等资料，以及专利证书、专利文件或者专利申请文件；第三，行为形式合规；第四，标注时间合法。

凡不符合上述条件之一的，均属于不规范的专利标识标注，并有可能构成假冒专利的行为。判断一个专利标识标注行为是否属于假冒专利行为，应当从以下几方面因素来考虑。

（1）行为主体

合规的行为主体应当是有权在产品或产品包装等载体上标注专利标识的主体，一般指专利权人或者经专利权人同意享有专利标识标注权的被许可人。这一行为主体应具有民事权利能力和民事行为能力。

因此，实施假冒专利行为的主体应当是具有责任能力的行政管理相对人。参照《中华人民共和国行政处罚法》第4条的规定，违反专利行政管理秩序的行政管理相对人是专利权人或者经专利权人同意享有专利标识标注权的被许可人之外的其他公民、法人或者非法人组织。

个体工商户涉及假冒专利行为的，应以营业执照上登记的业主为当事人。有字号的，应在法律文书中注明登记的字号。营业执照上登记的业主与实际经营者不一致的，以业主和实际经营者为共同当事人。

（2）行为形式

假冒专利行为的表现形式一般与专利标识标注字样、专利标识与标注载体的关联度有关。①专利标识标注字样。专利标识标注形式通常有：标注专利号，标注专利发明创造名称，标注"专利产品 仿冒必究""专利技术""专利保护""中国专利""国家专利""国际专利""发明专利""已申请专利"等字样以及其他宣称采用了专利技术或设计的形式。未经许可使用他人专利标识、伪造专利标识构成假冒专利行为，采用虚构的专利权人名称、假冒其他专利权人名称也构成假冒专利行为。②专利标识与标注载体的关联度。对于专利权人本人或经其同意标注专利标识的被许可人标注合法有效的专利标识时，需要考虑标注专利标识的产品与该专利标识所代表的专利技术方案

（设计）的差异程度。对于产品与专利技术完全不相关或差异较大的情形，应认定为假冒专利行为；如果产品与专利技术（设计）虽有差别，但是两者极其相似，或者专利标识涉及的专利技术虽不是整体产品，但属于该标注产品的核心零部件，则不宜认定为假冒专利行为。

（3）行为载体

假冒专利行为的载体通常有：产品、产品包装、产品说明书、产品宣传资料、广告、专利文件、专利申请文件、专利证书、产品买卖合同、技术转让合同、技术许可合同及合同要约、投标文件等，也包括新闻网站、网上商城、个人网站、博客及微博等网络载体。这些载体在《专利法实施细则》第101条中并未穷举，但只要能够使公众获知行为人的宣传行为，即属于假冒专利行为。

（4）时间性要求

符合规定的专利标识标注行为在时间上必须发生在专利授权之后专利权效力终止之前。与之对应，专利标识标注行为发生在专利授权之前或者专利权效力终止之后的，均构成假冒专利行为。此外，专利申请标记虽然可以在专利申请被受理后、授权前标注，但应当符合《专利标识标注办法》的要求，否则，也有可能构成假冒专利行为。

①专利权终止

一是专利权期满终止。

发明专利权的期限为20年、实用新型专利权期限10年、外观设计专利权期限为15年，均自申请日起计算。例如，一件实用新型专利的申请日是2009年9月6日，该专利权的期限为2009年9月6日至2019年9月5日，专利权期满终止日为2019年9月6日（遇节假日不顺延）。专利权期满后在专利登记簿和专利公报上分别予以登记和公告，并进行失效处理。

二是专利权人没有按照规定缴纳年费的终止。

专利年费滞纳期满仍未缴纳或者未缴足专利年费或者滞纳金的，如专利权人未启动恢复程序或者恢复权利请求未被批准的，国家知识产权局将在专利权终止通知书发出4个月后进行失效处理，并在专利公报上公告。专利权自应当缴纳年费期满之日起终止。

三是专利权人放弃专利权。

授予专利权后，专利权人随时可以主动要求放弃专利权。放弃专利权声明经审查符合规定的，有关事项在专利登记簿和专利公报上登记和公告。放弃专利权声明的生效日为手续合格通知书的发文日，放弃的专利权自该日起终止。

申请人依据《专利法》第 9 条第 1 款和《专利法实施细则》第 41 条第 4 款声明放弃实用新型专利权的，国家知识产权局在公告授予发明专利权时对放弃实用新型专利权的声明予以登记和公告。在无效宣告程序中声明放弃实用新型专利权的，国家知识产权局及时登记和公告该声明。放弃实用新型专利权声明的生效日为发明专利权的授权公告日，放弃的实用新型专利权自该日起终止。

②专利权被宣告无效

根据《专利法》第 46 条第 1 款规定，国家知识产权局对专利权无效宣告请求案件进行审查并作出决定。宣告专利权无效包括宣告专利权全部无效和部分无效两种情形。根据《专利法》第 47 条第 1 款的规定，宣告无效的专利权视为自始即不存在。

专利权被宣告无效后，当事人如果仍然在有关载体上标注专利标识，则构成假冒专利。需要注意的是，与专利权终止前依法在有关载体上标注专利标识，在终止后许诺销售、销售的行为不构成假冒专利行为不同的是，对于专利权被宣告无效前标注的，如果被宣告无效后继续销售的行为，仍然构成假冒专利行为。

2. 假冒专利行为的认定

在授予专利权之后的专利权有效期内，专利权人或者经专利权人同意享有专利标识标注权的被许可人可以在其专利产品、依照专利方法直接获得的产品、该产品的包装或者产品说明书等材料上标注专利标识。但是，标注应当按照《专利标识标注办法》的相关规定进行。

行使专利标识标注权最常见、最直接的方式是在相关产品或者其包装上或产品说明书等材料中标注专利标识，销售上述产品。假冒专利的行为也往往发生在生产、销售环节。未获得专利权而标注专利标识、不处于专利权有效期内而标注专利标识、未获得专利权人授权而标注专利标识等行为，都可能构成假冒专利行为。

（1）在产品或者其包装上标注专利标识

对于在产品或者包装上标注专利标识的情形，涉案专利（或专利申请）

的法律状态包括已申请专利但未获得授权、获得授权至有效期届满期间、专利权有效期届满之后三种情形。①已申请专利但未获得授权。②获得授权至有效期届满期间。标注行为发生授权之后至有效期届满期间，进一步细分为如下情形。一是专利权存在并处于有效状态；二是专利权因欠费而终止；三是专利权人主动放弃专利权；四是专利权被宣告无效。③专利权有效期届满。

（2）销售标注专利标识的产品

对于销售标注专利标识的产品的情形，还有以下几种情形值得注意。

①专利权终止后的销售行为

根据《专利法实施细则》第101条第2款的规定，专利权终止前依法在专利产品、依照专利方法直接获得的产品或者其包装上标注专利标识，在专利权终止后许诺销售、销售该产品的，不属于假冒专利行为。因此，办案人员在执法过程中应该查明涉案产品的生产日期及专利的法律状态日，据以判断销售者的行为是否属于《专利法实施细则》第101条第2款规定的情形。

②专利权被宣告无效后的销售行为

专利权被宣告无效后，该专利权自始视为不存在。因此，无论是生产环节还是销售环节，都不可以在产品或者其包装上标注专利标识。对于专利权被宣告无效后许诺销售、销售该产品的，《专利法实施细则》第101条第2款并没有将该情形排除在假冒专利行为之外。因此，专利权被宣告无效后，无论制造者是在专利权被宣告无效后还是被宣告无效前标注专利标识的，销售者都不得再销售，否则构成假冒专利行为。

③善意销售者的法律责任认定

根据《专利法实施细则》第101条第3款的规定，销售不知道是假冒专利的产品，并且能够证明该产品合法来源的，由管理专利工作的部门责令停止销售，但免除罚款的处罚。该款规定减轻了善意销售者的法律责任，但销售假冒专利产品的行为仍然构成假冒专利行为，需要承担除罚款以外的法律责任。

（3）在产品说明书等材料中标注专利标识

除在产品或其包装上标注专利标识之外，为了打开销路、宣传品牌或者提高产品价格等，在产品说明书等材料（例如广告、网页、宣传册等）中标注专利标识也较为常见。

①将专利申请称为专利

仅提交了专利申请，尚未获得授权，此时不得在产品说明书等材料中标

注为"专利",根据《专利标识标注办法》第 7 条的规定,应明确标明"专利申请,尚未授权"字样。

②将未被授予专利权的技术或者设计称为专利技术或者专利设计

当事人如未获得专利权,不应在说明书等材料中标注专利标识。未获得专利权,除未曾获得专利授权的情形,还包括授权后该专利权被宣告无效、授权后该专利权期限届满或因欠费而终止、授权后主动放弃该专利权等情形。

(4)未经许可使用他人的专利标识

未经许可在产品或者其包装上标注他人的专利标识、未经许可在说明书等材料上标注他人的专利标识,使公众将所涉及的技术或者设计误认为是标注者拥有的专利技术或者专利设计,构成假冒专利行为。

(5)伪造或者变造专利法律文书

专利证书、专利文件和专利申请文件均是专利法律文书,专利证书和专利文件可证明专利权的所有权或者证明专利权保护范围等,专利申请文件则可以作为预期获得专利权的佐证。

伪造专利法律文书,是指仿照真实法律文书特征使用各种方法制作专利法律文书的行为。变造专利法律文书,是指无变更权限的人对真实专利法律文书进行处理,改变专利法律文书内容的行为。

伪造或变造专利法律文书均属于假冒专利行为。

(6)其他假冒专利行为

假冒专利行为的后果是造成公众混淆,将未被授予专利权的技术或者设计误认为是专利技术或者专利设计。除上述情形,实践中还可能遇到下述情形。

①错误标注专利类型

通过错误标注专利类型(主要是将实用新型专利或外观设计专利称为发明专利)使得公众混淆其内容,例如,使公众将产品包装的外观设计专利误认为是涉及产品本身的发明专利。

②在改变的产品上标注原专利标识

③实际产品与标注的专利标识不一致

(7)假冒专利行为与专利侵权行为

对于专利侵权行为而言,《专利法》第 11 条规定了"未经专利权人许可,实施其专利"的判断标准。与《专利法实施细则》第 101 条规定的假冒专利行为相比，二者的判断标准不同，对两者的认定应根据各自法条独立进行。假冒专利行为与侵犯专利权行为并无必然联系，假冒专利行为成立不以侵犯专利权为必要条件，单纯侵犯专利权的行为也不能被认定为假冒专利行为或构成假冒专利罪。

第五节 新兴知识产权违法贸易

一、植物品种权违法贸易

植物新品种权违法贸易包括：①未经品种权人许可，以商业目的生产或者销售授权品种的繁殖材料的侵害植物新品种权违法贸易；②假冒授权品种的违法贸易两种主要类型。

二、集成电路布图设计专有权违法贸易

集成电路布图设计专有权违法贸易包括：除《集成电路布图设计保护条例》另有规定的外，①未经布图设计权利人许可复制受保护的布图设计的全部或者其中任何具有独创性的部分的违法贸易；②为商业目的进口、销售或者以其他方式提供受保护的布图设计、含有该布图设计的集成电路或者含有该集成电路的物品的侵害集成电路布图设计专有权的违法贸易。

第六节 知识产权违法贸易的治理

知识产权违法贸易在世界范围内存在，我国也不例外。在我国部分地区的某些领域，知识产权违法贸易还相当猖獗，有的甚至到了凡畅销书必有盗版，凡名牌产品必有假冒、仿冒，凡优质专利产品必有假冒的地步。从知识产权贸易总体看，侵权假冒已从传统的物联领域，走向了网络领域，网络侵害著作权、商标甚至专利层出不穷，网络成为知识产权侵权假冒的主领域。知识产权违法贸易严重侵害知识产权人的合法权益，侵害广大消费者的合法权益，侵害知识产权管理秩序，扰乱市场经济秩序，对此，我国采取了民事、行政、刑事等有力的法律措施，对知识产权违法贸易进行治理。我国对知识产权违法市场的治理，如前所述，是以我国相关知识产权法律法规对侵权、

违法市场的法律界定为前提的。在该前提下，我国采取了相应的法律手段进行治理。我国对知识产权违法贸易治理实行行政与司法双轨制。

一、我国对知识产权违法贸易的司法治理

我国对知识产权违法贸易的司法治理，主要是对侵害知识产权人知识产权行为课以民事法律责任，对于严重侵害知识产权，损害公共利益，破坏社会主义市场经济秩序行为，追究行政法律责任；构成犯罪的，追究刑事法律责任。

（一）我国对知识产权违法贸易，运用民事法律手段进行治理

知识产权违法市场，在大多数情况下，都是由侵害知识产权行为引起的。因此，治理知识产权违法贸易，民事法律手段是基本的法律手段。

民事法律手段，主要是依法对违法贸易中知识产权侵权人追究民事法律责任。《民法典》第 179 条规定，承担民事责任的方式主要有：①停止侵害；②排除妨碍；③消除危险；④返还财产；⑤恢复原状；⑥修理、重作、更换；⑦继续履行；⑧赔偿损失；⑨支付违约金；⑩消除影响、恢复名誉；⑪赔礼道歉。法律规定惩罚性赔偿的，依照其规定。本条规定的承担民事责任的方式，可以单独适用，也可以合并适用。

对于具体类别的知识产权，还需要根据相关知识产权法律法规选择适用的侵权责任方式。由于知识产权类别不同，如著作权包含人身权和财产权，其侵权法律责任形式主要有停止侵害、消除影响、赔礼道歉、赔偿损失等民事责任。其他知识产权主要是财产权，不涉及人身权，因此，不同的知识产权依法追究的民事法律责任并不相同。

"消除影响"是指侵权人在侵权行为影响的范围内，为受害人消除不良后果的一种补救措施，一般认为"赔礼道歉"，该责任方式适用于人身权受到侵害的情形，只有自然人才可以请求赔礼道歉。加害人的过错是一个适用条件，但是并非必须达到严重的程度。侵权后果的严重程度与该责任的适用有一定关系。因此，消除影响、赔礼道歉主要适用于知识产权中人身权受侵害的情形。对于与人身权关系不大的著作权以外的知识产权，主要的民事责任方式就是停止侵害，赔偿损失等与财产权益有关的民事责任方式。

停止侵害、赔偿损失是所有知识产权违法贸易侵权者依法应当承担的主要责任方式。关于赔偿损失的具体适用问题，各类知识产权的相关法律都有

明确规定。

　　违法贸易的本质在于侵蚀知识产权法授予权利人的专有权，阻碍科学技术进步，打击科学技术人才的创新精神，侵害科学技术成果的经济利益，主要表现为侵害知识产权权利人的许可权和报酬权。在知识产权违法贸易中，侵权人从无向知识产权人支付报酬的任何意识。这种情况下，权利人发现侵权后，理论上可以与侵权人协商支付报酬，但在现实中此路基本不通。据悉，曾有中国音著协向侵权单位发出 2 万封侵权函，未有一家向音著协支付报酬的案例。对于违法贸易，权利人维权的主要途径就是通过司法程序请求判令侵权者停止侵权和赔偿损失。

　　知识产权人在违法贸易中，无论是通过协商收取费用，还是通过司法程序索赔，权利人获得的都不是使用知识产权的报酬，此时从法律上知识产权人获得只是损害赔偿。

　　知识产权人的报酬是和许可（包括非自愿许可）、转让相联系的，是由知识产权人出让知识产权之使用权、所有权而获得的。可见，知识产权人的报酬是基于知识产权人与知识产权使用、实施人的合同关系或法律规定而确定的。在知识产权违法市场贸易中，知识产权人与侵权使用、实施人之间没有合同关系，因此，在侵权市场中不存在侵权人向知识产权人支付报酬问题。

　　但是，权利人基于知识产权违法贸易获得的赔偿，是基于法律的规定。我国《著作权法》《专利法》规定，按照实际损失或违法所得给予赔偿，《商标法》等规定，侵犯知识产权的赔偿数额按照权利人因被侵权所受到的实际损失确定；实际损失难以确定的，可以按照侵权人因侵权所获得的利益确定。权利人的损失或者侵权人获得的利益难以确定的，参照该知识产权许可使用费的倍数（著作权法无倍数规定）合理确定。对于故意侵害他人知识产权且情节严重的，实行惩罚性赔偿制度。《民法典》第 1185 条规定，故意侵害他人知识产权，情节严重的，被侵权人有权请求相应的惩罚性赔偿。我国相关知识产权法基本上都规定了惩罚性赔偿制度。如《著作权法》第 54 条第 1 款规定，对故意侵犯著作权或者与著作权有关的权利，情节严重的，可以在按照上述方法确定数额的 1 倍以上 5 倍以下给予赔偿。《商标法》第 63 条第 1 款规定，对恶意侵犯商标专用权，情节严重的，可以在按照上述方法确定数额的 1 倍以上 5 倍以下确定赔偿数额。《专利法》第 71 条第 1 款规定，对故意侵犯专利权，情节严重的，可以在按照上述方法确定数额的 1 倍以上 5 倍以下确定赔偿数额。《种子法》第 72 条第 3 款规定，故意侵犯植物新品种权，情节严重的，可以在按照上述方法确定数额的 1 倍以上 5 倍以下确定赔偿数额等。我国已全面确立了知识产权惩罚性赔偿制度，但相关知识产权法中实行惩罚性赔偿的构成要件则从字面上看是略有不同的。商标法的适用要件是"恶意"+情节严重，《民法典》和其他知识产权法的适用要件是"故意"+情节严重。司法实践中，对商标法上的"恶意"做"故意"对待。[1]

至于著作权法损害赔偿，在权利人的实际损失、侵权人的违法所得难以确定情况下，仅仅是"可以参照该权利使用费给予赔偿"，并无参照该专利、商标、植物新品种权"许可使用费的倍数合理确定"的规定，造成了著作权"惩罚性赔偿"与其他知识产权惩罚性赔偿具有根本不同的性质。著作权"惩罚性赔偿"仅仅相当于其他知识产权参照"许可使用费的倍数合理确定"的效果，可见，我国《著作权法》中并不存在真正的惩罚性赔偿制度。根据本书第四章知识产权价值与价格的研究，著作权"惩罚性赔偿"实现的最多是著作权价值，本质上是侵权损害赔偿填平原则或补偿原则的体现，惩罚性赔偿制度在著作权法中有名无实。这是我国著作权保护水平远低于其他知识产权保护水平的法律根源。

赔偿数额还应当包括权利人为制止侵权行为所支付的合理开支。合理开支只包括符合国家规定的律师费和调查取证费等费用。

权利人的损失、侵权人获得的利益和知识产权许可使用费均难以确定的，人民法院可以根据专利权的类型、侵权行为的性质和情节等因素，给予法定赔偿。不同知识产权对于法定赔偿有不同的规定，如《著作权法》规定为"给予 500 元以上 500 万元以下的赔偿"，专利法规定为"给予 3 万元以上 500 万元以下的赔偿"，《商标法》和《种子法》规定为"给予 500 万元以下的赔偿"等。

从我国相关知识产权法规定可知，知识产权侵权赔偿，在实际损失、违法所得无法确定情况下，损害赔偿可以参照该知识产权许可使用费的倍数（1-5 倍）确定，因此，尽管侵权市场中不存在侵权人向权利人支付报酬（许可使用费）问题，但应支付的报酬（许可使用费）是赔偿的重要基础或依据。据此，赔偿应为应支付报酬（许可使用费）的倍数加合理开支，即应支付报酬

---

〔1〕 参见北京市高级人民法院民三庭课题组：《侵害知识产权民事案件适用惩罚性赔偿的法律问题研究》，载《人民司法》2023 年第 1 期。

（许可使用费）是包含在损害赔偿之内的基本构成要素。从法律规定的本质上看，损害赔偿通常高于应支付报酬数额；赔偿数额包括但不限于 1 倍应支付报酬加合理开支。因此，司法实践中权利人赢了官司赔了钱的现状，是对法律适用不当造成的。

（二）我国对知识产权违法贸易刑事法律手段治理

对于严重侵害知识产权或者严重损害公共利益，破坏社会主义市场秩序的行为，我国知识产权法对违法市场的责任人追究刑事法律责任。根据《中华人民共和国刑法》（以下简称《刑法》）第 33 条和第 34 条规定，主刑的种类有：①管制；②拘役；③有期徒刑；④无期徒刑；⑤死刑五种。附加刑的种类有：①罚金；②剥夺政治权利；③没收财产。附加刑也可以独立适用。知识产权违法贸易，构成犯罪的，主要刑法种类为管制、拘役，有期徒刑，并处或者单处罚金。根据《刑法》规定，侵害知识产权罪主要有：

1. 侵犯著作权罪。以营利为目的，有下列侵犯著作权或者与著作权有关的权利的情形之一，违法所得数额较大或者有其他严重情节的，处 3 年以下有期徒刑，并处或者单处罚金；违法所得数额巨大或者有其他特别严重情节的，处 3 年以上 10 年以下有期徒刑，并处罚金：①未经著作权人许可，复制发行、通过信息网络向公众传播其文字作品、音乐、美术、视听作品、计算机软件及法律、行政法规规定的其他作品的；②出版他人享有专有出版权的图书的；③未经录音录像制作者许可，复制发行、通过信息网络向公众传播其制作的录音录像的；④未经表演者许可，复制发行录有其表演的录音录像制品，或者通过信息网络向公众传播其表演的；⑤制作、出售假冒他人署名的美术作品的；⑥未经著作权人或者与著作权有关的权利人许可，故意避开或者破坏权利人为其作品、录音录像制品等采取的保护著作权或者与著作权有关的权利的技术措施的。

2. 销售侵权复制品罪。以营利为目的，销售明知是《刑法》第 217 条规定的侵权复制品，违法所得数额巨大或者有其他严重情节的，处 5 年以下有期徒刑，并处或者单处罚金。

3. 假冒注册商标罪。未经注册商标所有人许可，在同一种商品、服务上使用与其注册商标相同的商标，情节严重的，处 3 年以下有期徒刑，并处或者单处罚金；情节特别严重的，处 3 年以上 10 年以下有期徒刑，并处罚金。

4. 销售假冒注册商标的商品罪。销售明知是假冒注册商标的商品，违法所得数额较大或者有其他严重情节的，处 3 年以下有期徒刑，并处或者单处罚金；违法所得数额巨大或者有其他特别严重情节的，处 3 年以上 10 年以下有期徒刑，并处罚金。

5. 非法制造、销售非法制造的注册商标标识罪。伪造、擅自制造他人注册商标标识或者销售伪造、擅自制造的注册商标标识，情节严重的，处 3 年以下有期徒刑，并处或者单处罚金；情节特别严重的，处 3 年以上 10 年以下有期徒刑，并处罚金。

6. 假冒专利罪。假冒他人专利，情节严重的，处 3 年以下有期徒刑或者拘役，并处或者单处罚金。

7. 侵犯商业秘密罪。有下列侵犯商业秘密行为之一，情节严重的，处 3 年以下有期徒刑，并处或者单处罚金；情节特别严重的，处 3 年以上 10 以下有期徒刑，并处罚金：①以盗窃、贿赂、欺诈、胁迫、电子侵入或者其他不正当手段获取权利人的商业秘密的；②披露、使用或者允许他人使用以前项手段获取的权利人的商业秘密的；③违反保密义务或者违反权利人有关保守商业秘密的要求，披露、使用或者允许他人使用其所掌握的商业秘密的。明知前项所列行为，获取、披露、使用或者允许他人使用该商业秘密的，以侵犯商业秘密论。商业秘密权利人，是指商业秘密的所有人和经商业秘密所有人许可的商业秘密使用人。

为境外的机构、组织、人员窃取、刺探、收买、非法提供商业秘密的，处 5 年以下有期徒刑，并处或单处罚金；情节严重的，处 5 年以上有期徒刑，并处罚金。

单位犯侵犯知识产权罪的，对单位判处罚金，并对其直接负责的主管人员和其他直接责任人员，依照本节各该条的规定处罚。

我国目前对集成电路布图设计专有权、植物品种权违法行为，只有行政法规和部门规章进行规制。根据罪刑法定原则，这两种知识产权违法市场不适用追究刑事责任。

二、知识产权违法贸易的行政治理

知识产权行政保护是我国知识产权保护的重要特色。对于违法贸易，行政管理也是重要治理方式。通常而言，对于知识产权违法贸易行为，只有损害公共利益但还不构成犯罪的，才适用于行政治理。

　　如我国《著作权法》第 53 条规定，侵权行为同时损害公共利益的，由主管著作权的部门责令停止侵权行为，予以警告，没收违法所得，没收、无害化销毁处理侵权复制品以及主要用于制作侵权复制品的材料、工具、设备等，违法经营额 5 万元以上的，可以并处违法经营额 1 倍以上 5 倍以下的罚款；没有违法经营额、违法经营额难以计算或者不足 5 万元的，可以并处 25 万元以下的罚款。侵害知识产权的行政责任，与贸易有关的知识产权法律中的规定基本相同。此外，《商标法》第 60 条第 2 款还特别规定了"对五年内实施两次以上商标侵权行为或者有其他严重情节的，应当从重处罚。"

　　此外，知识产权法的部分领域还赋予了行政机构处理侵权纠纷的权力。如《商标法》第 60 条第 1 款和第 3 款规定，侵犯注册商标专用权行为引起纠纷的，由当事人协商解决；不愿协商或者协商不成的，商标注册人或者利害关系人可以请求工商行政管理部门处理。对侵犯商标专用权的赔偿数额的争议，当事人可以请求进行处理的工商行政管理部门调解。《专利法》第 65 条和《种子法》第 72 条亦有类似规定。